高等院校管理心理学教材

管理心理学

ORGANIZATIONAL PSYCHOLOGY

王重鸣 / 著

（精要版）

华东师范大学出版社
·上海·

图书在版编目(CIP)数据

管理心理学:精要版/王重鸣著.—上海:华东师范
大学出版社,2023
ISBN 978 - 7 - 5760 - 3501 - 8

Ⅰ.①管…　Ⅱ.①王…　Ⅲ.①管理心理学
Ⅳ.①C93 - 05

中国国家版本馆 CIP 数据核字(2023)第 034023 号

管理心理学(精要版)

著　　者　王重鸣
责任编辑　范美琳
责任校对　陈梦雅　时东明
装帧设计　庄玉侠　俞　越

出版发行　华东师范大学出版社
社　　址　上海市中山北路 3663 号　邮编 200062
网　　址　www.ecnupress.com.cn
电　　话　021 - 60821666　行政传真 021 - 62572105
客服电话　021 - 62865537　门市(邮购)电话 021 - 62869887
地　　址　上海市中山北路 3663 号华东师范大学校内先锋路口
网　　店　http://hdsdcbs.tmall.com

印 刷 者　上海昌鑫龙印务有限公司
开　　本　787 毫米×1092 毫米　1/16
印　　张　18.75
字　　数　414 千字
版　　次　2023 年 3 月第 1 版
印　　次　2023 年 3 月第 1 次
书　　号　ISBN 978 - 7 - 5760 - 3501 - 8
定　　价　59.80 元

出 版 人　王　焰

(如发现本版图书有印订质量问题,请寄回本社客服中心调换或电话 021 - 62865537 联系)

前 言

建设面向高质量发展的管理心理学：八大看点

王重鸣

由杨玉芳教授担任总主编的"当代中国心理科学文库"中的《管理心理学》(2021版)得到了大家的广泛关注，并启动了面向高质量发展的管理心理学研究与课程建设新行动。作为现代管理三大支柱之一的管理心理学，正在推动着组织行为学、人力资源管理、工商管理和心理科学等学科领域与相关课程的工作升级。面对全球化、数字化、精益化和生态化的新形势、新挑战和新机遇，管理心理学的理论研究和实践应用日益深化，管理心理学的体系、方法、策略也不断更新和得到凝练提升。

《管理心理学(精要版)》一书改变了以往管理心理学以个体心理、群体心理、领导心理、组织心理的传统划分做法，创建了"五力管理模型"，从生态力管理、文化力管理、团队力管理、创新力管理和行动力管理入手，以可续管理、责任管理、团队管理、创新管理和变革管理为主线，加强了管理心理学的内容体系和内涵特征。本书在内容上，更加贴近中国管理创新实践和相关领域的研究成果；在理论上，借鉴了国内外管理心理学的经典研究和前沿进展；在方法上，呈现和提炼了管理心理学的研究方法论和实证方法。本书包括四编十二章，系统讲述了四部分内容：①体系、心智与决策，②价值、文化与激励，③沟通、团队与领导，④创新、组织与变革。每个章节运用"知识要点"预览概念亮点，以"思考研讨"和"研究解读"拓展学术依据，并用"案例体验"和"研究案例"开展实例分析，从而使管理心理学理论、研究与实践融为一体，形成整合式知识与能力体系，充分展示管理心理学在中国的原理方略方法、新发展与实践应用新尝试。

《管理心理学(精要版)》试图表现新的价值取向、世界观和宇宙观。学习和掌握面向高质量发展的管理心理学是一种知识探索和能力开发，其间充满乐趣。特别推荐读者关注以下八大看点，可以将其作为学习、教学、应用和研究的重点原理。

看点一：五力管理模型与管理心理学体系

计划、组织、指挥、监控和个体、群体、组织的管理一直是常规管理的经典特征，却难以适应改革创新所面临的理念心智转换和复杂动态管理。《管理心理学（精要版）》以创业五力理论的五力结构性、层次性、动力性和效应性原理为指导，创建了以可续管理、责任管理、团队管理、创新管理与变革管理为主线的"五力管理模型"，作为实现生态力、文化力、团队力、创新力和行动力的管理框架与能力体系，即包括生态力管理、文化力管理、团队力管理、创新力管理和行动力管理的五力管理理论架构。"五力管理模型"以双领导力组合作为统领性能力体系，例如，生态力管理以可续管理为主线，以弹韧领导力和赋能领导力为双翼，文化力管理以责任管理为主线，以责任领导力和伦理领导力为双翼等，成为管理心理学的全新知识体系。

看点二：元领导力框架与创造性张力

以往有关领导力的研究、培训和应用，比较局限于领导行为类型和领导风格特点，却非常缺乏有关领导能力的深化和元理论的建设。《管理心理学（精要版）》从元认知概念出发，提出领导能力的元理论——包含动力、活力和张力三要素特征的元领导力（meta-leadership），作为众多领导行为与领导力类型的元理论框架，即"有关如何实施领导力的高阶领导策略框架"。以动力元为心理内驱性基准，活力元为心理动能性联结，张力元为心理开发性拓展，整合形成元领导力三角模型，作为领导力建构的深层次框架。对于生活、工作、管理、职场与事业来说，个人、群体和组织都需要不断更新领导力，元领导力框架具有广阔的效用。以职业领导力为例，许多人面临职业瓶颈问题，需要通过价值适应、教育学习和激励推动，形成持续增强的动力蓄能；采用资源选配、角色转换和潜能增强，在"成长空间"中形成活力聚能；着力重塑目标、调节路径和创造条件，展现张力使能，从而发挥元领导力的三元机理。为了改变工作常规，跨越职业陷阱，突破成长瓶颈，建议构筑以新愿景追求、创造性举措和使能式拓展为特征的创造性张力，实现自我超越和可续发展。

看点三：可续管理模型与绿色发展

在全面绿色转型与全力推进"可持续发展目标"的新征程中，相关管理理论与心理学理论及方法却相对滞后。《管理心理学（精要版）》面向高质量发展，着重增强了有关绿色可持续发展的新理论与新方法，为绿色转型和可持续发展提供了管理心理学原理与策略。以生态力管理为框架，把人与组织之间适配看成人与环境可持续发展模式。可续管理模型系统阐述了三大策略依据和三重管理机理：以基于价值—动能—参与的三维创业社会责任（ESR），基于环境—社会—治理的三元绿色效能评价（ESG）和基于绿色—创新—共享的可续发展目标（SDG）为三大策略依据；通过弹韧领导力与赋能领导力，以蓄能激发、聚能定位和使能推进为三重管理机理，显著增强可续适应管理、协同决策管理和续航发展管理，进而提升组织可续力，即"使队伍、业务、组织和生态系统、运营环境及社会网络获得整合提升与持续适配的组织动态能力"。可续管理已成为绿色转型与生态力管理的主线。在绿色发展视角下，阐述了心智、责任、愿景、决策、团队、管理、商务、经营、投资、生产、运营、供应链、制造、创新、创业、文化、金融、消费、食品和交通等多方面的绿色策略。可续管理模型为企业组织的绿色可续发展提供了整合性的管理原理与心理学方略。

看点四：创业社会责任与责任管理

责任在管理行为中发挥日益关键的作用，也成为"知情意责"四元心理机制的核心内容。公司社会责任（CSR）在我国起步晚、发展快，迅速成为企业管理的"流行曲"并主要发挥着公益性作用。针对企业 CSR 存在项目分散、宽泛和商业关系松散等问题，以及中小微企业的实践需求，特别是以创业型责任管理超越 CSR 战略，我们创建了"创业社会责任"（ESR）概念与理论原理，包含三项维度：责任价值、责任动能和责任参与。创业社会责任不同于公司社会责任，它是一种嵌入企业文化，融入成长战略，植入商业模式和人财物各项运营活动的责任管理体系。责任管理整合了价值伦理、责任策略和持续激励等方面的原理，以五元组织价值（FOV，责任—合作—学习—弹韧—可续）、三维创业社会责任（ESR，价值—动能—参与）和双链综合激励（DCM，策略—机制—效能）为策略依据，通过责任领导力与伦理领导力，增强价值蓄能、责任聚能和激励使能三元机理，整体提升责任文化管理、合规经营管理和担责敬业管理。

看点五：工作幸福感与持续激励力

工作幸福感是高质量发展的重要目标之一，也是实现共同富裕的重要心理机理之一。这里所说的幸福感并非只是通常理解的主观感受幸福，而是包含心理功能幸福，即"人们对生活、工作和最佳心理功能与体验的评价"。管理心理学重视工作幸福感和组织幸福感的研究与应用，比较关注幸福感动力机制与心理资源调节策略，如工作—家庭交互界面、感觉幸福与思维幸福、自主幸福与支配幸福、关系幸福与成长幸福等。影响比较大的是 PERMAG 幸福感模型，包含积极情绪 P、参与体验 E、关系支持 R、工作意义 M、目标成就 A 和持续成长 G。而组织幸福感则是指由"组织共享的多样 D、公平 E、包容 I、健康 H、自主 A 和发展 D 而产生的积极情绪集合"（DEIHAD）。策划与提升组织幸福感已成为企业组织持续发展的新策略。与之相关的是组织心理健康（OMH）的新概念，即从员工心理健康出发，运用希望、效能、弹韧、乐观和责任（HEROR）五项心理资本，共享心理健康愿景与承诺，实现组织心理健康。

看点六：数字领导力与数字化转型

数字经济方兴未艾，数字化改革任重道远。如何在数字化转型中发挥"精准、协同、迭代"的胜任特征并开发新型领导力呢?《管理心理学(精要版)》运用元领导力框架,针对数字化的互联、分布与行动等特点,构建了数字领导力三维结构模型:数字互联精准力(动力元,包含互联心智转换与精准引领蓄能两项要素)、数字分布协配力(活力元,包含数字化分布运营和网络式协同配置两项要素)和数字行动迭代力(张力元,包含主动变革行动与数字化学习迭代两项要素),并作为团队管理和数字化转型的重要领导力。基于元领导力的数字领导力开发,为带领团队成功推进数字化转型与智能化升级提供强有力的策略支撑。本书的数字化元素贯穿全过程,从数字化改革与数字化转型出发,既阐述数字化特征与策略;也包括数字化转型的蓄能、聚能、动能、赋能、使能等机理,其中数字领导力是最关键的能力。

看点七:创新力管理与组织创造力

创新创业创造是时代的精神。创业教育正在从"经商实务"转向"能力策略",成为全球创业教育的新方向。创业的核心要素之一是创新。管理心理学特别关注"创新力管理",指"以创新理论与创业策略为基础,通过创业创新创造的行动策略而开展组织管理与创新发展的管理过程",是以创新能力体系(ICS,思维—流程—结构)、创业五力理论(EFC,生态—文化—团队—创新—行动)和创造开发模型(CDM,激励—专长—创造)为三项策略依据,以创新管理为主线,以创新领导力与创业领导力为双翼的智合性管理。创新力管理涉及方方面面,其重要目标是增强组织创造力。创造力开发是指培育、激发、提升和拓展组织创造力,是创新力管理的主要特征与策略依据。我们搭建了团队层次与组织水平双层组织创造力模型,作为创新力管理特别是创造力开发的新理论框架。

看点八:变革型组织与行动理论

在创业创新、数字化改革和绿色转型的进程中,组织变革与组织发展滞后或成为瓶颈问题,也是许多企业或部门必须有效应对的新挑战。《管理心理学(精要版)》针对变革型组织提出"双栖组织建构"的创新思想。双栖策略是指工作与管理中"辩证地运用两种互补策略的能力"。在变革型组织发展中,建立以"开发利用现有资源"和"探索创新未来能力"两者并重的双栖成长机制,称为"组织建构",用以表示组织的动态转型和整合设计。变革型组织既关注当前任务,也面对战略机遇;既强调优势传承,又注重赋能创新;既着力协同资源,又全力塑造能力,从而成为"双栖型组织"。变革型组织设计组合了五种组织模块:适应型组织、弹韧型组织、警觉型组织、敏捷型组织和生态型组织。我们创建了基于双栖策略的变革赋能行动理论,以价值适应、决策选配和赋能发展构成变革文化融合的三重机制,形成了中国企业变革赋能行动策略与企业组织改革发展的行动路线图。

此外,《管理心理学(精要版)》还在知情意责、心智模式、心理弹韧、自我管理、决策胜任、人组适配、合作思维、员工敬业、组织伦理、团队管理、女性领导、变革决策、职业经理、精益管理、组织承诺、组织文化、组织学习、组织动能、组织赋能、组织使能和研究效度等诸多新领域论剑解读。

我对管理心理学的理解、学习、应用与发展,得益于亲身体验的实践学习和多位老师对我的精心指导与培养历练,我经历了五个"第一次"。

记得50多年前,我曾先后在集体所有制的乡镇企业和钟表元件厂工作,第一次在实践中亲历体验企业管理,切身感受到一线员工技能、奖金激励方案以及群体调度的重要性。

1980年起,我师从我国著名心理学家、教育家、工业心理学之父陈立先生。在导师的精心指导下,我第一次到中国数十家制造企业开展现场访谈、案例分析和准实验研究,并创建了目标责任归因理论和人与计算机界面理论。

1981年,我参加了麻省理工学院斯隆管理学院等在上海联合举办的我国首场工商管理硕士(MBA)课程研修班,第一次系统学习管理心理学、宏观与微观经济学和计算机科学作为现代管理三大支柱的论断,这成为我们系统学习与运用管理心理学的新起点。

1984年,我赴瑞典哥德堡大学跟随著名应用心理学家鲁本诺维兹教授学习、研究与应用管理心理学,第一次到著名跨国公司沃尔沃工厂现场参与新技术变革转型项目。在参加把轿车流水装配线向自主性团队整车组装做团队化流程再造的研究实践中,我深刻体验到管理心理学可以如此深度嵌入和推进管理创新实践,投入被誉为"北欧产业革命"的研究实践。

2003年,我第一次主持承担国家自然科学基金委资助的我国首项创业管理重点项目,以基于人与组织匹配的企业家成长机制与创业环境研究为题,系列式运用管理心理学原理与方法调研数十座创业科技园,访谈数百位企业家,评测数千位创业经理人,创建了"零距离"(与创业者没有距离)的"创业心理实验型众创空间"。在中国实证研究的基础上,得益于哈佛商学院、斯坦福商学院和牛津赛德商学院等多位合作教授的支持与鼓励,提炼出基于管理心理学的"创业五力模型"理论创新。管理心理学深深融入在企业家的创业创新实践中。在行动式学习中,我们培养出了一大批管理心理学青年精英与创新人才。

40多年来,我把管理心理学作为现代管理的重要支柱,深度应用于管理科学研究与应用的各个领域,主持和承担了一系列国家级重点研究项目和国际级合作研究课题。特别要感谢国家自然科学基金委员会管理科学部的长期支持与精心指导。

本书的许多研究思想和应用方法都归功于先生们的谆谆教诲和指点迷津以及我与同事、学生的互动启示。我的许多位学生共同参与完成了大量卓有成效的实证工作。时至今日,每每回想与先生切磋和与同行交流的情景,我依旧深受启迪、感恩在心。

本书的撰写得到了中国科学院心理研究所杨玉芳教授的热情指导,在写作过程中得到我的夫人卢凤英的全力支持与持续激励。书中所介绍的许多研究与成果曾得到我的父亲王承绪教授和母亲赵端瑛教授的亲切指导与勉励,他们在研究中提出过许多新的思想、感受与建议。我的许多位学生共同参与完成了大量卓有成效的实证工作。本书讲述的许多思想和成果,也在很大程度上得益于10位学科先驱老师的睿智与点拨:陈立教授、鲁本诺维兹教授、荆其诚教授、徐联仓教授、西蒙教授、马奇教授、海勒教授、奈勒教授、米勒教授和梁觉教授。在撰写过程中,我也得到了多位合作者的鼓励与指点:哈佛商学院埃德蒙森教授、斯坦福商学院巴奈特教授、国际应用心理学会前任主席弗雷瑟教授等。在此向各位一并特别致谢和致敬!

《管理心理学(精要版)》的新版知识体系,阐述、汇集与构成了管理心理学知识体系和新篇章。对于管理心理学理论与方法的真正掌握,在于结合我国改革开放实践的不断研究、探索和应用。欢迎大家积极参与数字化在线教学与学习,不断推进管理心理学的应用和新发展。

(通讯地址:杭州 310028 天目山路 148 号 浙江大学西溪校区 教学主楼 251 室,电子邮件:zmwang@zju.edu.cn)

王重鸣

2022 年 8 月

《管理心理学（精要版）》序言

艾米·埃德蒙森教授（哈佛商学院）

在持续加速的创新驱动、数字转型和绿色发展的竞争环境下，管理心理学快速发展并成为人们应对挑战、转换心智、提升能力、创新团队、发展组织、优化工作的重要理论指导与胜任策略。管理心理学在发展中不断更新发展其理论方法、知识体系与应用策略。我很高兴，王重鸣教授的《管理心理学》出版以来受到大家的热烈欢迎！《管理心理学》和《管理心理学（精要版）》两本书，是王重鸣教授在 40 多年来从事管理心理学学习、教学、研究和应用的丰富经历与知识积累的基础上，为大家提供的全新的管理心理学理论与方法。《管理心理学（精要版）》展现出四个鲜明特点：展示重要理论创新，融汇前沿研究成果，嵌入中国管理实践，引领最新发展趋势。

特点一：展示重要理论创新

在世界经历着前所未有的变革与创新面前，管理心理学的知识内容与体系却发展得相对缓慢。研究的理论性、应用的变化性和教学内容的实践性显现新的创新空间。王重鸣在书中总结、提炼和展示了相关研究团队和中外学者在数十年中做出的主要理论创新。其中，比较重要的既有国际学者提出的行为决策理论、行动理论、文化智力理论、内隐知识理论、情绪智力理论、心理资本理论、心理安全感理论、团队化理论、高阶梯阵理论、组织学习理论和元竞争理论等，也包括作者与其他中国学者提出的理论。例如，中国式企管特征、创业五力理论、元领导力框架、责任归因模型、人与组织适配理论、可续管理理论、创业社会责任理论、四维文化模型、社会通则模型、界面层次理论、ASD 变革行动理论、组织赋能与组织使能策略、危机领导策略和组织生态系统等，在本书中都有特别阐述和讨论。

特点二：融汇前沿研究成果

40 多年来，中国管理心理学的研究如雨后春笋，高潮迭起。中国科技机构支持和资助的一系列重点研究项目以及国际合作研究项目取得了大量的前沿研究成果。《管理心理学（精要版)》融汇了40年来多项国家级和国际级研究项目的理论创新成果与其他相关研究成果。例如,中国式企业管理科学基础研究项目,基于中国管理实践重大理论创新的重点项目群,企业家成长机制与创业环境研究,动态综合能力结构和分布式内隐知识模型,组织变革行为与战略决策机制研究,中国企业组织变革与文化融合机制研究,中英管理决策模式和跨文化领导行为合作研究项目,中德小企业创业成功的心理策略研究项目和中荷战略人力资源管理心理机制合作研究项目等做出的理论创新和应用成果。全书引用和解读了一系列重要的研究成果,诠释了研究的理论与应用价值。

特点三:嵌入中国管理实践

管理心理学扎根中国管理实践,嵌入工作创新与数字化转型管理实践,致力于为可持续发展提供心理学理论与方法,成为重要的战略任务。本书从全球商务和中国管理的五项实践特征出发,紧密结合组织变革与创新、数字化转型升级、职业经理人赋能评价、企业文化重塑设计、变革型组织发展、创业能力建设等各项实践,讲述了问题驱动方法论、行动学习五环策略、创业责任管理、企业文化设计、双栖组织设计、领导力赋能开发、危机管理模型、精益管理策略、组织变革与文化融合策略、创业生态系统建设等各类理论研究与应用途径,表现出管理心理学注重问题驱动、深入管理实践和为社会服务的全新经验及其所发挥的重要作用。

特点四:引领最新发展趋势

管理心理学正在进入新的发展阶段,本书体现出一系列新的发展趋势。在管理心理学的行为解读上重视"知情意责"和心智模式的多元机制;在管理心理学的理论发展上创建了元领导力框架与五力管理模型;在管理心理学的应用策略上注重能力建设和领导力开发的体系优化与创新方案;在管理心理学的研究领域上关注数字化转型、组织转型和绿色发展的管理动力与行为机理;在管理心理学的研究模式上主张多元理论思路与多种研究方法的兼容并蓄并做出开放创新。

本书系统解读了组织管理中的个体、群体、组织行为机制与成长策略。全书体现出多样理论创新、知识体系优化、最佳实践示范、前沿成果跟踪、深入浅出解读的特点。作为合作者与同行,我再次向王重鸣教授表示祝贺,特别推荐大家阅读和学习本书,并使用本书作为课程教材、应用原理和学科发展指引。

我很期待中国管理心理学有更多创新发展,并在改革创新实践中得到更广泛的精彩应用。

2022 年 8 月修订于波士顿

目 录

----------◆ 第一编　体系、心智与决策 ◆----------

-------------------- ◆ 第二编　价值、文化与激励 ◆ --------------------

第三编　沟通、团队与领导

第一编
体系、心智与决策

管理心理学（精要版）

第一章
体系模块与趋势方法

第一节　管理心理学的体系与沿革

 知识要点 1-1　体系模块与发展历程

> **管理支柱:**管理心理学、宏观与微观经济学、计算机科学是现代管理三大支柱。
> **学科历程:**学习初创应用、改革实践研究、学科建设发展、理论创新跨越。
> **实践特征:**变革转型、协同创新、数智互联、团队动能、可续发展五项特征。
> **发展趋势:**问题驱动、四元机制、中观分析、创业创新、数字赋能五趋势。

一、管理心理学的内容与体系

1. 管理心理学的对象与沿革

（1）为什么学习管理心理学? 心理学在人们生活、工作、生涯和事业中的作用越来越重要,特别是在动态、复杂、模糊、不确定和变革、创新、数字、可续的环境下,管理心理学成为自我管理、带领团队、引领组织、生涯发展、业务经营、创业创新、变革转型、责任管理和可续发展等方面必不可少的基本原理与方法论,也成为每个人需要学习、掌握和运用的重要知识与技能。管理心理学是现代管理的重要支柱。

① 现代管理三大支柱。早在 1981 年,我参加由麻省理工学院等院校在中国首次举办的工商管理硕士(MBA)课程班。其间,斯隆管理学院的埃德文·奈维斯教授(专长于格式塔心理学和组织咨询方法)在 MBA 导论课阐述了现代管理三大支柱的思想:管理心理学、宏观与微观经济学和计算机科学。这一重要论断指明了人、财、物管理的行为机制,揭示了管理心理学与管理学各项分支领域以及经济学、计算机科学、数学、社会学和创业学等多学科的重要协同关系,对理解、领悟、构建和应用管理心理学的新框架、新原理和新方法,产生了重要的影响。在经济全球化、创新驱动发展、数字化转型和变革发展的新阶段,现代管理三大支柱的框架在多学科整合发展和行为机制研究与应用中扮演着日益重要的角色,"管理心理

学＋"成为提升多学科分支的新发展策略。

② 管理心理学的定义。管理心理学是运用心理学原理与方法探索和研究工作与管理行为，理解和应用其方法与策略，从而提升组织管理效能和促进员工成长的学科领域。我们把管理心理学定义为"有关工作与组织情境中个体行为、群体动力和组织策略及变化规律的理解、解释和预测，以便认识、改进和提升工作行为与管理效能的学科"。管理心理学日益注重行为机制、团队动能与组织策略。

③ 什么是组织？管理心理学把组织定义为"人们一起工作以实现共同目标的群体与部门的结构化组合"。这项定义包含三个成分：

一是组织目标。组织拥有共同目标，组织成员为达到特定的目标而协同工作。

二是组织任务。组织按不同层次分工合作，以职权体系和规章制度加以运营。

三是组织功能。组织协调所有成员的行为与活动，以协同努力达到共同目标。

企业是一种组织，各部门分工合作，多层次协调工作，运用责权利和规章制度与规范，以便达成特定的共同目标。管理心理学面向各类组织的工作与管理情境，开展包括对个体、群体和组织三层面的心理学分析，聚焦于对行为动力、群体活力和组织张力的心理机制、变化规律和发展策略做出理解、解释、预测三种层次的研究、解读与应用，其目标是改进与提升工作管理效能和人与组织的健康发展，提高"人与组织适配度"。

（2）管理心理学的沿革。中国心理学学会创建于 1921 年，经历了百年沿革和奋斗发展。特别是我国改革开放 40 多年来，中国心理学在理论与应用方面不断创新成长，实现了持续的快速发展。王重鸣（1993）在国际权威刊物《心理学年鉴》（Annual Review of Psychology）上发表了"中国心理学：献给陈立的综述"一文，创新提出中国心理学发展阶段理论和文化分析框架，强调理论提炼、趋势预测与实践应用，指出中国心理学在理论建树、方法优化和理论联系实际方面的发展方向。充分理解管理心理学的"来龙去脉"，可以更好地推进和展望新的未来。中国管理心理学的沿革经历了三个阶段。

① 学习初创与应用研究阶段。从闵斯特伯格（1915）撰写第一本《工商心理学》起，管理心理学的研究与实践经历了 100 多年的沿革和发展。百年变迁，日趋成熟。陈立先生于1935 年撰写的《工业心理学概观》是一本具有可读性、实用性、科学性、前瞻性的经典著作，从环境因素与效率、疲劳与休息、工作方法与效率、工业中的意外、工厂的组织问题、工作的激奋与动机等专题，系统论述了工业生产的基本心理问题和中国工业心理学的重要领域。到1940 年代劳动心理学的应用，中国工业心理学主要在劳动环境、工作疲劳、心理测验等方面开展了研究和企业应用。1950 年代到 1960 年代初期，研究扎根中国工作与劳动实践，围绕纺织业细纱工的工作技能培训和劳动环境优化，注重班组群体的技能提升。

② 改革开放与实践研究阶段。我国改革开放促成心理学发展的春天，开启了管理心理学长足发展的崭新阶段。管理心理学经过引进、培训和研究的发展阶段，也逐步形成了本土的理论体系与研究方法范式。1980 年代，我国创办了第一个工业心理学专业，全国许多院校先后开设工业心理学专业或管理心理学方向（本科、硕士点、博士点专业）。管理心理学扎根

中国企业实践,工业心理学国家重点专业实验室(管理决策心理学实验室等)、工业心理学国家重点学科和中国心理学会工业心理学专业委员会相继创建,指导全国工业心理学的理论与应用工作走上新台阶。管理心理学进入筑潮阶段。全国各地出版了多种管理心理学教材,掀起了管理心理学学习与应用的热潮。

③ 理论创新与跨越发展阶段。管理心理学日益注重理论创新。企业组织作为开放系统,组织决策和组织发展成为管理心理学的新方向。陈立先生(1988)提出了"宏观工效学",拓展到整体论的组织功能和异阶管理,发展到参与国际合作的开放式组织理论。企业改革和企业国际化实践成为管理心理学研究问题驱动与理论创新的沃土,形成了一系列理论创新。管理心理学进入涌潮阶段,促进了我国管理心理学的进步和心理学科的发展。进入 21世纪,管理心理学开启了高潮阶段。管理心理学的研究应用与理论创新日益活跃,出版了一系列反映管理心理学研究成果的各类专著。王重鸣(2021)所著的《管理心理学》全面总结了改革开放 40 多年来的研究与应用成果,创新了我国管理心理学的五力管理理论体系和应用方法模式,成为各类学科专业人才培养、创新性经理人才开发以及现代管理与社会服务的重要知识基础。

(3)管理心理学与相关学科分支融合。随着我国经济体制与管理改革的不断深入,管理心理学的研究及理论与多种学科分支交叉融合,取得全新进展。责任与可持续发展成为新的领域与方法。管理心理学与心理学各分支领域的融合加快。与社会心理学结合,与劳动心理学衔接,与其他分支领域诸如认知心理学、工程心理学、消费心理学、临床心理学、神经心理学、教育心理学、发展心理学和健康心理学等新发展也都息息相关,出现了一系列新兴心理学领域,如创业心理学、数字心理学和可续心理学等。管理心理学与行为经济及行为神经领域的关系日益密切。行为经济学和行为金融学以及数字经济时代的许多新选题都是与管理心理学交叉的创新领域。管理心理学与脑科学和神经科学领域的关系也日益密切,特别是在弹韧机制、责任行为、前瞻警觉、管理决策、变革管理、创新创造和危机管理等领域,行为神经机制成为活跃的前沿研究课题,推动了神经管理研究从感知式实验转向决策、思维和行为机制领域。管理心理学和计算机科学及数字化智能化领域的合作,也成为最有前途的新领域,正在演绎出新的交叉学科分支领域和形成新的学科发展动能。

💬 思考研讨 1-1

现代管理三大支柱

作为现代管理三大支柱,管理心理学、宏观与微观经济学和计算机科学分别支撑着人、财、物管理。其中,管理心理学揭示出队伍成长、财务增长和运营效能的行为机制,也为各项管理职能提供了重要的行为原理与研究方法。请思考与列举您工作与生活中的管理事例或企业管理实践,研讨与解读如何运用这三大支柱的知识与方法提升管理效能?

2. 管理思想沿革和学科先驱

(1) 管理思想演进与管理理念。管理心理学的理论以古代思想为渊源，以心理科学为基础，以科学管理为延伸，以管理实践问题和需求为导向，形成了自身的体系和发展方向。

① 中国古代的管理思想。在中国五千年文明史的发展中，涌现出深邃的管理思想和精彩的实践。在思想理念上，从儒家、道家、法家到孙子兵法，古代管理思想在德政治理、自我管理、自我修炼、道法自然、道德规范、社会等级、中庸思想、关系导向、面子观点、圈子文化乃至辩证思维、战略运筹等诸多方面至今仍不同程度地影响着人们的生活、工作、决策与管理行为。在经营实务上，从区域经济的徽商、晋商、浙商、甬商、温商、粤商到潮商，充分体现出中国传统商务创业精神，在经商策略、经营理念、经营管理上表现出各自的特色。王重鸣(1996)参加编撰《国际工商管理大百科全书》并总结中国管理的思想渊源时指出，中国古代管理思想特别是有关能力素质的思想在实践中得到了最广泛的应用，在多种管理实践中形成了系统观点和评价方法，成为管理思想应用的典范。

② 管理的基本理念。在管理理论与实践的沿革中，管理基本理念与思路不断更新，从科学管理、人群管理，到人本管理、创业创新管理、数字化管理和可续管理，先后出现了 X 理论、Y 理论、Z 理论、E 理论、D 理论和 S 理论，体现出管理基本理念和研究思路的发展。

□ X、Y、Z 理论的观点。早期比较流行的 X 理论假设认为：人生来就不喜欢工作，倾向于逃避责任，必须运用经济手段来处罚、制约、管控，使员工努力工作并实现目标；Y 理论认为，人生来愿意努力工作获得乐趣，开展人际互动并做出自我控制，自我实现的需要满足促成工作成就、学习追求、潜能激发；而 Z 理论则注重长期雇佣、共识决策、缓慢晋升、个体责任和非正式控制，强调职业安全感、员工忠诚度，期待成长型公司文化。

□ E 理论的观点。E 理论(entrepreneurship)认为，创业创新型人才具有内在的自主性、互择性、创造性和求成性，注重自主空间、发挥自我、结群互助、首创机会和探索实现，创造机会与平台，给予授权与赋能，真诚激发员工的创造力，强化自主创造、持续激励、潜能发挥和开拓创新。

□ D 理论的观点。数字化 D 理论(digital)以大数据具有量大、多样、快速、价值和真实五项特征，强调数据与数字互联，认为人与自然万物互联，在数字化场景融合、嵌入、透明和发挥，强调数字心智、数字流利度、虚拟平台、开放共享和数字生态，全面提升数智时代的"工作—生活质量"。

□ S 理论的观点。绿色生态和可续发展的 S 理论(sustainability)注重绿色生态、责任管理、可续伦理、环保节能低碳和职业续航成长，成为生活、工作、管理和发展的主旋律。绿色组织心理成为管理心理学的新领域。

(2) 引领管理心理学发展的学科先驱。管理心理学学科发展与创新应用得到了国内外许多先驱的引领与指导。他们在相关多学科和多领域高屋建瓴、远见卓识，精诚参与，推动了中国管理心理学与相关学科的快速发展。

工业心理学、管理心理学和相关学科领域一大批先驱人物的相关学说、精神、方法等对我国管理心理学乃至心理科学的发展发挥着长期指导作用。以下是十位学科先驱。

□ 陈立教授(1902—2004)是中国工业心理学之父和管理心理学创始人。作为陈立先生的学子,我在《没有比好的理论更实用的——追忆恩师的理论教诲》一文中,追忆恩师在注重理论导向、开拓国际视野和构建三段模式、强调方法创新方面的谆谆教诲。"高原训练,理论冲浪"是陈先生的重要育人模式。精读心理学国际经典文献打下扎实理论基础,为期一年每天30页高级心理学原著精读的高强度"理论拉练",成为学子成长的"发动机"与"加速器"。"预习式专题互动讨论课"是陈先生的专业训练途径,互动研讨,解惑顿悟,鼓励学子注重理论要点的"你能行的"历练。"三段论研究模式"是陈先生创立的中国特色心理学研究方法论:访谈案例—问卷调研—实验论证。在陈立先生高屋建瓴的指导下,中国工业心理学以开放、合作、实证、创新、服务的新模式实现了跨越发展,成为时代的引领学科。

□ 鲁本诺维兹教授(1925—2010)(Sigvard Rubenowitz)是应用心理学和新技术心理学的先驱,为中国管理心理学引入组织领导心理学、实证方法论与应用研究新范式,深远影响了中国工业心理学新一代人才成长、理论创新与方法论发展。

□ 西蒙教授(1916—2001)(Herbert H. Simon)是认知科学与管理决策研究的领袖人物,著名计算机科学家和心理学家。作为1978年诺贝尔经济学奖得主,其著作《管理行为》等引领管理决策新科学,长期支持中国管理心理学发展。

□ 马奇教授(1928—2018)(James March)是决策心理学、组织决策、组织理论和创业决策的先驱与大师,"马王(March-Wang)决策实验室"共同创办者,创新"探索与开发"的双栖策略与组织决策理论研究范式,引领决策理论新前沿。

□ 米勒教授(1925—2017)(William Miller)是计算机科学、创业管理理论和创业生态系统理论的先驱和奠基人,曾任浙江大学全球创业研究中心创始联合主任、米勒创业创新研究院主席,引领创业学科的建设和跨越发展。

学科先驱还包括:中国心理学学科建设和国际合作的先驱荆其诚教授(1926—2008)、中国管理心理学和组织领导心理学的先驱徐联仓教授(1927—2015)、管理心理学和文化价值与领导力研究的引领者梁觉教授(1958—2015)、管理决策心理和社会—技术系统管理行动研究理论创立者海勒教授(1920—2007)(Frank Heller)、组织行为与人类决策过程研究的先驱奈勒教授(1932—2013)(James Naylor)等。他们都为中国管理心理学的发展作出了战略性贡献。

管理心理学日趋关注嵌入创业创新实践、企业改革创新、数字化转型与可持续发展等新问题与新机制。管理心理学的理论体系与方法策略更加成熟与发展,理论体系更为整合,研究方法更为精准,实践应用更为广泛,研究成果更为显著,成为新兴领域发展的主力学科分支和国际应用心理学界最为活跃的研究、教学和应用队伍之一。中国管理心理学进入了新的跨越发展阶段。

二、管理实践与管理心理体系

1. 中国企业管理的实践特征

管理心理学的发展紧紧围绕着中国管理的改革创新实践，特别是聚焦于管理实践的重大问题与发展需求。中国企业管理与实践有哪些重要的特征呢？

（1）中国式企业管理基本特征。国务院发展研究中心、中国企业联合会和清华大学联合团队承担"中国式企业管理科学基础研究"重大项目，以管理科学理论为学术支撑，开展了背景研究、案例研究、专题研究和理论研究，深入分析了中国企业生存发展的环境，选择20个不同行业的35家在国内外有较大影响的成功企业进行深度剖析，总结出中国式企业管理的基本特征，如图1-1所示。

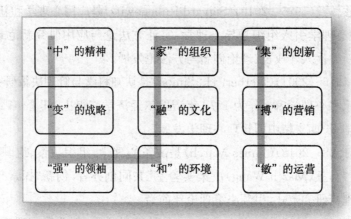

图 1-1　中国式企业管理九特征模型

①"中"的精神：实用理性的辩证智慧。强调从实际出发，重视逻辑洞察和变化预测。既包含"天人合一""中庸和合"，又体现创新精神和家国情怀。

②"变"的战略：高度权变的调适思考。注重在复盘中提炼，在否定中升华，有高度危机意识，紧扣发展脉络，敏捷整合资源，适度超前引领。

③"强"的领袖：企业家的德、魅、愿。基于自我修炼和德行操守，重视情理法协调兼顾。高度的人格魅力，强烈的事业追求。高远的使命感、责任感和理想信念。

④"家"的组织：中国色彩的组织控制。突出身份认同、家长制与兄长式混合，讲究情感互动和忠诚付出，重视关爱信任和平等服膺的家庭化组织管控。

⑤"融"的文化：个人价值与时代共鸣。企业文化融入强烈的企业家特征和时代精神，管理实践与企业的使命、愿景、价值观的元素相融合。

⑥"和"的环境：政治分寸与关系和谐。重视长期的关系维护和利益相关者共赢，承担社会责任和关注舆论媒体，企业行为契合社会发展。

⑦"集"的创新：标杆模仿与整合再造。采取创造性模仿、集成式突破，全面学习，持续创

新。形成自身特有的创新能力和竞争优势。

⑧ "搏"的营销:从草根到极致的战争。从市场营销的价格战、促销战,转向"攻心战""运动战",缜密策划、构筑品牌,在市场竞争中创新胜出。

⑨ "敏"的运营:恰当高效的基础管理。注重信息化、标准化、规范化,快速响应市场,柔性延伸流程,塑造高质量的管理实践。

(2)中国企业管理实践的五项特征。在创新驱动和高质量发展战略下,中国企业管理实践显现出五个方面的新特征,成为管理心理学发展的实践背景和新方向。

① 变革转型特征。管理心理学的理论与应用和中国企业改革实践的关系非常密切。从1980年代的经济承包制改革与计算机新技术应用,1990年代的中外合资战略与企业文化建设,2000年代的国际并购重组与企业家成长机制,到2010年代的企业组织变革、创业创新与数字化改革,中国变革管理特征和"互联网+"、云端经营与数字智能转型带来的变革型组织发展与赋能行动,为管理心理学的发展提供了全新机遇和重要选题。

② 协同创新特征。中国企业管理实践的各项事业表现出从渐进式局部创新转向重塑式整合创新,特别是在人才开发、科技应用、产业升级、经济转型、社会管理、教育改革、创业创新、数字化改革和绿色发展等诸多领域,都显现出协同创新模式、共享创新理念和可续创新发展的新特征。

③ 数智互联特征。数字经济迅猛发展,数字化转型成为企业发展的必由之路。通过大数据分析方法,以线上线下客户需求的精准对标,形成数字化与智能化的工作模式、管理创新、客户服务、精准设计、智慧运营、精准绩励、消费洞察、数字领导、数字公司、智能仓储、数字降碳乃至可续战略等新目标和新策略,也成为管理心理学研究与应用的重要新领域。

④ 团队动能特征。面对日益增强的交叉职能团队、虚拟团队、数字化团队、科技创新团队、跨界商务团队和多重项目团队的崛起以及数字化多层次团队平台系统等的出现,形成了一系列新挑战、新动力,激活团队的新动能,即通过加强团队内外的互动、协作、共享、共赢,创建团队化的协同创新团队系统,成为管理心理学研究与应用的新任务和新前沿。

⑤ 可续发展特征。全面绿色转型和可持续发展成为重要战略。绿色数字化转型、全面绿色转型,强调环境、社会、治理(ESG)三维效能标准,面向高质量发展的可续心智模式转换和人与环境的动态适配,构建绿色环保、减污降碳、责任管理和创新共享的生态系统以及可续发展目标成为管理心理学发展的新方向。

思考研讨 1-2

中国式企业管理特征

中国式企业管理的九项特征从精神、战略、领袖、组织、文化、环境、创新、营销和运营九个方面,系统梳理了中国企业管理成功之道,为管理心理学结合中国企业管理的实践开展理论应用与创新指出了新的路径。同时,中国企业管理实践的五项特征(变革转型、协同创新、数智互联、团队动能和可续发展)推动各类企业在创新、合作、共享、变革、生态中发展,是管理心理学发展的新的机遇和方向。请结合企业管理实践案例,思考与研讨中国式企业管理的特征及其面临的新挑战与机遇。

▣ 案例体验1

如何学习、研究与应用管理心理学

张英从某重点大学心理学专业毕业后,到某汽车集团公司人力资源部担任培训主管。参加工作5年来,她从科员做起,为集团拓展多省市市场策划和举办了一系列培训计划,有销售团队建设培训和区域市场主管能力开发以及各地招聘后的入职培训专项等,她主动学习,创新实干,工作一直比较顺利,实务能力不断提升,工作成效斐然。面向高质量发展,公司决定实施新的数智化、绿色化、国际化战略,策划向"一带一路"拓展业务和重组经营团队。公司要求人力资源部做一项拓展国际业务和跨国经营队伍建设的行动计划,特别是请张英针对队伍重组、跨文化融合以及技术、生产、市场和跨境工作团队的选任、培训、激励和考核要求做出新方案。培训不再是单一任务,而是国际化人资队伍解决方案。张英带领团队检索管理心理学有关数智转型、绿色发展方面的策略资料,以及跨文化胜任力与国际经营模式方面的文献资料。请以张英团队的任务为例,检索相关资料,学习、研究与应用管理心理学新原理,提出可供参照的国际化战略下人才队伍建设方案。

2. 管理心理学的内容与模块

(1) 管理心理学的新体系。管理心理学的传统体系难以适应实践需求和发展前景,需要全新的理论与方法体系。本书的结构体现了这个新体系。它主要包括四大部分:第一编"体系、心智与决策",是管理心理学的行为机制;第二编"价值、文化与激励",是管理心理学的激励机制;第三编"沟通、团队与领导",是管理心理学的动能机制;第四编"创新、组织与变革",是管理心理学的创新机制。这四个部分相互关联、相互影响和相互制约,决定着管理心理过程的形成、发展和成效。图1-2是管理心理学体系与内容框架。可以看到,管理心理学体系以中国管理实践发展和心理科学理论方法为输入端(以创新、数智、团队、变革、生态五项实践为场景特征),以工作成效组织效能和管理心理行动策略为输出端(以任务、协作、责任、创新、可续五种绩效为效能特征),分为四个层次模块共十二章节。从中国管理实践发展、心理科学要素优化,到组织效能与行动策略的开放式成长机理与理论创新,表现出全新的体系与模式。

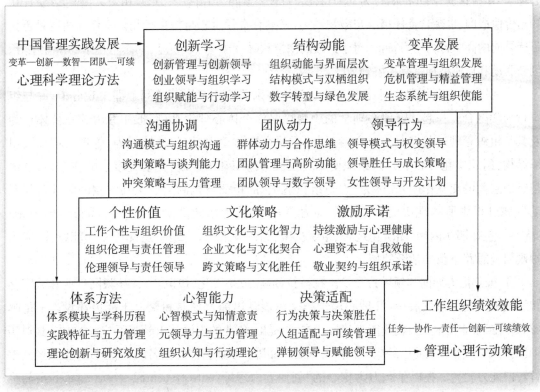

图 1-2 管理心理学体系与内容框架

（2）管理心理学研究五大趋势。在创新驱动的管理实践五项特征的场景下,管理心理学正在显现出五大趋势:问题驱动、四元机制、中观分析、能力导向和数智可续。

① 注重问题驱动研究方法论。在研究中不断更新研究思路和研究方法,优化和创建了基于中国管理实践的问题驱动方法论,包括情境嵌入法、组织动力法、演进建模法三项方法论元素。管理研究的场景日趋动态、复杂、风险、跌宕,日益成为重要的行为"变异源",从重视具体的单一"情景",转向关注多情景整体的"情境",表现出研究方法论的重要转型,即从微观的具体情景转向中观的组织情境,作为问题驱动的重要焦点(而不是背景)。管理心理学特别关注变革转型、协同创新、数智互联、团队动能和可续发展五项问题场景,以此实现原理方法的跨越发展。

② 强调四元机制行为动力学。与普通心理学的"知情意"三元素相比,管理心理学增加了"责任"这一重要要素,即以认知、情绪、意志、责任作为管理心理学的四元机制和行为特征。图 1-3 是管理

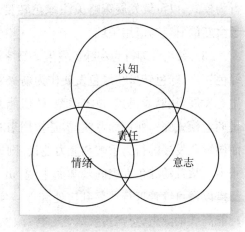

图 1-3 认知—情绪—意志—责任四元机制

心理学"知情意责"四元机制行为动力特征。责任要素与"知情意"三元素相交叉，既包含责任认知与价值取向，也蕴含责任情感与激情动力，又具有责任意志与担责行动。责任元机制是更为目标导向的高阶行为动力特征，对于持续的知情意（行）合一以及复杂、动态情境下的事业主导、创新驱动和创业精神具有高解释力。

③ 强化中观分析研究脉络。管理心理学特别关注组织层面的问题即中观分析，并与组织行为学融合在一起。管理心理学的中观思路以个体心理为基础，把注意力放在群体行为及其与组织管理过程方面的研究，特别注重研究群体动力机制、领导行为、管理决策以及组织结构、组织文化、组织学习、组织变革与发展等组织动力机制，把研究重点放在个体、群体与组织层面的交互作用，或称为"人与组织适配"的特征与机制上。尤其注重团队运营与互动发展过程中所涌现出的一系列新动力要素，又称为团队高阶心理特征（team emergent states），包括团队内聚、团队化运营、组织决策、组织发展、人与组织适配等新动能特征，成为中观研究思路下新的活跃领域。

④ 聚焦能力导向与领导力开发。在科技创新、成果转化、知识产权、互联网创业和数字化转型的组织变革与发展中，管理心理学越来越展现出能力导向和聚焦于能力建设。王重鸣（2020）在《专业技术人员创业能力建设读本》中提出，创业的内涵越来越基于"行动领先、真抓实干"的行动力导向，创业已经成为工作模式的新品牌和职业精神的代名词，创业教育正从经商教育转向能力教育。在以生态力为核心的"创业五力理论（entrepreneurial five competence，简称EFC）"基础上，建构了"五力管理模型"（生态力管理、文化力管理、团队力管理、创新力管理和行动力管理）和元领导力框架（动力、活力和张力），作为管理心理学理论创新和原理方法的主线。

⑤ 拓展数字化建模与可续发展。在数字化转型和绿色发展的大背景下，大数据与数字化建模以及积极可续发展策略等在工作、生活、管理、社会和技术等方面成为新的特征与场景。运用大数据方法，拓展研究的精准性和数据效度；采用绿色发展策略，聚焦研究的生态效度和开发式学习，策划团队间协同互动与创新活动，运用大数据平台鼓励多团队共享创新行为模式，以可续发展策略关注绿色转型与绿色创新等。高阶数字化绿色化行为方面进入了全新的研究与应用领域。

（3）绿色管理行为和绿色发展。数字经济方兴未艾，绿色发展勇立潮头。管理心理学把绿色管理、绿色转型与绿色发展作为新兴领域。这里所说的绿色转型，是指面向绿色经济与生态发展，从商业模式、技术类型、队伍能力、业务流程乃至架构文化等全方位的转变。什么是商业模式呢？所谓商业模式，是指用来充分利用机会和创造价值的商业逻辑和组织设计。面向绿色发展的行为重塑和能力建设，则成为各类企业组织续航成长的新动力、新活力和新张力。从推动绿色发展的基本面来说，员工的绿色环保行为是各类企业组织任何绿色发展举措以及可续管理行动落到实处和取得实际成效的关键条件。即便是数字化转型，也存在耗能高碳的隐患，急需转换绿色心智、激发绿色行为、推动绿色管理、推进绿色数智和实现绿色转型。有关绿色环保行为的分析主要有三种视角。

① 环境管理视角。把绿色行为作为环保实务和相应环境变革过程的组成部分及管理规

范,并以"规范激活理论"和绿色设计等原理增强环境规则和亲社会行为(如再生节能)。

② 责任行为视角。聚焦在环保志愿行为和相关的责任行为与价值伦理表现,把绿色行为分为防污降碳、节约资源、可续工作、影响他人和采取举措,并采用"社会认知理论"和"责任管理模型"等原则强化环境效能感和担责敬业精神(如绿创社会责任)。

③ 能力开发视角。强调通过行动学习、胜任历练和赋能使能,增强个体、群体和组织的绿色成长能力,并采用创业生态力和可续管理模型等原理提升绿色胜任力和组织可续力(如绿色生态、绿色文化、绿色团队、绿色创新和绿色行动等能力)。

这三种视角相互影响,共同促进绿色管理行为的形成、激活和提升。管理心理学围绕绿色商务和绿色管理提出了多项绿色发展策略。设置首席可续发展官(chief sustainability officer,简称 CSO)职位,采用环境—社会—治理效能指标(environment-social-govenance,简称 ESG)和注重可续发展投资回报(return of sustainiability investment,简称 ROSI)等举措,成为绿色发展的重要行动策略。使用碳足迹核查技术、绿色供应链跟踪方法和物联网生态感应器等工具,成为绿色发展的有效技术策略。这些绿色发展策略为绿色创业、绿色商务、责任管理、绿色管理、绿色创新、可续产品服务和绿色转型提供新的赋能与使能功能。赋能是有目的的能力加工与增强过程;使能则是创造条件、激发动能,使得各类企业组织特别是中小微企业主动行动,发挥效能。

第二节 五力管理框架与研究方法

 知识要点 1-2 理论框架与研究效度

> **创业五力:**人环生态、规制文化、协同团队、科创创新、效能行动五力维。
> **五力管理:**可续管理、责任管理、团队管理、创新管理、变革管理五主线。
> **方法特征:**情境嵌入、组织动力、演进建模、理论创新、策略行动五特征。
> **研究效度:**构思效度、内部效度、统计效度、外部效度、伦理与生态效度。

一、五力管理框架与能力建设

1. 创业五力理论的维度特征

(1) 创业五力的参照轴与理论模型。管理心理学研究和应用的重心转移,主要表现在三个方面:从单一能力转向多维能力建模(如胜任力建模);从任务技能分析转向心智能力建构(如心智模式或思维链);从常规学习培训转向可续能力建设。创业能力定义为"为达成创业目标而集成的一组胜任力特征,表现为从适应、选配到发展的胜任过程"。把能力要素的结

构性方位分成维度组合,形成创业五力的基本框架:以"社会—技术"横轴和"自主—管控"纵
轴建立参照轴,构建成创业五力理论(EFC)。如图 1-4 所示,居中的是创业五力的人环模
块,与四个象限都有交叉,是创业能力的核心模块即创业生态力,在创业五力中占据首位;管
控—社会端交叉象限形成创业五力的规制模块即创业文化力;社会—自主端交叉象限形成
创业五力的协同模块即创业团队力;自主—技术端交叉象限形成创业五力的科创模块即创
业创新力;而技术—管控端交叉象限则形成创业五力的效能模块即创业行动力。

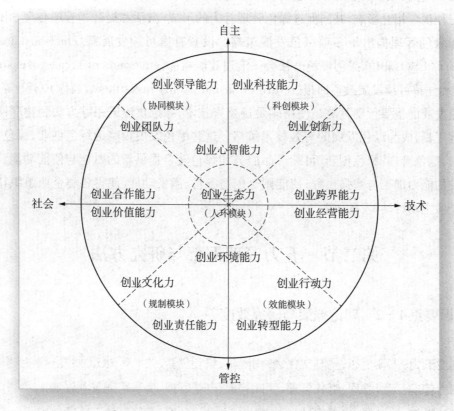

图 1-4　创业五力模型及其模块与能力要素

(2)创业五力模块的内涵。创业五力模块分别包含两项能力及其特征要素。

① 人环模块:创业生态力。以创业心智能力与创业环境能力为典型特征。创业心智能
力主要包含理念思维与激情创意双维心智,拥有创业的成长心智、价值创造、事业理念、创新
思维、激情开拓、创意追求和行动意志等能力要素。在绿色生态可续发展的新潮流中,绿色
发展理念和生态智力成为新的重要心智能力,指以责任认知理解、学习和适应"生态位"和可
续发展的能力。创业环境能力则是指对营商政策环境绿创环保的适应理解和开发性能力,
主要包含政策法规与生态系统双维能力,拥有创业的政策准备、策略定制、营商规范、赋能开
发、平台创新、资源配置和可续环境等能力要素。

② 规制模块:创业文化力。以创业价值能力与创业责任能力为典型特征。创业价值能力

是指创业的价值理论与道德规范方面的指向性能力,主要包含核心价值与行为规范双维能力,拥有创业的战略价值、商务价值、愿景价值、创业规范、商务规范和绩效规范等能力要素。创业责任能力则指创业中担责尽责与可续发展的调控性能力,主要包含社会责任与绿色生态双维能力,拥有责任价值、责任动能、责任参与、绿色策略、生态效益、持续发展等能力要素。

③ 协同模块:创业团队力。以创业合作能力与创业领导能力为典型特征。创业合作能力是指善于规划、组建、管理和发展创业团队与开展合作创业的协调性能力,主要包含目标角色与协同问责双维能力,拥有创业的目标整合、任务协调、角色塑造、项目协同、交叉职能和团队问责等能力要素。创业领导能力则指决定创业的方向、决断和路径选择的统合性能力,主要包含激励指导与决策战略双维能力,拥有愿景激励、任务激励、创新指导、协同决策、战略驾驭和数字改革等能力要素。

④ 科创模块:创业创新力。以创业科技能力和创业跨界能力为典型特征。创业科技能力是指运用新技术、新工艺和新设计实现创造成效的开拓性能力,主要包含技术创新与科创转化双维能力,拥有创业的研发创新、组合创新、颠覆创新、结构转化、流程转化和体系转化等能力要素。创业跨界能力则是指跨领域、跨地域、跨文化开展创业活动的适应性能力,主要包括跨界商务与网络学习双维能力,拥有创业的跨界适应、跨界团队、跨界创新、网络设计、商模转换、创新迭代等能力要素。

⑤ 效能模块:创业行动力。以创业经营能力和创业转型能力为典型特征。创业经营能力是指创业项目的人财物经营、管理与开发的效益性能力,主要包含资源开发与精益管理双维能力,拥有创业的人力资源、财务资源、市场资源、精益运营、精益风控和精益改进等能力要素。创业转型能力则指善于根据创业的愿景、目标与战略,实施变革管理与转型升级的发展性能力,主要包括变革转型与行动策略双维能力,拥有变革动力、变革策略、组织发展、前瞻警觉、行动调节和效能升级等能力要素。

2. 五力管理模型的基本要素

(1) 五力管理模型的定义。计划、组织、指挥、监控和个体、群体、组织的管理一直是常规管理的经典特征,却难以适应改革创新所面临的理念心智转换和复杂动态管理。管理心理学以创业五力理论为指导,创建了"五力管理模型",定义为"以可续管理、责任管理、团队管理、创新管理与变革管理为主线,实现生态力、文化力、团队力、创新力和行动力的管理框架与能力体系"。

(2) 五力管理模型的特征。模型以生态力管理、文化力管理、团队力管理、创新力管理和行动力管理为主导性理论架构,以 10 项新型领导力为主干的 10 种能力(弹韧力、赋能力、责任力、伦理力、团队力、数智力、创新力、创业力、变革力、精益力)作为统领性能力体系,采用了"增效—拓展"和"协创—可续"两项维度轴呈现出五力管理的基本框架结构。图 1-5 表示五力管理模型。

□ 生态力管理特征。作为五力管理模型的人环模块,生态力管理以可续管理为主线,包含可续适应、协同决策和续航发展三维管理,以弹韧领导力(弹韧力)与赋能领导力(赋能力)为双翼,注重弹韧适应与可续发展之间的竞合机理。

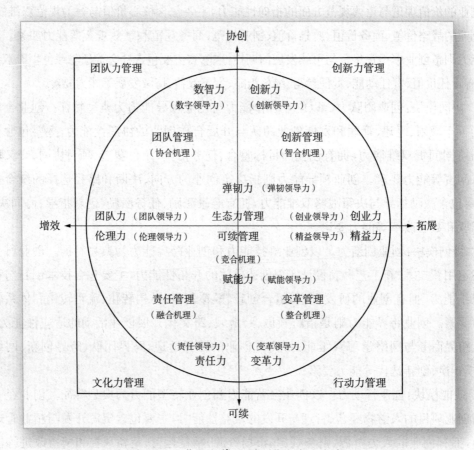

图1-5 "五力管理模型"的能力与机理

▫ 文化力管理特征。作为五力管理模型的规制模块，文化力管理以责任管理为主线，包含责任价值、负责经营和担责敬业三维管理，以责任领导力（责任力）与伦理领导力（伦理力）为双翼，聚焦责任规范与伦理价值之间的融合机理。

▫ 团队力管理特征。作为五力管理模型的协同模块，团队力管理以团队管理为主线，包含团队胜任、团队激励和团队创新三维管理，以团队领导力（团队力）与数字领导力（数智力）为双翼，强调团队合作与互联分布的协合机理。

▫ 创新力管理特征。作为五力管理模型的创新模块，创新力管理以创新管理为主线，包含技术创新、业务创新和开发创新三维管理，以创新领导力（创新力）与创业领导力（创业力）为双翼，重视科创开拓与创业创造的智合机理。

▫ 行动力管理特征。作为五力管理模型的效能模块，行动力管理以变革管理为主线，包含变革能力、组织动能和转型发展三维管理，以变革领导力（变革力）与精益领导力（精益力）为双翼，关注变革转型与精益管理的整合机理。

五力管理模型的五项主线模型在本书中分布为：可续管理模型（第3章）、责任管理模型（第4章）、团队管理模型（第8章）、创新管理模型（第10章）和变革管理模型（第12章）。

💬 **思考研讨 1-3** ┄┄

知情意责与五力管理模型

　　请思考如何以"知情意责"四元机制来解读和深化五力管理模型的竞合、融合、协合、智合和整合机制？研讨并采用"生态力、文化力、团队力、创新力和行动力"五力管理指标，评判身边企业的五力管理能力特征与模式。以"五力管理模型"的生态力管理、文化力管理、团队力管理、创新力管理、行动力管理五大管理模块及其 10 项能力要素衡量与分析所在团队的强项与弱项，并讨论不同团队之间的异同。

二、如何开展管理心理学研究

1. 研究的问题驱动与理论创新

（1）管理心理学研究的方法思路。心理学研究方法在过去 40 多年得到了极大的提升、创新和发展。很多人以为好的研究是依靠方法而产生的，其实不然！正如心理学大师科特·勒温所说，"没有什么比好的理论更实用"！方法是为目的服务的，目的是由理论指导的。正如陈立先生（1990）在王重鸣所著的《心理学研究方法》的"前言"中强调的：心理学理论发展与研究方法繁殖体现血缘关系，鼓励"用科学来改进推理"，主张以研究对象的多样性而"不拘一格"采取多种方法与技术，而不是归于单一的研究方法"模板"或只局限于数据的处理。希望从中摄取启发，推陈出新，使得在方法学的研究与应用中得到进一步发展，加快理论创新。

　　管理心理学研究通常采用访谈案例—问卷建模—实验检验的三段研究范式，特别重视在理论指导下，从实践问题出发，通过多种实证方法对理论假设作出多重检验，特别是实验或准实验方法的检验。图 1-6 为问题驱动方法论及其多环节理论检验的过程模式。

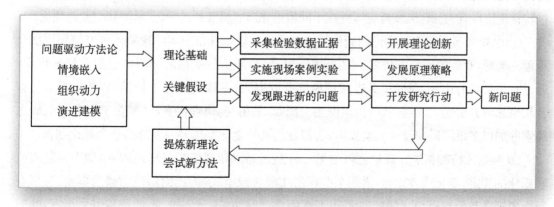

图 1-6　问题驱动方法论的过程图解

问题驱动方法论从问题出发，提出关键理论假设，通过实证检测，创新理论，发展原理策略和开发研究行动，主要包含情境嵌入法、组织动力法、演进建模法三要素。

① 情境嵌入法。在传统的管理心理学研究中，通常把管理实践当成"背景"，并假定背景是相似和稳定的，只需要关注特定的变量及其关系即可。但由于管理实践情境日益动态和多样化，组织情境的变异度显著增大，因此，在研究中必须让情境差异性特征嵌入解题框架，用以解释组织效应或个体行为，并加强情境特征的组合和多水平特征验证。改变时下"单一关系"和"独立效应"方法论的局限，做到聚焦管理实践的关键心理学问题并开展实证研究。

② 组织动力法。通过深度案例与实证分析，构建了中国企业组织动力特征及其框架，指最能激发或推进组织变革与发展的过程要素（称为内在动力因素或高阶动能要素）的组合或体系。管理心理行为机制受到若干项高阶组织动能要素的影响，企业组织在转型发展场景中涌现出一系列与组织变革相关的团队特征动力和组织界面动力因素。前者涉及团队多样性、任务多重性和团队心智共享（共享心理模型）等团队动力资源；后者包括文化价值取向、专业团队互动、管理职权分布、业务决策选择、公司文化变迁、技术创新响应、客户市场反馈、转型政策导向、联盟策略开发等多种组织界面动力因素。关键点是其"后缀"动力特征：取向、互动、分布、选择、变迁、响应、反馈、导向、开发等动能因素交互作用，构成问题导向的组织动力框架。

③ 演进建模法。运用阶段发展的视角，提取出管理心理学研究的阶段性情境特征并加以动态模型建构，以便表征出管理情境或工作情景的某种演进模式。比较常用的有演进情境权变法和演进情境敏捷法两种方法。前者注重不同阶段情境特征与文化特征之间的动态关系，包含结构柔性、决策分布、运营生态等组织情境特征并与和谐、关系、多样等文化情境特征形成权变建构；后者提炼出诸如信息技术变革、创业文化转型等组织敏捷特征以及敏捷行动，确保研究的前瞻性与开放性。敏捷的概念最早用于软件开发与项目管理，表示软件项目对于客户需求的快速反应和迭代。管理心理学深化了组织敏捷性（organizational agility）的概念，将其定义为"组织在快速变化、模棱两可、动荡的环境中自我更新、适应、快变和制胜的能力"。

(2) 研究的理论创新与社会责任。管理研究的重要目的是取得理论创新、开发行动并应用于实践，鼓励做出全新的理论洞察和范式转变，强调创造性理论建构和新方向研究解读，从而使理论创新成为管理心理学研究与应用的基本动力。开展理论创新可以采取多种途径，通过转移理论焦点、尝试"突发奇想"，并在不同理论思路之间互补式循证，从而建立新的理论。

① 全新式演绎建构。理论创新的第一种路径是以新视角对实际现象或研究结果作出全新理论演绎，有效的研究方法之一是采用扎根理论，即从最基础的"草根式"经验资料出发，通过对采集到的访谈、观察和身边案例做出开放编码、主轴编码和选择编码，从中提炼与整合新概念的方法论，获得全新的构思框架。例如，采用"扎根理论方法"采集资料和提取概念线索并加以多级编码和理论元素提取，尝试建构女性创业型领导的多维构思和理论创新。

② 唤起式跨越拓展。理论创新的第二种路径是以新现象拓展理论边界，做出唤起式或联想性的界定、细化或者放弃，借用某些深层次概念或模式，提出创新性的概念框架，从而克服现象观察与现有模型之间的差距和不适用性。例如，从元认知、元竞争等概念出发，唤起

式提出的包含动力、活力、张力的"元领导力",是这类理论创新的重要尝试。

③ 双栖式策略开发。理论创新的第三种路径是以新场景创造行动理论,采用开发式构思模式,根据能力开发和创造力提升的思路,设计和实施"双栖式"理论建构,以新场景做出创造性的策略框架。例如,通过有关中国企业组织变革与文化融合策略的系统研究,提出了变革行动理论(ASD),用以指导组织变革的行动策略。

图1-7是管理心理学理论创新的三种路径。研究日益强调社会责任与伦理性,提出开展负责任研究,获取具有理论意义和社会价值的研究与教学。

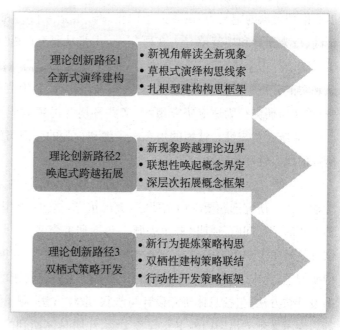

图1-7 管理心理学理论创新的三种路径

2. 研究的效度与研究的计划

(1)管理心理学研究的效度。研究效度是指研究中所要测量和研究的东西达到某种目的的程度,也称为研究的真实性。理解和策划研究的效度是至关重要的方法手段。心理学研究主要考察六种研究效度:内部效度、外部效度、构思效度、统计效度、伦理效度与生态效度。

① 研究的内部效度与外部效度。这是指在研究的自变量和因变量之间存在关系的明确程度。内部效度的关键特征是,如果自变量和因变量之间关系明确,那么研究就具有内部效度。内部效度的获得,主要是通过认真细致的变量选择和准确周密的研究设计。研究的外部效度是指研究结果能够一般化和普通化到其他的总体、变量条件、时间和背景中去的程度,即研究结果和实验效果的普遍意义或可应用性。外部效度的要求是避免单一情景、样本和方法的研究,通过多个相互关联的实验或方法、不同样本的检验,并运用多种研究情景来寻求具有普遍意义的结论。

② 研究的构思效度与统计效度。研究的构思效度涉及研究的理论构思及其操作化的问题,即理论构思及其检验的有效性。在研究中,要求在理论构思方面结构严谨、层次分明,并对研究中的自变量与因变量作出严格的内涵定义,给予明确的操作定义及其测量指标。统计效度是有关实验处理效应的数据分析程序与研究实证或实验数据的有效性检验,主要取

决于两个方面的条件：数据的质量和统计检验假设的满足程度。

③ 研究的伦理效度与生态效度。研究的伦理效度与生态效度是研究方法论的最新发展。伦理效度的定义为"在研究中以伦理标准指导行为和遵守规范的程度"，主要包含伦理标准、行为指导和规范遵守。在研究中，主张从研究问题、研究构思、研究方法、研究分析和研究结论等多个研究环节提升伦理效度。研究的生态效度的定义为"研究在选题、设计、实验和实证分析中适应现实环境与实践需求、响应社会价值和顺应可续发展的程度"。在研究中，关注所研究行为适应研究情境、实践环境和可续效能等方法论特征，把对象的生态代表性（并非统计代表性）、情境的生态嵌入度和行为的生态可续性作为效度前提条件，充分表现研究的代表性和普适性。

（2）研究的计划、开题与实施。管理心理学研究计划是开展研究工作的重要理论指引与行动方案。研究选题要求简洁明了，突出重点，描述关键因素及关系。研究问题结合中国管理实践的重要问题，说明"来龙去脉"，包括研究背景、痛点问题和研究的目的与意义。常见情况是难以聚焦关键问题或选题过大且不够明确。研究框架要考察以往研究的文献进展与待研问题，力求"站在巨人的肩膀上"，提高解决研究问题的站位和起点。研究解题需要采用的设计与方法，包括总体研究设计与步骤、取样方法、测量及分析方法、研究程序与配套方法等。参考文献列出国内外主要参考文献，注明具体期刊的卷号、期号及页码。在研究启动以后，往往会发现实际与计划的脱节或偏离，需要及时小结进程，调整计划，修订研究方法与路径，以期获得更加切合实际的研究结论或成果。

（3）总结提炼和研究报告撰写。在对研究数据进行分析以后，就需要从研究的理论框架和目的出发，根据数据分析结果，作出合理的解释。总结提炼和报告传播可以使研究的管理心理学意义得到充分展现。对分析结果的解释和提炼是一项创造性的工作与活动，不但需要根据研究的理论框架开展假设验证与解释，而且重在发现和分析超出预期的创新点并延展出较为系统的理论原理，也为进一步的研究提供新的理论指导和知识基础。作为研究结果总结的重要内容，需要提出具有应用价值的改进建议和值得进一步研究关注的新问题。管理心理学研究报告及文章多见于《心理学报》和《管理世界》等重要管理学类杂志。越来越多的管理心理学研究文章发表在国际学术刊物上。

💬 **思考研讨 1 - 4** ┈┈┈┈┈┈┈┈┈┈┈┈┈┈┈┈┈┈┈┈┈┈┈┈┈┈┈┈┈┈┈┈┈┈

管理心理学研究的六项效度

怎样理解管理心理学六项研究效度的关键条件与方法论意义（研究的内部效度、外部效度、构思效度、统计效度、伦理效度和生态效度）？请检索一项最近的研究报告，考察研究的选题、假设、设计、测量、分析和结果，并对其多方面研究效度做出点评与研讨。

　　管理心理学在研究与应用行动中不断拓展理论构思,新概念、新方法层出不穷。请阅读"研究案例1　社会创业导向构思的探索性案例",思考、理解和讨论如何运用案例研究所采用的思路与方法,以数字化创业为例,设法提炼数字化创业导向的构思与概念以及相应的新问题、新构思和新方法。

 研究案例1

社会创业导向构思的探索性案例

　　案例解读:作为王重鸣所主持和承担的国家自然科学基金资助的全国首项创业管理领域重点项目"基于人与组织多层互动匹配的企业家成长机制与创业环境研究"的系列案例研究,本研究围绕方兴未艾的社会型创业开展并行式多案例分析,运用行动结构理论的脚本加以分析,从合法性、胜任性和支配性三个方面,探索和界定社会型创业导向的企业社会引领(匹配)、共赢规则协同(创新)和边缘资源拓展(整合)三大维度及其特征。案例依据国际上判断社会型创业的标准(组织行为创新、直接社会影响、自我持续能力等)开展采样,选择了四家企业组成代表性样本。运用半结构化访谈及案例资料采集获取多种资料数据。表1-1是这项案例研究对社会创业导向的维度及案例表现的总结。

表1-1　社会创业导向基本维度的跨案例分析与体验

社会创业导向维度	企业社会引领(匹配)	共赢规则协同(创新)	边缘资源拓展(整合)
案例结构行动脚本	合法性	胜任性	支配性
某三替集团	吸纳下岗待业人员 提供免费中介服务 组织职业技能培训 创造关注行动氛围	降低成本快速发展 设立员工联系网络 政府业务提升品牌 员工培训提升能力	识别特长整合优势 下岗人员外部资源 培训提升组织承诺 减少人资外流现象
某食品公司	课题研究污染解法 生产蒲炭消化桃蒲 带动他企参与开发 桃蒲原料绿色农药	获取环保部门支持 院校结盟科研攻关 避免无序价格竞争 开发高附值衍生品	创新转化污染原材 申报课题获研究费 合理布局自有资源 机构合作整合人资
某化肥公司	解决化肥低利用率 参与产品国标制定 接手工程挽回损失 安置下岗避免事件	全国布点实测品种 农化网络监控肥效 示范农户普及理念 兼并重组文化建设	建立农化服务网络 主动参与行标制定 占据无形资源优势 改造项目转化资源
某投资公司	合规经营遵规行事 积极开展部委合作 响应西部开发战略 参与沙漠治理活动	研究品种种植技术 提供农民技术服务 制定规范种植程序 沙漠种植确保供给	服务西部重点区域 技术优势开发沙漠 清盘收购掌控资源 解决耕地资源问题

　　本案例首次提出我国社会型创业导向新概念，为研究与发展提供了新的理论框架。请结合案例所创建的社会创业导向三维模型：互惠协同、社会引领与资源拓展，思考与讨论如何将其用于工作实践？我们设计、验证与开发了"社会创业导向 SEO 量表（social entrepreneurial orientation，简称 SEO)"，量表工具 1 为该量表的题项，可供读者参考采用。

☑ 量表工具1

社会创业导向量表题项

① 深化与利益相关者各类合作。　② 提升与利益相关者合作效果。
③ 重要决策前考虑利益相关者。　④ 各类组织建立广泛合作关系。
⑤ 开展政府鼓励的产业与业务。　⑥ 发展战略符合政策产业规划。
⑦ 经济效益与社会效益相并重。　⑧ 提供社会紧缺的产品或服务。
⑨ 重视利用不受人关注的资源。　⑩ 重视发掘多种资源潜在价值。
⑪ 注重废物可利用的资源价值。　⑫ 强调创业开拓的社会性价值。

（参阅：盛南，王重鸣. 社会创业导向构思的探索性案例研究[J]. 管理世界，2008 (08)：127 - 137.）

　　中国管理心理学的研究与进展和中国文化与经济改革实践密切相关。请阅读"研究解读 1　中国文化、经济改革和工业与组织心理学的角色"，思考和讨论中国文化特征、改革开放实践与管理心理学发展之间的关系和未来方向。

📖 研究解读1

中国文化、经济改革和工业与组织心理学的角色

　　作者：王重鸣（浙江大学）

　　图书：马文-德耐特等：《工业与组织心理学研究全书》，美国心理学家出版社 1996 年版（Culture, economic reform and the role of industrial and organizational psychology in China. In M. D. Dunnette & L. M. Hough (Eds), *Handbook of Industrial and Organizational Psychology*, Second Edition, Vol 4, pp. 689 - 726, Consulting Psychologists Press, Inc.）

研究内容:《工业与组织心理学研究全书》第二版共 4 卷,是工业与组织心理学重要研究文献与指导手册。本研究发表在全书第二版第 4 卷中。研究以中国文化传统特征和改革开放的实践为基础,专题研究与报告了中国工业与组织心理学的重要角色与发展。把文化定义为共享的理念、社会价值观和组织规范。从历史上看,中国的佛教理念、道家学说和儒家思想对于文化产生了重要影响。比较有特点的是群体思路、和谐观念、公正平等、诚信承诺等。中国古代的思维与实践也反映在多方面,诸如工作动机、人事管理、考试测量、绩效评价、操作合理化和系统管理等。中国工业与组织心理学的人才培养、科学研究与实践应用都非常紧密地与改革开放的实践联系在一起,这些实践也显著改造着文化。中国经济改革对于管理实际与组织运营的影响力更大。研究聚焦回顾与分析了中国工业与组织心理学的六大领域:(1)工作动机与奖励制度设计;(2)群体过程与团队效能;(3)人事制度改革与领导力评估;(4)管理决策与职权分享;(5)管理责任承包与合资企业管理;(6)技术创新与组织发展。中国工业与组织心理学的特色路径在于其文化—社会导向、改革实践链接和产学共建发展三方面。其最新发展对于国际管理与跨文化心理学具有重要的意义,包括运用跨文化社会经济视角、强调团队化思路、整合物质与社会激励、采用专长胜任—系统联结—组织参与三策略。

新的发展方向是:创新理论建设、实践问题导向、整体思维发展,紧密联系文化特色和管理改革实践,实现中国工业与组织心理学的新愿景。

思考题 1

1. 请思考讨论学习管理心理学对自身职业发展和领导力开发的积极作用。
2. 中国式企业管理表现出哪些基本特征? 管理心理学表现出哪些新趋势?
3. 请阐述创业五力理论主要思想,并说明五力管理框架的新模块与要素。
4. 管理心理学研究问题驱动方法论有何要点? 如何做好研究选题与计划?
5. 请思考讨论管理心理学提出的三种理论创新路径并举例相关理论案例。
6. 在管理心理学研究中,应如何运用六种研究效度的要求提高研究质量?

第二章
心智能力与组织认知

第一节　心智模式与知情意责特征

🎓 知识要点 2‑1　心智模式与知情意责 ┄┄┄┄┄┄┄┄┄┄┄┄┄┄┄

> **心智能力:** 心智模式、智力能力、胜任力；赋能学习力、控制源和效能感三维。
>
> **心理弹韧:** 风险与逆境中承压坚持、调节适应和主动重建的综合素质与能力。
>
> **知情意责:** 心智知识智力、情智激情情管、意向决断毅力、价值规范担当四元。
>
> **组织认知:** 组织注意、组织释义、组织判断、组织记忆、组织思维与认知计算。

一、心智模式与弹韧适应特征

1. 心智模式与心理弹韧特征

（1）心智模式与工作心智模式。在日趋动态、不确定、复杂、多变的环境下,心智与心智模式越来越重要,成为管理心理学能力基础与行为特征方面的重要概念。

① 什么是心智模式? 管理心理学把心智定义为"人们拥有的理念、价值、认知、思维、情绪、意志、能力与策略等特征要素",而把心智模式定义为"由价值能力、情绪意志和专长策略等元素组合成的适应性理念组合体"。在有关心智模式的研究中,应用广泛的是定型心智与成长心智模式的理论。根据儿童在面对挫折与难题时的不同应对表现,定型心智模式表现为回避挑战、防御障碍、习得性无助、忽视负向反馈和视他人成功为威胁;而成长心智模式则显示出拥抱挑战、坚持面对、刻苦学习、发掘潜能、努力掌握、从批评中学习和从他人成功中吸取经验和受到鼓舞的心态。成长心智模式可以预测学习成效与工作进步。这两种心智模式的理论也拓展到了管理者和组织层面。表2‑1是两种心智模式导向下组织的管理实践比较。在动态、变革场景下,无论是行为特点还是管理策略,成长心智模式组织成为首选。

表 2-1　定型心智模式组织与成长心智模式组织的实践比较

	定型心智模式组织	成长心智模式组织
行为特点	回避挑战、防御障碍、得过且过 自我封闭、因循守旧、惯例行事 才能是天生的,倾向于淡化弱点	拥抱挑战、坚持面对、学习进取 发掘潜能、承担任务、尝试革新 才能可以培养,倾向于持续改进
管理策略	看重求职者文凭学历和毕业院校 依靠"明星员工",忽视大部分人 固着模式行政化经营,回避转型	重视求职者潜力能力与奋发精神 培养"转型团队",重视新的发展 优化模式成长型经营,拥抱变革

　　② 工作心智模式的内涵。管理心理学提出了工作心智模式和创业心智模式的概念。我们把工作心智模式定义为"工作的理念价值、认知思维、情绪意志和能力策略的组合体",既有工作的认知素质,如目标设置、信息加工、系统思维、机会知觉、坚持毅力、心理承诺、风险感知、网络建构和独立自信等特征,也包括拥有工作的行为素质。在创业创新场景下,创业心智模式是指"创业者拥有的进取素质、创新专长和主动精神等元素",其中,既有创业的认知素质,也包括创业的情意特质以及拥有创业型价值理念,展示创业伦理态度,表现创业变革行为,秉承创业发展导向等成长型行为素质。

　　(2)心理弹韧性与认知适应力。在变革、创新、竞争、危机与发展环境中,心理弹韧性与认知适应力越来越重要。

　　① 心理弹韧性。弹韧性(resilience)最早出自拉丁语"resilire"和"resilio",指"反弹"或"跳回"的意思,几经演变到英语"resile"指复原力,内涵"弹"与"韧"双重语义。平时常说的韧性,在管理心理学中称为弹韧性,从而在概念上区分"弹"和"韧"两种元素:"弹"元素指向自主应对,用"弹性"表示主动重建的能力;"韧"元素表现承压坚持,以"韧性"表现坚韧品质。弹韧性概念拓展了新内涵,用以表现人们在生活、工作、管理和事业中日趋普遍的心理与行为特征。心理弹韧性的概念主要来源于发展心理学和儿童心理病理学的早期经典研究,出生在极端贫穷和逆境下的儿童之所以能按照正常轨迹发展,并在许多方面如比一般家庭的孩子在职业方面表现更好,是因为他们在逆境应对过程中形成和提升了心理弹韧性,主要包含信任、自主、勤奋、认同、亲密和创造性等要素,促进了压力生活情境中的防压缓解、逆境调适与解题能力等弹韧因素。增强弹韧性有多种方法:建立良好关系、学会承受压力、及时换位争取、定立发展目标、采取果断行动、保持自信同理、利用自强机会、采取长远视角、充满希望乐观和促进身心健康等。管理心理学把心理弹韧性定义为"人们在风险与逆境中承压坚持、调节适应和主动重建的综合能力"。心理弹韧性也成为心理资本的重要元素和管理胜任的关键特征。

　　② 认知适应力。这是学习、工作、生活与职业的重要弹韧特征。管理心理学把认知适应力定义为"人们在特定动态、不确定任务环境中表现出学习适应、灵活决断、策略反思、调节释义和反馈调控的能力"。在心理弹韧性的框架下,以认知适应力为主导、素质适应力与情绪适应力为辅助,形成持续成长的适应力。其中,素质适应力主要表现为现实性乐观、精力

充沛和发展意志等,情绪适应力则主要表现在情绪认同感与人际情绪传递等方面的适应力。

(3) 个体弹韧性与组织弹韧性。心理弹韧性分成两种层次:个体弹韧性与组织弹韧性。

① 个体弹韧性特征。我们把个体弹韧性定义为"个体在变动与逆境下的应对、恢复与反弹的心理特征",包含自信弹韧与学习弹韧两方面关键元素。前者是个体面对挑战与逆境,运用决策自信策略增强自信心态与调适能力,以坚韧心智模式适应新环境的特征;后者是个体面临逆境下的各项任务与活动,通过调节聚焦策略、学习聚焦目标和建构行为策略,重塑生存路径与发展模式的特征。量表工具 2 是修订的心理弹韧性量表题项,可供采用,也可修订成组织弹韧力量表。

📋 量表工具 2

心理弹韧性量表题项

① 我对自己的各种选择很有把握。　⑦ 我在困难面前尝试多种解决办法。

② 我在挑战情景下比较有自信心。　⑧ 我喜欢在多任务中排出优先顺序。

③ 我在困难面前不断尝试新解法。　⑨ 我经常尝试增强自身素养与能力。

④ 我喜欢走不同路去熟悉的地方。　⑩ 我经常在行动前重新考虑与策划。

⑤ 我在意外场景下主动调整自己。　⑪ 我喜欢先集中精力办成一两件事。

⑥ 我常对不同任务调整新的模式。　⑫ 我善于在逆境下重选自己的路径。

② 组织弹韧性特征。这是指"组织为了生存和发展,共享弹韧心智、协同运营复原、学习创新机会和进取可续发展以应对潜在风险和突发危机的动态能力"。组织弹韧性包括协同弹韧和进取弹韧两方面重要特征。前者是组织运用责任规范策略共享弹韧心智与复原方略,以沟通协调与协同运营实现各项任务目标的特征;后者则运用决策定力策略启动弹韧力增强计划,以学习与创新推进组织可续发展的特征。面向可持续发展,许多企业通过重塑愿景、创新合作方式和重构利益价值等途径,积极铸造"弹韧型公司"。

💬 思考研讨 2 - 1

成长心智模式与心理弹韧性

管理心理学研究表明,持定型心智模式的组织通常比较看重求职者的文凭和人才"帽子",而成长心智模式的组织则注重求职者的潜能和人才"精神"。组织的主流心智模式在很大程度上影响着员工对组织的满意度、对组织文化的认知、团队协作的模式、创新能力的发挥,以及工作伦理与职业道德等方面的行为特征。研究发现,定型心智模式的组织在人才队伍方面更习惯于从外部招聘,看重"背景条件",在员工评价中有比较多的负面批评,注意短板不足;而成长心智模式的组织则更多强调内部培养与选拔,在员工评价中明显有更多的正面鼓励,侧重成长潜能。定型心智模式与成长心智模式分别有哪些关键特征?怎样理解在学习、工作、管理或是生活中需要不断增强成长心智模式与心理弹韧性,以便应对挑战和续航成长?如何增强组织弹韧性?

2. 认知特征与知识智力类型

(1) 认知特征与组织认知。认知是管理心理学的最基本元素,"知情意责","认知"当头。认知原意是学习与知识,是指"通过经验、感觉和思维获取知识的心理活动"。管理心理学的重要基础是组织中的认知特点与认知机制,称为组织认知。工作认知被看成一个信息加工的组织认知过程,包括组织注意、组织释义、组织判断、组织记忆和组织思维等阶段特征。

① 组织注意与组织释义。组织注意是指组织中决策者注意力的社会性结构模式,即对不同信息的过滤、筛选和关注模式。西蒙把组织行为描述为"注意过程的复杂网络"。经营管理与工作信息的图式加工形成"组织组块"。常见的社会信息加工有两种图式:剧本图式和原型图式。剧本指包含行动顺序的加工图式,原型则指用以组合各种个人特征的图式。工作中经常需要对组织的抽象概念加以解释,并赋予深层、完整的意义,称为"组织释义",分为四种类型:指导型组织释义(遵循特定框架)、选择型组织释义(聚焦问题)、碎片型组织释义(类似头脑风暴)和底线型组织释义(基于底线思维)。组织释义促进组织赋义。实践中较多采用选择型组织释义,组织释义能力也成为未来工作的首选能力。

② 组织判断与组织记忆。组织中的信任、伦理、道德、价值、责任等元素,以及决策、选择、风险、变革等策略,都与组织判断密切有关。由于认知判断的有限理性,即决策者基于事实前提和价值前提而在决策判断中表现出的不完全理性,组织判断会包含许多偏差倾向。常见的有损失反转偏差(决策中更看重损失而轻视得益的倾向)、可取性偏差(把易想象提取的事件判断为更可能发生的倾向)、基准率偏差(研判中忽视结果的先验概率如"数值的分母")、承诺升级偏差(在无法预计或显然失败的行动中投入更多资源的倾向)等。组织记忆是组织在初创、成长、成熟、转型过程中主动获取、编码、储存和提取的知识体。记忆具有主动建设的特征。管理心理学注重组织中的外显记忆(如各种文件或事件)与内隐记忆(如组织惯例,即组织执行类似任务所积累形成的习惯性行为过程)、短时记忆与长时记忆,以及组织运营的"工作记忆"等特征。在多团队、多业务和变革创新情境下,分布式认知与情景性认知等记忆模式分析为组织记忆提供了复杂的心理表征基础,表现组织记忆的分布性、嵌入性和情境性特征,成为组织胜任能力的重要特征。

③ 组织思维。思维、知识与推理属于高阶认知特征,体现出主动、建构和创造等心理过程。组织思维是指组织水平的思维过程与模式、知识获取与转换、问题解决及其行动策略。组织知识的心理表征以组织经验积累、管理现象释义和行动规则提炼等为基础;知识获取则包含了要素分类、特征重构、过程规制和范畴共享四重加工,并组块成领域专长与解题策略。

组织思维内涵丰富,基础层思维包括定型与成长思维、聚合与发散思维、正向与逆向思维、辩证与双栖思维、弹韧与适配思维、捷径与启发思维、前瞻与警觉思维等要素;管理层思维则包括心智模式、设计思维、数字思维、关系思维、合作思维、行动思维、创新思维、创业思维、创造思维、精益思维和变革思维等关键要素。在很大意义上,组织行为就是一种思维与行动方式。

④ 组织认知计算与量子认知。认知计算是指模仿人类大脑的计算系统,做出拟人思维,以目标推理和与人类自然语言交流互动的能力而自主学习,从而使人们从海量复杂的数据中洞察、提取"经验"并加以概括与分类,做出更为精准的决策。除了运用认知计算技术,也可以尝试分析邮件、社交网络和手机上的其他信息并进行学习。组织认知计算可以帮助建构起智能互动的"数据供应链"和"数据思维与策略库"。有关认知计算模型与释义理论的研究和应用加快了组织中认知的多种思路整合,形成两种范式:计算视角和解释视角。前者注重管理行为与组织过程的信息加工局限、选择性、偏差性和变量间效应;后者强调个体与群体对于情境线索的特征释义、原理提炼和模式建构。与此相关的新发展是量子认知研究的兴起,围绕动态场景下(例如组织变革),面对的是多种策略相互叠加,多项模态交互运营,多维能力组合跃迁,多地文化交叉包容,多方团队协同合作,需要采用量子认知做出复杂认知表征与机理解读等全新问题,尤其对量子管理心理学视角下的个体理念—行为"纠缠"、群体伦理—责任"失衡",以及激活多利益相关方的协作动能"激活"等组织认知与决策解题问题,具有重要理论与方法论价值。

在组织认知的框架下,组织注意、组织释义、组织判断、组织记忆、组织思维和组织认知计算及量子认知等都是管理心理学行为机制、组织动能与行动发展的重要认知基础。

(2) 智力与能力。这是管理心理学的重要基本元素。智力是从经验中学习和适应环境的心理才能。能力导向是全书的总思路。

① 智力理论。在斯皮尔曼的"双因素智力理论"(认为智力由一般智力与特殊智力所组成)和卡特尔的"流体智力与晶体智力理论"的基础上,比较有影响的智力理论是:斯滕伯格的成功智力和"三元智力理论"(包括分析智力、创造智力和实践智力三种基本元素)等。成功智力包含了四项元素:社会文化情境下识别、协调和达成生活目标的能力;具有扩大强项和补偿弱项的能力;旨在适应、塑造和选择环境的能力;综合分析(元认知)智力、创造智力和实践智力元素的能力。这些理论成果成为管理心理学的重要基础。学习与工作中有两种知识类型:外显知识(explicit knowledge)和内隐知识(implicit knowledge)。前者是形式化的知识,由书本和数据库记载,又称陈述性知识;后者则是直觉的、个性化和经验积累的有关如何做事的知识,运用情景与程序化的方式进行评价,又称程序性知识。实践智力是应用内隐知识解决实际问题的能力,具有三个特征:程序性结构与高情景性;实用性价值目标与高行动性;实践性获取与低支持性。

② 什么是能力? 我们把人们能够顺利完成某种活动的心理特征称为能力,分为一般能力和特殊能力两大类。认知能力是重要的基本能力,主要包括四个方面:言语能力,指理解

和运用管理任务与活动中的书面和口头语言的能力;数字能力,指迅速准确采集与运用数据开展运算、建模和应用的能力;方案能力,指进行多任务归纳、演绎思维,提出综合解决方案的能力;运作能力,指准确勘察时间与空间特征进行时空特征心理操作的能力。技能与具体任务或知识领域密切相关,是一种习得的、有组织的工作能力。技能行为包含从输入、加工到输出的相互影响的信息加工过程。与工作和社会相关的能力具有层次特点,分别是最初的社会能力、工作相关的职业能力、创业创新相关的创业能力、带领团队相关的领导能力和成长发展相关的可续能力。

　　③胜任力特征。工作与管理中还需要一种汇集知识(knowlede)、技能(skill)、能力(ability)和其他非智力因素(others)多方面元素的综合素质模式,简称 KSAO,形成依赖心智素养和神经调节的综合胜任力。我们把胜任力定义为"承担复杂任务所需要的知识、技能、心智、能力和非智力特征组合而成的综合能力"。胜任力概念包含着对于任务、岗位或职位要求及组织任务"胜任"的含义,即针对岗位任务标准和工作绩效要求而言所需要的综合能力。表 2-2 是传统综合能力和新兴胜任能力的 KSAO 特征比较。

表 2-2　传统综合能力和新兴胜任能力的 KSAO 特征比较

岗位任务特征	知识(K)	技能(S)	能力(A)	其他非智力因素(O)
传统综合能力	单一陈述知识,如专业知识	个体操作技能,如职能技能	任务感知能力,如言语能力	个体行为规范,如敬业承诺
新兴胜任能力	复合程序知识,如内隐知识	团队协作技能,如项目技能	创新心智能力,如创新能力	组织价值规范,如弹韧情商

　　④员工能力地图。胜任特征成为每位员工与各类人才的关键能力。管理心理学针对员工的职业能力与体面工作特征开展了一系列研究。

　　由于员工的工作种类繁多,职业发展路径多样而工作条件参差不齐,因此,职业能力方面的研究提出两种有效策略:技能地图法和模数组合法。技能地图法是一种针对特定群体(如某工种)勾画相应于高绩效高成长所需关键知识技能和综合才能水平的"作图"过程。技能地图常用"技能指数"(要素组合)为指标加以评价,典型的员工能力要素包括:适应能力(诚实守信、工作技能、弹韧应对、结果导向),合规能力(遵守纪律、规范守法、承担责任、工作伦理),协作能力(合作沟通、劳动关系、主动精神、敬业参与),创新能力(创意创造、工匠精神、持续学习、开拓创新),发展能力(信息技术、专业专长、精益求精、客户发展)等20项,如图2-1所示,可用于员工能力开发与职业管理。模数组合法则是以专业化知识与技能定制员工培训能力模块,并与体面工作、岗位配置与职业发展相结合。体面工作特征一般包含三项维度特征:工作条件(工作适应、工作—生活平衡、工作负荷)、工作待遇(收入待遇、社保福利、培训发展)和工作发展(工作保障、劳动关系、公平文化)。管理心理学关注员工素质能力与体面工作的匹配和发展,并作为工作设计和员工管理实践的理论指导。

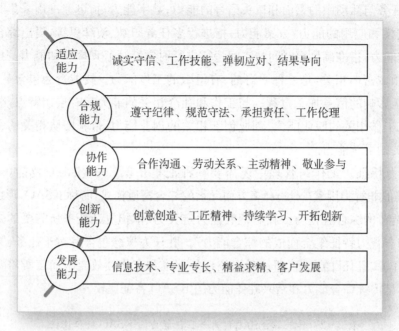

图 2-1　员工能力地图

二、情绪管理理论与意志管理

1. 情绪智力与情绪管理理论

（1）情绪智力。这是管理情绪的能力，也称情商。早在 1980 年代，相关研究就关注在工作中表达、感受、理解、反映情绪的能力。到 1990 年，提出了基于能力的情商学术概念，把情商定义为"监测自身和他人情感情绪并加以辨别和利用，以指导自身思维与行动的能力"。本书采用情绪智力的用词。情绪与认知交互作用增强了人们适应复杂环境的能力，称为情绪智力，包含自信心、责任意识和成就动机，而非认知智力。管理心理学中运用得比较多的有两种理论模型：心理能力模型和情绪胜任理论。

① 心理能力模型。这种理论把情绪智力定义为相互关联的四种心理能力要素。

□ 情绪感受力。识别、区分和感受自我与他人情绪的能力，包括情感线索与情绪元素的识别，区分与判断出情绪表达以及复杂情绪元素。

□ 情绪促思力。运用情绪促进认知推理、解题释惑和人际沟通的能力，引导注意力做出思维排序，以相应情绪促进多元思考与不同思维风格。

□ 情绪同理力。理解、分析与同理情绪的能力，包括情绪语言与意义的理解和对情绪细节的鉴别解释与设身处地，以及对复杂情绪的再认与加工。

□ 情绪调节力。对情绪的反思与调节，以便防护、减弱、增强、修正情绪反应，对特定情景情绪反应做出适合度判断以及情绪情感调适。

② 情绪胜任理论。这种理论包括四个模块,以意识—管理、自我—社会两种维度的四个象限表现情绪胜任特征。

　□ 自我意识(自知之明),包括情绪的自我意识、自我评估、精准认知、自信心。

　□ 社会意识(社会认知),包括他人的移情换位、组织意识、理解他人、服务心。

　□ 自我管理(自我调控),包括情绪的自我管控、适应能力、成就导向、主动性。

　□ 关系管理(团队调节),包括他人的开发鼓舞、变革管理、冲突化解、合作性。

图2-2表示出情绪智力的胜任模型与心理能力模型的相互关系图解。

图2-2　情绪胜任力关系图

(2) 情绪管理与激情特征。我们把情绪定义为"人们对于环境刺激做出生理心理反应的体验,从而形成身心变化、激情调节与行动准备"。情绪是行为适应环境的信号机制,是产生幸福感的前提条件,也是应对压力、危机挑战场景的需求信号。情绪管理具有三个特征:情绪多面性,协调好多层面的情绪特征与管理要素,积极调适情绪的压力、动力、推力、拖力、拉力等,做强正面效应;情绪交互性,采取情绪沟通、情感互动、情绪参与、情绪自控与他控交替、跨层互动体验和内外交流感染及线上线下情绪表达等;情绪建设性,设法增强情绪的传递性、可塑性,加强情绪调节与建设性。

在生活与工作中,常常体验到各自情绪反应或激情冲动。心理学把激情定义为"对自认为喜爱的活动投入时间精力所表现出的强烈情绪倾向"。激情具有内在性、带动性、学习性和领域性等特征。激情包含两个要素:沉入式激情(情不自禁或冲动着迷)与和谐式激情(自主认同或执着投入)。沉入式激情促使有限投入和刻板追求,实践中需要自我控制,有助于接近或回避绩效,但对绩效提升往往有负向影响;而和谐式激情则对工作的坚持性、执着性和适应性都有正面的作用,实践中需要自主展现,有助于主观幸福感和目标掌控乃至绩效提升。管理心理学还把激情分解为情绪性激情(类似沉入式激情)和认知性激情(类似和谐式激情),并强调学会提升与调用元情绪(指情绪监控策略)。

2. 意志管理与学习赋能特征

（1）组织中的意志特征。管理心理学重视行为的意向、意愿和意志特征，把意志定义为"有关意向坚持、意愿自控和意念实现的心理倾向与行动"。意志以思维为指导，以情绪为调节，以行动为表现，综合运用多方面的心理资源。意志力的核心要素之一是自控力，指人们面对目标而调节与控制自我的能力。意志力是可以训练、学习和自我优化的，并以不同方式展现在生活与工作中。管理心理学研究提出如下三种意志力策略。

□ 坚持意向策略。这是通过明晰所要达成的目标，坚定团队目标方向和整合目标资源的策略，从而保持意志力的聚焦，增强面向目标追求的坚定意向。

□ 行动决断策略。这是通过行动决断，强化目标追求和意志展现，支撑和集聚意志力的策略，从而增强自控力和自励力，成为众志成城、克服困难、追求目标的心理依据和信心来源，也是团队领导力的关键要素。

□ 续能毅力策略。这是通过面向目标追求的能量接续和聚精会神，维持和强化意志力的策略，从而集中能量与注意力，防范干扰和挫折分散精力资源，以赋能前行，聚力续能，增强意志力。

意志力管理讲求镇定的心境和敏捷的调节，以自控力和自律力保持意志旺盛和可续。

（2）组织中的责任要素。管理心理学以"认知—情绪—意志—责任"为四元行为机制。责任是心智模式的核心要素，文化理念的重要元素，创业社会责任的主干概念和责任型管理的行动主线。我国古代早就有"循名而责实"之说（《韩非子·定法》）。中国文化中常用的责无旁贷、守土有责和"天下兴亡，匹夫有责"等用语，都强调了责的重要性。个性特征中的责任意识从小就需要加以塑造和培养：可靠、自律、慎行。我们把责任定义为"作出对行为决策或过程结果拥有所有权的意向选择"，强调责任的承担与选择。责任理论中比较有影响的是责任三角模型，认为责任由角色认同、规则处方和关系事件三个元素组成，并在个人控制力、职业义务感和任务清晰度的影响下形成感知责任。

图2-3表示了知情意责的心理协同模式，即以责任特征（价值—规范—担当），协同了认知特征（心智—知识—智力）、情绪特征（情绪智力—激情—情绪管理）和意志特征（意向—决断—毅力）构成四元心理机制。

（3）社会学习论与赋能策略论。学习是最基本的心理过程与胜任特征，主要有社会学习论和赋能策略论。管理心理学研究揭示了社会学习的自主神经与控制神经交互机制，以及差错学习赋能中更错反馈与容错加工的产生式神经反馈机制。

① 社会学习理论。认知学习的基本模式是社会认知学习，指通过对工作事件与个人目标及期望之间关系认知与思考以及与环境互动而获得学习，包含推理、解释、判断和决策等要素。

图 2-3 知情意责特征的协同模式

图 2-4 是社会学习理论的过程机制图解。著名心理学家班杜拉提出以人与环境交互作用获得学习的社会学习理论,强调学习者通过观察学习或模式学习,形成各自的社会学习模式(符号映象、榜样行为、角色行为),从而增强社会学习机制(控制源效能感)和学习成效。这项理论对于理解和优化工作、管理社会环境下的学习行为具有重要的意义。

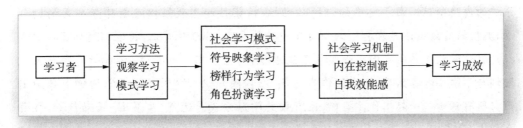

图 2-4 社会学习的过程机制

② 赋能策略理论。赋能是学习的高阶知识获取模式。在工作场景中,我们相信人的潜能,建立信任、开发能力、创造条件,就能发挥才智、做好工作,做出贡献。管理心理学把赋能定义为"有目的地通过积蓄知识、聚集能力和创设效能等方式来提升学习力、控制力和效能力的能力加工与增强过程"。赋能主要包括三个策略要素:学习力、控制源和效能感。

□ 赋能学习力。学习力是人们生活、工作、管理、职业和事业的最重要能力之一,也是赋能的第一要素。学习力是指"适应、积蓄、记忆、迁移和转化胜任特征并提升多水平学习成效的能力",特别是担责敬业和工作幸福感的能力。在赋能过程中,可以采用蓄能策略增强学习力。

□ 赋能控制源。控制源指个体认为行为是由自己掌握或是由运气、机会支配的心理特征,分为内在控制和外在控制,表现对生活或工作是否具有"主宰力"或控制力信念。内在控制源对于工作与生活行为模式具有预测力,表现定力和驾驭力。有效的赋能能够通过强化控制源并集聚能力,形成内源化控制的聚能机制。

　　□ 赋能效能感。效能感定义为"人们对自己能组织与执行达成目标所需行动能力的统合性判断与信念",称为感知的自我效能感。它主要包含两个要素:感知的胜任信念和达成的目标行动。比较注重蓄能(积蓄与储存势能)、聚能(集聚与催化动能)和使能(发挥与开发效能)。

　　使能的概念最早出现于春秋时期(公元前 770 年—公元前 476 年)《周礼·天官·大宰》,所谓"进贤、使能"。管理心理学把"使能"作为创造机会与条件使人发挥潜能并实现预期目标的主动策略,促成"举贤使能"的效应。

　　为了达到人与组织的持续适配和可续发展,需要在个体、群体和组织层面持续开展能力建设,又称组织赋能。组织赋能是一个多层次蓄电、聚电、使电的能力建设过程,旨在增强员工、团队和企业对工作与职业(事业)的学习力、控制力和发展力。

案例体验 2

内隐知识的获取与示范

　　丰田汽车为其在世界各地的分公司新员工提供培训计划的重要内容,是有关生产系统的内隐知识。由于内隐知识的行动性、情景性和实践性以及新建分公司的初创性,典型的有效做法是在招选的新员工中选拔 200—300 位员工,将他们送到已经建成投产且运营较成熟的丰田厂汽车装备流水线,与老员工一起工作,参加数月生产系统培训与车间实习。然后,把他们作为具备"准内隐知识"的"种子选手",送回到各地新厂与所有新员工一起工作。其中,最有效的学习方式是运用"质量圈"活动计划,在每个周末,让丰田一线员工参与沟通分享和互动讨论 1—2 小时,交流与分析各自在生产系统运营工作中所完成绩效的情况,以便具体识别生产质量或效率方面的问题。在此基础上,各组建议解题举措并讨论前一周识别提交问题的解题效能,进一步研讨和开展新的行动计划。在企业的"质量圈"互动环境中,丰田的新老员工分享持续改进的设想、进展、反馈与行动规划,设计与调整新的行动方案。期间,大家连续识别问题、消除差错、行动学习、积累经验和持续改进。多年来积累了大量知识、经验,储存了"丰田内隐知识组块",使得丰田生产系统成为全球高质生产系统的典范。思考和分析这项案例中内隐知识获取与示范的基本策略。

第二节　元领导力与学习归因行动

知识要点 2-2　元领导力与归因行动

> **元领导力**：由动力元、活力元和张力元三维元策略构成高阶领导力框架。
> **责任归因**：以目标责任特征制约归因模式而影响期望意向满意的归因机制。
> **行动理论**：行动顺序、行动结构(技能、模式、心智、策略)和行动聚焦过程。
> **差错学习**：差错掌控、差错预测、差错压力；学习文化、侦查与实验尝试。

一、元领导力与目标责任归因

1. 元认知论和元领导力模型

（1）元认知理论。管理心理学的许多理论创新和方法进展都与元认知有关。元认知定义为"有关认知的认知，是学习者有意识采用的认知策略"。在认知发展中，认知监测调节四项元素：元认知知识、元认知经验、元认知目标任务和元认知行动策略。

□ 元认知知识。人们所储存的有关人、任务和策略的各种知识元素，特别是学习、理解、记忆、沟通、解题以及元素间交互等认知表征。

□ 元认知经验。人们各种认知活动的情景性、体验性、策略性的认知特征，相对比较动态和有积累性。

□ 元认知目标任务。促进了深度文化信息加工和心理策划活动。

□ 元认知行动策略。注重监控思维与行为，属于高阶策略性认知，比较常见的有元认知调节、元认知学习、元认知记忆等策略。

管理心理学把元认知特征作为重要的策略元素与高阶特征，定义为"理解、控制、反思、调节和发展认知功能与认知策略的能力"。在本书有关元领导力、元行动、元文化智力、元认知支架和元竞争策略等多项讨论中，元认知都是深层次心理机理的重要元素。

在元理论发展中，新概念新方法层出不穷，1992 年科幻小说首创的"元宇宙"（metaverse）概念与技术尝试受到心理学研究的持续关注，并成为管理心理学中虚拟作业、虚拟团队与虚拟组织等虚拟环境与现实交互的最新领域。在传媒心理学和认知科学有关元宇宙关键行为原理的分析基础上，管理心理学关注互联网运用元宇宙 3D 虚拟世界技术开发"沉浸式"的社交媒体、在线保健、教育培训、商务管理、娱乐游戏和文创管理等全新能力。元宇宙超越了以往信息技术为现实服务的工具隐喻，使得用户成为行动者，作为虚拟团队元宇宙技术能力的主体，在 3D 虚拟环境中实现"沉浸式"表征沟通、身份互动、多元合作、策略共享、虚拟商务，以及具身交互、虚实相容、真幻体验和自主创造等新行为特点。元宇宙也催生了一系列新的创业方向，如虚拟偶像、数字孪生、沉浸影视和元社交平台等。元宇宙能力为管理心理学的深度研究与创新应用开辟了新的方向和发展空间。

（2）元领导力的三元特征。与胜任力密切相关的概念是领导力。由于领导力是贯穿全书的核心概念之一，特别需要明确其内涵特征。我们把领导力定义为"在群体组织中影响、激励与引领成员实现组织目标的行为过程与统合能力"。以往有关领导力的研究、培训和应用，比较局限于领导行为类型和领导风格特点，却缺乏有关领导能力的深化和元理论的建设。

① 元领导力的定义。管理心理学从元认知概念出发，提出领导能力的元理论，即元领导力（meta-leadership），作为众多领导行为与领导力类型的元理论框架，指"有关如何实施领导力的高阶领导策略框架"，主要包括动力、活力和张力三要素特征。在生活、工作、管理、职业与事业的场景中，这三要素都具有重要价值。以职业领导力为例，许多人面临职业瓶颈问题，急需积蓄动力、激发活力和施展张力。

▫ 动力的特征。动力是一种心理内驱要素，具有内外、强弱和长短之分。强调通过价值适应、教育学习和激励推动，形成内在为主、适中强度和持续增强的动力蓄能作用。

▫ 活力的特征。活力是一种心理动能要素，人与环境（生活、工作、职业、组织、营商、文化环境等）的互动与互依在"成长空间"中形成活力，通过资源选配、角色转换和潜能增强，发挥活力聚能作用。

▫ 张力的特征。张力是一种心理开发要素，是订立目标与当前状态之间的心理差异或紧张度。在现实中，初创的任务成功、阶段性指标成绩和项目经验等往往会使人越发"路径依赖"和"墨守成规"。通过重塑目标、出台举措和创造条件，展现出张力使能，特别是形成创造性张力。

② 什么是创造性张力呢？管理心理学把创造性张力定义为"以创意举措追求愿景的使能力场建构"，包括愿景型追求、创造性举措，使能式力场三项元素。

▫ 愿景型追求。这是指共享愿景、锚定方向、规划策略、创造价值、追求目标，类似于重塑成长目标、新编成长脚本。例如，以可续发展为新愿景，设立企业在环境、社会和治理方面的新发展目标，从而明晰现有经营管理实践必须变革转型的差距与方向。

▫ 创造性举措。这是指以创造性的方式策划行为剧本和目标性行动，类似于让成长脚本创意式高潮迭起。例如，学习任务的全新模式、工作目标的创意实现、项目管理的创造尝试和行动模式的创新拓展等，从而集聚创造性发展的策略能量。

▫ 使能式力场。这是指以创造创新创业的方式拓展发展的心理空间和增强使能的力场。类似于搭建起故事发展的新空间。例如，拓展任务域、建构责任体系、更新创造力文化和优化行动路径等，从而拓展想象力、创造力空间，形成促进"知情意责"资源有效调集和"聪明才智"持续施展的创造性张力。

图 2-5 表现出动力、活力和创造性张力的效应模式。如果以职业发展或企业成长的阶

段曲线为例,可以看到,动力线、活力线和张力线在初创期都处于低位且功能相似,在成长期拉大功能差距,创造性张力(小三角链表示)在跨越期显著提升了效能,并带动了动力与活力的协同效能。动力、活力与张力分别在不同阶段发挥独特的作用,而创造性张力对于改变工作常规、跨越中期陷阱、突破成长瓶颈,实现自我超越和可续发展是至关重要的。本书所讨论的"五力管理模型"和领导力模型,都以动力、活力和张力理论作为基本思路之一。

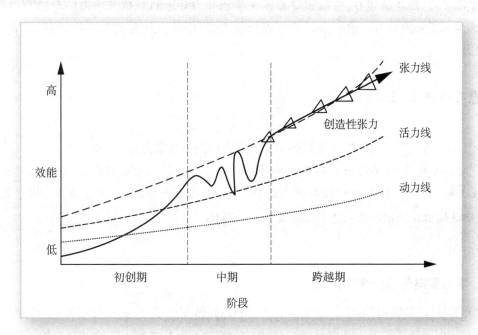

图 2-5　不同阶段动力、活力与创造性张力

　　(3) 元领导力模型。在内涵结构上,元领导力以适应、选配和发展(ASD)三项基本元策略为框架,以动力元为基础,活力元为支撑,张力元为开发,整合形成元领导力三角模型,作为领导力建构的深层次框架。如图 2-6 的"元领导力三角模型"所示。

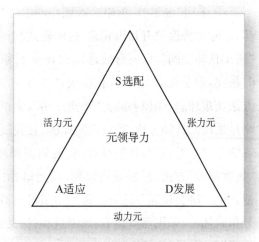

图 2-6　元领导力三角模型

　　① 动力元。价值适应策略是领导力的动力元基础,形成元领导力模型的"底座"基准,是元领导力的内驱性要素。典型的特征是采用适应与转换心智模式、组合知情意责元素、明晰价值理念、瞄准任务目标和定位内在激励等途径。

　　② 活力元。决断选配策略是领导力的活力元支撑,形成元领导力模型的"左樑"联结,是元领导力的动能性要素。常见的做法是采用支撑战略决断、协同资源选配、激活团队动能、

选择工作模式和创新行动策略等办法。

③ 张力元。赋能发展策略是领导力的张力元开发，这是元领导力模型的"右柱"拓展，成为元领导力的开发性要素。有效策略是协同胜任能力、促进组织创新、拓展行动策略、提升赋能效能和增强可续发展，从而形成创造性张力。

在随后有关弹韧领导力、赋能领导力、伦理领导力、责任领导力、团队领导力、数字领导力、创业领导力、创新领导力、精益领导力和变革领导力等系列新型领导力的概念与原理讨论中，都运用了元领导力三角模型。从心理机制上看，领导力开发的要义是增强其动力、活力与张力。

 思考研讨 2-2

> **职业发展的动力、活力和创造性张力**
>
> 请思考动力、活力与张力的内涵和特征。结合各自的职业成长经历，针对自己的职业兴趣、职业选择、职业现状和职业前景，分析各自的职业动力、职业活力和成长张力，研讨提出增强创造性张力和续航发展的新策略。

2. 学习策略与目标责任归因

（1）学习与"去学习"策略。身处变革年代和创新转型实践，许多常规习惯、心智模式、惯例行为和知识技能等需要不断更新、学习或撤换，却并不容易做到。怎么才能"清空旧习"而"转换新知"呢？

① 采用"去学习"策略。管理心理学把"去学习"（unlearning）定义为"以新的学习方式忘却、去除和替换原有知识元素、技能模式与行为习惯的过程"。通过"去学习"清空自己，设法"腾出认知空间"，以便有效地加载新知识和建构技能库。由于原有知识与行为习惯并非临时搭建，而是长期积累、内化而成，"去学习"并非"一日之功"。新趋势是重视通过"去学习"方法实现理念、知识和能力"腾笼换鸟"，尝试运用综合途径与策略。比较有效的"去学习"策略是采用元认知方法，通过问题体验、自我反思、策略认知、解法迭代、目标反馈等启发式，完成学习、"去学习"与开发过程，实现知识调度与策略组合的学习。例如，运用"差错学习"和"失败学习"方法，反思差错败局，盘点解题方法，学习"如何解题"的多种策略，转换解题心智，学会"融会贯通"；还可以运用知识建构策略，通过多知识点、多技能层的整体梳理和并行分布式加工，采用焦点调节、知识组块、释义建构和节点激活等方式，开展知识管理学习、"去学习"和再学习的综合任务。

② 运用习惯调节策略。习惯是人们在特定情境线索重复下习得并得以诱发的行为模式。心理学有关习惯的研究可以追溯到 1890 年代詹姆斯有关"生活习惯"的机能论述和桑代克有关"效果律"的行为解读。沿革至今，对习惯的理解已上升到从习惯自动视角、计算模型

视角和神经科学视角来解读多维习惯的习得与调节机制。

  □ 习惯自动视角。关注连续情境线索激活习惯行为和对目标变化不敏感或反应迟钝而带来习惯表征延续等内隐学习或"习惯成自然",提出"习惯—目标整合"和"激励—干预使能"双重加工的习惯自动调节策略。

  □ 计算模型视角。重视多种行动控制模式间交互影响涌现出的适应性行为,以及由习惯与目标的互联子系统组成人工神经网络以激发目标导向的计算式学习调节。

  □ 神经科学视角。聚焦于与习惯关联的神经区域以及"习惯—目标整合"的中枢神经状态。在管理背景下,强化高效能习惯成为习惯调节的增强策略,如主动担当、目标导向、双赢思维、协同行事和持续改进等。

  (2) 归因理论与目标责任归因。归因理论是著名心理学家海德在有关社会知觉的实验研究中创建的。他发现,参与者会对不同形状无规则移动的现象做出具有因果关系意义的归因解读,进而形成对事件的社会性知觉与行为效应。我们把归因定义为"对事件或行为因果关系作出认知解释的知觉过程"。归因研究提出了不同理论视角,对因果关系归因的过程和影响因素作出了解释和预测。

  ① 三维归因理论与成就归因理论。凯利提出三维归因模型,认为影响行为因果关系归因有三个方面的特征,它们共同作用形成归因模式:特异性(在不同情景下是否以同样的独特方式做出归因,还是因场景不同而异),一致性(在相似情景中,人们是否都有相同的归因反应),一贯性(在不同时间的归因行为及模式是否前后一贯)。韦纳针对成功与失败的归因特点提出了成就归因模型,认为人们获得成功或遇到失败的原因主要分为四个方面:努力、能力、任务和机遇。这四种因素可以按内外因、稳定性和可控制性三个维度加以划分。努力和能力属于内部原因,任务和机遇则属于外部原因;能力和任务属于稳定因素,而努力和机遇则属于不稳定因素;努力是可控制的因素,而任务和机遇都是较难控制的因素。把成功归因于内部稳定原因(如能力强)或内部可控因素(如努力不足),而把失败归因于外部稳定原因(如任务难)或内部不稳定因素(如努力不够),都有助于维持工作信心并提升努力态度。

  ② 目标责任归因理论。我国管理心理学归因研究起步比较早,王重鸣围绕员工激励机制创建的目标责任归因模型是最早的研究成果之一。我们采用准实验方法,在多家企业开展了为期 3 个月的现场研究,检验有关目标责任制对于工作行为影响的假说。结果发现,个体目标与集体目标相结合的责任制取得了更好的归因效应。我们提出目标责任归因理论:目标责任特征制约归因模式,进而影响期望、意向和满意的归因机制。图 2-7 是目标责任归因的效应图解,表明目标责任归因的心理机制是目标责任对归因模式形成显著效应并影响随后的工作满意度、目标效能感和持续努力。

  目标责任归因理论主要包含三个理论要点:第一,目标责任模式影响归因模式。目标责任特征对于员工有关工作结果的归因模式、工作态度和行为意向具有显著效应。目标责任特征包括个体—集体、短期—长期、经济—社会等目标责任导向。第二,综合目标责任优于单一目标责任。集体与个体相结合的目标责任组合式在归因模式与效应方面优于个体目标

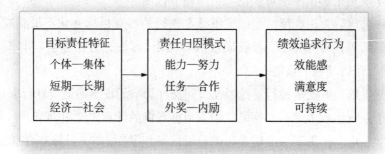

图 2-7　责任归因机制模型

责任模式,而集体目标责任在合作任务或团队任务条件下要更为有效。第三,因果归因倾向会显著影响行为与绩效。目标责任归因直接影响人们的认知判断、工作期望、交往模式、满意感受,进而影响绩效追求行为和工作绩效,形成目标责任归因对于工作效能感、工作满意度和可持续绩效的激励机制。

(3) 归因偏差和归因绩效关系。

① 三种归因偏差的基本特点。在现实生活中,由于受到主客观条件的限制,加上人们的认知习惯和习得模式,在归因判断中表现出多种偏差,了解这些偏差对防范和矫正具有现实意义。常见的偏差有以下三种类型:基本归因偏差(对他人行为做出归因时表现出高估个人行为因素而低估情景因素的倾向)、自我服务偏差(在归因过程中把成功或成绩归因于自身因素而将失败或差错归因于外在因素的倾向)、优先与近因效应(给人留下的最先印象对其行为归因有优先影响,给人留下的最后印象对其行为归因有近因影响)。

② 归因取向与印象管理。管理者和下属人员都需要学习和改善归因的习惯与策略,利用归因取向开展印象管理。印象管理是采取系统的措施,防范归因偏差,创设和维持良好印象以影响他人对自己看法的过程。常用方法包括:保持高度自知之明;在决策中寻求多源信息以便确证个人印象;善于听取他人的分析与意见;认识各种知觉特征与归因图式;避免不适当行动造成不佳印象;留意影响他人的知觉和归因。归因研究还更多探究社会责任等组织举措的认知归因模式与组织印象管理,把认知归因能力作为领导力开发的胜任特征。

💬 思考研讨 2-3 ┈┈┈┈┈┈┈┈┈┈┈┈┈┈┈┈┈┈┈┈┈┈┈┈┈┈┈┈┈┈┈┈┈┈┈┈

如何转换数字化绿色化心智模式

　　在数字化绿色化转型场景下,许多人由于习惯于常规工作模式,不容易适应数字思维和生态思维以便跟进全新的管理与发展方式。请思考与研讨如何运用"去学习"策略以及"习惯—目标整合"和"激励—干预使能"的双重加工调节策略,做好各自的数字化绿色化心智转换?

二、行动过程理论与差错取向

1. 行动过程与行动层次模型

（1）行动过程理论。行动有三项过程要素：行动顺序、行动结构、行动聚焦。图 2-8 表示有关行动过程的三元模型。行动顺序包括时间顺序和要素顺序，前者包含目标意向、信息加工、行动计划、执行监测、反馈加工等；后者包含行动的阶段、环节，定势、启动，调节等要素。在不确定情景下，行动顺序经常会出现中断、调整、继续，形成多种顺序模式。行动者需要有较强的自我效能感和适应能力，调节顺序而又坚持目标。行动结构与行动聚焦通过层次加工以及任务调节、社会调节和自我调节聚焦的多重加工。任务调节聚焦针对社会任务、创意任务或是变革任务；社会调节聚焦涉及客户导向和社会价值导向、盈利导向或是环保导向等；而自我调节聚焦则涉及自我认知、自我管理和自我效能。

（2）行动层次模型。行动结构与行为的层次性调节模式有关，不同层次调节形成行动元素的相应组合。行动理论提出四种行动调节层次，如图 2-8 所示。

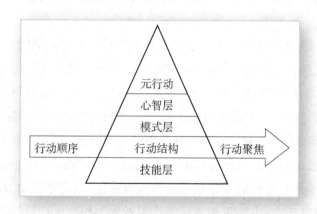

图 2-8 行动过程三元模型

□ 第一层是行动技能层次。负责调节具体的常规技能，处理一些并行出现、快速、简便的元素和操作型目标要素，在较大程度上修订行动计划。

□ 第二层是行动模式层次。负责调节目标和子目标，包含图式性行动，用以灵活调节情景性的行动计划参数。

□ 第三层是行动心智层次。包含行动领先、执行导向、行动映像和行动意志等要素，执行力强的人会表现出较强的行动心智调节。

□ 第四层是元行动层次又称行动策略层，表现为元认知启发式。这是复杂心理调节层，既有意识化也有下意识形态，包括自我反思、策略认知、"走捷径""擦边球"等启发式，用以解决如何行动或何种行动策略的路径。

2. 自我管理与差错学习策略

（1）自我管理的特征与策略。自我管理是每个人生活和工作的基本技能，也是管理者必须具备的基础能力。自我管理是通过自我意识、自我认知、自我监测和自我调节，明晰自我目标，整合"知情意责"要素，运用资源、采取行动、提升效能的过程。自我管理是一门艺术。在动态、竞争、变局和危机挑战下，特别是工作更为自主、管理更为授权、项目更为分布、技术更为智能、生活更为高节奏的情况下，有效的自我管理成为首要任务。自我管理包含多个层次的管理技能与行为：自我意识、目标行动、时间管理、压力管理和责任管理。

《老子》曰："知人者智，自知者明。"正所谓"人贵有自知之明"。自我意识是自我管理的基础特征，对自己强项弱点和价值取向的自省理解是自我管理的重要技能。由于自我管理需要自主进行，不需要规定刻板的流程，专家建议"管理自己"可以做好以下"三部曲"。

① 对自我强项与弱点的理解。这是指锻炼自我意识。了解自己的所见所闻、所做所说，平时都在考虑什么问题？自己看重的是什么？是定型心智还是成长心智？等等。人们通常对自己的"能耐"和"弱点"并没有充分的理解，倾向于高估优点，低估局限。最好的办法是定期对照工作成效做出自我反馈分析，以便把自己的能量、资源和时间投入到能做出较高绩效的领域中去。

② 识别自己的行为选择范围。下一步准备要做些什么？想采取的行动会有什么成效？根据自我反馈分析有何新的想法？有哪些备选行为？等等。这方面比较关注在工作上扮演的是什么角色：旁观者、行动者还是决策者，是持续改进者还是自满意足者？注意自己在不同岗位的什么时段感觉得心应手或者拥抱变化？从而明晰行为的问责边界和备选范围。

③ 弹韧调节赋能新行为选择。这是自我管理的关键步骤。通过自我意识增强和行为范围识别，需要建立自己的弹韧性，学会承压坚持，启动调节适应，并在工作与管理中主动重建，做到担责敬业。承压坚持聚焦于自我激励与压力管理，以此增强动力，并调节采用赋能与归因训练等方法激发活力；主动重建则注重设置新的工作与生活目标，建立新愿景，提升创造性张力。

（2）差错取向与差错学习策略。在学习过程中，常常开展差错管理，学会去伪存真、改错归正，不断提高自身水平。正确理解差错取向并优化差错管理氛围，有助于促进差错学习与管理的成效。管理心理学把组织差错氛围定义为"组织看待与处理差错的程序、态度和实践等方式方法"，包含差错防范和差错管理两种策略。前者指采取措施避免出现差错或防止差错扩大化等相对被动的策略；后者则指积极分析差错原因、促进公开讨论与沟通、学习与培养处理差错能力等主动的策略，并强调差错学习过程对优化差错氛围和建立差错管理行动体系的作用。组织差错量表包含差错掌控、差错预测和差错压力三个基本因素，包含八项元素：差错掌控（差错能力、差错学习、差错沟通、差错思考）、差错预测（差错风险、差错预计）、差错压力（差错进展、差错掩盖）。

管理心理学强调从差错和失败中学习。失败是成功之母，但识别失败、正视失败和学习

应对失败,却并非易事。怎样从失败中学习呢?可采取以下策略:

① 学习文化构建策略。在本单位或行业构建一种容忍失败和从失败中学习的文化,其核心是建立一种心理安全环境。例如,在研发部门建立鼓励、容忍和分析失败的专题例会;针对常规任务、复杂任务、创新业务等不同失败场景制定失败学习计划等,都是可行做法。

② 失败侦查分析策略。侦查隐藏或潜在的失败问题并加以学习分析和提前预防是比较有效的失败学习策略。暴露问题和预判失败是一件比较敏感的事,要求做到"对事不对人",更多从失败分析、失败学习、优化流程、协调配合和提高能力的角度发现问题和分析失败。

③ 更新实验尝试策略。由于在许多工作场景中,高达70%的任务或项目会出现各种问题或失败迹象,我们强调发现失败的价值和跟进实验尝试的效益,进而建立更新实验以及尝试"与失败斗争"的备案和奖励计划。

💬 思考研讨 2 - 4

行动理论的关键要素

请列举自己参与过的一项行动(或活动)的主要过程与结果,运用行动过程三元模型,解读行动顺序、行动结构和行动焦点特点。怎样描述行动所应用的技能、表现的模式、体现的心智?从元行动的角度,哪些行为展示出"元行动"策略?

知识产权创业能力是一项重要的创新能力。请阅读研究案例2,聚焦高技术企业对专利等知识产权的开发与管理问题。请通过多案例阅读和理论提炼,思考企业知识产权创业能力的核心维度和关键特征,讨论在实践中如何提升知识产权创业能力。

研究案例 2

知识产权创业能力的多案例

案例解读:对于高技术创业企业而言,如何构建相应的创业创新能力以更好地创造、保护、管理和运用知识产权并促进创业的成功,仍然是亟待解决的问题。有效的知识产权管理由知识产权保护、专利和商标控制、知识产权交易、完全品牌化、支持核心研发五个方面构成,包括从创意提出、研究开发与技术获取到商业化的三阶段知识产权管理过程;从战略上看,又可以从基础防御、成本管控、利润中心、整合开发和愿景引领五个阶段。案例分析则把知识产权创业能力定义为"将知识产权资源融入创业创新过程,从而促进自身成长与发展的能力"。案例运用马奇的"探索—开发"组织学习策略,增补了"转化"的学习策略,形成了"探索—转化—开发"新组织学习框架,体现在知识产权的创造、学习、管理、保护、运用等系列行动过程中。从国家高新技术企业中选取了三家企业开展案例研究,分别是全国企事业知识产权示范单位和市级专利试点企业:某电器公司(1981年创办)、某科技公司(1999年创建)和某软件集团(2001年组建)。运用深度访谈、文件调阅、关键事例分析、专利墙与技术创新展、主管科技局/知识产权局走访等方法采集数据,分别从初创期、成长期、发展与转型期分阶段集成分析知识产权创业事件并加以案例梳理。在此基础上,提炼出知识产权创业能力的三项维度:知识产权获取能力(探索学习、创造吸收两项要素)、知识产权维护能力(转化学习、维权保护两项要素)和知识产权运营能力(开发学习、增值运营两项要素)。从深度案例研究中,我们提炼出探索学习、转化学习和开发学习的三项维度能力要素,三者相辅相成,协同集成为"知识产权创业能力"。上述企业案例为增强创新创业创造能力建设提供了有效的实践示范。

本案例以知识产权创业能力为选题,采用了马奇的"探索—开发"的组织学习"双栖策略",聚焦创业能力与五力管理的过程性与策略性问题,围绕高技术企业知识产权创业进行了多案例实证分析和理论构建。请结合案例分析,思考与讨论在知识产权应用实践中会遇到的挑战与困难。在企业转型升级中,应对这些问题需要哪些创业能力呢?

(参阅:王重鸣,薛元昊.知识产权创业能力的理论构建与实证分析:基于高技术企业的多案例研究[J].浙江大学学报(人文社会科学版)预印本,2014,44(03):58-70.)

在动态、竞争、未知、转型的经营环境下,差错取向和差错学习对于企业学习成长具有特别重要的意义。浙江大学与基盛大学在德国科学基金会项目的资助下开展了为期12年(4年中德比较研究+8年中国跟踪研究)的中德小企业创业成功心理策略的合作研究项目,取得系列重要研究成果。请阅读"研究解读2 创业者差错取向的绩效作用及其跨文化比较",思考和讨论在跨文化场景下,创业者差错取向与差错学习的不同特点以及如何理解和增强差错学习。

📖 研究解读2

创业者差错取向的绩效作用及其跨文化比较

作者:王重鸣(浙江大学)、郭维维(浙江大学)、迈克·弗雷斯(Michael Frese)(基盛大学)、安德里亚斯·罗奇(Andreas Rauch)(悉尼大学)

期刊:《心理学报》,2008年第11期

研究内容:我们的研究采取跨文化比较方法,考察检验了中国和德国创业者的差错取向特征对绩效作用模式。差错取向是指个体在行动偏离目标或标准时的行动意向，得以提示学习过程、激发探索创造、指引行动方向。我们把应对差错的心理资源和行动资源统称为差错应对资源，分为差错风险、差错压力、差错预见、差错掩盖四项情绪导向维度和差错胜任、差错学习、差错沟通、差错思考四项行动导向维度；企业差错氛围则指企业员工注重从差错中吸取经验教训的氛围。研究选用差错胜任、差错沟通、差错学习三个差错取向维度以及差错学习氛围、差错沟通氛围和差错思考氛围三维要素。研究选取中德多省市的信息、餐旅、机械、建筑四个行业的小型独立企业创业者与各 3 名员工为样本：中国样本为 430 家创业企业的 723 人，德国样本为 557 家创业企业的 687 人。创业者填写差错取向问卷，员工填写差错氛围问卷，以避免同源数据造成共同方法变异。创业绩效采用创业满意感、成功评价、销售额成长和员工规模成长 4 项指标。研究运用协方差结构方程模型等方法检验两国样本的数据并系统分析。研究结果发现，中德两国创业者在差错胜任取向、差错学习取向、差错沟通取向上以不同方式分别作用于企业差错思考氛围、企业差错学习氛围、企业差错沟通氛围，表现出创业者个性特质对创业企业组织特征的"投影效应"；中德在不同文化背景下，"投影效应"存在选择性：中国创业者在差错胜任上"投影效应"明显，德国创业者则在差错学习和差错沟通上"投影效应"突出。在正式权威领导文化下，创业者差错取向对创业成长绩效的影响完全以企业差错氛围为中介；而在实践权威领导文化下，创业者差错取向对创业成长绩效的影响不以创业企业差错氛围为中介。创业者差错取向的"投影效应"与文化差异中介模式为创业能力与创业行动理论提供了全新依据。（相关概念可参考本书其他章节的讲解）

💡 思考题 2

1. 什么是心智模式？举例说明双元心智类型及其对管理行为的重要作用。

2. 什么是组织认知？举例说明组织认知特征对管理心理学相关领域的意义。

3. 什么是情绪智力？如何理解认知、情绪、意志与责任的新特征与关系？

4. 什么是元认知？简述元领导力模型维度特点和相关策略及新型领导力。

5. 请简述目标责任归因理论的研究依据和主要策略及其在实际中如何应用？

6. 请运用行动四层次三阶段加工过程模型，解读行动心理特征与意义。

第三章
决策策略与可续管理

第一节　行为决策与管理决策策略

 知识要点 3-1　行为决策与风险决策

决策偏差：统计偏差、回归效应、效度错觉、因果关系、锚定效应、承诺升级。
风险决策：风险偏好、风险知觉、展望理论、框架效应、绿色决策、心理距离。
决策胜任：风险框架、决策规则、决策自信、沉入成本、决策定力、决策参与。
变革决策：分布式多源启动的多策略判断和交互式前瞻警觉的多资源选配。

一、组织管理中的决策与判断

1. 不确定条件下的决策特点

（1）决策不确定性。一般来说，决策任务可以分成两大类型：任务结构明确和任务结构不确定的决策问题。人们在生活与工作中遇到的大量决策问题属于结构不确定的决策任务。管理心理学把决策不确定性定义为"无法确定某种决策结果发生的概率"。因此，这类决策问题具有结果状态概率、备择方案和结果价值三个主要成分，并包含不确定性判断、多任务多时段、决策认知启发式和多重备择方案四项特征。从信息加工的复杂性、依存性、时间性和规范性来看，不确定性具有决策信息交流的复杂性高、决策者与环境交互作用的依存性低，决策信息的时间性差，决策信息的规范性低等特征。与不确定性密切相关的、容易混淆的是决策模糊性，指决策中对重要因素的认识不清，无法确定决策成分或将来条件，而不确定性则是指决策中重要因素清楚却较难据以作出预测。

（2）不确定条件下决策认知启发式。不确定条件下的决策行为带有很大的直觉色彩，表现出多种决策启发式（走捷径）和认知偏差。我们把启发式定义为"为了比复杂方法更为快速、节省、准确地实现决策目标而采用的忽视部分信息的策略"，将其看成决策者由于认知局限而采用的非正式决策规则，用以简化决策信息加工过程。常见的决策认知启发式有以下几种类型。

① 统计偏差与代表性启发式。人们在决策中倾向于根据某种信息在一类别中的代表性，忽视事件的基准率，误判信息属于特定类别的概率。主要表现为忽视结果的先验概率（如在人事决策中依赖局部信息而忽略成功基准率信息所产生的决策偏差）；忽视样本大小与对机遇的误解（如绩效考核中只看一时一事结果而误估机遇效应）；忽视统计回归效应（如工作成效出现"向中数回归"的现象）等。

② 效度错觉与因果关系启发式。决策中把自己的预测建立在结果与输入信息之间良好匹配之上的偏差称为"效度错觉"，主要受到输入信息模式内部一致性的影响。常见的是因果关系启发式（例如影响决策事件的因果关系推论会导致决策误判），与此相关的还有可取性启发式（如把改革中暂时出现阻力误判为消极后果的可能性很大）、案例可提取性偏差（如由于身边出现的案例而忽视边缘事例或"不起眼"线索）、信息搜索集偏差（如在决策中高估易采集信息集而忽视更多知识范畴信息）和事后诸葛偏差（hindsight bias）（在事后表现出自己在事前就已预测到结果的倾向）等。

③ 锚定效应与承诺升级启发式。在决策中，事件初始值的研判会影响决策者对事件概率的正确估计与调整，表现出锚定效应。这种启发式既与事件初始值有关，又与决策信息加工不完整或加工不足有关，造成调节不足偏差，导致低估事件发生概率。主观概率分布往往与适当瞄准点有显著偏离，科学决策要求对概率分布特点作出估计，以便检验决策判断的瞄准度。承诺升级与损失反转是决策判断中的另一启发式。承诺升级是由于过去决策选择而加重对投资承诺的现象。损失反转则是指决策者在面临得益与损失情景时，倾向于更看重"损失"而轻视"得益"，即使实际上"得益"与"损失"的绝对值相等。这种"损失反转偏差"使得决策者比较偏爱肯定的结果，而非有风险的结果，导致"报喜不报忧"和回避"敢为人先"的风险得益。

2. 不确定条件下的行为决策

（1）行为决策的过程模型。管理心理学把决策知识看成决策的"数据库"，而把决策策略看成调用知识的"程序"。决策知识数据库有其层次结构，包括各类决策任务信息；决策策略则包含多种信息加工方式：分析式加工策略、直觉式加工策略，分布式加工策略等。决策者在决策中运用何种决策加工策略，在很大程度上受到决策信息知识表征结构与方式的影响。决策判断是一种决策过程模型，表示出决策过程各阶段之间的关系。如图 3-1 所示，从决策问题到决策执行的五阶段及其行为机理：机会挑战应对、价值技能展示、动机目标与行动路径研判、权衡补偿与抉择方案乃至实验行动与监控评价。广泛用于决策行为分析与策略设计。

西蒙在《管理行为》中提出了"程序理性"的概念，以表示复杂决策判断中的非理性行为和运算选择，成为行为决策理论的重要原理。管理就是决策，而管理决策判断存在两种前提：价值前提和事实前提。前者指对决策最终目标的选取由决策者对于决策目标价值的偏好、研判形成最终决策目标；后者则涉及决策的事实依据和实现模式，与决策所包含的行动与程序密切有关。决策的有限理性模型强调管理决策的问题导向、认知局限、时间压力、离

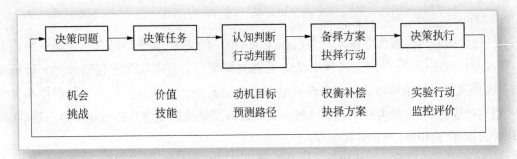

图 3-1　行为决策过程模型

散渐进（分散、搁置、重启）、信息不全、多重目标、满意标准（满足最低标准）、决策情景条件限制等因素的影响。因此，决策的理性模型比较适合于决策者熟悉的常规性决策，而决策的有限理性模型更适合于决策者非常规动态决策。

（2）风险决策与展望理论。管理心理学重视风险认知、风险决策、投资风险、财务风险、金融风险、创业风险、人资风险、质量风险、供应链风险、风险管控和风险管理等多种风险的研究。风险被定义为损失的可能性。

① 风险决策。在行为决策领域（如消费决策、投资决策、融资决策等），人们的决策行为所涉及的风险不同于客观存在的风险，是"在风险情形和风险评估中加入了主体的自身特征"，导致同样风险情形下不同主体感知到不同的风险。决策者在决策中预期各种可能的选项，评估每种选择包含风险的期望价值和重要性权数并将每种风险的期望价值与对应权数相乘并汇总，便得出每种选择的感知风险，称为风险知觉策略。

② 展望理论。这是在不确定决策情境下根据对决策后果的预期进行决策选择的理论，认为人们在不确定条件下的决策选择会基于初始状况（参考点位置）的不同，而对风险持不同态度，作出不同决策选择。这取决于结果与展望（预期、设想）的差距而非结果本身。人们在决策时会预设参照标准，然后衡量每项决定结果与这个参照标准的差别。

③ 框架效应。这是由于不同主观参照视角对决策判断产生的效应，对决策问题的描述因表述改变而导致偏好反转的效用认知现象。在决策中主要有三种框架效应：基于风险选项的风险选择框架效应、基于事物属性的特征框架效应和基于行动目标的目标框架效应。框架效应的作用取决于决策方案选择时的任务、内容和环境等因素。其中，更具影响力的是决策者可接受的风险水平或风险偏好。决策判断反应作出的效用函数曲线表现出四种风险偏好类型：理智型、风险回避混合型、复杂型或交替型、风险追寻型。实验表明风险判断中存在一个"损益值敏感区域"，风险偏好类型与风险任务的不同损益极值结构特征会发生交互作用，对风险判断模式产生显著影响。

（3）绿色决策特征与心理距离。定位绿色转型战略、推进绿色发展和提升企业的绿色发展能力，从而实现经济、社会和环境的可续绩效，已经成为全社会的共识。

① 绿色决策与框架重构。企业组织在全面绿色转型中都面临绿色决策，即在价值观、发

展战略、管理模式、商业模式、生产流程、产品设计和队伍建设等各方面做出绿色转型决策，以实现对经济、环境和社会三重绩效的协调追求。特别是强调通过改革创新形成一种可持续的价值创造模式。绿色决策是围绕绿色创业、绿色转型和绿色发展而面临的多维目标交错、多元价值冲突和多重风险叠加等难题，做出预判、选配和抉择的过程。可见，绿色决策是一种多特征多因素多阶段的策略决策。认知框架能够在很大程度上影响决策过程中的信息收集、加工处理过程，乃至决策选择的结果。在决策中，决策者的认知框架会受到多种因素的影响，比如个体与组织的价值前提、企业变革方向与目的性、风险情境条件、任务结构性和群体交互过程等，都会影响决策者的认知框架，进而发生框架重构的过程。我们在绿色决策研究中发现，绿色决策参照信息对决策研判与结果都具有显著影响；决策者认知框架的设置、重构以及社会认知取向的道德认同等具有重要效应；以环境启动—组织目标—道德认同等认知框架重构形成绿色决策框架（商业追求框架与社会责任框架）匹配，决定了决策结果和决策成效。

② 心理距离及其作用。心理距离直接影响决策判断和行为选择。环境决策和跨期决策的行为机制都与心理距离密切相关。心理距离最早是从美学视角提出的概念，认为人对艺术和现实产生审美活动的基本前提是审美主体与对象保持适当的心理距离。平时所说的距离只是物理位置，而审美则是一种心理距离。心理距离的概念在解释水平理论（CLT）中得到深化，从时间距离拓展为包含社会距离、时间距离、空间距离和经验距离（或假设距离）四种要素。其中，社会距离是指自己与他人的距离，换位思考和将心比心都可以缩小社会距离，增强理解、感受和行动意向；时间距离是指现在与过去或未来的时间差距，设定期限和预设成效可以缩短时间距离；空间距离是指在认知加工中的远近感受，调换场地和"退一步看问题"都有利于激发思维和调动创意；经验距离是指在体验参与中促发想象，现实体验和特征审视都有可能调节经验距离。这四种心理距离要素相互影响，共同作用于行为。

💬 **思考研讨 3-1** ∙∙∙

决策启发式与管理决策

请思考如何充分理解决策的主要认知偏差与启发式的特点。研讨决策启发式的内涵及其在管理决策中的意义，从而整体理解不确定决策的多种系统偏差和防范策略。请结合自身经历，说明管理决策研判过程中常见的决策启发式及其特点。

二、管理决策胜任与决策策略

1. 管理决策与决策胜任特征

管理决策是对人、财、物、市（市场）、产（生产）、研（研发），从战略到运营多方面、多个层面做出的决策。管理心理学把管理决策定义为"在组织情境中做出的管理问题决策"，也称为组织决策。管理决策是代表组织做出管理问题判断与决策选择的过程。西蒙在《管理行为》中勾画出组织决策的理论框架，把管理决策过程作为理解组织行为的关键。复杂管理任务的决策远远超越了效用最大化经济理论的原则，这是因为现实决策并不拥有充分的信息和实现决策的手段，需要运用"满意标准"以取代"最优标准"，为复杂的管理决策行为机制提出了指导性的研究与应用思路。管理决策根据程序与时间跨度分为战略性决策与战术性决策。战略性决策具有阶段性和渐进性，是一种跨时间、跨情境条件的决策模式。战术性管理决策是一种比较程序化的决策，其决策条件相对稳定，影响因素较易控制。管理决策研究的重要趋势是从关注决策风格、决策偏差和决策策略领域，转向重视决策胜任特征与群体决策能力。

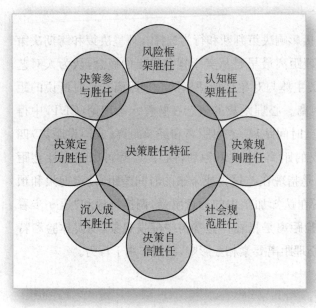

图 3-2   决策胜任特征

（1）决策胜任特征与策略。决策胜任特征（decision making competence，简称 DMC）是指"决策中识别认知偏差与调节适应的能力要素"。决策胜任策略以决策胜任特征和决策参与为框架，表现决策者在研判决断中的决策能力及其策略，主要包括以下六类 8 种决策胜任特征。如图 3-2 所示。

① 风险框架胜任。这是以一致风险知觉（consistency in risk perception，简称 CRP）决策胜任特征为依据，采用风险知觉策略，胜任多种风险条件，能在多风险并存下避免认知偏差，做出具有一致性的、准确的知觉研判，实现风险决策的有效性。这反映出决策中评估概率的准确性，可以用一致风险判断的数量来衡量。与此相关的是以框架阻抗效应（resistance to framing，简称 RF）决策胜任特征为基础的"认知框架胜任"。采用框架效应策略，以胜任各种研判视角，在决策判断中不受特别设置或问题表述框架特点的影响而做出比较客观的认知判断。这反映出决策中两组框架效应任务（多特征框架任务与风险得失选择框架任务）之间的一致程度，可以用一致成对选择的数量来衡量这种决策胜任。

② 决策规则胜任。这是以应用决策规则（applying decision rules，简称 ADR）决策胜任特征为视角，善于在动态、不确定决策场景中有效运用多种决策规则，熟悉多特征、多效用、多选项、多程序的决策方法与规则运用。这反映出决策者在复杂问题上遵循决策规则的能

力,可以分析正确选择的频次作为评价指标。与此相关的是以识别社会规范(recognizing social norms,简称 RSN)决策胜任特征为基础的"社会规范胜任",善于在决策中识别社会责任与规范,相辅相成并做出合理判断,防范盲目从众判断,提升决策自信与效能。这反映出决策者评估责任规范的能力,可采用决策判断与社会性意见的相关性加以评价。

③ 决策自信胜任。这是指以平衡自信(under/over-confidence,简称 UOC)决策胜任特征为视角,善于保持决策定力,调整心态,端正定位,在决策中排除常见的因过高或过低自信引发的决策偏差。这反映出决策者的"自知之明",可以根据决策中的自信选择的均值加以考察。

④ 沉入成本胜任。这是指以阻抗沉入成本(resistnance to sunk cost,简称 RSC)为决策胜任特征,善于在多阶段或跨期决策判断中,正确协调沉入成本的认知偏差,形成阻抗性认知加工,合理做出决策研判。这反映出决策者在判断中不受先前投入成本影响的能力,以在决策中不考虑沉入成本的次数来做出评估。

⑤ 决策定力胜任。这是指以独立决策路径(independent decision path,简称 IDP)胜任特征为基础,善于运用自身的愿景、价值观和行为规范,做出独立判断与合理推理,减少认知偏差、群体潮流影响的能力。这反映出决策者在复杂情境中的决断力,可以用多次决策之间的关联性加以评价。

⑥ 决策参与胜任。这是指以分布影响力(distributive influence,简称 DBI)决策胜任特征为框架,善于运用多层次决策事件管理与参与影响力分布机制,优化决策的建设性、接受度和执行力。可以采用各层次参与多种决策事件与程度及其影响力来评价。

管理心理学研究表明,众多因素制约着决策胜任特征。其中影响比较大的因素包括决策计划、认知适应性、决策管控、社会认知和行为决策风格等。

(2)群体决策特征和改进策略。管理决策的"重头戏"是群体决策,指以群体成员参与作出决断的行为。群体决策对转型决策效能也至关重要,具有以下特点。

① 群体决策的主要特征。群体决策过程具有阶段式、分布式、互动式、集体式和参与式等特征。群体决策一般包括三个阶段:问题诊断阶段(确认问题性质、问题情景和问题原因,提出解题标准)、备择判断阶段(提出、解读和判断备择方案)、选择决断阶段(通过群体讨论、分析、比较,权衡和选择,作出解题方案决断)。实际决策过程常常不是那样规范和理性,而是受到群体成员的价值观念、信念、态度、期望以及群体规范等因素影响。群体决策产生多种备择方案,各抒己见,集思广益,需要有高质量的互动、开放与创新氛围以及授权风格。互动式研讨可以避免视野狭窄,支持方案涌现,提高决策准确性。集体式决策结果更易得到所有成员的理解和接受,增强集体承诺,参与变革行动,增加成员相互信任,利用适当的群体压力制定更好的方案并达成目标。群体决策的执行和跟进具有群体参与性和分工行动性,包括决策结果的尝试、研判、反馈、调节和推进,并体验群体的互助、互补和互利,从而改进与实现群体决策的质量。在多数管理决策场景中,群体决策优于个体决策,可以从解决问题的速度、准确性、参与性、创造性、风险性和解题效率等方面进行比较和不断改进。

② 群体决策的小集团意识。群体决策效率在很大程度上取决于决策任务的复杂程度和时间及代价，导致多种偏差，可能影响群体决策质量。小集团意识又称"群体盲思"，是指在群体决策中群体成员过度追求一致意见而无法对决策相关信息作全面评估，从而导致决策偏差的现象。小集团意识弱化了对问题和解决方案作出批判性分析和评价的能力，进而导致决策失误甚至重大损失。管理心理学研究提出克服小集团意识的有效办法：明确关键评估人角色（指导群体决策，利用可取信息，创造性解决矛盾冲突）、分组讨论议题（鼓励独立思考和提出看法，充分酝酿，促进最终决策）、提供二次决策机会（提高群体成员偏差意识，在决策实施初期，提供修订机会）等。

③ 群体决策的极端性转移与担责行动。这是指群体决策比个体决策更容易出现冒险倾向、极端倾向或特别保守取向。在群体决策中需要避免责任分散，充分讨论，各担其责，预防极端化转移，积极提高决策质量。在风险决策或危机决策中，还会出现责任分散的现象，称为"决策承诺泛化"，指集体承诺度分解且较低的情况。改善群体决策的互动参与和责任机制，必须做到鼓励开放交流、规范程序，增强群体目标责任，建设性协调解决不同意见，形成担责行动的组织惯例。决策中把不同意见观点作为有用资源，而把意见讨论作为决策能力历练。为群体决策设置较宽裕的时间，避免出现时间紧迫而采取折中或服从别人意见了事的捷径方式，提高决策质量。此外，建立和完善群体决策跟进与效果评估规则，评价、反馈和调整的决策跟进行动，确保群体决策切合实际、避免风险，有利于决策行动的有效推进和目标实现。

2. 管理决策过程与决策策略

管理决策的复杂性、风险性和责任性要求提高决策行动力。管理决策过程包括多特征决策备择方案（行动目标、程序、预期结果和成效考核要求等）、多层次决策目标特征（目标明确、具体、难度、时间、阶段和结构化程度等）、多价值决策行动判断（优劣利弊和整体态势的认知、价值、机会、风险评价）和多行动决策抉择方案（"知情意责"调整补偿，"利弊得失"斟酌权衡的阶段抉择）等成分，通过尝试、实验、更新、优化、创新和推进行动，决定决策执行的多种效能。

管理决策策略主要涉及变革决策的心理机制、"垃圾罐"模型与组织启发式、管理决策参与的策略模型。

（1）变革决策的心理机制。管理决策研究比较关注决策者的行为认知与价值前提、不确定条件下决策判断的启发式行为及其应对策略。在组织变革决策方面，则增加了"多源启动判断"和"前瞻警觉选配"的新视角。如图3-3

图 3-3　分布交互式变革决策心理模型

所示,"内源加工—外源加工"与"认知加工—情绪加工"的心理维度构成"目标参照与分布启动"和"前瞻判断与交互警觉"的双重心理机制(见虚线箭头),形成了分布式多源启动的多策略判断和交互式前瞻警觉的多资源选配的决策机理。

① 分布式多源启动的多策略判断。脑电数据表明,多轮神经决策实验检验了目标模糊与多类线索的管理决策情境下的多源启动效应,从行为过程和神经机制的双重视角剖析了目标模糊情境特征与多源启动方式对于行动线索和思维线索具有交互影响的神经机制,强调分布式多源激发与启动选择模式。

② 交互式前瞻警觉的多资源选配。管理决策的启动线索类型(未来线索与过去线索)存在交互式激活与抑制的关系,研究验证了前瞻性信息搜寻和参照选择在资源分配上具有正面效应的结论,促使决策者强化其前瞻警觉的创新策略,重视交互式战略预见和超前布局的选择模式。

这些新的视角为变革决策等复杂管理决策的机理与优化策略提供了全新的理论框架。

(2)"垃圾罐"模型与组织启发式。马奇的重要理论之一是管理决策"垃圾罐"模型,而组织启发式则是管理决策的重要特征。

① "垃圾罐"决策模型。其基本思想是,组织管理中的事件和决策非但缺乏系统性,而且表现出三种特征:决策偏好不清(问题、备择方案和目标模糊且结构不良)、技术关系模糊(难以识别其因果关系)和有限流动参与(决策参与人员流动率高,参与时间有限)。管理决策复杂、模糊,具有非顺序性,特别表现在管理决策的四条线索上。

▫ 决策目标多样性,其目标行动不容易像一个乐队那样协同,常常由于各自偏好不同而以不同方式推行;

▫ 决策技术模糊性,对如何实现组织目标有不同方法路径偏好,对不同解题方法表现出模糊的行动意见;

▫ 决策人员流动性,使得参与者的角色、职位、部门以及问题知觉、经验、价值观、教育背景、时间压力各不相同,参与者线索更为动态多变;

▫ 决策选择多重性,有人事、财务、业务、创新、社会、技术、环境等各种问题,成为"垃圾罐"式决策的重要线索条件。

② 组织启发式。在管理决策中,除了个人决策和群体决策的偏差和启发式的影响,组织启发式起着重要作用,可以分为认知性组织启发式和社会性组织启发式。前者通常来自组织过程的学习,建立于组织有限理性,表现为组织认知法则,帮助在组织决策中简化认知加工和聚合组织的注意资源;后者主要来自组织内外的社会性学习和社会理性,通常表现为组织行为模仿和合作或分离行为的研判等。在管理决策中,管理者会采用多种决策行为启发式,例如,惯例固着、路径依赖、短视学习等[1]。把认知启发式应用到社会与管理场景,比较关注基于多认知策略的适应性启发式、基于环境效应的生态理性启发式和基于社会信息

---

[1] 启发式是一种忽视部分信息的策略,旨在使决策比采用复杂方法时更为快速、简洁且准确。

的权衡性启发式（如决策精准性和投入资源度的权衡启发式）等。决策者会因为同时或序列式激活而并行运用多种组织启发式完成决策认知加工，进而做出管理决策的判断与选择。

（3）管理决策参与的策略模型。企业管理决策的参与模型与授权式领导行为密切有关。从1980年代，我们与英国塔维斯托克人群关系研究所的决策研究中心开展了为期六年的国际合作研究，围绕管理决策权分布模式及新技术应用策略，分别在中英两国服务业与制造业各选取10家代表性企业，对数百名中高层经理进行了深度案例研究和现场调研，系统分析不同层次人员在多项管理决策任务中的参与和决策能力利用策略及其决策影响力分布模式。在研究方法上做出两项创新尝试：一是采用纵向分析手段考察企业不同发展阶段的管理决策模式；二是采用群体反馈分析法考察企业中高层管理干部参与群体反馈讨论的策略。

复杂管理情景下的"决策影响力—职权分享"和决策能力利用会随着决策阶段而变化发展，其核心是下属决策能力的利用和发挥。不同管理层次的决策参与行为按照"决策影响力—职权分享"大体分为五种模式：初始参与型、阶段参与型、全程参与型、中后期参与型和决策执行参与型。对于不同的决策任务，可以选择或组合建构不同的参与模式，以期获得最有效的决策影响力与职权分享模式。管理决策的参与策略一般以事件管理为依据。不同的决策事件及其特点决定了"决策影响力—职权分享"的模式。决策可以分为短期决策（如工作任务分配、工具分发等）、中期决策（如指派中层干部、分配奖金等）和长期决策（如引进新技术、开发新产品等）三种不同决策事件。在不同管理层次上，短期、中期、长期管理决策事件表现出不同的"决策影响力—职权分享"模式。这项研究为企业改革实践和管理决策理论创新提供了系统的研究依据和策略方法。

 思考研讨 3-2

如何运用变革决策心理模型

请以数字化转型决策为例，运用"垃圾罐"决策四线索原则：决策目标多样性、决策技术模糊性、决策人员流动性和决策选择多重性，解读其关键特征并研讨提出数字化转型决策的主要策略。怎样理解"垃圾罐"决策的有限理性、非条理性、学习性和尝试性？决策者如何在决策目标、决策方法、决策参与和决策选项等方面做好能力准备和组织预案，以解题式、学习式、赋能式和行动式应对复杂管理决策的新挑战？为什么说组织变革决策是"分布式"和"交互式"的？请思考与列举数字化转型和绿色转型中的组织变革实例，进一步理解变革决策的多目标、多任务、多项目和多策略特点，运用变革决策心理模型，研讨提出增强变革决策能力和优化变革决策效能的建议或方案。

案例体验 3

经营决策的领悟力、判断力和执行力

进入高质量发展的新阶段,我们访问了多家企业的经理人,他们共同的意见是决策能力日益重要,即价值领悟、决策判断和行动执行的能力。这一方面是因为企业成长的节奏加快、日益创新,需要做频繁的研判和决断;另一方面是变局下挑战与机遇并存,机会稍纵即逝,需要具备较强的可续决策能力。大家说,不只是企业高管人员,就是中层经理或者即使是一般员工,都面临着新的决策能力要求:参与公司战略决策、决断绿色投资项目、选配多项资源及技术、研判日常职能决策和选择各类决策策略等,需要较强的领悟力、判断力和执行力。

□ 对可续价值驱动的领悟力。绿创科技的董事长说,现在的决策问题远不是琐碎操作事务性问题,而是以转危为机为目标,以竞合争先为策略,以业务重构为契机等价值驱动式"多选题"。我们创设绿色发展决策风险框架,以可续发展认知框架增强价值式战略领悟力。

□ 以决策胜任优化的判断力。非凡电气的经理说,由于经管决策越来越需要作出战略研判并考虑配套策略,决策胜任特征十分关键。决策自信和决策定力尤为重要。以前可以靠模仿别人的套路作出判断,但现在需要运用自身愿景价值取向独立判断。特别是需要识别社会责任、社会规范和生态需求,作出通盘权衡与可续判断,表现出更强的协同式判断力。

□ 以决策选择跟进的执行力。德胜文具的经理说"决策不易,执行难",经理们在决策执行中如何在各个环节体现产品与服务的特色?怎样激励客户去尝试、购买和使用公司的产品?如何从产品的生态效度(正面的生态效应等)反馈设计、改进生产、提升品质、加速销售和做好服务?这些都会表现出迭代式决策执行力。

第二节　人与组织适配与可续管理

知识要点 3-2　人职适配与可续管理

人组适配:通过适应、选配和发展,呈现多维、并行、分布、生态式成长匹配。

生态管理:以可续管理为主线,弹韧与赋能领导力为双翼的竞合性生态管理。

可续管理:可续适应管理、协同决策管理、续航发展管理的三维度特征模型。

可续策略:价值—动能—参与 ESR、环境—社会—治理 ESG、绿色—创新—共享 SDG。

一、人职匹配和人与组织适配

1. 人职匹配和人与组织匹配

从人职匹配到人与组织匹配的新视角，管理心理学提出了一系列心理学原理与方法。

（1）人职匹配的特点。人力资源与组织管理的基本机制是人与岗位相匹配，通过能力与岗位之间的适应和协调，不断提升工作效能。在改革创新和激烈竞争的情境下，如何吸引、保留、发展高素质员工成为管理心理学关注的新焦点，增强组织的持续发展与组织能力成为一项战略任务。人职匹配的概念来源于相互作用心理学有关人与情景的互动过程分析。到1980年代中期，以生涯管理的工作调节理论（theory of work adjustment，简称TWA）和有关工作压力管理的研究为基础，人职匹配的理论日趋丰富，认为"需要—供给匹配"和"要求—能力匹配"两种一致性可以预测工作满意度乃至工作年限，比较注重员工的知识、技能和能力与工作岗位特征相吻合的程度。人职匹配的研究大多从需求互补的观点出发，提供了改进工作场景和降低人员流失率的策略。由于岗位与工作场景的变化越来越快，人职匹配的模式难以适应工作与组织情境的动态多样和变革创新，人与组织匹配的新视角日趋流行。

（2）人与组织匹配的视角。新的视角注重员工的个性、态度，特别是价值观与组织文化以及多种组织特征相吻合的程度，强调员工与组织之间的互补匹配与整体匹配。管理心理学提出了人与组织匹配整合模型，把关于人与组织之间的两种相容性模式整合在一起，显著增强了人与组织匹配的内涵：一致匹配与互补匹配；需要—供给观与需求—能力观，如图3-4所示。

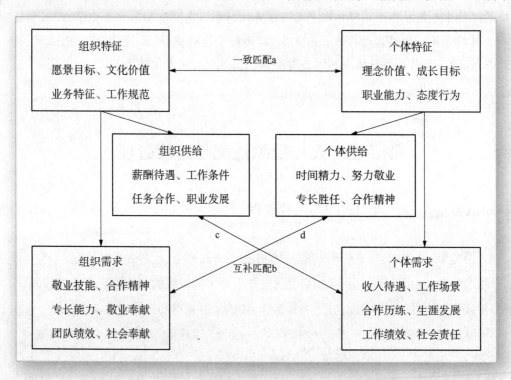

图3-4　人与组织匹配的一致互补整合模型

① 一致匹配与互补匹配的区分。一致匹配强调个体与组织其他成员或组织文化等方面的相似性,属于补充式加法匹配;互补匹配则主要强调个体是否拥有独特的资源,组织可以提供机会发挥个体的独特潜能,属于互补式乘法匹配。一致匹配最常用的操作方法是个体与组织价值观及目标之间的相似一致;互补匹配则是个体职业选择和组织选拔之间的需求对接。

② 需要—供给观与需求—能力观的区分。需要—供给观主要从组织的角度出发,认为匹配发生在组织满足个体的需要和偏好时;而需求—能力观则更多的是从个体角度出发,认为当个体拥有组织所要求的能力时,即达成了匹配。

面对国内外激烈的人才竞争,人与组织匹配研究与应用策略从"匹配—满意"的态度成效转向"匹配—行为"的组织效能,注重基于人组匹配的整体设计。

2. 人与组织的动态适配特征

(1) 人与组织的适配。由于员工个体、团队组合、组织模式都在不断地变革转型,创新发展持续演变,加上越来越多的人参与多种任务、职能、组织,甚至多种兼职、零工、同时就业和创业等,人与组织之间不再是简单匹配,而是包含着人与团队以及员工与主管之间的匹配,并逐步形成动态适应性的适配。我们把人与组织适配定义为"个体与组织通过适应(A)、选配(S)和发展(D)形成适应性成长的动态匹配模式"。人与组织适配程度可以用适应性、选配性和发展性三个指标来加以衡量。量表工具 3 是组织适配度的评价量表。有关职业经理人职业资质的研究提出,经理人的职位适配度指标表现出人与组织适配的多维性和多向性。从经理人领导力的视角,把职位适配度分为:职位任务适配、企业治理适配、生态文化适配、班子团队适配和组织发展适配五个方面。

📋 量表工具 3

组织适配度量表

① 文化价值与组织核心价值的适应程度。　② 任务角色与组织业务要求的适合程度。
③ 胜任能力与组织能力建设的匹配程度。　④ 合作配合与组织协调选配的认同程度。
⑤ 参与管理与组织决策质量的关联程度。　⑥ 自主发挥与组织成长机会的衔接程度。
⑦ 成长路径与组织指导指引的一致程度。　⑧ 学习长进与组织赋能策略的跟进程度。
⑨ 心态行为与组织转型行动的响应程度。　⑩ 人与组织之间形成适应性动态匹配度。

(2) 解读人与组织的适配过程。人与组织的适配模式与机制表现为基于社会责任的价值适应,基于前瞻警觉的决策选配和基于变革行动的赋能发展。人与组织的适配是一种阶段适应过程,分为适应、决断和发展三个阶段。适应阶段经历弹韧适应、主动调适、担责胜任和人岗匹配;决断阶段包含专注任务、敬业投入、决断选择和人职选配;发展阶段则经过发展愿景、设计路径、开发能力和人组适配。员工并非一进企业就达到适配,而是在与同事互动交往、在任务项目上担责历练、对公司文化适应而逐步达到人岗匹配；进一步通过参与和体验多个团队，进入较高层次的选配状态；再经过新任务、新模式、新业务下的发展愿景、转岗换位和能力开发，逐步实现人与组织的适配。职业心智模式、职业心理健康、弹韧自强能力和工作幸福感等也都成为资质能力清单要素，并且是技能以外的关键适配要素。

管理心理学认为，人与组织的适应决定了组织的成熟度和可续力。这些研究在对人与组织匹配的效应机制方面取得了丰富的理论创新和实践应用。

💬 **思考研讨 3 - 3** ┈┈

如何理解和践行人与组织的持续适配

人与组织适配是一个发展过程。随着企业的业务和发展日益嵌入社会与面向可续发展，人与组织的适配更大程度上衔接到营商环境和生态环境的层面；同时，人的因素也愈加深化，更加聚焦到心智模式、决策胜任和责任可续，强调了人与组织适配的层次性和行为机制。请结合自己的经历和体会，谈谈如何才能把个人融入组织适配和续航成长。

二、生态力管理与可持续管理

1. 组织生态观与生态力管理

（1）生态力管理的理论基础。生态力管理以生态心理学和组织生态观为重要基础。生态心理学始于知觉—行动关系的研究。勒温等提出"人与环境场理论"和"生态效度"的心理学生态思想，又与生态知觉研究相结合，形成生态心理学体系。进入 21 世纪，生态心理学、环境心理学与组织生态学日趋交叉融合，注重生态演进的时间、资源、内在动力和情境等因素，形成了组织生态观，即把组织与其经营环境结合在一起分析关键特征与动力机制，并解读组织的生态系统。组织生态系统把组织及其结构看成具有生命的有机系统，关注组织如何采取行动以适应环境变化，具备自我进化的功能，特别是环境的持续动态变化与系统能力的持续更新开发，成为具有目的性、调控性、创新性的人工生态系统。多学科围绕有关组织责任角色、组织社会网络、组织创业文化、组织管控治理、组织适应绩效和组织赋能发展等一系列组织生态系统的特征与管理机制问题开展深入研究。

绿色转型、节能环保、绿色制造、绿色消费和绿色可续发展等事关千家万户，影响各行各业。常见的企业发展中期停滞、员工生涯阶段瓶颈、工作—家庭平衡失调、工作倦怠压力倍增、职业续航乏力和短期盈利导向等现象，都与职业和组织的可续发展有关。可持续发展则成为新的成长策略和战略目标。关于生态力管理和绿色转型发展，在认知与行动之间常常显现出"心理距离"。生态与绿色在认知上说"很重要"，而行动上却把生态环境问题作为"将来的事情"或者"只是看成社会责任,与现实业务关系不大"等,亟需运用心理距离策略加以调节。在绿色转型场景下,设法"换生态位和社会位而思考",学会调节各自的心理距离,学会搭建"心桥",从而显著增强人与组织及环境的适配能力。心理距离对于决策判断具有显著效应。例如,在环境决策中存在社会折扣效应。损益情境与社会距离的交互作用会影响人们对环保节能效果的社会折扣程度,利他性格在社会距离对社会折扣的影响中也起到一定的调节作用。

在全面绿色转型与全力推进"可持续发展目标"的新征程中,相关管理理论与心理学理论及方法不断发展。王重鸣(2015,2020)提出创业五力理论(EFC),把人环模块与创业生态力作为其核心特征。创业生态力是人与组织及环境之间持续适配和可续创业发展的能力。在"五力管理模型"中,生态力管理位于其他四力管理的交汇原点,从而影响着文化力建设、团队力开发、创新力设计和行动力发展等各项策略的竞合效应。可续管理是指"以组织可续力为目标,在个体、组织和社会多层面适应可续理念、协同绿色决策与实施可续行动的管理过程"。个体可续管理涉及个人担责敬业、节能环保与可续成长的决策与行为;组织可续管理关系到全公司的战略、经营、财务、生产、运营、市场等活动中的绿创组织决策与行动;而社会可续管理则涉及社区、区域乃至国家范围的生态环保和绿色社会决策与发展行动。我们围绕可续管理这一全新领域,率先开展了有关社会型创业、绿色企业、绿色创业决策、绿色创业导向、创业企业社会责任和创业生态系统等方面的一系列实证研究,并取得了显著的创新性理论进展。

生态力管理是"以可续管理为主线,以弹韧领导力和赋能领导力为双翼的竞合性人环管理过程"。可续管理以组织可续力(organizational sustainability)为主要目标。组织可续力的概念最早来自"成就当前不以将来为代价"的可持续思想,逐步发展到同时兼顾经济利益、社会效益与环境绩效的"三重发展底线"(triple bottom line,简称 TBL)成长理念,并拓展到可续心理健康、人的可续发展和生活幸福感等多方面。管理心理学把组织可续力定义为,"使队伍、业务、组织和生态系统、运营环境及社会网络的可续适应力、可续决策力和可续发展力整合提升与持续适配而形成的组织动态能力"。生态力管理注重组织生态文化和组织生态系统建设策略,人和组织都是其中的建构者、协调者、创新者和推动者。组织生态系统是多团队与组织共同动态演进的平台,通过相互合作、竞争创造和获取新的价值,形成各自的特色生态力。

(2)可续管理的三项维度特征。可续管理把人与组织之间适配看成一个多维、并行、分布、生态的可续发展模式,强调通过优化可续适应力、协同决策力和续航发展力来实现队伍、业务和组织的可持续发展。可续管理包括可续适应管理、协同决策管理和续航发展管理三项基本维度,如图 3-5 所示。可续管理以三维创业社会责任(entrepreneurial social responsibility,简称 ESR,价值—动能—参与)、三元效能评价(environment,social,governnance,简称 ESG,环境—社会—治理)和可续发展目标(sustainble development goals,简称 SDG,绿色—创新—共享)为三项策略依据,发挥弹韧领导力和赋能领导力,通过蓄能策略激发可续适应力,以聚能策略定位协同决策要点,采用使能策略推进续航发展,进而持续强化组织可续力与可续管理水平,实现生态力管理的愿景目标。

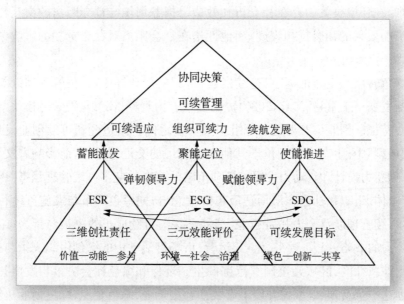

图 3-5 可续管理模型

① 可续适应管理。这是指有关成长能量的蓄积与调动策略,主要包括担责适应、活力增强、蓄能续航三项要素。担责适应要素聚焦于组织的"内在功力"即心理健康、弹韧心智、责任能力,实现队伍内功的提升与工作业绩的拓展;活力增强要素注重队伍适应成长的社会性与情绪性特征,强化内外相关资源的获取与激发;蓄能续航要素强调通过组织变革发展与队伍建设形成创新激发、创业学习、创造合作等多种能量提升和积蓄。蓄能激发是可续适应管理的动力机制并成为可续管理的蓄能激发策略。

② 协同决策管理。这是指围绕一系列可续发展项目作出协同性研判与决策选择的管理策略。协同决策管理包括价值协同、选配重构和聚能创新三项要素。组织可续特征在决策研判中表现出价值协同效应,启动环境可续力和决策框架选配与重构的双重心理机制。这种选配重构的价值协同直接影响变革策略的建构、选择和优化。协同决策管理通过聚能定位,一方面制定发展机会,创新与聚集可续发展的决策效能;另一方面运用环境—社会—治理（ESG）等评价框架,研判、区分和推进合规治理、选配重构与聚能行动。聚能定位是协同决策管理的活力机制并成为可续管理的聚能定位策略。

③ 续航发展管理。这是指通过"设计思维"做出组织使能设计与组织发展的管理过程。续航发展管理主要包括使能设计、责任担当、使能发展三项要素。使能设计要素是组织主动创设条件（可续文化、组织设计、发展平台等）促成潜能发挥与施展,从而获取可续发展的行动过程;责任担当要素注重责任型组织与伦理型公司的建设;使能发展要素强化基于使能设

计与责任担当的变革动能和发展行动,并嵌入员工成长和组织高质发展的效能体系。使能推进是续航发展管理的张力机制并成为可续管理的使能推进策略。在第十二章将详细阐述和解读组织使能策略。

2. 弹韧领导力与赋能领导力

生态力管理的双翼能力组合是弹韧领导力与赋能领导力,可续管理则以弹韧—赋能机制主动提升组织可续力,从而实现人与组织持续适配。这两项能力的维度特征如下。

(1) 弹韧领导力的维度特征。本书第二章讨论过心理弹韧的概念,以及个体弹韧性和组织弹韧性特征。弹韧领导力是一种以心理弹韧性为基础,实现人与组织适配的关键能力。弹韧领导力表现出带领团队从压力与机遇中形成弹韧心智的复原适应性(适应力)、弹韧策略的多元协调性(调制力)和弹韧整合的转型发展性(发展力)的领导力三维结构,以引领团队与组织实现新的目标。以元领导力模型为框架,弹韧领导力具有三维能力特征。图 3-6 为弹韧领导力模型。

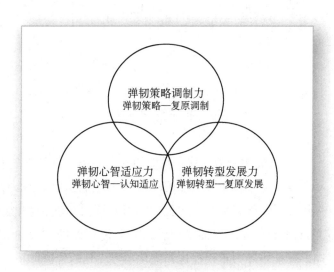

图 3-6　弹韧领导力模型

① 弹韧心智适应力。这是弹韧领导力的第一项能力特征,主要包括弹韧心智与认知适应两项要素。弹韧心智要素是以心理弹韧性为特征的心智模式,包含了弹韧思维、自信坚韧、信任调适、同理关爱、自尊自强、复原创造等基本心理要素。弹韧领导者不但善于适应和增强自身的弹韧心智模式,而且能够影响、指导同事或下属成员适应与转换弹韧心智模式。认知适应力则是指具有弹韧思维与适应创造等心理资质,引领团队增强应压、抗压、适压、协压的适应力。

② 弹韧策略调制力。这是弹韧领导力的第二项能力特征,主要包括弹韧策略与复原调制两项要素。弹韧策略要素是指善于调配资源、赋能开发,整合队伍策略、业务策略和财务策略等多种策略,形成抗压定力与行动弹力的能力;复原调制要素则是指具有在压力下沟通调适、设置目标、激励团队、学习创新和复原推进的能力。弹韧策略调制力能确保各项业务活动与工作任务做到决断有力、带队有方、运营有序和行动有略。

③ 弹韧转型发展力。这是弹韧领导力的第三项能力特征,主要包括弹韧转型与复原发展两项要素。弹韧转型要素是指善于识别挑战、捕捉机遇、策划行动和推进转型的能力,以及把压力转换为动力,激励创造、鼓励变革和协力升级的能力;复原发展要素则是指善于制

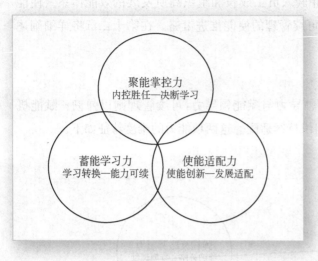

图 3-7　赋能领导力模型

定战略、主动创新、复原开拓和持续发展的能力，以及把员工成长与组织发展相整合，形成可持续发展的优势，共同实现奋斗目标。

（2）赋能领导力的维度特征。本书第二章讨论了赋能的概念及其关键心理特征：学习力、控制源与效能感。我们把赋能领导力定义为"包含蓄能学习（学习力）、聚能掌控（掌控力）和使能适配（适配力）的三维结构领导力"，并以协同学习和整合赋能作为"赋能组合拳"策略。图3-7为赋能领导力模型。

① 蓄能学习力。这是赋能领导力的第一项能力特征，主要包含学习转换与能力可续两项要素。学习转换要素强调以领导者与群体的学习心智和模式转换，实现新的组织学习、集体胜任、目标选择、持续成长的学习心智与知识转换；能力可续要素则注重领导者与团队确立自信自强、学习赋能、决断可控、效能可续的理念价值与意志责任，形成新的蓄能学习策略。赋能领导力重视提炼和优化学习成长的价值体系，增强赋能成长动力。

② 聚能掌控力。这是赋能领导力的第二项能力特征，主要包括内控胜任与决断学习两项要素。内控胜任要素是指领导者组合、掌控和布局资源的胜任能力。我们采用分布启动、目标参照、交互洞察、前瞻判断四项特征来表征变革决策选配的策略，并以内控胜任与决断学习的心理机制增强战略预见和前瞻布局能力。决断学习要素则注重以决策选配和前瞻学习方式聚集与转换知识的能力。赋能领导力注重聚能和学习，以便激发赋能成长活力。

③ 使能适配力。这是赋能领导力的第三项能力特征，主要包括使能创新和发展适配两项要素。使能创新要素注重针对愿景战略定制生态力、文化力、团队力、创新力和行动力管理的创新策略与配套条件，识别机会、挖掘资源，提升五力管理整体效能的能力；发展适配要素则作为赋能发展的开放机制，通过开发企业组织内外的各种效能源（人才资源、创新资源、客户资源、财务资源、社会资源和创业资源等），服务于多层次的可持续发展。赋能领导力强调以使能创新和发展适配为重点，增强赋能和成长张力。

3. 可续管理的三项策略依据

可续管理的沿革有三条路线：环保线、社会线和商务线，并日趋交叉融合。有关生态（环保）绩效、社会绩效和经济绩效的生态—社会—经济三重发展底线即"三重底线"（TBL）原则，成为企业走向可持续公司并实现可续发展目标的双赢商业战略。为此，可续管理依据了三项策略依据：三维创业社会责任的理论与方法，三元效能评价的体系与方法和可续发展目标的体系与方法。

（1）价值—动能—参与三维创业社会责任（ESR）。这是可续适应的策略依据，以创业社会责任模型为基础，包含责任价值、责任动能和责任参与三项维度。创业社会责任不同于公司社会责任，是一种融入企业文化、嵌入成长战略并与业务模式及人财物运营活动相整合的责任管理体系（详见第四章相关内容）。可续管理以责任为导向，以可持续发展为目标，建构ESR的三方面评价要求。

① 创业社会责任价值与可续理念宣示，在公司文化与各类报告和工作任务中践行；

② 经营与运营方面的责任管理实践，激发责任团队动能和人力资源激励支持；

③ 员工参与各项责任管理举措，推动责任治理体系建设等主要指标，获得责任可续适应的策略依据。

（2）环境—社会—治理三元效能评价（ESG）。这是从 20 世纪 60 年代有关烟草生产与商务活动采用负社会责任的投资评价指标发展而来的，逐步成为以环保策略、社会关系和经营治理等相互整合的标准体系，作为可续管理协同决策的策略依据。ESG 的内涵为以下几种。

① E 是指环境效能标准，主要包括企业在节能环保、碳排放、气候变化、垃圾管理和环保价值方面的效能；

② S 是指社会效能标准，主要包含企业的劳动关系、福利计划、社会声誉与包容公平等方面的效能；

③ G 是指治理效能标准，主要考察企业的内部治理、管理决策、合规经营、管控体系以及对满足各种利益相关方（客户、员工、供应商、社区和股东等）需求的承诺等方面的成效。

企业采用 ESG 信息披露成为各国政府及监管机构的重要准入条件，也是各行各业特别是上市公司和经营国际业务企业的新战略。ESG 提升可续投资项目评价，推进绿色创新与绿色运营，启动绿色创业实践，获取可续发展效能。ESG 各元素相互交织，综合考察环境性、社会性和治理性方面的价值创造。ESG 评价不仅关心当前经营表现和业绩指标，而且注重产品与服务的节能环保和生态效应，面向可续发展影响力。例如，为金融业开发的软件，除了本身的能耗或制作费用，还要考虑软件设计能否支持"绿色金融"创造新的价值；制造控制设备的企业，除了关心原材料、流程与能耗方面的低碳环保，更关心设备客户在使用中所能提升的"绿色效能"等。

（3）绿色—创新—共享可续发展目标（SDG）。这是在 2015 年联合国可持续发展峰会上正式通过的 17 项可续发展目标，旨在从现在到 2030 年间以可续方式解决社会、经济和环境三方面的发展问题，全面转型可持续发展道路。这 17 项可续发展目标包括消除贫困、消除饥饿、健康福祉、优质教育、性别平等、清洁卫生、清洁能源、体面工作、工业创新、社会平等、可续社区、可续供求、气候行动、海洋环境、陆地生态、机构正义和全球伙伴。其核心要素是绿色、创新、共享，成为可续管理的策略依据，为可续管理提供了续航发展的新张力。具体到一家企业、学校或机构，需要对相关的可续发展目标作出"目标与策略定制"并制定行动计划。通常包括五部曲：①把可续发展理念与目标融入中心工作和核心业务，在战略制定和改革创新中充分体现；②增强各项业务与运营流程的绿色可续设计和透明度，使之在可续价值方面"可追溯"；③通过责任与绿色投资与发展框架激发可续创新和业务转型；④把碳达峰、碳中和的"双碳"目标纳入战略布局，实施绿色生产方式和可续发展模式；⑤按照 SDG 的披露要求，以能力建设和评估报告传达与提升持续影响力，进而形成新的竞争优势。

💬 **思考研讨 3－4**

如何运用 SCORE 策略组合

《哈佛商业评论》提出推进 ESG 应用效能的 SCORE 策略组合：精简（S：simplify）、联结（C：connect）、拥有（O：own）、回报（R：reward）和示范（E：exemplify）五项行动策略。具体来说，这五项策略是：简化目的表述，让更多员工掌握；联结企业战略，为可续成长服务；转换"从我做起"的自主心智模式；配套奖励激励措施，鼓励相关业绩；以实际成效例证示范可续发展等。请思考与研讨如何运用 SCORE 策略组合作为可续管理的重要参照标准，为企业聚集优势、可续投资与高质绩效发展提供有效的 ESG 框架。

现场研究提供了一种常见的决策场景，由此思考在人力资源决策与多维度匹配评价过程中的内隐匹配与招募决策模式及其对提高管理决策效能的意义。请阅读"研究案例 3　人事选拔决策匹配评价的现场研究"，思考与研讨 ASD 行动模型对胜任适应、决策选配和职业发展的应用价值。

📖 **研究案例 3**

人事选拔决策匹配评价的现场研究

案例解读：由于组织变革与转型发展成为常态，工作性质不断变化以及人事选拔过程预测指标和效标领域显著拓展，在人事选拔决策实践中，日益重视在人职匹配的基础上采用人与组织相匹配或人组适配的多维观。本研究通过对参加党政领导干部公推公选和企业组织中高级人才选拔的 1195 位应聘者参加的结构化面试现场进行研究，具体关注选拔过程中应聘者匹配评价、应聘策略以及招募者对应聘者的匹配评价及胜任力评价对选拔决策结果的影响。研究围绕应聘者和招募者互动形成的相互匹配评价，结合招募者对应聘者多重评价以及应聘者自身特征等方面来探索招募过程中的匹配影响机制。验证 ASD 行动模型（参阅第十二章的适应 A—选配、S—发展、D 模型）的"A"阶段，招募者对应聘者不同层次人与组织匹配（个性价值观匹配）和人职匹配（包括"需求-能力匹配"和"需要-供给匹配"）及不同胜任力特征评价（管理特质、战略决策能力、创新学习能力等）的评价对雇录用推荐的影响，以及应聘者自我匹配评价、应聘策略、自我监控和选拔工具等其他背景特征的作用。现场研究分别考察了面试特征、招募者匹配评价、招募者偏好、录用推荐、胜任特质评价、应聘者匹配评价、自我监控、应聘策略(印象操作与自我拔高)、个性与价值观等。研究案例获得人事选拔决策的内隐匹配评价模型:人职匹配知觉隐含"需求-供给匹配"知觉与"要求-能力匹配"知觉;而人组匹配知觉则隐含了价值匹配知觉和个性匹配知觉。招募者偏好对招募者匹配评价以及录用推荐都有显著影响;招募者的应聘者胜任力评价对录用推荐都有显著效应,其中管理特质影响最大;而招募者录用推荐能预测实际选拔决策的录用结果。本研究案例验证了 ASD 行动模型的 A 阶段决策机制。

(参阅:范巍,王重鸣.人事选拔决策过程匹配评价的现场研究:以 ASD 理论"A"阶段分析为例[J].心理学探新,2015,35(02):188-193.)

人才队伍成长特别是建设创业创新人才生态系统是一项战略任务。我们专题研究了中关村的创新驱动和创业人才可续成长案例,以各种创业创新故事,显示出创业人才起步历练、脱颖而出和续航发展的成长主线。请阅读研究解读3,思考和讨论创业人才成长与创业环境优化之间的动态适配形成创业生态力的特点。

研究解读3

中关村创业人才成长案例

作者:王重鸣(浙江大学)

图书:《中关村创业人才成长案例》,党建读物出版社 2017 年版

研究内容:本研究回顾了中关村创业人才从 20 世纪 80 年代艰苦初创起步,到 21 世纪 10 年代创新转型和跨越发展所通过的 30 多年创业历程。在青年创业和精英领军、离职创业和互助合伙以及连续创业与容忍失败及学习中,中关村涌现出一大批产业领军团队案例,表现出鲜明的群体成长效应。创业人才的成长重点表现在领军人才的三种产业领军能力:战略性新兴产业引领能力、经营管理与转型发展能力和宏观把握与创新管理能力,以及三项产业成长特征:基于高端人才集聚的社会影响力、基于变革思维的持续行动力和基于战略发展的创业生态力。

围绕中关村创业人才的商业模式创新、科技成果转化过程、创业人才队伍建设、激励制度创新与完善、人才培养评价和人才引进成效等多角度作出深度考察。中关村科技园作为我国第一家国家自主创新示范区,集聚了数万家高科技企业,形成了以电子信息产业、"互联"网十"和新一代移动通信及卫星应用、生物医药产业、先进制造业智能

化与定制化、现代农业创业、新能源与环保产业及低碳经济驱动产业等优势产业集群和高端发展产业为基础的各类创业人才的创业创新成长平台。从中关村创新孵化服务平台的创办主体多元化、运营模式市场化、孵化链整体化、专业服务多样化、资源配置全球化等重要特征出发，通过对创业人才成长的深度案例分析，着重考察了中关村创业人才的集聚效应、创业导师制的持续培育模式以及科技成果产业化的高效能。中关村还创建了诸如创业大街、软件园孵化器、国际孵化园等多种创业孵化与众创平台，逐步形成中关村创业生态系统的自组织机制，创建了以创业人才为创业基因，以风险投资与创投基金为融资渠道的创投发展机制。从中关村创业创新人才特区的行动计划与支持政策看释放出的创业活力，着重分析在创业人才评价、创业人才培养、创业人才激励和创业人才服务等诸方面出台的人才政策及其创新特点。中关村示范区搭建起了创业人才成长的创新平台，并出台了系统的创新政策和税收政策，包括科研成果处置权与收益权、鼓励创新创业税收试点、股权激励、科研项目经费管理、高新技术企业认定以及全国性场外交易市场等方面。通过中关村的多种创新平台建设、各类产业园发展、南北高端产业聚集区建设等途径，构建和完善有利于创业人才持续成长的创业创新生态系统。从中关村创业文化的核心价值观形成与发展出发，展示出基于创业者使命感与社会责任感的爱国奉献精神、不怕失败与敢为人先的创业创新精神、中外文化融合创造的特色体系、愿景驱动与团结奋斗的凝聚共享模式。随着团队创业、连续创业和职业经理人创业创新等新创业者群体的成长，逐渐形成多元化、专业化和创新与求实并进的创业文化以及各类创业社会组织蓬勃发展的崭新局面。中关村科创示范区在原始创新引领、创业创新生态、创业高质发展、开放协同成长和营商环境优化五方面都走在前列。请思考和讨论创业人才成长与中关村创业环境优化之间所经历的紧密相互关系的动态适配特点。运用有关生态力管理的原理，进一步分析中关村创业人才成长表现出了什么样的中国企业精神和生态力管理特征。

💡 思考题 3

1. 不确定条件决策有何认知偏差和启发式？什么是框架效应和心理距离？
2. 什么是决策胜任？如何理解变革决策的多源启动判断和前瞻警觉选配？
3. 垃圾罐决策模型有何特点？如何以管理决策权分布模式提高决策质量？
4. 阐述人职匹配、人与组织匹配和人与组织适配之间的区别及其实践意义。
5. 什么是生态力管理？叙述可续管理的要点以及 ESR、ESG 和 SDG 策略。
6. 什么是弹韧领导力和赋能领导力？讨论其能力维度和相应的领导策略。

第二编
价值、文化与激励

第四章
个性价值与责任管理

第一节　工作个性与价值管理策略

 知识要点4-1　个性理论与个性研究

> **工作个性：**工作与组织场景下员工特有、稳定表现的个体独特心理特征组合。
>
> **大五理论：**外向交往、情绪稳定、协同相容、责任意识、开放经历的五大因素。
>
> **组织价值：**可续价值、责任价值、合作价值、学习价值和弹韧价值的五项特征。
>
> **工作信任：**信任心智适应、合作目标协同、互利亲验行动、志同道合发展策略。

一　工作个性与工作价值管理

1. 工作个性与大五理论模型

（1）个性与工作个性。个性是指在不同环境中个体特有、经常、稳定表现出来的行为模式与心理特征总和。在管理心理学中采用"个性"一词，在有些场景下也可称为性格。个性表现在心理特征和身体姿态等多方面，反映出个体在观察事物、思考问题、情感关系、意向特点和行动风格方面的总体行为倾向。个性作为稳定的心理特点，决定了心理活动的速度、强度、指向性等特点。以下简述中国古代个性思想、传统个性分类、工作个性等内容。

① 中国古代个性思想。我国古代的诸多文献中，蕴藏着丰富的个性心理学思想。综合来看，中国古代个性思想可以概括为三个方面：个性形成与发展、个性分类和个性层次。中国文化的不断沉淀，逐步形成了中国人独特的个性特征。道家以虚无、柔静为本，以柔克刚、刚柔并济；儒家以仁义、崇德、利用为本，既与现实社会相适应，又吸收、涵融了道、法等诸子百家思想，成为一种涵括比较全面的社会文化思想。从儒家理想个性的重要特征来看，个性的发展表现为社会取向和利他取向。其实质是一种道德型个性，具有伦理化的倾向，比较强调个体个性的塑造与内化，强调"自觉"与"自律"。

② 传统个性分类。管理心理学中采用了古人总结的德、智、勇、气质性格差异等四个方

面的个性分类。在儒家文化影响下,古人对他人的评价主要从道、德、仁、艺四个方面进行,每个方面均有复杂的内容。从中国传统文化特征以及古代个性思想中归纳出不同人群的个性层次特征,为管理背景下工作个性特征的研究和认识提供了参考与思路。

③ 工作个性。这是工作与组织场景下员工特有的、稳定表现的个体独特心理特征。在学习、工作和职业成长过程中逐渐形成个性,既包含遗传形成的独特心理特征,也在很大程度上受到工作环境因素的制约与影响。人们的社会经历与互动体验在工作个性上留下行为烙印。工作个性因素是价值管理和责任管理的重要因素,也是文化力管理的基础特征。

(2) 工作个性理论。个性心理学提出多种工作个性理论思路。

① 个性特质理论。汉斯·艾森克的个性理论强调个性特征的稳定性和跨越情景的一致性,相对忽视情景的直接影响。个性特质因人而异,情绪稳定性、活动性、支配性、内倾性、外倾性和社交性等,都被认为是重要的个性特质。这一新的范式把个性看作某些特质的组织,分为四种不同的层次:第一,特殊、具体的行为反应;第二,相似情景下频繁出现的习惯性行为反应;第三,在不同习惯反应相互关系基础上得出的特质反应;第四,在不同特质反应中提炼出来的个性类型特征。因此,个性是与稳定的、一致的和反复出现的行为反应相关联的共同变异特征。卡特尔通过综合生活记录数据、问卷数据和行为数据,确定了 35 种特质群类表面特质和 16 项根源特质个性因素(16PF),属于个性结构的内层,以表面特质为中介。例如,"大胆、独立、坚韧"等个性特质可以在个体身上直接表现出来,属于表层特质,但其共同根源特质是"自主性"。

② 职业个性理论。霍兰德把主导性职业个性取向分为六种,适应与之相匹配的职业并达成绩效,对于职业团队组合、职业选择与职业发展富有意义。

▫ 现实取向。倾向于从事需要技能、力量和协调的职业,例如林业和农业方面的工作。

▫ 研究取向。喜欢从事包含认知活动(思维、组织、理解等)而不是情感活动(感觉、表演、人际交往等)的职业,例如教师、科学家等。

▫ 社会取向。向往从事包含人际交往活动的职业,例如临床和社会服务等。

▫ 规则取向。愿意从事条理清楚、规则明确的岗位,例如会计和金融等工作。

▫ 首创取向。喜爱从事包含言语活动和影响他人的工作,例如经理、律师和行政等职业。

▫ 艺术取向。倾向于从事有机会自我表现、艺术创造、情绪表达的职业,例如艺术家、广告设计等。

大部分人拥有多种职业个性取向,其中的主导性取向在很大程度上影响着工作的绩效。该模型为工作个性与岗位职业要求的适配模式提供了理论参考。

(3) 个性的认知—情感系统理论。这项理论认为,个体与情景之间存在着许多认知—情感中介单元,个体根据不同情景激活所选择的中介单元(如编码与情感),多个中介单元相互作用激活个性系统中的其他中介单元(如期望、目标、行为脚本及计划等)。如图 4-1 所示,人的个性系统在模式稳定时会对多种情景做出不同行为表现,形成各自独特的认知—情感个性系统。比较常见的中介单元有:A. 编码:自我、他人、事件和内外情景等元素的分类;B.

期望与信念：外界和特定情景下行为结果和自我效能的预期与信念；C. 情感：感情、情绪和情感反应，也包括生理反应；D. 目标与价值观：所需要结果与情感状态，目标、价值取向和人生规划；E. 胜任能力和自我调节计划：个人的潜在行为与过程、组织行动计划与策略、自我行为与内部状态等。认知—情感系统理论从动态的角度分析了人和情景的交互作用，解释了个性心理的动力特征与自我调节机制，以及复杂情景下的工作个性特征与模式。

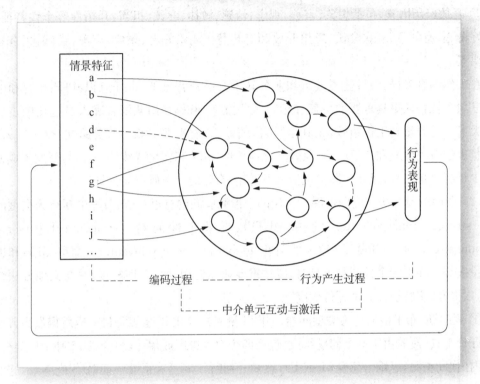

图 4-1　认知—情感个性系统理论图解（译自米契尔，1995）

2. 大五个性模型与相关研究

（1）大五个性模型。个性研究已经有很长的历史，到 1980 年代，相关研究逐步趋同，得出了五项相对显著且稳定的个性因素，具体涉及精力充沛、协作相容、处事负责、情绪稳定和生活经验等特质，即大五个性模型。管理心理学把五大个性特征因素分别命名为外向交往、情绪稳定、协同相容、责任意识和开放经历，具体特征如下。

① 外向交往因素，包括热情、灵活、敏感、乐群、活跃、友善、机灵、协调性等个性特征，表现为外向性、善社交、喜好场景、多言善感和展示性。测量合群、自信、活动、兴奋、热情和外向等要素。

② 情绪稳定因素，包括冷静、镇定、焦虑、持恒、自控、乐观、顺变、坚毅等个性特征，表现为持久性、稳定性、低焦虑、沉着应对和稳中求进。测量焦虑、气愤、抑郁、自知、镇定和自控等要素。

③ 协同相容因素，包括信任、利他、坦诚、交际、谦和、体贴、包容、协作等个性特征，表现

为容忍度、敏感性、热情友好、友善助人和可信任。测量信任、坦率、利他、合规、谦和和同情等要素。

④ 责任意识因素，包括认真、条理、审慎、可靠、规范、可信、自律、责任感等个性特征，表现为组织性、系统性、时间观念、成就导向和可靠性。测量效率、条理、负责、成就、自律和审慎等要素。

⑤ 开放经历因素，包括想象、审美、观念、情感、敏捷、尝试、担当、开拓性等个性特征，表现为好奇心、有创意、喜欢尝试、思想开放和有智慧。测量好奇、想象、审美、尝试、兴奋和非规等要素。

在工作内容多样、项目任务繁重和业务转型升级的背景下，责任意识、协同相容和情绪稳定三项个性特征更具重要的价值和绩效预测意义，值得在团队配置和人员选任中多加考虑。大五个性因素与工作绩效，尤其是"协作绩效"有着重要关系。有关跨文化（中国人）个性测量表的系列研究和广泛应用，兼顾文化通用性（etic）和文化特殊性（emic），开发了成人版和青少年版测量工具，成为中国文化情境下通用、有效的个性研究与评价工具。

(2) 个性测验方法与应用进展。常用的个性测验问卷有迈尔斯-布里格斯行为类型问卷（Myers-Briggs type indicator，简称 MBTI）、职业个性问卷（occupational personality questionnaires，简称 OPQ）、全球个性问卷（global personality inventory，简称 GPI）和大五个性量表等。在采用个性测量工具时，应注重专业化使用和综合性解读，并与其他方法结合使用，以提升"多特征多方法评价效度"。

① 迈尔斯-布里格斯行为类型问卷（MBTI 量表）。MBTI 量表是目前应用得最为普遍的个性评价工具，测验由 100 个问题组成，包括四个双极维度或偏爱，组合成 16 种个性类型：外向—内向（E 或 I），思维—感受（T 或 F），感知—判断（P 或 J），领悟—直觉（S 或 N）。这四种维度表明人们在四个方面的个性风格：获得与运用能量的方式、收集与获取信息的方式、作出决策的方式、组织生活的方式等。MBTI 测评获得的结果可以助益综合测评的区分性与预测性，用于发展目的，即作为个性诊断和资质开发的工具。

② 职业个性问卷（OPQ）。职业个性问卷的基础是职业性格模型，该模型认为个性有三大维度：他人关系、思维风格和感情情绪。职业个性问卷采用多项行为陈述的必选题，要求从四个陈述句选项中选出"最能反映"和"最少反映"个性特征的题目，并运用双极记分的方法，计算出他人关系、思维风格和感情情绪三个方面的个性得分。

③ 全球个性问卷（GPI）。GPI 以大五因素模型为框架，包括多重个性维度，经过多次讨论、汇总、反馈，设计和确定了 GPI 的测量题项及其结构。我们通过研究取得了工作个性的中国 GPI 模型和相关常模，提出工作情景下具有较高特质、情景关联度与区分度的 30 项工作个性要素：注重细节、聚焦任务、思维敏捷、创新创造、思维导向、目标导向、远见展望、责任意识、主动精神、自我中心、印象操纵、微观管理、社交倾向、体谅同情、信任自信、老于世故、独立自控、竞争冒险、合群依赖、乐观开放、义务责任、适应调节、负面情绪、情绪控制、承受压力、自我意识、洞察理解、注重印象、精力充沛、成就追求，可以作为研究与评价工作个性的基

本要素。

④ 大五个性量表。大五个性量表是得到广泛应用并且效果比较稳定的个性评价工具之一。多用于研究目的和学界商界,特别是人事选任、领导力开发、后备计划、指导人计划、教练计划和团队建设等各方面,是人力资源管理与开发的重要工具。在实践中,大五个性量表具有设计严谨、测评精准、解读明晰、繁简适度、结果稳定、干预可靠等优点,逐渐成为测量的首选。在实际应用中,有多种版本可以选用。研究中推荐采用包括 44 题的大五个性问卷(Big Five Inventory,简称 BFI)(见大五因素)[①]。

💬 思考研讨 4-1

大五个性特征与职业适应性

大五个性特征与职业适应性有着密切的关系。请以工程师、经理、教师这三种职业为例,思考三种职业的要求,研讨哪些大五个性轮廓(要素组合)可以增强职业适应性和工作绩效。

二、工作与组织的价值和信任

1. 工作价值与组织价值特征

(1) 工作价值与社会主义核心价值观体系。价值观是人们对事物的意义和重要性的总体价值评价。管理心理学把工作价值取向定义为"在多种工作情景中指导干部员工行为意向、行动方式和决策判断的价值观信念"。价值取向直接影响着工作态度和工作行为。工作与组织价值观是在工作与管理的实践中所形成的对管理现状、管理环境、管理对象、管理目标、管理结果和管理发展的价值前提。在工作背景中,可以把价值观层次因素看成表层的工具性价值观和深层的目的性价值观,前者是为了达到工作目标所采取的手段,后者表明了一种工作利益倾向。施瓦茨通过对多个国家的比较研究,得到较为通用的价值特征模型,包含由四项极点形成两个双极维度即"自我超越—自我增强"和"保守—开放变化",分别涵盖了57 种具体价值特征的 10 个类别:自我超越包含普遍性、仁慈性;自我增强包含职权性、成就性;保守包含传统性、顺从性、安全性;开放变化性包含了自我方向性、激发性、享乐性等类别。

社会主义核心价值观是现代中国社会与组织管理的"内核",集中反映出中华优秀传统文化精髓、爱国凝聚的民族精神、改革创新的时代价值体系,对于干部员工工作价值观提升具有重要的指引意义。其基本内容包括如下 12 要素 24 个字。

① 国家层面的核心价值取向:富强、民主、文明、和谐。

---

① 王重鸣.心理学研究方法[M].北京:人民教育出版社,2001.另见 2023 年即出新版。

② 社会层面的核心价值取向：自由、平等、公正、法治。

③ 公民层面的核心价值准则：爱国、敬业、诚信、友善。

社会主义核心价值观的培育和践行，要求注重宣传教育、示范引领、实践养成相统一，还要注重政策保障、制度规范、法律约束相衔接。

有关价值观差异的研究主要有三种思路：比较思路以代际、跨界、跨文化视角分析与比较价值观差异；层析思路以群体内外、上下层次、组织—社会视角考察价值行为的层次异同；通则思路以个体与社会信念为基础，检验心理与行为表现的价值通则。

（2）工作与组织价值观的特征。管理心理学有关工作与组织价值观主要关注新生代价值观、组织价值观和战略价值观。

① 新生代员工的价值观。随着时代的变迁与发展，新生代成为工作与管理队伍的主力人群，新生代员工的工作价值观和能力开发受到管理心理学研究的关注。"新生代"更多是一个时代特征，而不只是通常所说的"80 后""90 后"或"00 后"的年龄段分类。从管理心理学的视角，时代年龄对于工作行为的影响要比单纯生理年龄更大。工作场所逐步进入多代际并存的阶段，代际价值观差异也成为一项重要因素。从工作价值观意义上看，新生代工作价值观是由一系列生活条件、工作体验、同伴互动、组织文化以及事业成长组成的多源价值系统。新生代工作价值观是一个包含功利导向、内在偏好、人际和谐、创新导向、长期发展的五因子结构，对角色内外的绩效都呈显著的正向作用。

② 组织价值观特征。基于使命的组织价值观模型以组织的变革态度（稳定—进取）和组织的环境导向（自我—社会）为双维，构成了商业盈利价值（效益、专业化、结果导向）、人际关系价值（沟通、团队、对人尊重）、持续发展价值（创新、学习、持续改进）和超值贡献价值（客户满意、社会责任、队伍成长）。在创新驱动的环境中，我们进一步提出了五元组织价值（five organizational values，简称FOV），即可续价值、责任价值、合作价值、学习价值和弹韧价值要素。这五元组织价值观要素对应于五力管理模型，即生态力管理、文化力管理、团队力管理、创新力管理和行动力管理。图 4-2 是组织价值观的五项特征模型。作为组织价值观特征，这些要素都包含新的内涵。

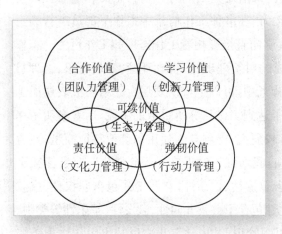

图 4-2　组织价值观五项特征模型

□ 可续价值。这是生态力管理的核心要素，强调以心智模式的持续适应和生态系统的敏捷适配，形成可续组织的价值特征。

□ 责任价值。这是文化力管理的核心要素，注重责任导向与责任管理、强调担责敬业、做事精准务实。

　　▫ 合作价值。这是团队力管理的核心要素,强化合作导向与合作思维、重视诚信合作和共享行动。

　　▫ 学习价值。这是创新力管理的核心要素,重视以学习导向建设学习组织、激励学习创新、提升学习能力。

　　▫ 弹韧价值。这是危机情境下行动力管理的核心要素,注重以弹韧导向增强组织弹韧力、开发弹韧领导力、注重转型复原力。

　　③ 战略价值观。有关组织层面战略要素的价值定位、价值创造和价值创新,通常围绕队伍能力、竞争优势、定价体系、成本效益、产品服务、商业模式、市场支配、产业路径、创新策略、创业政策、利益相关和可续发展等 12 种战略要素。战略价值的构建和实现需运用内外环境分析、产业政策解读、人才战略辨识、竞合关系界定与转型趋势评价等方法,识别面临的挑战与机遇、优势与劣势、战略与战术、集中与分散、当前与未来等战略选择。

　　(3) 价值型领导行为。这是在有关企业组织如何通过员工、客户、投资者和社区的参与创造价值的领导研究基础上发展起来的,是指"在竞争环境中以组织的核心价值观和榜样行为激励员工、客户与其他利益相关者共同追求卓越、创造价值,并带领团队实现增值与发展的领导行为"。价值型领导有以下三项维度。

　　① 员工团队价值维度。以核心价值观为指引,鼓励员工遵循公司价值观,尊重员工潜能,仁慈对待下属,鼓励创造创新,发挥其与组织利益相协调的潜力。通过组合多样技能和强化担责敬业,培养团队,汇集资源,参与决策,推进行动,共同实现组织价值和发展目标。

　　② 信任承诺价值维度。聚焦现有资源与人脉价值,构建高信任的价值创造,鼓励创新,管控风险,内外合作,实现自主成长。在成功条件下关注差距,防范失误,开发新市场,实现新的价值。

　　③ 多元社区价值维度。发展社区合作,构建文化价值,增强服务优势,赢得市场地位,激励员工主动参与社区活动,谦和解决社会难题以增强组织声誉,承担社会责任,整合社会资源,提升企业价值。

2. 工作信任与诚信管理特征

　　(1) 工作与组织的信任。全球化业务、数字化转型、协同创新和可续发展强化了工作与组织的合作与信任机制,信任成为管理心理学的关键概念和研究选题。

　　① 信任的概念与策略。我们把信任定义为"相信和期待接受他人意向或行动及其效应而不论是否有能力监测或控制对方的心理状态"。在管理情景中,信任是对合作对方良好愿望以及相关的道德与精神理解陈述的信心,即"信任是交易双方相互间确信另一方不会利用自己的弱点来获利的自信心"。创业背景下的信任包含不确定性、脆弱性和控制性三种成分。高不确定性、高脆弱性和低控制性则信任度更高,获取信任的价值更大。在中国传统中,"仁、义、礼、智、信"五常之一便是信。信任与信用、信誉、信义以及忠诚、关系等紧密联系,因而具有差序性。在很大程度上,信任是基于对对方能力的信心。

　　管理心理学认为,信任度是多种因素共同作用的结果,注重形成信任的四方面策略。

　　□ 信任心智适应策略,注重基于合作共赢的心智模式转换,包括诚实互信、合作认同、互助双赢等。

　　□ 合作目标协同策略,优化合作目的与目标的协同性,包括合作目的、目标一致、信任升级等。

　　□ 互利亲验行动策略,重视增强互利互助的人际经历,包括互动中的亲身体验、交往感受和知行合一等。

　　□ 志同道合发展策略,强调互信协力和共同发展,包括互信志同、相容相投、协力发展等。这些策略旨在实现和增强信任度。信任度是这四种策略的函数,表示为:

　　信任度＝f(信任心智适应,合作目标协同,互利亲验行动,志同道合发展)

　　② 组织信任特征。组织中的信任表现为员工与主管、员工与组织、群体与群体、本单位与外单位、企业与社会、企业与客户等多向信任。我们把组织信任定义为"组织中相信、接受、期待个人、群体或其他组织的能力、诚实、关切、可靠性并认同共同目标、规范和价值的过程"。值得指出的是,信任是一个双向涵义,而组织信任则是一个多向概念,既包含组织或群体对员工的信任,也包含员工对群体或组织的信任以及组织内外的多向信任。组织信任建设既需要从信任、诚信和包容的组织文化做起,鼓励和奖励信任行为,支持虚拟工作和建立在线互信机制;又必须从工作敬业行为、团队互信合作和组织胜任能力等多层次加以强化和联合行动。

　　(2) 诚信管理特征。作为职业道德管理的重要内容,诚信管理是成功经营和可持续发展的关键元素,不仅包含在工作中所表现出来的职业素养和职业精神,而且涉及对工作目标、任务规范、日常行为的承诺度,以及对各种活动的心理准备等。管理心理学把诚信度定义为"个体正直和诚实的特质或品行",对"诚信"概念强调"诚",以诚实作为诚信构思中其他要素的基础。诚信或诚信缺失在很大程度上是人与组织及情境特征交互影响所导致,诸如组织内机会、与非伦理行为关联的强化与惩罚机制、程序公平知觉、情景压力和模范作用等都会影响诚信。诚信管理是指在管理实践中对干部与员工的诚信行为加以开发与管理,采取具体措施,强调诚信认知和制度稽查的双重作用。诚信管理把诚信廉洁作为领导干部品德评价的四维特征(信念价值、诚信廉洁、事业责任、伦理决断)之一;在诚信度分析中,提出诚信度包含四个维度:正直、一致(可信)、认同、诚实,注重个体的德行;而把组织诚信度解读为包含认同、真实、一致、承责四项特征。

💬 **思考研讨 4-2**

工作信任基本功

　　在转型升级场景下,各种业务重组和项目重构带来了重建工作信任与组织信任的新挑战。在线工作和远程项目使得信任模式与策略不断更新。许多企业为此出台"工作信任基本功"计划,采用了多元、多层次、多阶段的岗位培训与职业能力开发,采取了多方面的"基本功"举措,积极增强工作信任与组织信任度:创造任务与项目机会,发挥各方才能和践行合作义务,使得各类员工得以持续努力、展示效能、践行义务;建立和推行信任行为规范,考核一致表现、可信行为和实现预计的行为;明晰各项职责授权,分享信任与责任,使得每一岗位和部门分享权限、授权监管并共担工作责任;建立开放文化,做到管理透明、精准沟通,鼓励员工开放行事,诚信作为,准确沟通;出台关心尊重合作计划,结对互助,鼓励协作,使得各级员工体验关心关照,强化乐于助人的风范;在工作例会上相互明晰期待,沟通管理层关切,通过互通关切增强公司安全文化建设,包括心理安全与任务安全,容忍差异,鼓励创新,包容差错,管控风险与不安全行为。请结合学习或实习的实践,思考与讨论进一步增强工作信任与组织信任的措施。

案例体验 4

工作个性的重要作用

个性在能力开发、队伍组合、业务经营、市场营销、创业创新和社会合作等实践中都十分重要。各类企业组织都日益注重人际互动、团队协同、创新群体、集体效能等。企业在初创、成长和转型中逐步形成"组织性格"。元创研究院负责人说,工作个性不同于工作能力。在实践中,工作能力与绩效的关系比较直接、一致和相对稳定,在许多案例研究中,能力测验结果对于工作绩效的预测效度证据比较充分;而工作个性与工作绩效的关系则并非简单的关联性,而是在很大程度上受制约于工作情景特征及其他因素的影响。我们发现,工作个性特征与绩效之间的关系一般会受到能力特征的"调节效应";而自我效能感因素则常常是工作个性与绩效两者关系中重要的中介变量,即呈现"工作个性—自我效能感—工作绩效"的"因果链"。了解这一点可以更充分理解工作个性的作用模式与行为机制。2016 年创建的"职业经理人赋能评价中心",通过积极开展经理人资质与能力的线上线下测评,并采用经历资料、奖项成效、项目绩效和岗位考核多指标组合的方式来评估职业适配度。系列赋能评价发现,责任意识、相容性和开放性等个性特征对于合作成效与组织公民行为等协作绩效、团队项目与责任绩效、平台互动合作与创新绩效以及绿色转型与可续绩效等高阶绩效指标都具有较高预测力,而个性、伦理、同理心、情绪智力、生态心智等因素和团队工作能力则对于经理人职业适配度具有显著贡献度。请反思个性特征在学习与工作活动中的作用,进一步理解什么是任务绩效以外的高阶绩效。列举身边的案例,说明如何通过在团队工作中搭配不同个性和非智力因素,提升协作、责任、创新、可续等高阶绩效,以便做好日显重要的高阶绩效管理。

第二节　组织的伦理与文化力管理

知识要点 4 - 2　组织伦理与文化力管理

组织伦理:伦理决断、行为规则、规范遵从、价值承诺、员工关怀、社会协同。

创业社责:基于风险与创新行动的责任价值、责任动能与责任参与三维度结构。

文化管理:责任管理为主线,责任领导力和伦理领导力为双翼的融合性管理。

责任管理:价值、社责、激励导向的责任文化、合规经营、担责敬业三维管理。

一、工作伦理与组织伦理特征

1. 伦理思想与组织伦理特征

(1) 伦理思想与工作伦理概念。中国古代的伦理思想与实践在很大程度上受到儒家、道家、法家的影响。儒家、道家和法家的思想博大精深,至今在商务行为中仍具有巨大的影响。

① 古代伦理思想。儒家思想体系的仁、义、礼、智、信元素,遵循"三纲五常"的家族式文化价值观,并表现出强烈的社会责任感和重教强学理念,提倡德政、礼治和人治。重视道德规范,认同等级地位,看重家庭观念,偏好中庸之道,强调圈子文化,注重学习教育和自我管理。在商务活动中,遵循伦理规范,讲求行事分寸,偏好关系导向,做事灵活变通,注重情境交融,维护社会声誉,重视教育学习等基本理念正是受到儒家思想的影响。道家思想注重天人合一、无为而治、阴阳相依、率真超越、淡泊避世,关注自身修炼和内功发挥,成为管理文化中强调执著奋斗、内敛出招、刚柔并济、执行行动等基本理念的渊源。法家思想则遵循标准规则、责任管控、权威治理,注重理性规范,成为注重制度规范、权责担当、纪律管控等重要规则的渊源。

② 工作伦理概念。工作伦理行为与实践遵循是指工作任务、人际活动、职业关系和商务经营中以诚实、公平和公正的方式行事,包含四项内容:工作价值取向,指工作伦理价值与组织核心价值观的一致性;工作思维判断,指工作任务思维与决策判断是否符合伦理性;工作标准遵循,指对工作中各种规章制度的行为遵循和在工作中做出宽以待人、严以律己的奖惩遵循;工作行为规范,指工作行为表现规范合理、遵纪守法,在各种工作任务活动中展现公民行为。工作伦理是一个多维构思。人们对个体行为伦理的边界划分比较清晰,却会在群体行为伦理上表现出"双重标准"。有些员工对个体性工作伦理规范能自觉遵守,行为边界清晰,却对带有群体利益的工作伦理规范的行为遵循表现出"虽不合规,情有可原"的心态或出

现"集体护短"现象,管理心理学称之为"群体性伦理宽容效应"。

(2) 组织伦理特征。在工作实践、人际交往和管理及经营活动中,对基本伦理价值观的认同、理解和遵循,而形成治理规范、工作伦理、市场规则、伦理规范、伦理判断、伦理适应和行为响应等一整套有关组织内行为规则和工作过程的伦理道德框架。组织伦理是"组织处理与内外部利益相关者关系所参照的道德标准"。组织伦理主要涉及职业伦理、职业操守、诚实守信、文化伦理和管理伦理行为,体现出规范遵从、价值承诺、员工关怀和社会协同元素(参阅本章研究案例 4)。组织伦理包含两方面的伦理视角:组织伦理的正面提炼与促进和对非伦理行为的理解与防范,并显示出四个方面的基本特征:特质、决策、两难和发展特征。

① 组织伦理的特质特征。组织伦理是组织成长中较为稳定、内在的特质,既有刚性规则的一面,约束组织恪守规矩、坚守底线、以理取信,形成遵循规范、规则和规矩方面的合规施策能力;又有柔性包容的一面,促进组织内部在变革转型中默契配合、优势互补、合作共赢,形成柔顺成长机制。组织伦理通常面临的挑战是企业容易在风险情景中做出误判,例如,为突破成长壁垒而不惜违反现有规则或企图超越现有的规范底线;在商务规则面前表现出"捷径思维"(不按规则而试图走捷径)和"擦边行为"(在规则边缘行事),从而降低组织的伦理水平。因而,需要采用伦理规范策略加以防范或矫治。

② 组织伦理的决策特征。组织伦理包含多种行为的两难决断,具有较强的决策特征。做出有效的伦理决策判断与选择不是一件容易的事。在涉及组织伦理价值、文化多样性、商务伦理道德和经营—发展等两难决策情景下做出伦理判断或即时选择,需要一定的伦理决策策略和道德合规性判断力,这是伦理领导力的重要元素。

③ 组织伦理的两难特征。处理伦理问题容易陷入两难困境。面临伦理性两难境地的情况比较多,例如,机会识别、资源获取、关系处理、竞争策略、利润分享、风险管理、法规遵循、客户信誉、员工福利、公司文化、社会责任和权责担当等。在变革转型中,企业面临"激活存量"与"创新增量"和"变革发展"与"适应融合"之间复杂关系处理的伦理困境和各种利益考量与抉择,容易出现组织伦理问题。

④ 组织伦理的发展特征。组织伦理管理具有可续发展意义。管理过程中,需要防微杜渐,转危为机,防范容易涉足的违法或违规的相关商务问题,保持清醒头脑并增强价值判断能力,在发展中着重改善"伦理氛围"(对伦理行为模式和如何解决伦理困境的一致认知)和形成发展导向的组织伦理规范。

(3) 组织中的非伦理行为。对组织中非伦理行为的研究主要围绕三方面的问题:非伦理亲组织行为(或非伦理亲群体行为)、非伦理行为与腐败行为的演变以及治理非伦理行为的策略。非伦理亲组织行为(unethical pro-organizational behavior,简称 UPB)是比较普遍的现象,组织中的个体或集体以为只要对"小集体有益"就可以"对组织有利"为借口,通过"合理化加工"做出非伦理行为,或以小群体利益为由做出有损公司文化和品牌形象的动作,逐渐养成"非伦理行为习惯"。非伦理亲组织行为是指员工为潜在的组织利益而进行的非伦理行为,包括两种要素:非伦理行为,以非法或道德上不可接受的方式做的行为;亲组织行为,貌似"有助于"组织的行为。非伦理亲组织行为的最终结果是"事与愿违",导致有损个人且危害组织的后果。根据从管理者非伦理行为到集体不道德,再到导致组织腐败的衍变过程及内在机制,管理心理学研究提出在诱发阶段、横向扩散阶段和纵向传递阶段,针对性制定相应的管理、控制和治理对策。

(4) 伦理型公司的特征与建设。企业在转型升级、竞争挑战和成长发展过程中,往往面临多种"伦理困境",即在员工、领导、企业、社会以及员工待遇、工作安排、客户关系、竞合业务、协作模式等多种关系的价值判断与利弊权衡中显现的难题。管理心理学研究重视价值型领导行为和伦理型公司建设。在变革竞争和创新转型过程中,优化组织伦理会显著增强核心竞争优势,应当重视把工作伦理作为文化规范并通过伦理型公司的建设加以优化和提升。因此,建设伦理型公司成为许多公司的重要战略任务。实践证明,伦理型公司在员工满意度、遵纪守法经营、组织承诺度、多业务多项目合作、变革转型成效、吸引高潜力人才、保障福利效益、员工保留度等方面都优于一般企业。管理心理学提出伦理型公司建设的六项策略,如图4-3所示。

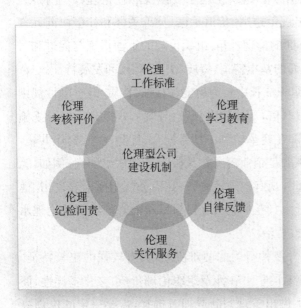

图4-3　伦理型公司建设的六项策略

我们在研究中采用20项伦理行为指标量表,取得较好的效果,如量表工具4所示。伦理胜任能力是伦理型能力建设的"重头戏",也是管理心理学的新热点。

📋 量表工具 4

伦理行为指标量表

◇ 伦理价值规范、伦理自律要求、伦理胜任能力、伦理沟通报告
◇ 员工权益尊重、员工参与决策、管理决策公平、伦理诚信透明
◇ 问责处罚到位、行为奖励认可、主管信任关系、职业道德合规
◇ 伦理文化宣传、伦理员工关怀、伦理人资管理、伦理经营行为
◇ 伦理培训赋能、管理规范有序、伦理制度健全、伦理效能评估

2. 工作职业道德与道德领导

(1)职业道德的特征与管理。职业道德是职业资质的核心要素,也是职业精神与职业行为规范的基础。职业道德是人们在进行职业活动时需要遵循的职业意识、处事准则和行为规范的总和。日常所说的伦理道德、道德规范和做人原则都是职业道德的相关说法。管理心理学把职业道德的内涵界定为四项维度要素:职业伦理意识、职业处事准则、职业行为规范和职业诚信敬业。

① 职业伦理意识。这是职业道德的心智维度,是指对职业公认和遵循的伦理道德要素与标准的认同与思维。在工作中面临工作压力、利益权衡、熟人关系、外来干扰、自我规范、单位立场、部门监管等道德行为判断时,价值理念、责任尊重、信任信用、服务精神、利益增强、道德行为、道德压力管理、道德风险防范和社会价值等都是重要的伦理意识要素,还涉及对违背道德原则行为的判断与应对意识等。

② 职业处事准则。这是职业道德的标准维度,是指职业要求遵循的道德准则、伦理标准、职业法规、服务水平、决策判断、利益处置、公私边界、专业套路等。尤其是从业过程中所需承担的对公众和社会的责任要求,以及职业角色与职业义务之间、原则上要求与实际处理方式之间的一致准则等,也表现为处事过程中的以人为本、安全可靠、关爱自然、公平正义、公正信用、客观保密等准则。

③ 职业行为规范。这是职业道德的规范维度,既是指工作与职业行为方面必须遵循的规则常模、尽责守则及榜样规范,也包含职业道德素养、知识技能、能力行为等胜任规范,处理道德挑战困境、坚守职业道德和职业发展的行为规范以及在网络安全、数字化经营、转型升级等方面所表现的职业伦理规范。

④ 职业诚信敬业。这是职业道德的行为维度,是指工作与职业实践中表现的诚信行为与敬业行为,即诚实、守信、可靠、公正、投入、助人、负责、奉献等行为表现。诚信敬业作为一种行为选择的道德评价和知行合一因素,充分体现在日常工作和行动之中。

(2)道德型领导的特征。在增强组织伦理的目标下,企业日益注重领导者道德行为,应运而生的是道德智力与道德型领导理论的发展。道德型领导定义为"运用品德素质、品德决策与资源配置的原则促进团队实现组织目标、核心价值观和行动计划的胜任特征"。在众多领导胜任特征中,道德型领导强调三项胜任要素:诚信、责任和关爱。这些要素支撑道德型领导基本行为。

① 诚信胜任特征。主要包含遵循价值、坚持原则和保持承诺等,还要能够讲真话,真实报告工作绩效。坚持立场、保持承诺,真实沟通"低差绩效",成为道德型领导的重要胜任标准。

② 责任胜任特征。主要包括担责敬业、差错问责和负责服务等。道德型领导应善于对自己的行为担责问责,并认真负责为组织和员工服务。

③ 关爱胜任特征。主要包含关心他人、配置保护和群体互动等,也包含宽容他人和宽容组织等行为表现。

上述要素构成了道德型领导特征,对于伦理道德型组织的构建与发展具有重要意义。

💬 **思考研讨 4-3** ┉┉

如何处理非伦理亲组织行为

在企业组织的经营管理实践中，非伦理亲组织行为比较普遍，甚至成为一种亚文化特征。可是，这种行为非但有损组织形象和牺牲竞争优势，而且可能积重难返，违规违法，并因负面形象而影响市场销售。如何应对非伦理亲组织行为现象呢？比较有效的办法是经理人带头鼓励健康与公平的竞争，制定合规经营的管理政策和公平行事的实践规范，并通过赋能与激励，防范非伦理亲组织行为，鼓励伦理与道德经营等。请结合某一公司或单位实际，研讨提出可行的处理方案。

二、文化力管理与责任型管理

1. 社会责任的转型与发展

人们早就关注商务的社会价值与社会意义，到 1930 年代，许多企业开始把对社会群体的责任作为其重要特征。到 1950 年代，有关公司社会责任（corporate social responsibility，简称 CSR）的概念成为研究的话题并越来越得到各方面的重视。

(1) 公司社会责任（CSR）发展阶段。CSR 的内涵和定义在管理学和行为科学的研究与应用中形成了四个发展阶段。

① 公司社会职责阶段（1950—1960 年代）。企业面向社会的公益性慈善捐赠要求，着眼于高管社会意识、企业形象声誉和公共关系，设法设立公益慈善基金等。通常由一位经理负责。公益慈善式 CSR 至今仍被较多企业采用。

② 公司社会责任响应阶段（1970—1980 年代）。企业面向社会影响力和组织与战略选项，着眼于公共政策要求和公司经营行为不端等问题而做出响应，重视社会审计、利益相关方策略及企业监管要求。通常由公共关系部负责。政策响应式 CSR 成为起步快、任务型的社会责任举措，在企业实践中比较普遍。

③ 公司商业伦理阶段（1990 年代—2000 年代）。企业注重伦理型公司文化建设和社会公平要求及社区发展方面，着眼于变革与价值理念提升，提倡高管领导伦理和商业伦理观。一般由企业文化部、公共关系部或人力资源部负责。许多投资机构开始在投资决策分析中关注所投项目或企业在 CSR 方面的成效。商业伦理式 CSR 往往以社会责任项目形式开展，社会影响大，商务利益小，较多作为企业开展战略性社会参与活动或举措的推进策略。

④ 公司社会责任阶段（2010—2020 年代）。企业强化社会责任，融入使命、愿景、价值观陈述，面向全球经济和长期战略。更多着眼于将社会责任嵌入运营、人才和战略，重构企业成长的价值链（盈利、社会、环境等）和业务重组，进一步服务于企业变革转型和可持续绿色

发展,以 CSR 创造全社会共享共生价值。特别是转型建构创业社会责任的生态圈。随业务嵌入度的增强,社会责任的绩效贡献显著提升。

公司社会责任(CSR)定义为"公司将经济、生态和社会关切与利益相关方需求及公司活动相结合而志愿承担的责任举措与行动"。CSR 在内涵上主要包含:经济责任(公司股东回报和地方经济贡献)、法律责任(公司合规经营)、伦理责任(公司运营不对社会与环境造成负面影响)和社会责任(主动寻求盈利以外的社会贡献以及对广义利益相关方的需求负责等)。CSR 主要遵循三方面原则:问责原则(生态环保)、透明原则(行动效能)、可续原则(面向未来)。CSR 在中国企业扎根不久却发展迅速。不过许多企业的 CSR 比较宽泛、分散和表面化,对业务缺乏直接的积极影响。因此,越来越多企业关注制定新的 CSR 战略,着力增强责任文化,提升运营绩效和推进商业模式变革,并加强新版 CSR 报告的撰写、发布与应用。成立专门班子筹划、培育、撰写与宣讲企业社会责任年度报告,加强员工、干部和全体利益相关者对社会责任功能的参与意识与心理准备。从发展趋势来看,CSR 正在向可续发展转变,许多企业把 CSR 报告修订为"可续发展报告"。

(2) 创业社会责任(ESR)。社会责任日益融入工作实践,逐步成为诸如责任人资、责任生产、责任服务、责任供应链等内外结合的综合优势和增强企业可持续发展的利器。创业社会责任概念体现了可持续发展理念对社会责任概念的重要演进。在有关以往研究、现实挑战和发展趋势的分析基础上,管理心理学提出了创业社会责任(ESR)的新概念和理论模型,在概念内涵上给 CSR 增添了敢为人先、创新驱动和行动领先的创业精神要素,主要包括责任价值、责任动能和责任参与三项维度特征。图 4-4 表示创业社会责任的三维结构图解。

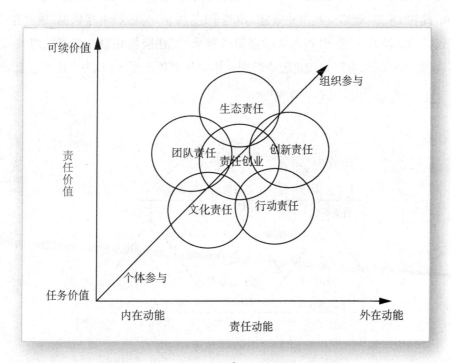

图 4-4 创业社会责任(ESR)三维结构

可以看到，创业社会责任（ESR）以责任价值（任务价值—可续价值）、责任动能（内在动能—外在动能）和责任参与（个体参与—组织参与）为三个维度搭建理论框架。该框架以责任创业理念为核心，集聚了生态责任、创新责任、行动责任、文化责任和团队责任各项要素，形成创业社会责任的综合理论体系，也成为可续管理与责任管理的策略依据。

① 责任价值维度，也称为责任心智，指以可续价值作为责任价值的核心内容，通过创业文化建设，提升社会责任的价值内涵，包括责任心智、责任理念、责任角色、责任规范、责任激情和绿色责任等价值行为模式，整体增强员工、客户、组织的负责任价值理念等。

② 责任动能维度，也称为责任动力，指识别、策划、重组内外责任动能要素，主动激发高阶责任动能因素，形成以改革创新为主线的责任动能，包含责任沟通、责任领导、责任文化、责任团队、责任组织和责任社会等多层次动能因素的责任工作与合规经营体系。

③ 责任参与维度，也称为责任行动，指增强个人和组织层面的负责任参与行动，表现在多层次参与各种责任管理与责任举措，注重负责任工作、促进责任型创业、启动责任人资、实施责任财务、推行责任销售、承担责任运营、鼓励责任创新和推进责任战略等行动，建立开放共享的担责、问责和协责（协同责任）的责任参与制度并发布创业社会责任报告。

2. 文化力管理与责任型管理

（1）什么是文化力管理？在管理心理学的五力管理模型中，文化力管理是关键的核心能力模块。管理心理学把文化力管理定义为"以责任管理为主线，以责任领导力和伦理领导力为双翼而开展的融合性文化管理过程"。文化力管理以五元组织价值（FOV，责任—合作—学习—弹韧—可续，如图4-2所示）、三维创社责任（ESR）和双链综合激励（dual chain motivation，简称DCM，策略—机制—效能，如图6-7所示）为三项策略依据，通过伦理领导力与责任领导力的联合作用，引领团队增强价值蓄能、责任聚能和激励使能机理，显著提升责任价值管理、合规经营管理和担责敬业管理三维责任管理。图4-5为责任管理模型。

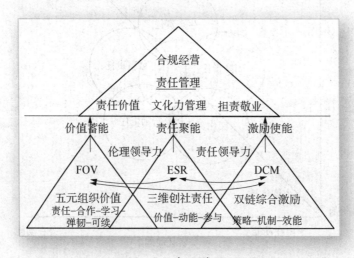

图 4-5　责任管理模型

（2）责任管理模型。责任管理是一种价值取向，也是一种能力开发，是基于责任理念与责任实践的管理模式。说到责任管理，不少人以为就是在说社会责任。其实，责任管理是一个理论体系与策略组合。其重要指导是联合国发布的责任管理教育原则 PRME（the principles for responsibility management education，简称 PRME），主要包括六项原则：责任目的性、责任价值观、责任教学力、责任研究力、责任伙伴力和责任对话力。具体来说，是以可续发展能力为目的，体现全球社会责任价值观，培养责任管理能力，开展责任管理研究，为担负社会责任广结合作伙伴和开展企学政客户媒体社区对话。管理心理学把责任管理定义为"以责任价值、合规经营和担责敬业为三维的管理实践"。在工作实践中，这三大维度相互融合，形成责任管理整体并贯穿在管理的目标、资源、过程和绩效的各个环节。在五元组织价值（FOV）、三维创社责任（ESR）和双链综合激励（DCM）的基础上，通过伦理领导力与责任领导力而强化价值蓄能、责任聚能和激励使能三重机理与策略，增强责任价值管理、合规经营管理和担责敬业管理，从而全面提升以责任管理与为主线的文化力管理水平。我们把责任价值管理（价值心智策略）、合规经营管理（责任框架策略）和担责敬业管理（双链激励策略）作为责任管理的三项关键特征维度，其具体涵义如下。

① 责任价值管理。责任管理注重建设以可续、责任、合作、学习、弹韧五元组织价值（FOV）为主题的责任价值体系，要求在管理中形成人人有责、处处彰显的责任价值导向。责任文化建设鼓励提升责任价值和职业义务感，并在管理实践中得到体现和贯彻。价值蓄能是责任价值管理的动力机制，并成为责任管理的价值蓄能策略。

② 合规经营管理。责任管理强调以三维创业社会责任（ESR）为责任框架的合规经营并激发可续动能，通过系统的责任设计和策划，在组织中启动以责任规则为策略的人财物管理和变革转型实践。合规经营管理并非只顾常规而不做创新，而是以改革创新的视角规范启动负责任的项目、业务和运营。责任聚能是合规经营管理的活力机制并成为责任管理的责任聚能策略。

③ 担责敬业管理。责任管理运用双链综合激励（DCM）鼓励干部员工的责任参与、责任决策与公司治理，通过行动、学习与发展，在责任文化建设和合规经营中担责敬业，改善责任关系与协同步伐。双链激励推动文化力管理，促进责任意识、责任担当、责任能力和责任协同的敬业模式和可持续发展的责任型组织建设。激励使能是担责敬业管理的张力机制并成为责任管理的激励使能策略。

（3）伦理领导力的特征。不同于行为风格式的"伦理型领导"，伦理领导力的定义是"在群体与组织中通过个人行动与互动行为，带领群体合规敬业以实现组织目标的能力"。伦理领导力强调双向沟通、正面强化和决策行为的重要作用。伦理领导力包括伦理经营合规力、伦理沟通研判力和伦理原则践行力三维能力特征。图 4-6 是伦理领导力模型。

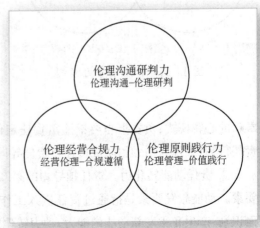

图 4-6　伦理领导力模型

①伦理经营合规力。伦理领导力的第一项能力特征维度从心智模式上解决常见的"说归说、做归做"的"伦理两张皮"心态和非伦理亲组织思想。这项能力特征维度主要包括经营伦理和合规遵循两项要素。经营伦理要素包含适应经营活动所遵从的基本伦理道德（诚实守信、公平公正、敬业奉献等）和合规意识、价值理念等心智模式；合规遵循要素则是指奉行伦理操守，遵守工作规范，表现出成熟的伦理认同与专业素养，遵循伦理规则与伦理操守，合规经营管理，遵纪守法，表现职业精神和事业规范等能力。

②伦理沟通研判力。伦理领导力的第二项能力特征维度强调不只是自身明白，而是需要分享伦理规范，宣传与沟通伦理标准与伦理行为，并善于作出伦理研判。伦理沟通研判力主要包含伦理沟通和伦理研判两项要素。伦理沟通要素是指具有对符合或违背伦理标准的各方进行有效沟通、解读伦理规范、分享伦理认同感和承诺度的能力；伦理研判要素则是指善于作出伦理问题决策选择、合规判断和协调多种关系的能力，特别是在工作或管理行为中，表现出敏锐的伦理理解、判断处置与行为响应的能力。

③伦理原则践行力。伦理领导力的第三项能力特征维度注重伦理领导力作为一种行动导向的能力。伦理原则践行力主要包含伦理管理和价值践行两项要素。伦理管理要素是指对企业经营目标、工作伦理规范与道德程序的有效承诺、遵循与管理能力；价值践行要素则是指善于促进价值行动领先，推动伦理行动学习，引领伦理型公司建设和带领团队践行企业愿景战略与核心价值观的能力。

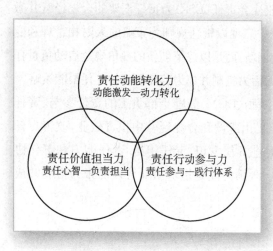

图4-7　责任领导力模型

（4）责任领导力的特征与要素。文化力管理的重要领导力是责任领导力。管理心理学把责任领导力定义为"以担责奉献心智模式，通过价值塑造、动力激发和行动转换，带领群体共同实现责任管理与持续成长的能力"。责任领导力包括责任价值担当力、责任动能转化力和责任行动参与力三维能力特征。图4-7是责任领导力模型。

①责任价值担当力。责任领导力的第一项能力特征维度包括责任心智与负责担当两项要素。责任心智要素包含责任角色、责任规则、责任关系经典元素和责任价值、责任动能、责任行动新元素，形成担责奉献的心智模式；负责担当要素注重责任定位、责任重塑、责任担当、警觉风险、问责尽责等责任行为，表现为引领团队成员强化责任导向，提升价值理念和负责担当的能力。

②责任动能转化力。责任领导力的第二项能力特征维度包括动能激发与动力转化两项要素。动能激发要素是指通过责任嵌入工作任务，责任提升管理实践和责任增强社会服务而识别、产生和激发新动能的能力；动力转化要素则是指具有把责任互动、责任协同、责任整

合、责任管理、合规经营、责任创业和承担社会责任等组织责任动能转化与迁移到各项工作中去的能力,以此涌现、汇集和转化较高阶责任动能因素,实现组织的可续发展。

③ 责任行动参与力。责任领导力的第三项能力特征包括责任参与和践行体系两项要素。责任参与要素是指善于策划、鼓励、推动各级人员多层次参与责任管理各项活动的能力;践行体系要素是指具有界定责任关系,制定责任体系,践行责任管理和引领责任团队的能力。

💬 思考研讨 4-4

如何理解和运用责任管理模型

责任管理模型揭示了文化力管理的增强机制,得到了许多企业的广泛应用,成为绿色转型的策略指导。请思考与研讨责任管理三项原理:一是针对个人、团队与组织的具体情况,以"可续—责任—合作—学习—弹韧"五元组织价值,适应与转换责任价值心智模式;二是围绕责任管理三维策略,以"价值—动能—参与"三维社会责任,制定合规经营行动计划,提升协同决策管理(专注、投入、创新、选配等),勾画出文化力管理的"路线图";三是在行动计划中设置配套指标,运用"策略—机制—效能"双链综合激励提升担责敬业和续航发展的效能。整个责任管理体系从责任目标、长短举措、责任项目、资源重构、行动评价等方面做出协同推进。请思考和研讨如何在学习与工作中实施责任管理新策略。

组织伦理作为处理工作与商务关系时所参照的道德标准,对伦理氛围、伦理文化和伦理价值三项互补重叠的概念做出凝练总结,成为企业可持续发展的重要条件。请阅读研究案例4并作出进一步理解与讨论。

📖 研究案例 4

转型时期民营企业组织伦理模式与对策

案例解读:研究以社会交换理论(通过人际物质或非物质交换来解释社会关系)为框架,以协定性交换、互惠性交换、概化性交换、协同性交换四项要素开展深度案例分析。案例研究借鉴了多项企业社会责任与企业伦理关联的评价体系,从企业形象认同、社会角色、公益价值、公司声誉及所属行业、区域等概化效度考虑,选取腾讯科技公司、万科公司和远大空调公司为案例样本,作出深度分析。

　　□ 协定性交换—规范遵从:双通道职业生涯体系、自助式设施服务、内部亲属回避制度等；

·   □ 互惠性交换—价值承诺：员工家庭的关怀计划、持续性股东回报、主动承担纳税义务等；

□ 概化性交换—员工关怀：实施学习型组织计划、节能型配套设施、技术梦想实现平台等；

□ 协同性交换—社会协同：节约型电器建材配套、友好型网络安全、倡导绿色建筑理念等。

我们以"内部—外部"和"认知—情感"维度，构建了图4-8转型期企业组织伦理特征模型：基于认知视角的规范遵从与价值承诺元素，基于情感视角的员工关怀与社会协同元素，体现出概化交换、协同交换、协定交换和互惠交换下的整合式组织伦理。

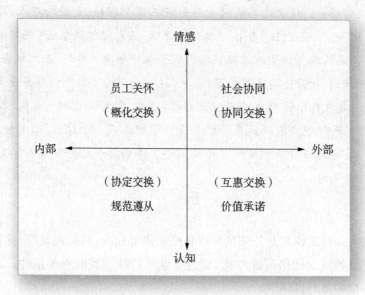

图4-8 转型期企业组织伦理特征模型

通过案例背景、案例描述、案例解释的详尽分析和多案例整合分析，提出转型时期民营企业组织伦理的新模型。在组织伦理实践中，个体及组织间互依性加大，表现出平衡兼顾内外部利益相关者的重要性。从多案例的实践看，在转型发展阶段各类企业拓展开放式和谐、高效、共赢的可持续发展体系，倡导伦理型企业公民思维，营造凝聚进取、协同创新的组织伦理环境。

请结合本案例提出的组织伦理模型，分析某一公司或单位的组织伦理特点，思考与讨论组织伦理建设面临的任务、挑战和应对策略。

（参阅：莫申江，王重鸣.转型时期民营企业组织伦理构思的案例研究[J].管理案例研究与评论，2009,2(06)：366-379.）

　　创业社会责任的理论与策略成为管理心理学和创业学的重要新进展。请阅读"研究解读4　创业社会责任的理论与策略",思考和讨论如何结合企业组织愿景战略与管理特点,践行与增强创业社会责任,推进企业可续管理与持续发展。

📖 研究解读4

创业社会责任的理论与策略

　　作者:王重鸣(浙江大学)、赵雁海(兰州大学)

　　图书:《SAGE 小企业与创业研究全书》,SAGE 出版社 2018 年版(Wang, Z. M. & Y. H. Zhao. 2018,Entrepreneurial social responsibility, Chapter 22,*SAGE Handbook of Small Business and Entrepreneurship*, London:SAGE Publishers)

　　研究内容:创业社会责任的理论与策略成为管理心理学和创业学的重要新进展。通常面向大企业的公司社会责任 CSR 实践加快转向中小企业甚至小微企业并成为新的创业成长策略;相对宽泛和外部导向的 CSR 需要转向嵌入业务的责任管理。创业社会责任 ESR 代表着进入 21 世纪以来创业理论与社会创新实践的重要进展。现有的"商务＋CSR"加法模式难以适应创业型企业的社会责任实践动能,我们提出一种"商务×CSR"乘法模式,又称为"创业社会责任模式",并着手建构新的整合概念即创业社会责任。责任与社会责任的思想在中国古代商务思维与实践中就比较流行。中国古代的儒、佛、道家都注重仁慈、捐赠、人性和社会规范。商务实践中寻求利义和谐、义为利本和见利思义,强调公平、诚信、勤奋和仗义。从社会创业与社会创新兴起到可持续创业和可续管理新实践,社会责任内涵不断深化和拓展。

　　创业型企业的社会责任实践可以采用新的理论解释和策略支撑:对社会责任与可持续发展的承诺模式以及文化、资源、能力开发为策略;创业者在企业发展潜能、事业志向、决策压力等方面的伦理标准和责任模式;社会责任和商业伦理更加嵌入创业变革与创新实践并发挥更大影响力;创业型企业更多成功依赖社区的声誉和可续发展的新价值。

　　在此基础上,创新性地提出创业社会责任的三项策略框架。

　　(1)文化价值策略:以创业责任价值到可持续责任价值的价值策略维度,从当前任务目标责任实现拓展到可续发展责任担当。例如,通过责任文化建设,共享责任理念,明晰责任价值,转换责任心智,促进责任治理。

　　(2)组织动能策略:以内部变革动力到外部变革动力的动力策略维度,推动与激发内外结合的变革与创新动力因素,或称为高阶责任动能特征。例如,通过强化责任互动沟通、责任决策选择、责任创新绩效等,形成新的责任活力和市场竞争优势。

（3）多层参与策略：以个体投入参与到组织系统参与的参与策略维度，把责任行为从个体努力提升到团队主动和组织行动。例如，通过责任能力开发与责任参与计划等举措，使得多层参与成为"新常态"变革创新行动。

创业社会责任以责任价值、责任动能和责任参与为维度，其创新性是强调社会责任的嵌入性和可持续理念与行动的整合性，在应用中拓展到各类企业，得到国际学术界与各类企业的普遍认可与积极应用。

💡 **思考题 4**

1. 大五个性理论的基本维度特征是什么？中国人的个性有哪些文化特征？
2. 工作价值观有哪些特点？运用组织价值观五特征模型解读公司价值观。
3. 组织伦理包含哪些特征要素？列举身边案例讨论如何建设伦理型公司。
4. 试述文化力管理与责任管理以及价值蓄能、责任聚能、激励使能机理。
5. 创业社会责任有哪些创新点？请讨论实践中应如何提升创业社会责任。
6. 什么是伦理领导力和责任领导力？讨论其能力维度和相应的领导策略。

第五章
组织文化与文化策略

第一节　组织文化与企业文化建设

📖 知识要点 5 - 1　组织文化与企业文化

组织文化：成员共享的愿景理念、行为假设、价值观、行为准则规范体系。
文化契合：公司文化价值的一致性和相容性包含文化兼容度与沟通融合度。
大庆精神：爱国主义精神、艰苦奋斗精神、科学求实精神、忠诚奉献精神。
企业文化：服务客户、精准求实、诚信共享、创业创新四价值螺旋式模型。

一、组织文化特征与文化契合

1. 文化与组织文化基本概念

（1）文化的概念与要素。中国传统文化源远流长,五千年文化积累了世界文化的精华,对于现代文化有着广泛而深刻的影响。对于现代商务、管理与创业影响最大的当数儒家文化、道家文化和法家文化。到了"五四运动"前后,"新文化运动"把民主与科学作为我国思想界的新血液。发展到今天,推崇的是社会主义核心价值观的培育和践行,显著更新了我国的文化实力。管理心理学把文化看成"群体通过学习而获得的共享基本假设的模式,包含共同认同的理念、价值观和行为规范"。文化是人们在生存、活动与发展过程中逐步形成的影响和指导行为的价值取向和指导原则的集合体。

组织文化在很大程度上体现在成员的多重角色行为中,其角色概念来自戏剧的隐喻,表现人们在企业组织中扮演的角色或发挥的作用。从这个意义上,角色是社会行为的模式特征。随着工作场景日趋多样,角色任务更加多重,组织文化也愈加多元。人们在生活、工作、社会上适应不同的文化特征,扮演多样角色行为,成为组织文化的重要元素。多年来,角色研究十分活跃,从早期的功能性角色理论和符号式交互角色理论的个体行为分析,到结构角色理论和组织角色理论的社会行为建模,再到近期认知角色理论的行为机制研究,理论不断深化。结合创业五力理论与"五力管理模型"的能力视角，我们提出五类角色和二十种新角色，并根据不同组织文化和管理要求，定制和加强相应角色组合。

生态角色：心智提升者、能力开发者、政策运用者、生态塑造者。

文化角色：责任担当者、价值拓展者、社会创业者、文化建设者。

团队角色：合作共事者、项目主管者、创业领导者、资源分配者。

创新角色：管理决策者、开拓创新者、冲突化解者、协调谈判者。

行动角色：精益管理者、业务经营者、变革转型者、组织发展者。

不同组织文化下，角色具有多重、多面的和分布的特点。组织中的角色建构、角色承担、角色表演和角色转换等动态机制成为管理心理学研究的新重点。

（2）组织文化及其形成过程。组织文化是由价值观、信念、仪式、符号和处事方式等组成的共享文化。

① 组织文化的定义。管理心理学把组织文化定义为"组织成员共享的一组愿景理念、管理行为假设、核心价值观、行为准则和行为规范的体系"。管理理念与愿景属于深层次的文化成分，以核心价值观导向，直接影响与指导工作行为；而行为模式则充分体现理念与价值观。组织文化具有多种层次，不但包含深层次的价值观、行为规范等内隐的成分，还在很大程度上表现在组织的使命愿景、组织架构、常用语言、流传故事、各种仪式与标记、形象设计和物理环境等许多外显的方面。如图5-1所示的组织文化的"冰山模型"，"水面"之下的是组织文化的内隐要素，包括群体共享的管理理念、价值取向和行为规范等；"水面"之上的是组织文化的外在表现，外显的组织架构、活动仪式、形象设计、流传故事和工作用语等。

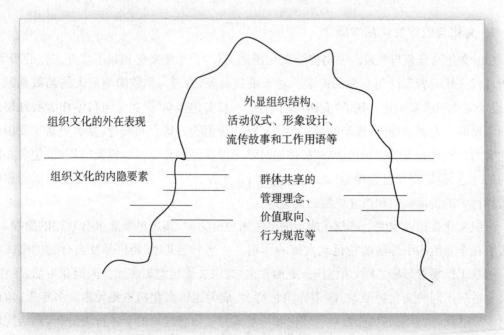

图5-1　组织文化的"冰山模型"

　　组织文化与企业文化或公司文化密切相关。我们把企业文化看成组织文化的一种广义类型。组织文化既受制约于企业实践、组织体制、所有制特征、经历积累与发展环境,又在很大程度上受到行业文化、区域文化、民族文化乃至国家文化的影响。组织文化还与群体气氛和组织氛围密切相关。最经典的是勒温首创的群体气氛理论,即心理氛围,指成员有关团队或组织实践、工作程序、奖励所创造氛围的知觉,也是人们心态、动机与行为的决定因素。此外,组织文化日趋开放,由于数字经济和共享经济的发展,社交媒体改变了"游戏规则",提升了合作节奏与创新频次,催生了亚文化即众创文化,推动了新创想、新商品、新制作和新审美,人人可以成为文化创新者,并打造各自的文化品牌,也给组织文化带来全新的开放创新特征。从这一点来讲,在数字转型和绿色发展的新阶段,众创文化为组织文化建设提供了创新机遇。

　　② 组织文化的形成及其功能。组织文化是在应付外部环境挑战和解决内部整合问题的过程中,逐步学习、优化和适应而形成的。围绕组织文化形成的过程,运用外部适应与内部整合功能的原理,针对组织文化发展群体的多阶段行动学习,我们提出了图5-2组织文化形成的行动学习模型。

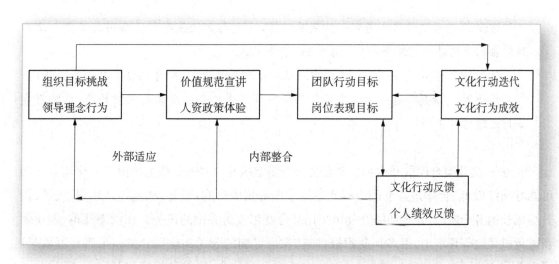

图5-2　组织文化形成的行动学习模型

　　组织文化主要有两种功能:适应功能和整合功能。前者指处理组织外的各种挑战与机遇,努力实现组织目标的过程;后者重视群体创造性和促使组织成员和谐相处做出工作绩效的方法。组织文化在成长过程中不断优化与融合成为企业生存之道:通过初创期的文化缔造与演进,转型期的文化重塑与学习,跨越期的文化新动能与可持续发展,成为组织的核心竞争优势和发展纲要。在此进程中,组织文化还具有四种功能:一是认同功能,促进组织认同感,组织文化作为一种黏合剂,显著促进聚合人心,协同行为,认同价值规范;二是使命功能,增强组织使命感,使组织使命融入管理的各类制度规范、工作任务模式和绿色环保战略,形成强烈的使命感与承诺感;三是目标功能,强化团队目标与行为准则,作为一种深层次的管理控制和影响力,指导和界定长中短期工作目标,明确和鼓励正面的行为规范和准则;四是责任功能，明晰团队协同与合作责任行为，既是价值导向，更是责任机制。

2. 文化契合与组织文化审计

（1）公司文化契合度及其提升策略。在企业转型升级和文化力管理中，加强员工与公司文化的契合度或适配度成为一项战略任务。

① 什么是"文化契合度"？主要指人们与公司文化、转型文化或者合作伙伴之间的文化价值的一致性和相容性。管理心理学的公司文化契合度概念包含两个成分：文化兼容度和沟通融合度。由于各家公司的类型、阶段、业务、技术、文化、核心价值观和愿景战略等构成了各自的不同情境条件，公司文化契合度在很大程度上取决于具体的公司场景，也称为"情景性文化契合度"。

② 公司文化契合度的评价。常用工作价值导向的行为访谈法、核心员工参加的焦点小组讨论、文化价值元素测评表和同事—群体会谈评价等方法。其中，焦点小组讨论是围绕关键问题互动式讨论的方法。该方法中最为流行的是行为访谈，相对比较客观、具体、偏差较低，因而其效度也比较高。以下是典型的行为访谈题项。

> 访谈题1：人们常常会遇到一些两难选择，决定怎么做最有利于公司的工作。请您列举自己遇到过的两三个两难情景，当时您是怎么处理的？
>
> 访谈题2：请列举一个您在工作中做过的伦理型的决定，当时主要考虑过哪些因素？
>
> 访谈题3：请列举有一次您为了工作而不得不违犯公司规章或纪律的事，当时您是如何处理这件事的？

③ 公司文化契合度提升途径。文化契合度是组织凝聚力的黏结剂。由于文化契合度低可能导致绩效低、合作差甚至造成职业生涯中断等负面影响，因此，从选任到培训、发展、晋升等成长的各个阶段，评价和提升公司文化契合度都成为关键的任务。在动态变革、创业创新或危机风险等环境中，很多企业积极推进"发展导向的公司文化契合度"，取得良好效果。根据公司文化不同类型和发展过程阶段，在确定公司使命、愿景和战略的基础上，经过公司创始人的价值理念宣召、高管团队的核心价值研讨、各方参与形成公司文化框架与行为规范章程等环节，建构组织文化的模式与价值导向特征。管理部门启动相应的公司文化建设计划，组织参与践行核心价值观和行为规范的项目、活动或发展举措。作为公司文化契合度的应用，要求各级干部员工和招聘经理都能识别公司文化的关键元素。许多公司以社会责任、价值伦理和创业创新精神三项关键元素作为公司文化契合度的重要指标和建设标准。通过多层次培训与文化行为考核，加强责任与可续文化，提升员工的责任感、伦理认同、工作价值契合，进而形成人与组织适配的文化契合机制。实践中可采用以下问题考察文化契合的开放性、发展性、参与性、适应性和创新性。

> 开放性：你最希望进入何种文化导向的公司（或部门、团队）？

发展性：你会建议公司在文化发展方面强化哪些新的元素？

参与性：你会给这家公司(或部门、团队)带来哪些新行为规范？

适应性：使公司面向新的转型发展,如何提高公司文化的适应能力？

创新性：你觉得公司文化如何才能促进大家的创业创新与奋斗精神？

　　管理心理学研究提出,可以通过岗位轮换、项目交叉、平台共享、跨界学习、生涯计划、多部门互动和文化建设考核与奖励等多种形式与策略,提高公司文化契合度的优化和变革文化融合度,从而使文化建设与员工成长及组织绩效紧密联系在一起。

　　(2) 组织文化审计的程序。有关组织文化的研究,从横向对比分析、采用文化分类方法及优秀企业文化最佳实践总结,转向更多采用动态发展思路,重视组织文化的识别、审计、建设、融合、重塑和发展。管理心理学提出"组织文化审计"的原理和方法,对企业组织文化作出诊断、审核和设计。通常包括以下五项步骤。

　　□ 文化顶层设计：审核公司使命、愿景、核心价值观和战略目标是否与组织文化相衔接。

　　□ 企业文化表述：审核比较完整的组织文化版本,也可请高管简述相关文化问题,如怎样看待企业、企业中最流行"故事"等。

　　□ 文化审计团队：请高管班子成员牵头,选择人资、财务、运营、销售、研发等部门的领导参与,还可邀请工会或职工代表大会负责人参加。

　　□ 文化审计分析：通过访谈考察、问卷调研、焦点小组座谈会以及各种文化培训材料和上岗学习手册等采集多源资料。表 5-1 列出组织文化审计常用的十类指标,以此为"菜单",定制二十项主要指标,也可采用企业文化模型。

　　□ 文化审计报告：确保文化审计的客观、全面,收集综合多层、多源、多种资料与数据,考虑正面与负面事例或意见,并与实践对照印证,现状分析与建设行动规划相结合。

表 5-1 组织文化审计量表

文化审计指标类别	常用问题	重点指标
1. 企业文化环境与场景	文化氛围与客户需求	组织文化标识
2. 企业工作习惯与常规	常规行为与行为规范	文化规范要求
3. 企业仪式与事件规格	系统仪式与事件策划	仪式事件频次
4. 企业政策与制度关系	对制度规章的指导性	政策规则基础
5. 企业考核与问责标准	文化问责与考核要求	文化问责关联
6. 领导行为与角色模式	领导行为与角色榜样	角色榜样关系
7. 企业奖惩与认可模式	企业奖惩与文化衔接	文化奖惩衔接
8. 企业培训与管理开发	学习文化与能力建设	人资文化投入
9. 沟通渠道与参与模式	综合沟通与多种渠道	沟通能力提升
10. 组织架构与文化建设	架构支持与文化建设	架构文化协同

3. 我国企业文化与创业文化

（1）企业文化的演进。我国企业文化不断得到更新。1950—1960年代，我国企业文化比较注重群体导向和工作奉献精神，通过各种劳动竞赛、先进班组评选等实践，培养群体精神，强调刻苦耐劳心态、"螺丝钉精神"和企业精神。"鞍钢宪法"即"两参、一改、三结合"的管理制度全面推广。鞍山钢铁总厂通过"干部参加生产劳动，工人参加企业管理，改革企业中一切不合理的规章制度，在技术改革中实行企业领导干部、技术人员与工人三结合"的管理原则与企业精神显著提升了企业文化。特别是以"铁人"王进喜为代表的几代大庆人艰苦创业、接力奋斗，树立起以"为国争光、艰苦创业、科学求实、为国奉献"为核心特征的"大庆精神"。大庆精神文化要素包括：为国争光、为民族争气的爱国主义精神，独立自主、自力更生的艰苦创业精神，讲求科学、"三老（当老实人、说老实话、办老实事）四严（严格的要求、严密的组织、严肃的态度、严明的纪律）"的求实精神和胸怀全局、为国分忧的忠诚奉献精神，从而成为中华民族伟大精神、我国企业精神和我国企业管理最佳实践的重要组成部分。改革开放以来，企业全面推行经济责任制，企业文化从"大锅饭文化"逐步向"责任效益文化"转变，外资企业发展与国际合作，民营企业发展与国企股份制改造等新实践，都促使企业文化建设走上新的台阶。

（2）企业文化与创业文化发展。从中国企业组织变革的实际出发，企业文化研究取得了丰硕成果。高绩效企业文化具有三方面的特点：组织目标与发展战略衔接；在组织内外形成行为规范；以人力资源开发为文化建设配套策略。创业文化则是面向创业活动的一组创业理念、创业价值观取向和创业行为规范。根据创业的类型、焦点内容、主要模式和能力特点的不同，创业文化具有包容性、社会性、创新性、学习性、责任性等新的特点。深度调研提出了常用的二十项四字创业文化要素：勤奋自信、吃苦耐劳、敢为人先、追求成就、承担风险、主动进取、机遇意识、事业承诺、处事果断、承担责任、人际合作、关系网络、成长愿景、创造创新、容忍失败、勇于开拓、整合资源、竞合文化、团队精神、行动领先。创业文化则表现出如下围绕六大类型的十二种创业模式特征。

① 包容型创业文化。小微创业与女性创业文化塑造了包容性创业文化，具有投资小、业务新、运营灵活、适应性强等明显特点。小微创业具有"小本启动、志同创新、成长导向、社会关联、互助集群"五项能力特征和相应的文化特点。女性创业则具有"商机警觉、不懈坚持、互动合作、学习进取、成功追求"五项能力特征和相应的文化特点。女性创业潜力巨大、价值倍增，成为创新创业实践的靓丽风景线。

② 社会型创业文化。文化创意创业与社会创业形成社会型创业文化。文化创意创业具有"文化创意、艺术思维、专业服务、多样模式、社会协同"五项能力特征和相应文化特点。社会创业是通过社会创新，捕捉机会，设计实施提升社会价值的创业解决方案，具有"社会创新、公益理念、社技系统、社会参与和持续发展"五项能力特征与相应文化特点，社会创业与下文的技术创业并称"双翼创业策略"。创业事业成功飞翔需要具有技术创业与社会创业双重翅膀：创业技术创新加速展翅，社会创业持续飞翔。基于社会—技术系统的双翼创业文化日益流行。

③ 创新型创业文化。技术创业与专利创业加速了创新型文化的建设与发展。技术创业具有"科技创新、团队协同、迭代学习、智能互联、平台支撑"五项能力特征和相应文化特点;专利创业作为创业的核心策略,具有"技术创新、法律保护、产品开发、科创投融、市场链接"五项能力特征及其文化特点,成为创新型创业文化的主题。

④ 学习型创业文化。精益创业与跨界创业推动了创业行动策略和新兴创业模式。精益创业具有"精益理念、紧实平准、准时流程、加速周期、学习改进"五项能力特征及其文化特点,形成了高质量商务和高效益创业的新模式;跨界创业包括跨界众创、内容营销、传媒合作、跨境电商等新实践,具有"互联心智、全球商机、跨境项目、联盟合作、跨界学习"五项能力特征及其文化特点,大大强化了学习型创业文化。

⑤ 责任型创业文化。绿色创业与责任创业凸显责任文化的重要性。绿色创业以社会、环保、节约、变革、效能为导向,具有"持续理念、社会责任、节能环保、变革模式、环境创意"五项能力特征与相应文化特点;责任创业则以创业社会责任为主线,具有"责任心智、担责价值、变革创新、全员参与、责任组织"五项能力特征及相应文化特点,形成"基业长青企业"的责任型创业文化。

⑥ 数字型创业文化。大数据创业、数字化产品与数字化平台,物联网、云计算、区块链等各种数字化技术,加速推进了数字创业模式的创新和数字型创业文化的发展。数字创业具有"数字心智、团队协同、创新模式、在线平台、并行项目"五项能力特征及其文化特点。智能创业则具有"智能思维、精准服务、创新组合、迭代学习、云端平台"五项能力特征与文化特点。数字型创业文化成为数字经济时代的文化引领模式。

💬 思考研讨 5-1

公司文化契合度与文化建设策略

公司文化契合度需要通过维护和发展不断提升。随着数字化改革和绿色转型的发展,文化建设愈加变得发展导向,不断优化公司文化的契合模式与契合程度,反过来促进变革创新和可续发展。请结合本单位的变革实践,思考和讨论公司文化契合度如何成为公司发展和员工成长的重要策略。

二、企业文化建构与文化设计

1. 组织文化建构模型与特征

管理心理学运用组织文化建构模型开展公司文化建设与研究。组织文化建构模型用纵横两个参照轴来表示组织文化的两项关键维度,即内部—外部维度、控制—灵活维度。图 5-3 为组织文化建构模型。图中横轴表示组织文化是重在内部管理还是外部发展。内部管理关注的焦点是组织的内部过程与人群关系,强调规章制度和人事程序;外部发展则关注与外部环境之间关系,强调目标达成、创新发展。图中纵轴则表示组织文化是强调灵活性还是注重控制性。灵活性鼓励成员拥有较大的自由度,强调开放式沟通、参与管理、创新适应和发展;控制性则是指组织注重工作过程监控和目标管理等。纵横两个参照轴形成四种不同模块:"理性目标模块"(强调目标导向)、"内部过程模块"(注重规则导向)、"人群关系模块"(侧重支持导向)和"开放系统模块"(追求创新导向)。

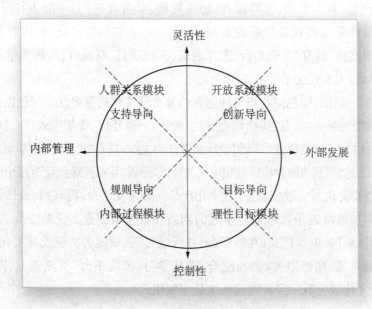

图 5-3 组织文化建构模型

量表工具 5 的组织文化导向量表是组织文化的四种导向特征的测量,供读者采用。目标导向注重工作目标计划和构建工作标准的组织文化特征;规则导向强调按程序办事和照规章监控的组织文化特征;支持导向鼓励进取成长和支持团队合作的组织文化特征;创新导向注重开发新产品、寻求新市场和外部机会等组织文化特征。

📋 **量表工具 5**

组织文化导向量表（王重鸣，2021）

① 制定目标要求评估工作绩效。　⑦ 支持合作协同发扬团队精神。

② 采用目标管理推进工作任务。　⑧ 激励关心员工增强待遇机会。

③ 优化目标体系设置工作指标。　⑨ 开发员工能力提升职业发展。

④ 按照严格程序管理工作任务。　⑩ 创新产品服务拓展新兴市场。

⑤ 优化规章制度坚持合规经营。　⑪ 发挥科创优势开发创新业务。

⑥ 遵循核心价值担负工作职责。　⑫ 鼓励数字智能实现创新目标。

2. 企业文化设计与开发途径

（1）企业文化设计的步骤。近30年来,我们对国内外2300多家企业的经理开展了多种调研和分析。许多企业从初创期就感知到文化的影响力,随着企业的成长,新的挑战都伴随着文化方面的困惑。例如,组织的快速扩张,使得企业原有文化稀释变形,影响了新老员工的认同度,甚至出现"文化代沟"现象;原有文化难以适应新的挑战与发展,亟待更新文化理念和文化力。总体来说,企业文化正在发生巨大的变化,从以内部管理为重心转向以外部发展为主,从注重控制性向强化灵活性的方向转移。企业文化设计成为一种战略设计,通常包括三项程序和三种策略。

① 文化设计的三项程序。企业文化设计可以采取三段论:战略定位、文化建模、行动策划。

▫ 战略定位:文化设计的第一段落包括背景熟悉、战略识别、业务链接、创始价值。通过对部分员工、干部、家属、客户等利益相关者群体开展系统调研,完成深度访谈、战略梳理、业务分析和团队研讨(特别是高管团队的交流)。

▫ 文化建模:文化设计的第二段落包括团队氛围、关键行为、利益相关、文化建模。紧密结合业务与任务的新要求,围绕公司创业成长的丰富历程和深度分析,构建与设计出"企业文化模型"。

▫ 行动策划:文化设计的第三段落包括决策发布、规范学习、成效评估和文化管理。通过组织决策和行为规范学习培训,启动新的企业文化管理,成为紧密结合中国企业文化建设实践的重要框架与示范。

② 文化设计的三种策略。在企业文化设计中,较多采用愿景建构、文化建模和行为建设三种策略。

▫ 愿景建构:针对企业发展特点主动修订愿景,以此指引文化设计。愿景表述需要包含领域、定位和性质三要素。以某数字化企业为例,典型的企业愿景表述为:"成为数字化产品服务开发平台(领域)国际知名的(定位)的设计商和服务商(性质)"。以业务领域—水平定位—企业性质的表述模式来明晰愿景基本要求。现实中,不少企业的愿景与其目标混淆,也不表现其业务领域、水平定位和企业性质。例如,某公司"愿景"为"实现100亿产值的一流企业",缺乏愿景的要素和针对性,难以激发张力、凝聚人心。

▫ 文化建模:围绕四种文化价值观特征(服务、精准、共享、创新),设立四维文化导向框架,即目标导向、规则导向、支持导向和创新导向,并识别与界定各阶段定位的关键行为要素。在企业文化建设中,明晰文化价值焦点、四维文化导向和四象限关键行为,以此做好启动推广和行动优化的基础工作。

▫ 行为建设:企业文化建设是各级部门与员工的集体参与和心智模式及行为的转换,重在参与,贵在行动。强调结合企业变革转型和创新发展的愿景战略,共同创造企业的核心价值观、工作与组织理念、行为与工作规范。

(2) 运用组织文化建构框架设计企业文化。许多中小企业的成长都经历了追求目标的绩效文化、强化规制的求实文化、鼓励亲情的合作文化和推动创新的创业文化等阶段文化转变。企业文化模式与组织文化建构模型的四个象限或模块相吻合,分别表现为目标导向、规则导向、支持导向和创新导向的文化价值观驱动。企业文化的进一步发展则进入较高层次的目标、规则、合作与创新等四种导向,展现出组织文化的螺旋发展新模式,例如,国际化框架下企业文化增强其全球视野的目标导向、国际商规的规则导向、多元包容的支持导向和跨界开放的创新导向。图 5-4 为企业文化的结构与核心价值观的框架,以"内源—外源"和"自主—管控"两个维度的交互关系刻画出组织文化螺旋发展的动态机制。

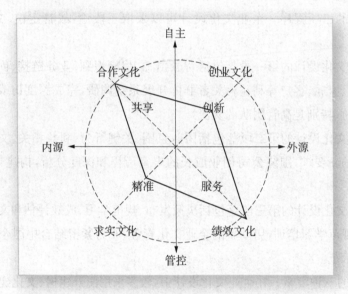

图 5-4　企业文化的结构与核心价值观框架

企业文化的核心价值观内涵怎么融入干部员工的工作行为模式中呢? 我们通过深度文化访谈,对现有工作行为所体现的价值导向加以评价,提取企业文化的关键事例进行分析,并运用群体互动反馈与文化内涵解析等方法,提炼和创设以"服务、精准、共享、创新"为核心价值观元素的企业文化内涵,把四项核心价值观要素界定为:服务客户,精准求实,诚信共享,创业创新,并构建了相对应的目标导向(基于服务客户)、规则导向(基于精准求实)、支持导向(基于诚信共享)和创新导向(基于创业创新)的创业文化模型及其关键行为。

我们在许多企业开展了组织文化评价和建设活动。结果表明,在高绩效创业型企业中,企业文化模式往往表现为图 5-4 所示的菱形模式。以持续高绩效作为效标,企业文化呈现出目标导向与支持导向较强,创新导向与规则导向适中的菱形文化模式。这并不表示规则、创新较弱,而是表示相对更强的成长目标追求和队伍建设发力。企业文化的建设与发展是一个动态过程。领导者在不同发展阶段对组织文化的形成和发展起着关键的作用。对我国企业文化的模式作出四种组织文化导向的建构及其典型行为的解读如下。

① 基于主动服务客户的服务文化。注重工作目标计划、执行、考核、跟进和构建工作标

准的目标性文化特征。在组织文化发展的第一阶段,企业主要以目标定位为特征,注重从可持续发展确定其经营宗旨和核心价值目标,管理理念、经营哲学和策略在经营活动中不断得到检验,形成组织文化构架。

②　基于规范精准求实的精准文化。强调按程序办事和照规章运营,建章立制、精益管理的规则性文化特征。在组织文化发展的第二阶段,文化的焦点转向规则定位,组织根据其核心价值观,建立和检验各种规章制度,强调管理规范和工作流程等,从制度和规程上体现组织的核心价值体系。

③　基于鼓励诚信共享的共享文化。支持员工成长和团队协同合作,强调激励指导和诚实守信的支持性文化特征。在组织文化发展的第三阶段,组织文化的特征表现为鼓励团队,支持定位。建立起有效的激励与约束机制,形成更有利于发展的组织文化氛围,组织绩效持续成长。

④　基于强化创业精神的创新文化。注重战略创业、开发新产品、应用新技术、寻求新市场、创新新模式等创新文化特征。在组织文化发展的第四阶段,组织处于转型创新的阶段。通过组织战略、组织结构和组织绩效的重新设计,鼓励创业精神,强调更新适应,建设更为开放创新的学习型组织。

当主导性组织文化的定位特征与组织的经营战略、发展机会和成长要求相衔接时,组织文化建设得到强化,能在最大程度上促进共同奋斗,增进整体经营绩效和员工持续成长。

💬 思考研讨 5 - 2

可续发展与文化建模

请针对可续发展目标的要求,运用目标导向、规则导向、支持导向和创新导向的四维文化框架,并结合跨文化管理中的求同融合策略、包容共享策略、团队绩效策略和跨界竞合策略,思考与研讨在本单位或被调研单位的文化各维关键行为要素和行为建设策略。

🔲 案例体验 5

企业文化的阶段演进与建设策略

企业文化与成长发展阶段密切相关,在企业的变革发展过程中形成、演进和成熟,建构成企业文化建设的策略。我们团队从 20 世纪 80 年代开始就特别关注企业文化理念对员工行为特别是经理人决策模式的影响,以及新技术决策策略与管理决策模式的跨文化特征。1990 年代进一步研究跨文化成长和外资企业的战略人力资源管理与领导策略,大大深化了对于跨文化企业文化的理论建构与应用。1995 年开始,我们承担了多家初创成功企业的文化设计与能力开发任务。从重塑企业的使命、愿景和核心价值观，到阶段性回顾企业的战略目标和文化变迁与升级。在企业使命愿景与核心价值的驱动下。企业文化随着公司成长阶段而变迁发展。许多企业都从 1980 年代创业起步，先后经历了市场拓展、业务成长和"螺旋式"文化发展，成为我国创业企业成长发展的成功实践。企业成长阶段与企业文化模式有以下特点：

初创期的目标导向文化。许多企业在初创期采取了以市场为先导、以生产为核心、以技术为发展的策略，并建立起个体与集体目标相结合的岗位目标责任体系，形成重在服务客户的目标导向文化。

成长期的规则导向文化。进入成长期，产品与服务走上快速发展轨道，工作模式转向讲求规则、注重规范、鼓励制度化流程、崇尚规范化管理的新模式，企业文化建设转向基于流程体系、强化精准求实的规则导向文化。

成熟期的合作导向文化。进入成熟期，企业发展速度减缓，日趋强调合作精神、团队工作、互助共享、激励培训和员工发展，体现人本理念，注重凝聚人心，形成注重诚信共享的合作文化。

转型期的创新导向文化。进入转型期，企业启动"二次创业"，开展以创新为核心的国际化文化建设，从国际化战略延伸到数字化转型和可续发展战略，不断增强创新导向文化。

请读者对照所在的企业或者所关注企业的成长发展，梳理和分析企业文化发展的阶段特征及其对企业效能的促进或抑制作用，进而提出企业文化建设的新策略。

第二节　变革文化融合和跨文化管理

 知识要点 5-2　文化智力与文化管理

文化智力：元认知智力、认知智力、动能智力、行为智力四维结构与策略。
文化融合：责任担当、组织协同、创新动能、前瞻警觉、赋能适配五机制。
跨文管理：求同融合、包容共享、团队绩效、跨界竞合、能力开发五策略。
跨文胜任：心智胜任、团队胜任、创新胜任、领导胜任特征与心理获得感。

一、文化智力与变革文化融合

1. 文化智力概念与四维特征

（1）什么是文化智力？文化智力是指人们随着工作场景的全球化、多样化，能否适应不同文化情景和价值取向的重要能力与资质。管理心理学把文化智力界定为个体对文化差异具有敏感性，适应、应对和管理文化多样性情景的综合能力，英文为 cultural intelligence，简称"文智"或"文商"。从概念上说，文化智力包括四个维度：策略（元认知）智力、认知智力、动能智力和行为智力。

① 文智策略维度。这是文化智力的策略元，表现为识别、理解、获取和运用文化知识的能力，又称元认知。文智策略强的人会有意识地关注不同文化的假设，反思文化互动的过程，在不同文化交互中作出认知监测、换位思考和表现自知之明，并快速作出文化适应性行为和运用文化策略。

② 文智认知维度。这是文化智力的知识面，反映人们在教育和经历中所获得的有关不同文化下规范、实践和习俗方面异同特征的知识。其中，既有跨文化的普适性知识（例如，基本需求、生活起居、保健模式、育儿习惯、沟通模式和贸易交易等），也有表现各自文化差异的独特性知识（例如，直接间接、中庸面子、竞争意识、挑战历练、个体群体等）。文智认知显著促进文化意识和文化自信，并且改善文化内和文化间的社会互动质量方面。

③ 文智动能维度。这是文化智力的动力源，聚焦在作为智力源的能量大小和方向，表现出引导认知注意力和能量指向文化情景中的学习和行为过程的能力，从而调控情绪、认知和行为，提升跨文化情景下的信心和动力，有利于达成学习与工作目标。文智动能决定了跨文化场景的方向性和参与度，在国际商务与管理中成为关键的文化智力特征。

④ 文智行为维度。这是文化智力的行动场，是个体有关文化场景下行动水平的行为表现，既体现在与不同文化背景的人员互动时恰当行动，以及行为举止与心态仪态适宜的综合能力，还包括跨文化场景下的行为释义能力和反馈调适能力等。

图 5-5 表示出以上四个维度的关键要素与跨文化绩效的关系。文化智力的测量有多种方法。文化智力量表分别包括策略文化智力（如"当与来自不同文化背景的人交往时，知道要使用不同的文化知识"）、认知文化智力（如"知道在其他文化中非语言行为的规则"）、动能文化智力（如"享受和来自不同文化背景的人交往的乐趣"）和行为文化智力（如"为适应不同的文化，在沟通交流过程中使用停顿和沉默也会有所不同"）四个部分题项。

（2）变革文化融合的连环机制。在数字化转型、业务创新和可续发展实践中，文化价值的多样性、层次性和创新性也前所未有，变革文化融合策略和能力开发成为重要抓手。我们通过对上千家中国企业连续五年的实证研究，提炼出变革文化融合的五项连环机制。

▫ 责任担当机制。基于改革创新和可续发展的文化价值观模式，强化创业社会责任，从责任价值、责任动能和责任参与三层次的融合，显著增强变革文化融合的责任担当机制。

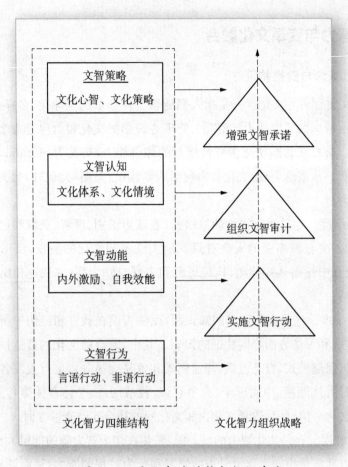

图 5-5　文化智力结构与组织战略

　　□ 组织协同机制。基于团队互动,以团队间合作互动来增强创新参与程度,显著提升合作型领导和文化融合的层次,增进团队互动,在团队层面上加强文化融合,从而提升变革文化融合的组织协同机制。

　　□ 创新动能机制。基于数字转型,以"互联网+"、企业上云运营、数智化举措,促进变革文化的适应学习,多元价值的转换整合,社会—技术并行发展等文化理念与价值取向的融合过程,显著增强变革文化融合的创新动能机制。

　　□ 前瞻警觉机制。在变革与文化融合的行动决策中,基于并行分布,以分布式认知启动、多层次目标参照、内外商机交互洞察、目标—手段前瞻判断这四种特征,显著优化变革文化融合的前瞻警觉机制。

　　□ 赋能适配机制。聚焦于女性创业、知识产权创业和跨境创业领域的改革创新,通过生态力、文化力、团队力、创新力和行动力的创业五力开发,形成以文化力提升为中心的可续发展理念与文化融合的赋能适配机制。

　　上述五项机制通过"基于双栖策略的共享整合机制"形成变革文化融合的连环机制模型,如图 5-6 所示,为各类企业成功开展转型升级和变革创新提供了可采用的理论框架。

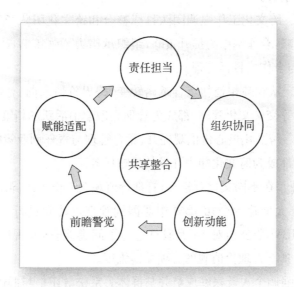

图 5-6　变革文化融合连环机制模型

2. 跨文化管理与跨文化能力

（1）跨文化管理的五种策略。跨文化管理主要涉及跨文化背景下的个体行为特征、交叉文化胜任力、文化与工作激励、跨文化团队、跨文化领导力、外派人员管理、跨文化创业创新等领域。早在约公元前 400 年就有关于跨文化行为和文化差异的论述，古丝绸之路联结了不同地区文化人们的贸易和交往，但有关跨文化管理问题的理论与研究在过去 40 年间才成为管理心理学的重要内容。跨文化管理心理学主要关注工作过程与行为的跨文化相似性和差异性，以及多文化场景中的跨文化界面特征与动力机制。其基本领域与新趋势形成了三大视角：微观的心理知情意责文化特征视角；中观的团队、领导力、冲突谈判过程视角；宏观的组织结构与文化视角等。全球化、信息化、数字化和绿色化的迅速发展，大大促进了中国企业在"走出去"战略和"一带一路"倡议下加快海外拓展、国际合作、跨境经营和国际化管理的进程。围绕跨文化情境下如何有效促进组织文化与跨文化管理的协调、融合、发展问题，管理心理学提出跨文化管理的五种策略：求同融合策略、包容共享策略、团队绩效策略、跨界竞合策略和能力开发策略等。

① 求同融合策略。跨文化管理作为关键的环节，正在从关心文化差异和文化冲突，转向关注文化求同和文化融合，注重动态情境下创业社会责任、能力适配成长、变革赋能行动和角色心理获得感等融合策略。

② 包容共享策略。跨文化管理重视文化包容与共享的策略，有意识地加大项目团队和合作交流活动的跨文化多样性，关注文化弱势人群（例如女性创业群体和贫困地区的跨文化合作）支持辅导与能力开发。跨文化包容共享策略强调提升跨文化领导的团队相容性，主要包括四个层面的包容共享特征：领导风格兼容、胜任特征兼容、合作承诺兼容和工作绩效兼

容,形成整体包容共享模式。

③ 团队绩效策略。跨文化工作强调团队目标整合和跨文化团队开发,主要采用三项策略:团队胜任力开发策略,合作网络力提升策略,组织承诺力增强策略,改进跨文化团队责任制和跨文化参与管理与合作式目标管理。

④ 跨界竞合策略。从和睦相处朝竞合承诺转变,跨界价值取向、全球领导力、跨界社会责任、多项目团队建设等交叉文化管理,都成为管理心理学中活跃的新策略开发领域。

⑤ 能力开发策略。跨文化核心价值观提升、竞合管理与责任创业策略、绿色商务合作与跨界可续发展等方面,都成为跨文化能力开发的战略任务。

(2) 国别文化特征。在不同文化背景下,管理价值观会有很大差异。荷兰著名学者霍夫施泰德(Hofstede)曾在大型跨国公司 IBM 中对国别管理价值观进行了历时 4 年的系统研究,在 60 多个国家的 IBM 子公司对 16 万雇员进行了问卷调查,发现国别文化特征的重要性,总结出国别文化情景下管理价值观的五项关键维度。

□ 个体群体取向:强调个人及家庭成员并与群体关系松散还是与群体及成员联系紧密及关系认同度。

□ 权力距离接受:对社会的权力分布和地位差异的不可接受还是接受的程度。

□ 不确定性回避:对不可预测或模糊的情景具有容忍度和舒坦感还是偏好可预测情景和容忍模糊度。

□ 男性女性风格:看重成就、竞争、财富获取与独立支配还是看重关系维护、生活质量、关心弱势与互依移情的程度。

□ 短期长期取向:注重常规和当前还是面向长远与未来的程度。

表 5-2 是对中国、美国、法国和日本的雇员所作研究的分析比较,表明在 IBM 公司工作的中国籍或华裔雇员在"权力距离接受度"和"短期与长期取向"方面得分更高,而在"个体与群体取向"方面得分却低得多,即更倾向于接受高权力距离、长期取向和群体取向。交叉文化管理价值观特征不同,所采用的管理思路和方法也不相同,这会影响各自的合作共事和经营管理的策略。

表 5-2　交叉文化价值取向的国别比较

管理价值观	中国	美国	法国	日本
个体群体取向	20L	91H	71H	46M
权力距离接受	80H	40L	68H	54M
不确定性回避	60M	46L	86H	92H
男性女性风格	50M	62H	43M	95H
短期长期取向	98H	29L	30L	80H

注:H＝高,M＝中,L＝低

💬 **思考研讨 5-3** ....

文化智力特征与管理策略

　　围绕文化智力的四维结构：文智策略维度、文智认知维度、文智动能维度和文智行为维度特征，请思考在实际生活与工作中的文化行为表现，研讨如何通过增强文智承诺、组织文智审计和实施文智行动，以增强文化智力、提升管理效能和持续发展能力。

二、跨文化适应与跨文化管理

1. 跨文化适应与成长的特征

　　（1）跨文化适应的过程。由于全球商务与组织间竞争不断加速，跨界商务和国际化创业成为普遍的经营实践，跨文化适应成为管理心理学和人力资源管理的重要研究领域。管理心理学把文化适应分成两种心理过程：一是涵化适应（acculturation），是指因不同文化相互接触、持续碰撞、交互影响而导致的文化价值变迁与心理变化的同化过程，比较受人关注的是逆向涵化（reverse acculturation），指主流群体如何去适应弱势群体文化或是当人们回到原文化时的社会化重新适应和规范维持过程；二是濡化适应（enculturation），是指自身文化经历对原文化的融合过程或者文化变迁下的习得过程或社会化过程。

　　在不同文化的接触与交互影响下，通过整合、同化、分离、边缘化等跨文化策略的作用，促进或抑制了跨文化涵化与濡化适应过程，重塑了跨文化心智力、跨文化沟通力、跨文化创新力和跨文化行动力，进而影响到适应成效，包括行为适应、价值适应、知识适应和认同适应。有关跨文化外派、适应和职业发展的研究提出文化适应力分为两个维度：心理适应和社会适应。前者以情绪适应为主，指跨文化情境下的身心健康与主观幸福感；后者是指适应当地的工作与社会环境，进一步分成工作适应和人际适应。

　　（2）跨文化成长的特征。跨文化成长是一项战略任务，从外派人员的心智与能力准备、跨文化职位的设计与人员选配、海外工作的激励与绩效管理，到跨文化成长的持续赋能、外派人员的职业发展和返回母公司的待遇安排以及家庭援助等。企业通过在国际商务和文化环境中培养具有胜任挑战性任务的素质与能力来实现员工职业生涯，并帮助确定有潜力的后备干部人选。成功的外派员工一般具有三种特征：智力资本（知识、技能、经验、文化智力和认知适应力等）、心理资本（不同文化情境下得到的历练、亲验学习和在东道国运作的能力）和社会资本（与当地的利益相关者建立信任关系，包括员工、供应链合作伙伴和客户等）。其中，社会资本又包含三项维度：网络建构（网络联结、自我建构、组织模式等要素）、认知结构（合作认知、知识共享、多层知识等要素）和关系维度（信任规范、责任义务、文化认同等要素）。文化间适应和互依建构都会促进社会资本"增值"和知识的多向迁移与共享，有助于提

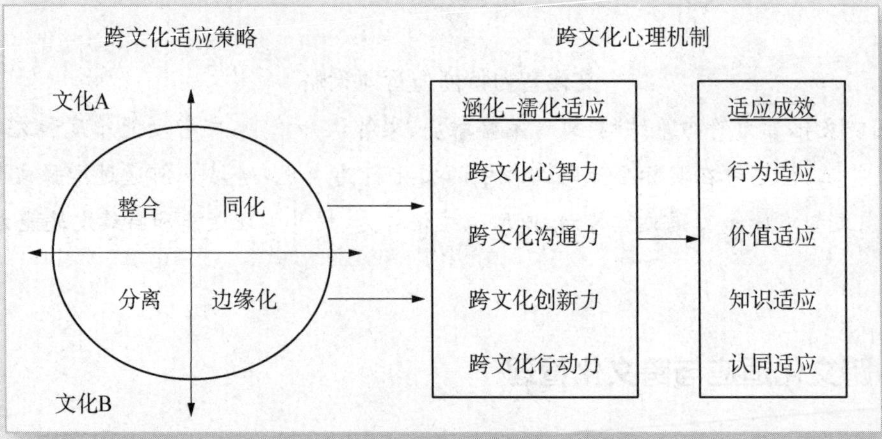

图 5-7　跨文化适应机制模型

升基于心理获得感的跨文化胜任能力。跨文化社会资本可以显著促进心理资本、智力资本乃至优化全球心智模式与互信共享愿景。面向外派员工，需要制定领导力开发与教练辅导专题计划，注重增强全球文化意识、开放心态和认知灵活性。

2. 跨文化式外派与胜任能力

（1）"自主外派"与心理获得感。外派经理或外派员工，一般多指企业选拔和派往到海外工作或者外资企业选派到中国分支企业的人员。不少优秀企业为此启动了诸如"巡洋舰外派人才计划"和"外派项目团队后备人才计划"等能力开发及经理人国际商务能力培育计划，并以跨文化管理能力开发与跨境项目培训相辅助。跨文化"自主外派"也日趋流行，是指个人自行到海外或来中国工作或创业的人员。由于缺乏系统的行前培训和专项准备，这类人员面临如何适应新文化环境与工作模式的更多挑战。心理获得感的原意指"在特定时刻的亲身经历而体验、认知和取得心理资源获得性的感觉"，是帮助员工确定其角色并与同事有效互动的心理条件。在跨文化场景下，心理获得感定义为"对合作伙伴引导心理资源的能力和动机"。跨文化心理获得感与跨文化社会资本拓展和知识迁移密切相关。

（2）跨文化胜任力特征。跨文化胜任力具有心智、团队、创新、领导四个方面的胜任特征。

①跨文化心智胜任特征：主要体现在开放式心智模式、对文化模糊容忍性、跨文化情景认知能力和弹韧自信与自力更生能力（自信独立、毅力坚持、职业道德等）。对于跨文化差异的耐性与弹韧性以及转换文化心智模式的能力，特别是注重双赢进取、尊重他人权利、关注非正规组织、鼓励集体决策、客观衡量成就等心智特点。

②跨文化团队胜任特征：主要表现在包容沟通与互动交往的能力（社会敏感性、多向沟通技巧等），对交叉文化团队的态度，以及合作互动中的心态、仪态、姿态等；在跨文化团队冲

突管理与团队合作方面,保持正面冲突成效,改善成员合作态度,提高冲突解决的公正性、合理性和互利性;善于在跨文化背景下应对风险挑战、双向直言沟通、勇于承担团队责任、注重合作专长和鼓励跨文化公司忠诚度等,以及跨文化人员共同承诺、相互信任和协同共事等。

③ 跨文化创新胜任特征:主要表现在具有变革管理与创新拓展能力(变革创新心智、跨文化创新拓展等),善于在跨文化条件下合规经营与解决复杂难题的能力(多文化经营、跨文化解题等),协调跨界创新任务、发挥跨界专业特长、协调跨界创新绩效,鼓励人员发挥创意,创造成员融洽关系、创新整体服务质量等。强调跨界创新指导、灵活程序、共同负责,优化创新管理和创新文化建设等。

④ 跨文化领导胜任特征:主要表现在跨文化管理中的协同相容方面。跨文化领导协同相容胜任包括领导风格相容(跨文化意识、团队合作准备度、任务支持度等)、领导能力相容(跨文化关系建构、才能利用发挥、信息共享度等)、领导承诺相容(跨文化目标认同度、团队责任依存度、生涯发展承诺度等)和领导效能相容(跨文化适应度、团队责任达成度、组织能力提升度等)四方面要素,共同构成了"跨文化领导力相容模型"。

💬 思考研讨 5–4

如何积累社会资本

　　社会资本是指在一定社会结构中的个体、群体或组织等行为主体,通过内外部社会互动和联系而形成的社会关系或社会资源的集合体。在工作、生活与管理实践中,社会资本的积累与文化适应和文化建设密切有关。社会资本的构建是一个多水平的过程:个人、群体、组织、社会和文化(跨文化)呈现五层次社会资本构建,在人际网络、知识共享、关系交往等多维度上增强社会资本。其中,个体与群体层次上的开放联结、参与活动、互动认知、持续联系、利他解题和投资互联等六方面积累策略十分有效;而在领导与组织层次上,企业市场行为、社会交往和品牌传播模式不断积累领导层和组织社会资本;跨文化互动与业务合作显著增强了跨文化社会资本。有关战略性人力资源管理"版图"把社会资本和人力资本一起作为重要的资源维度,并在多种文化场景中作为"战略资源"的组成部分。

　　在企业文化的发展中,不同区域的文化传统都会影响创业精神和组织文化的特色。企业家创业精神成为经济发展与改革创新的内在动力。创业精神与区域文化特征有密切的关系。新的趋势是重视个体、群体、组织和区域文化特征等多层次的文化建模与机制分析。请阅读"研究案例5 创业精神的区域文化特征",思考和研讨所在区域的创业精神表现和文化特征。

📖 **研究案例 5**

创业精神的区域文化特征

我们对浙江省 9 个地区的民营企业家进行了深度案例访谈，包括董事长、总经理和其他经理共 98 人。请他们列举最有特点和最为重要的区域文化特征，通过案例编码分析，提取出体现了区域文化特征的创业精神关键词。调研结果得到编码频次比较高的关键词，依次为：吃苦耐劳（勤奋）、机遇意识（有头脑、远见）、务实（踏实、实干）、激情（胆识、风险、拼搏）、事业心（执着）、创新（学习）、稳健（保守、安逸）、社会责任（诚信）、低调（朴素、谦虚）、合作（团队、大气）、兴趣（自信、模仿）等。浙江传统上归属吴越文化，崇尚事功和经世致用，体现为民风沉淀深厚、历史遗风影响深重、人性性格温善、民俗文化发达、善于积极进取，但又近乎功利，具有很强的生命力与适应力。这种区域文化特质对于浙江创业风格具有深刻的影响。"善进取，急图利，而奇技之巧出焉"的功利色彩，与创业精神中关注创新性并有良好机遇意识、创业激情、经营有道和事业心紧密相关；人文关怀的追求，体现在创业精神上为人务实、稳健保守、需求安逸，不盲目冒险，一步一个脚印；深广的大众趋向，在创业风格上行事低调，崇尚合作，强调诚信，追求社会责任感，创业所选择的行业和产品符合市场规律，从而实现产品畅销，满足社会大众的需求。在案例访谈中我们也发现不同地区的亚文化差异：浙北地区倾向于创新学习、稳健保守，浙东地区倾向于务实肯干、做事执着、事业心强，而浙南地区倾向于冒险、激情、胆识，且富有团队合作精神等。这项多案例研究为深刻理解创业文化特征与创业精神演进提供了新的理论指导和依据。

请根据这项研究案例进一步讨论区域文化对于创业精神与创业文化有哪些影响。

请列举身边的案例，分析和探讨所在区域的创业文化特点。

（参阅：徐建平，王重鸣.创业精神的区域文化特征：基于浙江的实证研究[J].科学学与科学技术管理,2008,29(12):141-145.）

我国创业研究与理论方法取得创新进展，创业五力理论（EFC）为推动和提升创业能力建设水平提供了新的理论与方法框架。请阅读"研究解读 5　创业能力建设"，思考和讨论如何提升自身的创业能力与创业创新精神。

📖 **研究解读 5**

创业能力建设

作者：王重鸣（浙江大学）

图书：《专业技术人员创业能力建设读本》，中国人事出版社 2015 年版、2020 年版

　　研究内容：本书是为国家人社部《专业技术人才知识更新工程》和《全国专业技术人员继续教育培训计划》专门撰写的指定教材，在创业五力理论创新、行动学习实践成果和全面能力建设等方面体现了示范性、创新性和解释力。

　　（1）以改革开放40多年积累的前沿研究成果，独创性建构了包含创业生态力（人环模块）、创业文化力（规制模块）、创业团队力（协同模块）、创业创新力（科创模块）和创业行动力（效能模块）的创业能力模型，并以身边案例体验和创业策略提炼，系统解读了创业能力的维度要素，构成"创业五力理论"（EFC），体现出理论创新和知识体系的新颖性与前瞻性。

　　（2）全面反映创业创新的最佳实践，围绕小微创业、女性创业、文化创意创业、技术创业、专利创业、社会创业、跨境创业、绿色创业、责任创业、精益创业、数字创业和智能创业等最新创业模式与实践，深入浅出阐述，跟踪前沿发展，充分反映创业创新实践尝试与进展。

　　（3）独创了五环行动学习策略方法，以问题驱动、原理反思、行动目标、行动反馈和行动迭代等五环节学习，强化了创业能力行动学习的亲验性、行动性、迭代性和创新性。

　　（4）突出加强创业能力建设的适用性，面向各类人才在工作岗位、职业生涯和社会生活中发挥创业精神、提升创新能力、增强社会责任、拓展全球视野的综合能力开发。突出了知识解释力和多行业可应用性，形成广泛的重要影响力。

　　本书创建的创业五力理论成为管理心理学的主要理论框架和原理体系基础，也为进一步的理论研究与实践应用提供了充分的指导和依据。

思考题5

1. 什么是组织文化？请举例说明应如何评价企业文化并开展公司文化审计。
2. 组织文化建构模型有哪些模块与基本维度？应如何开展企业的文化设计？
3. 如何在实践中提升文化智力和公司文化契合度？请以新生代企业为例说明。
4. 在数字经济与绿色发展的新形势下，应如何开展组织文化的建设与发展？
5. 请运用四种文化导向的原理，解读身边的企业文化特征及其建设策略。
6. 应如何做好跨文化管理？如何运用人力资源开发策略优化跨文化胜任力？

第六章
激励机制与组织承诺

第一节　激励理论与持续激励机制

 知识要点 6‑1　激励理论与持续机制

综合激励：三维激励、成就动机、责任激励、目标特征、需求层次、工作特征。

目标特征：目标自主性、目标责任性、目标成长性、目标团队性、目标创新性。

持续激励：双因组合激励、期望递增激励、组织公平激励、认知评价激励策略。

双激励链：目标激励—责任归因—组织效能和内外激励—认知调节—自主内控。

一、激励策略与综合激励理论

1. 激励维度与目标责任激励

（1）激励的三项维度与成就动机。激励是指推动人朝着一定方向，以某种水平从事某种活动，并在工作中持续努力的动力。其中，"方向"是指所选择的目标，"水平"是指努力的程度，"持续"则指行动的时间跨度。我们需要从目标、强度和持续等三维要素考察其激励水平。管理心理学把激励看成"持续激发动机的心理过程"。相关研究从 1980 年代的"需求—薪酬关联性"的静态工具视角转向 2010 年代的激励过程、责任激励和持续激励等动态成长视角，并采用整个生涯发展、激励机制与体系等整体解决方案来加以设计和实施。

① 激励的目标要素。激励需要有明确的目标指向，目标是激励的第一要素。目标要素有多项特征：层次、时间、类型。目标在层次上分成个体目标、群体目标和组织目标；目标在时间上分成短期目标、中期目标、长期目标；目标在类型上分成操作目标、经营目标、战略目标。激励机制的设计与构建首先需要明晰目标体系与管理。

② 激励的强度要素。激励有不同的强度要求，强度是激励的第二要素。有效的激励强度有三个重要特征：适中、协调、递增。激励强度与绩效之间的关系呈"倒 U 形"，过强或者过弱的激励强度都不会有良好绩效，只有中等强度的激励才能导致持续高绩效；激励协调是指

多种激励之间的协调,特别是内外激励之间的平衡关系。

③ 激励的持续要素。激励的持续性是激励机制设计中最具挑战性的,持续是激励的第三要素。设法形成长期激励的效应,是激励制度的关键要求。激励持续性也有三个重要特征:多样、程序、体系。持续激励建立在多样激励措施的合理组合之上;在激励流程的各环节显示程序公平性并在激励的各种制度安排、分类举措、奖金薪酬福利多方面形成体系等,也是激励持续性的重要条件。

(2) 目标责任归因激励。在数字化转型和创新型群体建设过程中,需要发挥员工的主动精神、责任意识、团队合作和团队间协同的能力。管理者的任务是创造条件以满足下属的潜能发挥需求和承担具有挑战性的目标责任。目标责任归因理论的研究,为责任激励机制提供了依据。责任目标通过认知归因作为关键的行为机制,强化责任激励,从而提升综合激励的水平。根据目标责任归因理论,可以系统解读"目标—归因—满意—努力—绩效"的"激励链",并提出目标责任激励的原理,认为目标责任激励是以目标责任特征,形成责任归因模式而促进和影响随后的工作情绪、目标期望和努力水平。其中,目标责任特征包含三个特征维度(个体目标责任—集体目标责任、短期任务责任—长期成长责任、经济目标责任—社会目标责任),这些特征交互影响,形成基于责任归因的责任激励模式(个人责任激励、任务责任激励、合作责任激励、经济责任激励和社会责任激励),进而决定了绩效追求行为(增强自我效能感、提升工作满意度、促进可持续行动)。在组织变革与创新发展的新阶段,尤其是数字化和绿色转型的新场景中,"合作目标责任—社会责任激励—组织效能感"成为持续高成长的责任激励主线。

图6-1是目标责任激励策略的模型图解。在数字化转型与责任管理的策略支持下,分布式合作目标责任得到强化,激发了创新式社会责任激励水平,进而在协同创新和组织赋能策略下不断增强组织效能感和持续成长。分布式合作是指不同业务、团队、任务之间的多点合作,而创新式社会责任是指聚焦企业内在变革创新的责任模式,是一种稳定且可持续性比较强的激励模式。

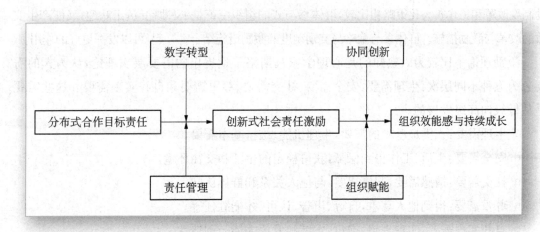

图6-1 分布式目标责任激励机制

管理心理学注重把目标指向行为作为激励的核心要素。经典目标设置理论认为，人们的行为是由目标和志愿所驱动的，具有具体性、挑战性、反馈性和参与性的目标会导致高工作绩效。针对数字化、团队化和绿色发展的最新趋势，在经典的工作特征模型以技能多样性、任务完整性、任务重要性、任务自主性、任务反馈性为核心激励特征的基础上，王重鸣（2020）构建了新的工作目标特征模型，也包括如下五项特征。

□ 目标自主性：设置具有自主性的目标有助于增强激励性。目标自主性并不只是目标的个人自由度和挑战性，而是强调团队目标和组织目标的自主整合性，因而涉及团队间的势均力争和跨组织的竞合发展。

□ 目标责任性：设计责任明晰和易于问责的目标对于提升激励性成效显著。在管理心理学的知情意责四元机制中，起协同引领作用的是责任元机制，在目标特征中强化责任性，有利于协调目标认知、目标认同和目标意志等激励特征。

□ 目标成长性：目标具有随时间递增的特征，比如设置长短期相结合的目标或者阶段性比较强的目标，也可以采用系列目标设计等形成可续成长目标。

□ 目标团队性：加强目标的团队性有利于鼓励团队激励，延展目标的效应面。在数字化转型背景下，会出现多种协同式项目团队，目标团队性会带有较强的分布性，即所设置的目标与多个协作团队有协同关系。

□ 目标创新性：为了提高目标的激励度，需要不断增强目标的创新性，这既是任务创新驱动的要求，也是强化激情和提升目标追求力的举措。

采用这五项目标特征作为行动目标设置的标准，可以显著增强目标特征在行动实施中的内在激励功能。

2. 激励需求与工作特征激励

（1）员工激励与需求理论。激励策略的一个重要前提是与干部员工的需要层次和类型相匹配。经过我国改革开放多年的实践，员工的需求和激励导向在薪酬奖金的基础上，明显地向学习成长、历练才能、施展才华和协作共享方向转移，表明我国员工内在激励程度的显著提升。与奖励制度改革和工作扩大化策略相比较，群体参与式的组织变革是一种既受员工欢迎，又能产生实效的改革与激励措施。群体参与策略与奖励制度的激励措施结合在一起，可以发挥更好的作用。

激励理论中比较为人熟知的是心理学家马斯洛早期提出的需要层次理论，认为人的需要分为五种不同层次：生理需要、安全需要、社交需要、尊重需要和自我实现需要。这些需要是从低级向高级发展的。

□ 生理需要：人类最基本的需要，生理机能、维持基本需要。

□ 安全需要：生活、工作得到保障，获得稳定的生活和交往环境。

□ 社交需要：情感需要，归属需要，与他人关系和群体认同。

□ 尊重需要：得到他人尊重，自尊、声誉、认可、才能胜任感。

□ 自我实现需要：实现理想、抱负，发展和发挥才能与创造性。

需要层次理论认为,多层次的需要交互影响,某些需要会占主导地位,而且是动态的。员工需要层次与价值取向密切相关,注重奉献精神、事业心强的人倾向于追求高级需要;需要层次也与人们的职业发展阶段、组织环境和交叉文化背景等因素有关。在职业生涯发展和领导潜能开发的实践中,把重点放在激发自我实现的需要上。在需要层次理论的基础上,"存在—关系—成长"(ERG)理论把人们的需要分为存在需要、关系需要和成长需要三个类别,强调持续的成长发展,强调多种需要可以同时得到满足并相互影响,促进可续成长。

(2)工作特征激励理论。对于知识型员工和新生代员工来说,工作任务本身的内在特征会产生持续的激励效应。工作特征模型为工作内在激励提供了新的理论原则,如图6-2所示。工作特征模型提出,工作包含五个核心特征:一是技能多样性,即工作岗位所要求具备的多种技能与知识的程度;二是任务完整性,指工作任务的整体特征(有始有终,并有看得见的结果);三是任务重要性,工作职位与客户端的贴近程度;四是任务自主性,在任务安排和决定工作程序等方面具有的自由度;五是任务反馈性,有关任务结果的直接、明确的信息。员工成长需要强度(GNS)表现满足高级需要的愿望,是一个重要的调节变量,高GNS的员工将更容易体验到上述心理状态。

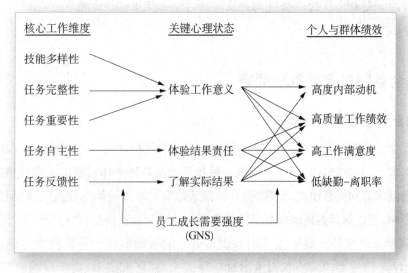

图6-2 工作特征模型

我们在企业改革创新研究与实践中运用新工作目标特征模型,提出以下五项具有中国特点的任务特征,作为持续内在激励的关键特征与策略。

▫ 任务自主性:任务进程具有自主性与创造性。
▫ 任务责任性:任务体现责任价值与问责掌控。
▫ 任务成长性:任务激发奋斗精神和历练成长。
▫ 任务团队性:任务实施团队合作和团队奖励。
▫ 任务创新性:任务创新机会和参与创新项目。

综合上述几项策略,可以重塑工作设计方案并增强持续激励机制。

整个模型运用"新激励潜力分数"(MPS)作为持续激励指标：

MPS＝(任务创新性＋任务成长性＋任务自主性)/3×任务责任性×任务团队性

从公式来看，任务创新性、任务成长性、任务自主性三种工作特征之间呈现"加法"关系，可以互补。而任务责任性、任务团队性则表现为"乘法关系"，即这两种工作特征缺一不可，当这两种特征降低至接近"零"时，总体内在激励强度也会降至最低。因此，任务责任性和团队性对激励潜能具有"乘法增强作用"。

💬 思考研讨 6-1

责任激励的行为机制

目标责任归因理论揭示出责任激励的认知基础，为什么说"合作目标责任—社会责任激励—组织效能感"反映出数字化转型场景中的持续高成长的责任激励主线？请结合各自的单位或学校的激励实践和面临激励挑战，思考如何运用上述多重激励链的原理，提升改革创新阶段的综合激励效能。请讨论并提出建议方案。

二、组合激励与流程激励策略

1. 双因素论与组合激励策略

有关工作激励的理论基本划分为两大类：内容理论和过程理论。内容理论主要集中于分析个体的多种需求，认为管理者的任务是创设一种积极满足各种个体需要的工作环境，帮助选择最具需求的激励内容和组合模式，也称"组合激励策略"；过程理论则围绕人的激励过程及其对工作行为的影响，可以解释如何确定最具效能的激励策略和流程机制，也称"流程激励策略"。

著名心理学家赫兹伯格最早注意到知识型员工的激励不同于一般激励的特点，并先后在《哈佛商业评论》上三次发表"双因素激励—保健策略"研究成果，提出以组合激励策略构筑知识型员工的激励优势。根据赫兹伯格等人对美国匹兹堡地区会计师和工程师所做的经典研究，工作成就、社会认可、工作性质、工作责任和职业发展机会等内在因素与积极情感、正面态度与高满意度紧密联系在一起，称为"激励因素"，这类因素可以使人受到内在激励并引发持续满意；另一些因素则与工作情境有关，例如，管理政策、上下级关系、报酬及工作条件等外在因素，往往会引起人们的不满和负面情绪，称为"保健因素"，这类因素比较外在，难以形成内在激励。通过现场访谈的内容分析，确定导致工作满意度的情境特点及其激发的需要或动机及持续时间。双因素论的重要意义在于唤起了管理者对于知识型人才的持续内在激励高度重视并以此作为构筑持续激励的"激励＋保健"策略组合拳。根据双因素理论的研究，激励因素与保健因素的百分数分布如图 6-3 所示。

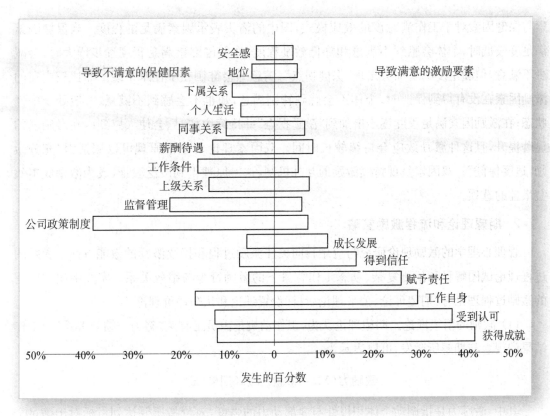

图 6-3 双因素论的保健因素和激励因素百分数图解

每个人在工作中都会面临两类因素：与工作条件与环境相关的保健因素，如管理政策、工作条件、基本工资、同事关系、下属关系、社会地位和工作保障等；与工作内在特征及模式有关的激励因素，如成就、认可、工作特点、责任、发展和成长机会等。图 6-4 勾画出激励因

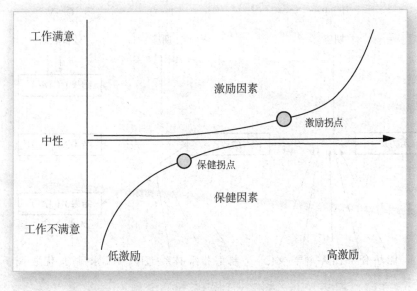

图 6-4 激励与保健因素对工作满意度效应曲线

素与保健因素对于工作满意度的效应模式，图中的箭头表示因素满足的程度。当保健因素满足度较低时，个体会感到不满意和降低激励程度；在保健因素满足程度逐步增大时，会减少不满意，但满足度的增加会出现"保健拐点"，满意感会徘徊在中性水平线。而比较内在的激励因素在没有得到保证时，个体不会感到特别满意，却也不会感到不满意，一般处于中性状态；在激励因素满足程度逐步增加到"激励拐点"并持续增加时，会使人感到内在激励度的显著提升，且这种激励效应会持续较长时间。双因素理论的基本原理可以概括为"充分激励，适度保健"。双因素呈现持续激励的互补机制，这一原理得到广泛验证，成为激励成本效益最佳的选项。

2. 期望理论和流程激励策略

管理心理学的激励理论研究与应用转向关注激励过程和持续激励的效能方面。激励的过程理论试图解释和预测复杂、动态工作背景下的激励行为与绩效关系。实践中应用广泛的激励过程理论有：期望理论、公平理论、目标设置理论和认知评价理论。

（1）激励的期望理论。期望理论认为，工作动机是由员工有关"努力—绩效关系"与工作结果的观念与期望所激发，可以表示为：

$$激励力（M）＝效价（V）×期望（E）$$

其中，激励力是指调动个体积极性与内部动力的强度，效价指所要达到目标对于满足个人需要的价值和重要性，而期望则是指一定工作行为与努力能够导致任务达成和需要满足的可能性（或概率）。假如目标价值越重要，实现目标的概率越高，所激发的动机就越强烈，如图 6-5 所示。

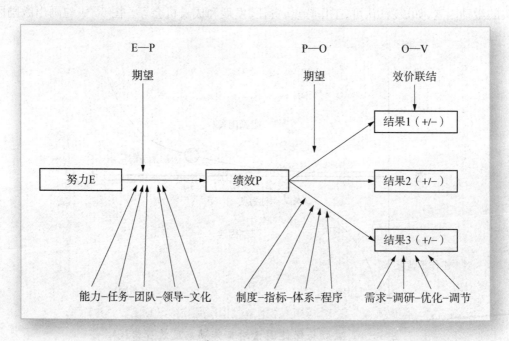

图 6-5 基于期望递增的流程激励机制

期望理论界定了工作动机的"三部曲"：

▫ 从工作努力（E）到做出绩效（P），受到工作的能力、任务、团队、领导、文化等因素的支撑，形成 E—P 的期望值。

▫ 从工作绩效（P）到获得结果（O），受到绩效系统的制度、指标、体系、程序等因素的配合，形成 P—O 的期望值。

▫ 从所获结果（O）到结果效价（V），受到需求、调研、优化、调节等因素的价值关联或评估，形成 O—V 的期望联结。

期望理论进一步表示为由效价、工具性和期望等因素的交互作用决定着激励程度，即：

$$M = E \times I \times V$$

这一公式表示，效价（V）、工具性（I）和期望（E）中的任何一项值接近零时，激励效应将急剧下降；反之，要使奖励具有高度正面效应，与其关联的效价、工具性和期望值都必须是高正值。这在理论上对激励过程的机制作出了新的解释，成为持续激励策略的重要依据。

（2）公平理论与组织公平激励。公平理论把激励过程与社会比较联系在一起，认为人们倾向于把自己的工作待遇和他人待遇相比较，如果出现不公平性都会带来心理上的不平衡，从而产生激励意义。在出现不公平感时，个体会采取以下四类策略调节心理平衡：一是改变策略（改变工作投入、所获结果、他人投入，增强奖励）；二是调整策略（调节工作任务与心态、工作模式或他人奖励量）；三是自我策略（自我心理调节，感知不公平暂时性，自我增强）；四是参照策略（自己与同事作比较，设定新参照）。这里所说的投入，包括知识、智力、经验、技能、声誉、努力以及工具和工作条件或资源等；奖励也可以包含多种类型。

作为公平理论的新发展，组织公平激励成为重要策略。组织公平是指"人们对于组织中公平性的知觉或公平感"，主要包含四种类型公平感：分配公平、程序公平、人际公平和信息公平。分配公平是指员工在组织中所感受到薪酬或其他成果分配的公平性（如收入分配水平的总体感受）；程序公平是指所感觉到的薪酬或其他结果决定方式的公平性（如薪酬水平如何确定），通常比分配公平更具有持续激励效应；人际公平（或称为互动公平）是指人际关系处理方面的公平性；信息公平是指在决策或管理中信息运用准确性与周全性带来的公平感。人际社会交往和信息沟通中体验到"人际公平"，对于群体氛围、组织文化和部门间协调具有显著影响。

（3）双链持续激励模型。双链激励是指"目标激励—责任归因—效能感"和"内外激励—认知调节—自主内控"的双链路激励模式。图 6-6 为基于双链路的持续激励模型（DCM）：策略—机制—效能链路。双链持续激励模型的主因素链是：持续激励策略—过程激励机制—综合激励效能。第一组激励链是目标激励—目标责任归因—组织效能感的程序式激励链；第二组激励链是内外激励—认知评价调节—自主内控力的协和式激励链。例如，以第一链路为依据,"责任可续目标—社会责任归因—组织效能感"成为队伍持续成长的责任激励主线;以第二链路为指导,"内外激励组合—组织整合调节—自主内控力"也成为可续发展的组织激励框架。持续激励效能主要包括组织效能感和自主内控力等要素。双链持续激励模型为深入理解组织激励的心理机制提供了新的理论指导。

图6-6　双链持续激励模型

　　内外激励也表现为人们对于奖励因素及其关系的认知评价过程。著名心理学家德西依据一系列实验研究提出有关内外激励机制的认知评价理论(cognitive evaluation theory,简称CET)。在一项心理学实验中,对一组有内在兴趣而专注于玩具游戏的儿童多次给予外在物质奖励,造成其内在激励程度显著减弱;而另一组有内在兴趣的儿童在同样游戏后不给予外在奖励却保持了内在激励程度。这一发现揭示了认知评价激励的心理学机理,认为"过分突出的外在奖励会改变认知而显著削弱内在动机",又称"德西效应"。过分突出的外在奖励容易强化行为的外部控制源,使得员工对工作行为和获得奖励原因的认知更为"外在化",倾向于从内部解释转移为外部解释,即认为积极的工作行为是由于外在奖励的缘故,从而削弱行为与目标的自身价值与内在激励效应。认知评价理论聚焦人们对于胜任和自主的基本需求,提出了反馈、沟通、奖励对于内在激励的重要性。自主性和内部控制源即自我决定力是内在激励的关键,只有任务胜任能力是不够的。认知评价理论对于深入理解基于自主性和内控力的激励策略设计具有重要指导意义。

💬 **思考研讨6-2**

双链持续激励模型
　　持续激励是重要的激励策略,如何理解目标激励与内外激励的双链激励要义？根据理论模型,双链持续激励的过程机制分别是目标责任归因导致组织效能感提升和认知评价调节提升自主内控力。在实践中,应该如何应用这项理论原理与激励策略？

案例体验 6-1

新型工作设计与持续激励

　　面向高质量可续发展，在实践中需要采取一系列措施增强工作设计方案。根据工作特征模型，飞虹通信公司在新环保业务板块的项目管理中采用了工作设计原理，用以提升责任与创新元素，期待增强工作任务的内在激励性。他们采取了以下三项举措。

　　第一，团队化设计。在项目管理上增强团队工作模块，组合较大业务板块的多种项目，协调与加强新业务任务的多样化与整合性。具体来说，在组合多项目团队的交流平台的基础上，加大团队互动流程设计以提高团队间的创新互动与整合管理策略，使任务更具自主性和整体责任体验。

　　第二，数字化反馈。强化客户反馈机制，加强分类产品与服务的数字化服务系统，形成跨地区全链路客户反馈体系与数字化分析能力与迭代式持续改进机制，并增加任务成效反馈中的创新机会和参与度。

　　第三，协同式赋能。建立任务动态目标设置流程，增强项目任务的持续挑战性与组织赋能，把新业务新目标与项目赋能计划紧密结合在一起，建立基于目标协同性的赋能与激励体系，使之嵌入任务设计。

　　飞虹通信的上述工作设计举措逐步形成了持续改进的工作流程：设计—反馈—赋能，显著提升了新业务板块的内在激励与协同效能。

第二节　工作情绪与积极管理策略

知识要点 6-2　心理健康与自我效能

　　心理资本：希望、效能感、弹韧、乐观、责任与价值信念等要素的交融集合特征。

　　心理健康：以弹韧性、效能感、担责性和敬业度为核心要求的增强式组织心理健康。

　　自我效能：对自己能设立、执行和达成目标所需行动能力的统合性判断与信念。

　　组织承诺：对组织的情感承诺、持续承诺、规范承诺、责任承诺四维行为过程特征。

一、情绪、健康与自我效能感

1. 工作情绪与心理健康管理

（1）工作情绪的层次特征。在变动、不确定、复杂、模糊的工作情境下，组织中的情绪管理日益受人重视。有关组织中情绪与情感的研究与应用"激增"，被称为"情感革命"。管理心理学把情绪定义为"对环境刺激的生理反应并影响身心变化和行动准备度的心理状态"。工作情绪与组织特征密切关联；组织情绪特征可以分为五种层次：一是个体内部的情感状态、心态及情绪性行为等形成人内情绪层；二是人与人之间的情绪特质、工作满意、倦怠和情商表现等构成人际情绪层；三是多人之间的情绪表现、情绪劳动、情绪交换和情感表达等表达人群情绪层；四是群体中的情绪集合、上下级情感交换和群体情绪氛围等显现群体情绪层；五是组织中的情绪劳动、文化情绪氛围、组织压力与幸福感等成为组织情绪层。在工作与管理中，多层次的情绪状态交织在一起，五层次情绪融合成组织情绪模式，发挥综合效应，并通过情绪评价与调适方法，诊断和调节多层情绪特征，实现情绪管理。工作情绪领域的重要内容是情绪劳动。管理心理学把情绪劳动定义为"调节和管理自身情绪以便创造公众可见表情与动作的努力"。员工的情绪劳动方式分为表层动作和深层动作两种。前者是指员工被动（或主动）调节其情绪表达加以"佯装"以符合组织的要求（如展现表情）；后者是指员工为表达组织所期望的情绪而主动（或被动）尝试改变自身真实感受来展示情绪角色。情绪劳动会直接影响员工幸福感、组织协同力和可续成长。

情绪测量采用多维指标评价方法，可以通过工作日记、自我报告和部分生理指标进行测试。相关研究中多用脑电描记法（EEG）和核磁共振（fMRI）等方法，测量情绪特征并加以脑电合成建模，用以测试情绪记忆任务中的 θ（theta）脑波，取得更好的测量指标和研究效果。

（2）心理资本与心理健康管理。职业心理健康和创业心理健康是管理心理学关注的新问题。传统的研究思路以"疾病"视角被动看待心理健康问题，局限于个人问题的心理治疗或者被作为额外职责而寻求外部医疗支援。新的研究思路是以心理资本作为心理健康与组织健康的新策略。其中，影响比较大的是 HERO 心理资本模型和心理资本理论。

① HERO 心理资本模型。HERO 是四个相关领域英文名称首位字母的缩写：希望（hope）、效能感（efficacy）、弹韧（resilience）和乐观（optimism）。这四个方面也被作为主要的积极心理资源要素。

□ 希望要素：希望是一种认知过程，激励人们目标导向和规划实现目标的方法。我们把"希望"定义为"基于目标指向和通路建构的积极动机状态"，主要包含两个维度——心理代理维度和心理通路维度。前者以目标追求的意志与定力表现希望；后者以目标计划的能力与实施来解释希望。新的研究思路是综合这两项维度，同时加强目标追求的意志与定力和提升目标计划的能力与实施。

□ 效能感要素：根据社会认知理论提出的"个体有关调用动机与认知资源成功实现目标

行动的能力感",包括对目标结果的期望和实现目标的能力期望。效能感通过掌控能力的成功经验、学习他人的类似榜样、创设社会化正向反馈和获取身心激情支持等方式得以加强。

　　▫ 弹韧要素:弹韧心理表现为"从不利局面、冲突、失败或者正面的挑战和担责中复原坚持、主动应对的心理特征",尤其在困境、风险与危机场景下面对现实,通过心智转换、释义应变和调适历练,形成个体、群体和组织的心理资本和精神素养,并保持心理健康与成长毅力。

　　▫ 乐观要素:乐观是指"对个体、群体或组织面对正面或负面的事件、经历、场景和压力所表现的积极心态和期望风格",可以通过认知培训与心理疗法,学会乐观心态,特别是采用"逆境-信念-后果"模型,有效增强"学得乐观",进而改变生活态度与工作成效。

　　② 心理资本的理论。管理心理学研究提出,在改革创新与绿色转型情境下,希望、效能感、弹韧、乐观与责任(responsibility)构成了新的 HEROR 行动,具有持续的心理资本价值。

　　管理心理学重视人与组织和社会互动形成的"资本集合",包括人力资本、财力资本和物力资本。在数字经济和绿色发展的新阶段,凸显了数字资本和自然资本的重要性,形成了面向可续发展的新的资本结构:人力资本(健康资本、智力资本、社会资本等)、财力资本(财务资本、价值获取、筹资能力等)、物力资本(自然资源、技术创新、数字与信息资源等),而在多源资本之间发挥集聚与交互融合效应的是包含希望、效能感、弹韧、乐观和责任五种心理资本要素与价值信念(价值观、事业心、理想信念、奋斗精神、担责敬业)在内的多种"一阶心理资源要素"。这些维度要素交互融合、汇集在一起,形成了新的高阶集合特征与新心理资本。管理心理学提出了全新的心理资本干预模型(psychological capital intervention,简称 PCI),在组织健康、职业心理健康与团队协同发展等方面做出心理资本的开发与应用。

　　(2) 组织心理健康。管理心理学提出了"组织心理健康"的新概念,图 6-7 是组织心理

图 6-7　组织心理健康策略框架

健康策略的图解。从员工心理健康出发，通过各级人员共享积极心理健康的愿景和承诺，平衡员工工作要求与组织需求，以开放、尊重和包容的心理健康文化，形成组织心理健康。从图6-7可以看到，以弹韧性、效能感、担责性、敬业度作为心理健康的核心要素，通过生活平衡、工作胜任、关系协调、负荷适度、团队支持、领导指导、文化包容、工作激励，实现个人成长和组织发展，从而形成十项指标，作为评估与增强组织心理健康的策略框架。

2. 自我效能感与组织效能感

（1）自我效能感及其激活效应。自我效能感是管理心理学的重要概念，指为"人们对自己能组织与执行达成目标所需行动能力的统合性判断与信念"。班杜拉在专著《自我效能感：控制的实践》中全面系统论述了自我效能感理论及其研究的进展。自我效能感包含层次、强度、广度三项特征。

□ 自我效能感层次。自我效能感表现在个体、群体或组织层次上的效能感，这种层次特征会影响个体对于不同层次目标与工作任务的追求。

□ 自我效能感强度。自我效能感会受到经验的影响，即自我效能感弱的人容易受到负面影响，自我效能感强的人则不会因一时挫折而失去信心，而会相信自己有能力取得最终胜利。

□ 自我效能感广度。人们对各自所在领域范围的效能判断，会产生不同影响。多项目的活动及情境的多样性促进形成具有广泛适应性的自我效能感特征。

自我效能感的激活与效应表现为认知、动机、情感与选择四个过程。高自我效能感的人倾向于设置更具挑战性的目标并表现出较高的承诺度。高自我效能感的经理往往能促使创建预见性行动；在紧迫情景下保持任务导向，预测事件，调节研判，控制行动，并发挥认知性激励因素对于动机自我调节作用。高自我效能感有助于增强团队责任归因，使得员工在失败或挫折中保持行为坚持和弹韧性。特别是在员工面对压力任务和多样挑战时，保持情感体验和维护工作热情，有助于控制压力和增进免疫功能与身心健康。人与环境的良性互动可以增强自我效能感，员工和经理都能更多自主选择激活或抑制超负荷的活动和情景，培养自身胜任力、职业兴趣、社会网络和增强人与组织适配程度。

（2）团队效能感与组织效能感。管理心理学把团队效能感定义为"团队成员对团队成功完成特定任务所拥有集体能力的判断和共同信念"。一般说来，团队效能感越强，越有可能成功完成其工作任务。团队效能感的激活具有适应变化、面对挑战、调节行动、助力目标行动的作用，如能配套设置合适的条件，就能增强个体和团队（群体）的综合竞争能力。团队效能感促进人们追求成就的模式，有利于团队成功完成其任务；但是如果团队效能感过高，也可能使团队成员高估其完成任务的能力或过分自信，甚至出现"小集团意识"等现象。在实践中，应注意适度调节团队效能感，主动适应团队任务和组织发展目标。

管理心理学把组织效能感定义为"组织中有关有效应对商务环境中面临的各种需求、挑战、压力源和机会而产生的集体性合作能力、未来使命目标和组织弹韧性的综合判断与总合信念"。组织效能感包含三个特征要素。

　　□ 集体合作能力。组织效能感的核心理念是对集体合作应对挑战能力的信念。集体合作是组织加快决策、整合内外资源和协同各种改革创新活动以获取组织效能的关键能力。

　　□ 使命愿景目标。具有使命感、愿景性和明晰的目的性表现组织定力和共享未来愿景，并以此作为组织成长的关键能力。

　　□ 组织弹韧应变。组织在新的成长与发展中，会面临和需要战胜越来越多的障碍、困难、压力或危机，需要一种组织层次的坚持性、意志力、复原力和弹韧性，从而激发奋斗精神和冲刺能力。

　　组织效能感成为优秀组织可续发展的重要组织能力。践行组织效能型实践成为企业努力的行动目标。

3. 积极管理心理与幸福感模型

　　（1）积极管理心理与幸福感概念。在很长一段时间里，心理状态的研究主要与心理治疗、心理病症、心理压力或者工作场景的压力、抱怨、不满、冲突等问题联系在一起，倾向于以负向思维或防御视角来关注心理问题和失调行为，而不是从正向思维或促进视角去理解和增进正常心理功能和成长发展。

　　① 积极管理心理学。在数十年中，积极心理学成为心理学研究的新思路和新潮流，积极组织科学、积极组织行为学、积极管理心理学（positive organizational psychology，简称 POP）等也成为新兴领域。积极心理学研究进一步聚焦到正向思维和促进视角的员工幸福感、工作效能和最优功能，以便充分实现人的潜能。这些领域的共同特点是注重组织的能力建设和成长绩效。积极管理心理学定义为"以积极成长视角对个体行为、团队动能和组织管理的特征及其效能开展研究与应用的心理学领域"。这是管理心理学发展的"新透镜"，注重积极工作体验（幸福感、乐趣和关爱等）、积极工作特质（感恩、弹韧和同理心等）、积极组织（激励、培养和成长等），以及积极组织认知、积极工作情绪、积极组织文化、积极团队动能、积极领导模式、积极组织学习、积极变革转型和积极组织效能等一系列特征与过程。积极管理心理学的视角并不只停留在采取积极的态度，而是要提升积极心理学方法、标准与行动，主要包括四个方面：基于证据（询证）的理论导向；运用积极心理的研究思路；强调研究效度和可测可用的方法依据；重视开放发展的实践应用。积极管理心理学研究为管理心理学的新发展提供了正能量。

　　② 幸福感的概念与视角。幸福感是人们长期关注的话题。幸福感的概念日趋完善和深化：幸福感并非只是当前主观感受幸福，而是包含了心理功能幸福。管理心理学把幸福感定义为"人们对生活、工作和最佳心理功能与体验的评价"，重视工作幸福感和组织幸福感的研究与应用。工作幸福感领域的研究与应用经历了个体正负情绪平衡因素阶段、工作—生活平衡与互动关系阶段、幸福感动力学与工作幸福感阶段等三个阶段。近期，有关工作幸福感的研究更加重视幸福感动力机制和工作幸福感理论发展。心理幸福感分析以积极和消极功

能划分情绪,并把两种功能的平衡点界定为心理幸福感,探讨影响幸福感的多种因素。行为决策心理学把幸福感分为感受幸福和思维幸福,前者指一般主观感觉与体验,后者指对生活的思考与评价。就像我们问"今天感觉满意吗"和问"一直以来生活得怎么样"会得到很不一样的回答,决策心理学家称之为"焦点错觉"。

幸福感研究主要有两种视角:一是快乐视角,聚焦于愉快式积极情感体验或消极情感的主观幸福感;二是幸福视角,聚焦于个人成长、自我实现、个人表达和生活意义的追求形成的幸福感。工作幸福感既要关心快乐工作,又包含整体幸福。幸福科学及其实证探索的主要研究领域包括幸福的神经机制、幸福与亲密关系、幸福与情绪、幸福与文化、幸福经济学、幸福的测量等六个方面的内容。

(2)幸福感理论模型。管理心理学的幸福感研究丰富多彩,在三方面取得了重要理论进展。

① 心理幸福感维度模型。从 1990 年代开始,心理幸福感研究提出更为结构性的六项维度,反映出积极的幸福感功能:自主幸福(在工作与生活中具有自我决定感)、支配幸福(有能力有效管理自己的生活与主宰周围世界)、成长幸福(感受到自身的持续成长与发展)、关系幸福(拥有高质量的积极人际关系)、生活幸福(相信自己的生活目的明晰且富有意义)和行动幸福(积极评价自己的生活经历,基于工作追求与奋斗体验)。这个维度模型为幸福感管理提供了有效的指导。

② 幸福感动力学与工作幸福感。幸福感动力理论提出,从生活与工作之间的多种资源与互动界面出发,以生活与工作的压力与资源(包括心理资源等)和工作—家庭交互界面特征,通过任务与过程经历的体验,获得生活与工作的效能,从而形成幸福感的动力机制。幸福感的形成与改变和心理资源的获取与分配、工作—家庭平衡等密切有关。幸福感在不同生活领域的外溢以及在工作团队成员或家庭配偶之间传递,表现出不同测量水平的效应研究。

③ PERMA 幸福感模型。PERMA 是影响较大的幸福感模型:P 代表积极情绪(positive emotion),包括幸福感、愉悦感的舒适感等,表现保持乐观的能力,建设性地面对过去、现在和未来;E 表示参与(engagement),是指对某项活动、组织或事业产生深度的心理联结与投入,注重在参与中体验乐趣和关爱,创造一种沉浸于幸福任务或活动中的内在激励与情感"流动"状态;R 是指关系(relationship),包括与社会或社区的整合感、受人关爱和融入群体的满足,无论是关系支持还是社会心理安全感,在风险、压力和挑战面前都是重要的积极元素;M 表现意义(meaning),是指生活与工作的目的感和方向感,往往超出自身的意义,有助于享受任务和增强工作的满意感;A 表示成就(achievement),是指实现目标所体验的满足感和洋溢的自豪感等。我们在相关研究中增加了一项 G 要素,表示持续成长(growth),包括职业与事业持续成长带来的喜悦感与幸福感。这样,我们统称为 PERMAG 幸福感模型。量表工具6-1 是工作幸福感量表题项(修订版),可供读者采用。

📋 **量表工具 6-1**

工作幸福感量表题项（修订版）

① 是否经常感受到工作的乐趣？

② 是否经常感受到积极心态？

③ 在多大程度上感受到满足？

④ 是否经常在工作中很投入？

⑤ 做事时多大程度上会感觉兴奋与感兴趣？

⑥ 在做有乐趣之事时是否经常忘了时间？

⑦ 在需要时多大程度上能得到他人帮助支持？

⑧ 在多大程度上感觉得到了别人的爱？

⑨ 对个人的关系是否很满意？

⑩ 多大程度上过着有目的、有意义的生活？

⑪ 多大程度上感觉生活过得有价值、有意义？

⑫ 多大程度上总体感觉生活有方向感？

⑬ 是否经常感觉在实现目标方面取得进展？

⑭ 是否经常完成自己设立的重要目标？

⑮ 是否经常能够担负您的各方面责任？

⑯ 对自己的职业成长情况是否感觉满意？

⑰ 对单位提供的发展空间感觉满意与否？

⑱ 对工作中实现个人抱负的机会是否满意？

💬 **思考研讨 6-3**

工作幸福感与组织幸福感

工作幸福感与组织幸福感成为企业成长的重要指标。幸福感模型 PERMAG 的各项特征表现幸福感水平。我们把工作幸福感看作"工作中体验到喜悦 P、参与 E、关系 R、意义 M、成就 A 和成长 G 而做出的正向情绪反应"（PERMAG），而组织幸福感则是指"组织共享的多样 D（diversity）、公平 E（equality、包容 I（inclusion）、健康 H（healthy）、自主 A（autonomy）和发展 D（development）而产生的积极情绪集合"（DEIHAD）。特别是组织具有开发新技能与胜任力的能力和创设心理安全感以及内外公平的组织环境。请结合您的学习经历或者工作经历，思考与研讨哪几项特征对工作幸福感及成长绩效的贡献最显著，并提出增强工作与组织幸福感的策略建议。

二、组织公民行为与员工敬业

1. 组织公民行为与员工敬业

（1）组织公民行为概念与维度特征。组织公民行为（organizational citizenship behavior，简称 OCB）是管理心理学和组织行为学的重要概念。1990 年以来，有关员工行为的理论开始重视起正式任务以外的特征。在工作绩效领域，在常规的任务绩效基础上，相关研究提出了周边绩效（contextual performance，也称协作绩效）的概念，用以表示通过合作、额外努力和奉献精神而获得的成效。相关的重要元素就是组织公民行为，其定义为"员工超出自身工作职责而做出有益于组织的行为表现"，也称为"角色外行为"。中国背景下组织公民行为的表现与内涵不断扩展，形成理解组织公民行为内涵的基本框架，主要包括以下几项维度。

　　□ 利他助群：自发助人，利他解题，乐于帮助集体；乐意帮助同事，主动参与，协调沟通。
　　□ 敬业精神：积极投入，任劳任怨，为团队而牺牲；激励组织成员，担责主动，自愿担当。
　　□ 组织认同：维护形象，防范威胁，逆境忠诚认同；维护公司形象，积极服务，建设方案。
　　□ 公民道德：践行道德，参与监控，崇尚组织利益；员工工作认真，人际和睦，遵守规章。
　　□ 守护开发：守规护业，重在发展，学习开发才干；节约保护资源，工作时间不处理私事。

研究进一步确定了组织公民行为的通用维度要素和中国组织情景拓展维度要素。

　　□ 通用维度：发挥主动、帮助同事、建议建言、群体参与、公司形象。
　　□ 拓展维度：自我培训、参与公益、节护资源、场所环保、人际和谐。

这些研究为深入理解中国情境的组织公民行为及员工管理提供了重要研究依据。

（2）员工敬业度的理论与方法。随着工作环境日趋变局、动态、复杂、竞争，敬业度成为热门话题。我们把员工敬业度定义为"员工对于其工作与组织的精力投入、奉献尽职、热情承诺和认同行动的心理状态"。敬业体验包括价值取向（指坚持价值信念，认同选择，工作经历）；满意情感（指积极评价和实际工作情感）；情绪状态（指体验到的积极情绪状态），把敬业度看成员工与组织的适配程度。员工敬业可以划分为层次维度（岗位敬业与组织敬业）和阶段维度（现实敬业与持续敬业）两个维度，可以有不同层次和不同发展阶段。岗位敬业表现为职位工作任务上的投入，组织敬业表现为对整个组织的认同和各项工作的投入；现实敬业是指当前工作投入，持续敬业则是指对职业发展的持续认同与投入。高敬业度员工表现出关心、认同、奉献、热情、责任和结果导向。

　　越来越多的企业组织把员工敬业度作为衡量组织绩效可持续发展的关键指标。敬业度得分高的企业组织相比得分低的情况在业务绩效方面表现显著更好，包括净利润、收入增长、客户满意度、员工保留度和组织绩效等。图6-8表示员工敬业度的影响因素和效能指

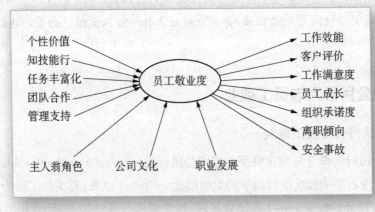

图6-8　员工敬业度的影响因素与效能指标

标:个性价值、知技能行、任务丰富化、团队合作、管理支持、主人翁角色、公司文化、职业发展等因素都对员工敬业度具有显著效应;员工敬业度则对工作效能、客户评价、工作满意度、员工成长、组织承诺度、离职倾向、安全事故等指标呈现直接或间接的强正效应。

2. 心理契约理论与管理策略

(1)组织心理契约的结构。管理心理学把心理契约定义为"组织与员工之间的隐性契约,即在聘用关系中隐含的、非正式的相互允诺、期望和责任知觉"。心理契约主要分成交易、关系和团队三个维度:交易维度表现为组织对员工完成任务的一定时期内的专门待遇与报酬;关系维度强调员工与组织之间的社会——情感交互关系和工作保障与职业支持;团队维度重视组织中的人际配合、团队取向和成长。我们的研究则着眼于企业与员工之间的和谐、默契、激励、奋发的共享关系和长期保留与发展,提炼出我国知识型员工的组织心理契约和个体心理契约双维结构,其维度结构模型如图 6-10 所示。位于三角外侧的为组织心理契约的三维特征:顶端的发展机会维度表现出组织心理契约的独特主导特征,而分别位于左下角和右下角待遇激励维度与环境支持维度属于组织心理契约的支撑特征。组织心理契约包含三项维度:一是发展机会维度,包含工作挑战、施展才能、自主工作、晋升机会、目标方向、交流沟通、学习培训、公平对待等要素;二是待遇激励维度,竞争薪酬、福利待遇、绩效工资等要素;三是环境支持维度,稳定工作、关心生活、合作氛围、信任尊重、工作认可、领导支持、充分资源等要素。

(2)个体心理契约的结构。从我们的研究来看,个体心理契约包含三个维度:一是规范遵循维度,工作履职、遵守规章、职业道德、加班工作、安排调动、职外工作等要素;二是组织认同维度,支持决策、长期任职、认同目标、忠诚组织、维护利益等要素;三是创业创新维度,勇于创新、合理建议、适应变革、同事合作、增强技能等要素。

图 6-9 中间用斜体字表示的是个体心理契约的三维特征:以规范遵循作为个体心理契约的主导特征,而以组织认同与创业创新作为个体心理契约的支撑特征。

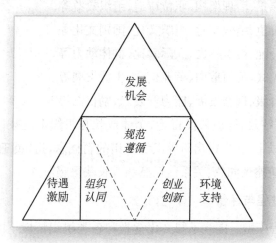

图 6-9 中国员工心理契约维度结构

3. 组织承诺定义与维度特征

（1）组织承诺的成分及其特征。在全球化、信息化、"互联网＋"、数据化和改革创新可续的经营环境下，认同、承诺、敬业成为关键词。工作承诺作为员工对工作的一种态度，表示对工作价值的认同、工作任务的参与和对工作责任的承担。组织承诺则是工作承诺的扩展，是组织水平的心理承诺。管理心理学把组织承诺定义为"员工对组织目标、价值、发展的认同、义务和责任衍生出的特定态度与行为倾向"。经典的组织承诺包含情感、规范和持续承诺三项成分，而在中国管理情境中，组织承诺具有双向的涵义，即员工个人对于组织的承诺和组织对于员工的承诺。我们把这种双向承诺称为"责任承诺"。因此，采用了四项成分的组织承诺新概念。

① 情感承诺。员工认同组织目标而形成情感联结，从而对企业组织形成认同并努力工作的倾向。

② 规范承诺。员工由于组织文化规范和社会责任感与社会规范的约束与遵循而形成留任倾向。

③ 持续承诺。员工在即使有其他更好机会也坚守本单位岗位，认同组织有进一步发展而继续留任组织内工作的倾向。

④ 责任承诺。员工与组织之间由于各自面向对方的承诺，形成相互担责承诺的心理倾向。

在经营环境和组织成长常规稳定的背景下，组织承诺的情感承诺成分成为主线，规范承诺与持续承诺为辅，而责任承诺并不凸显。但是，在创新驱动、变革转型和数字化与绿色化转型情境中，各方利益交叠复杂、组织架构程序动态多变，责任承诺便会成为组织承诺的关键成分。

（2）组织承诺影响因素与效应。在工作中，组织承诺受到多种因素的影响。其中比较重要的有以下五类因素。

▫ 管理因素。组织愿景、治理架构、职位待遇、组织效益等。

▫ 文化因素。核心价值、绩效文化、组织文化、国别文化等。

▫ 心理因素。收入分配、待遇得失、人际攀比、群体动力等。

▫ 个体因素。心智模式、价值取向、事业信念、生涯发展等。

▫ 变革因素。转型升级、创新发展、能力开发、激励机制等。

在实践中，持续工作绩效、组织公民行为、个体成长与组织发展被作为组织承诺的主要效能指标。在跨文化背景下，我们提出跨界组织承诺的新概念，指"员工对跨文化支持策略、信任关系和公平程序的策略认同感、关系信任感和成长获得感"。

4. 组织承诺形成过程与评价

（1）组织承诺的过程模型。围绕不同文化背景和各类组织情境下的组织承诺影响因素与形成机制的研究十分活跃。我们在一项中法合作研究中，把组织承诺分为两类：态度承诺和权衡承诺。前者是指员工对企业的投入参与、社会规范方面的承诺,侧重于社会性交换过程;后者是指员工对待遇得失的权衡计算而形成的承诺,侧重于经济性交换过程。

图6-10是组织承诺形成机制综合模型,主要包括三个阶段。第一阶段为组织支持判断阶段,以社会比较、价值匹配和组织公平为比较标准,通过企业现状与员工期望值之间对比,确定最初的情感承诺方向;第二阶段是组织支持归因阶段,注重于组织支持归因,以"人员导向(如管理者素质)—情境导向(如管理体制)"和"外源—内源"(归因于外部原因或内部因素)两个维度做出归因,形成组织支持感与承诺度;第三阶段为交互式比较判断阶段,以人与组织匹配视角权衡组织支持与机会选择相互关系,从而导致组织承诺行为(留任—离职、经济—社会、敬业—行动、奉献—成长)。深入理解组织承诺的形成机制,有助于员工管理、干部成长和有效实施吸引、保留、发展队伍骨干的人才战略。

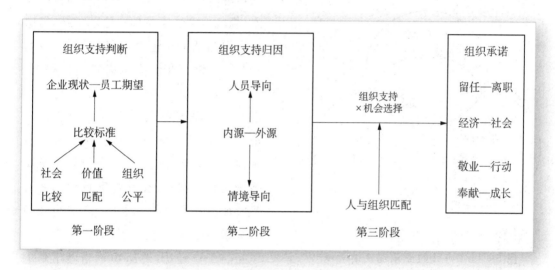

图6-10　组织承诺形成机制综合模型

组织承诺测量可以采用李克特5点量表,对于情感承诺、规范承诺、持续承诺、责任承诺四项要素进行测量,每个要素包含四个题项。我们开发了量表工具6-2中的新组织承诺量表,以验证其要素结构、测量信度和测量效度,并对不同文化背景下的企业员工进行了有效性检验。

📋 量表工具6-2

新组织承诺量表

情感承诺:组织激发员工潜能,价值观与组织相似,对组织具有自豪感;

规则承诺:为组织成功而努力,关心组织发展前途,对组织具有忠诚感;

持续承诺：组织工作机会较多，不会选择其他组织，留任组织担责工作；
责任承诺：对组织承担起责任，组织对员工担责任，员工组织相互担责。

（2）变革、数字与绿色转型下的组织承诺。在组织变革日益常态、数字转型方兴未艾和绿色可续逐浪潮头的新形势下，组织架构、雇佣模式、团队设计、零工工作和职业路径等都日趋重塑、重构、重设、重启和重建，组织承诺的模式、维度、过程和策略也更为多样、分布、包容、快进和发展导向。

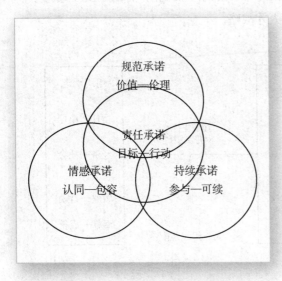

图6-11　可续组织承诺及其要素

在可续组织承诺的内涵维度上，责任承诺以目标—行动为主线成为核心要素，规范承诺趋于价值—伦理联结，情感承诺面向认同—包容，而持续承诺更为参与—可续。在组织承诺发展过程中，员工工作与组织体验、生涯成长与可续职业、工作责任感与幸福感、工作待遇与成长机会、伙伴多样与社会包容等都成为关键的交互决定因素。可续组织承诺成为具有层次性、交互性和行动性的心理特征与行为机制。图6-11是可续组织承诺的结构模型。请读者对照自身的学习与工作经历，对组织承诺做出新的理解和应用。

思考研讨6-4

责任承诺的行为机制

在中国组织变革情景中，组织承诺的责任承诺成分表现出双向的差异和交互影响：在员工对组织的承诺和组织对员工的承诺形成双层效应。单向组织承诺适应于个体水平的任务绩效，而双向组织承诺则更适应于组织水平的适应绩效，而且责任承诺与情感承诺共同预测组织的持续成长和创新绩效。

请进一步思考与研讨：如何理解这种双层效应与责任承诺机制？如何以责任承诺为导向，增强双向组织承诺行为，以推进组织变革与可续成长？请提出相关建议。

在国际创业中,可以充分利用持续激励和多种心理资本。国际创业是指"企业在跨国业务运作中所体现的创新、主动和风险承担行为,其目的是创造新的组织价值"。请阅读研究案例6,思考和进一步研讨在"一带一路"倡议下,如何运用动态能力建设为企业国际化创业提升激励策略和增强心理资本。

研究案例6

动态能力视野下中小企业国际创业策略: 基于4家浙江企业案例

研究选取了4家具有代表性的中小企业开展深度案例研究,构建了"中小企业国际创业策略模型"作为理论框架,并把国际创业过程中的变革特征和应对行为事例作为分析单元。从变革的线性程度,把企业国际创业范式分为线性渐进和非线性激进两类;从企业适应规则变更的特点角度看,国际创业行为可分为递增适应和规则适应两种行为。由此构成了四种基本策略:柔性适应策略、愿景驱动策略、因循规则策略和压力推动策略。表6-1和图6-12分别表现了四种策略的基础与模式。

表6-1 企业国际创业的四种策略

某器件集团的 柔性适应策略	某科技公司的 愿景驱动策略	某电子公司的 因循规则策略	某农化公司的 压力推动策略
创建20年高端转移	创建25年夯实质量	10年发展行业龙头	创建15年科技研发
新型加工多元发展 规则适应非线变化 基于反馈迅速行动 标新立异追求突破	科技创新特色品牌 突破规则实现跨越 行动领先推进成长 追求卓越内部创业	自主研发国际经营 顺其自然实现成长 稳妥行事有备推进 代工学习积聚能力	国内营销国外拓展 改造规则应对压力 模仿创新转危为机 主动学习提升能力

从多案例比较可以看到四项策略各具特点。柔性适应策略在企业面临变革程度比较动态非线性情境下采用,规则适应变化,快速行动实现高端突破;愿景驱动策略在企业变革程度比较线性时采用,增强愿景目标指引,打破规则超前行动,实现国际化新跨越;因循规则策略是稳妥应对行为,逐步推进国际化;压力推动策略则是在非线性变革下的渐进式国际创业策略。请思考与讨论中小企业国际化所面临的挑战和跨文化组织承诺特征,并提出增强跨界组织承诺度和提升创业策略的可行途径。

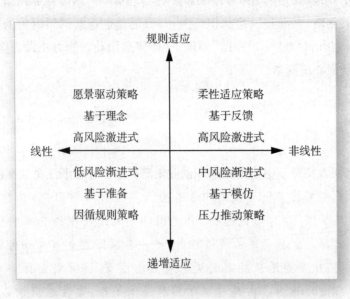

图 6-12 中小企业国际创业策略模型

请结合案例,思考与讨论面向数字化转型或者绿色转型的风险防控策略。

（参阅:孟晓斌,王重鸣.动态能力视野下中小企业国际创业策略——基于 4 家浙江企业案例[J].技术经济 2011,30(04):8-13.）

增强组织承诺是人力资源管理策略的重要任务,特别是在跨地区创业与经营发展中,战略型创业策略显著促进了可续组织承诺与职业发展。请阅读"研究解读 6 中国人力资源管理的跨区域策略建模:创业的视角",思考与讨论跨区域创业发展中如何优化人才队伍建设与创业组织发展之间的适配模式与策略。

研究解读 6

中国人力资源管理的跨区域策略建模

作者:王重鸣(浙江大学)、王晟(内华达大学里诺分校)

期刊:《国际人力资源管理杂志》2008 年第 5 期(Wang, Z. M. & S. Wang, 2008, Modelling regional HRM strategies in China: An entrepreneurship perspective, *The International Journal of Human Resource Management*, Vol. 19, No. 5, 945-963)

研究内容:随着中国组织变革和全球化的迅速发展,大多数企业快速拓展了跨地区开展业务的规模,同时,企业也加快从职能式人力资源实践转向整合式人力资源开发和战略性人力资源管理,试图通过战略型创业策略和人力资源管理的配套,提升区域性人力资源与业务发展之间的适配程度。这里所说的战略型创业策略,主要包括四项维度:资源型创新、主动型变革、风险型预见和适应型能力;战略性人力资源实践则以可续绩效管理策略与职业发展策略为代表。本研究针对人力资源管理实践与战略型创业策略和组织绩效的关系效应开展深度分析,以便建立跨区域的人力资源与战略创业策略模型。本研究的区域战略发展情境表现出以下特征:中国西部发展战略吸引人才促进区域发展;东北振兴战略提升重工业区域发展;中部崛起战略增强人力资源的活力;长三角和珠三角地区展现活跃的创业发展、技术创新和全球创业,特别是数字化创业。这一系列区域发展特征极大促进了战略性人力资源与战略型创业策略的协同与发展。

　　本研究选取了来自十多个城市和省份的 100 多家公司的经理与高管人员参加调研,在每个公司开展了深度访谈,并分发了三种类型的调查问卷:人力资源管理实践调查(绩效管理和职业发展),战略型创业策略(资源型创新、主动型变革、风险型预见和适应型能力)和组织绩效(市场份额、竞争能力和盈利能力)。本研究邀请了 30 多名企业局主管独立评估企业的组织绩效,共有 600 多名员工、170 多名高管、200 多名总经理参加调研,还从每个城市的经济技术开发区随机选择了 20 家企业。研究结果表明,绩效管理策略与组织绩效呈正相关,适应型能力作为战略创业的重要维度比较强时,这种关系会更强;绩效管理策略与组织绩效的关系在不同区域有不同的表现。而且,战略创业另外两个维度:主动型变革和风险型预见对组织绩效也显示出显著效应。适应型能力则主要表现出调节效应。本研究提出了战略型创业策略、人力资源实践和组织绩效之间的适配模型,为战略性人力资源管理与战略型创业策略提供了新的理论指导。

思考题6

1. 工作激励有哪些基本要素?请举例说明持续激励不同策略及应用途径。
2. 工作幸福感有哪些特征?请叙述 HEROR 模型要素特征及其应用意义。
3. 积极管理心理的原理和组织公民行为如何影响工作绩效和工作满意度?
4. 请讨论自我效能感、团队效能感与组织效能感的异同点及其对绩效的影响。
5. 工作敬业有哪些心理特征和管理策略?中国企业的心理契约有何特点?
6. 在改革创新情境下,组织承诺有何新的特点、影响因素和有效提升策略?

第三编
沟通、团队与领导

管理心理学（精要版）

第七章
沟通谈判与冲突压力

第一节　管理沟通过程与谈判策略

 知识要点 7-1　管理沟通与谈判策略

> **管理沟通**：沟通战略、沟通氛围、沟通例会、沟通机制、沟通渠道、危机沟通。
> **跨文沟通**：交互心智、内容导向、移情反馈、双向调节、信任承诺、行动关联。
> **谈判行为**：心理谈判力、混合激励力、群体认同力、组织利益力、虚拟决断力。
> **谈判策略**：创造性解题、灵活性转换、全局性调控、多赢式激励、合理性否决。

一、沟通特征和沟通过程模型

1. 沟通特征与管理沟通模式

（1）沟通的特征与功能。沟通是人际、团队和组织的信息交流方式和有效管理的重要途径和关键条件，也是生活、工作与经营管理中的重要能力。沟通的另一层涵义是传播，更多地指面向他人、社会和跨文化场景的主动沟通。在复杂动态、多元文化和改革创新的经营管理环境下，沟通与传播成为首当其冲的胜任力。曾经有一项重要研究对 2500 多名招聘经理进行调研，请他们回顾过去五年中所招聘入职并在本单位职业适应与起步良好的员工，拥有的最重要能力是什么。这些经理一致认为，最关键的是他们具有良好的沟通能力。由此可见沟通的重要性。管理心理学把沟通定义为"两个或多个员工或群体之间信息交流、分享、互动，协调认知、情感、意志和责任的过程"，并且更注重"组织中的沟通"或"管理沟通"，把沟通看成为组织管理中的一种群体动力学的交互活动。在各类企业组织中，沟通早已不是个人工作与管理的能力，而是职业发展和组织获取竞争优势的关键策略。

组织中的沟通过程构成了大多数管理职能的基础，对组织效能有关键性的影响。图 7-1 表示出沟通过程的主要环节。沟通的基本环节有：发送者、符号、讯息、通道、接收者。沟通的过程包括三大步骤：发送者把信息编码成符号，转换形成讯息，经过特定通道传输给接收者,进一步解码,依据反馈做出塑码。信息编码是建立在符号认知与理解的基础之上的,含糊的符号系统会导致解码误差。在言语沟通过程中,同样的词汇对于不同的人可能具有不同含义,不同的非言语线索(姿势、表情等)也会使信息含义发生变化。

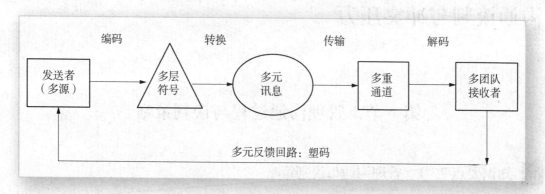

图 7-1　管理沟通过程模型

(2) 管理沟通特征与功能。组织中的沟通有以下四个主要功能。

① 交流激励。沟通是为了在组织中交流分享信息和激励各级人员,尤其是有关任务进程、组织愿景、公司文化、组织目标、任务指导、管理决策、工作成效等方面的多种信息。沟通并非只是传达或交流信息,更重要的是采用积极的沟通方式发挥激励的功能。

② 分享情感。沟通带着情感与情绪色彩,传达着组织的情绪和激情,这在组织背景下尤其重要。沟通中的面部表情、情绪色彩、语气用语等都表达了一定的情感和传达了特定文化下的情绪信息。

③ 协调行动。就像人类的神经系统对刺激做出反应,并把信息发送到人体各个部位,沟通协调着组织各个部分的行动。通过沟通,对任务加以进程管控和反馈改进,从而更好地协同前行。

④ 共担责任。沟通分担责任与角色担当,责任沟通能够促进责任认同、责任分担和责任协同的程度。同时,通过沟通推进知识的分享与各级知识的管理。沟通是责任领导力的关键能力,责任沟通是管理沟通的核心元素。

在面对面沟通与在线虚拟沟通两种模式的比较中,在线虚拟沟通的效果都不亚于面对面沟通的结果。在线虚拟沟通在分享情感、协调行动和知识管理方面都有独特的优势;面对面沟通的交流激励作用则在常规组织中发挥比较充分,而在网络组织或平台组织中,在线虚拟沟通的交流激励作用更加显著。研究建议在管理沟通中进一步通过沟通网络与平台设计,充分发挥在线虚拟沟通的效能。

(3) 管理沟通模式与责任沟通能力。管理沟通的流程具有三个方向的特征:上行沟通、下行沟通和水平沟通。管理沟通的重要策略是责任沟通,是指"以责任为主线开展的理念传播、信息交流和沟通分享",主要包括三个维度。

　　□ 责任心智传播:诚信公正、担责敬业、组织信任、职责义务等。

　　　□ 责任方案解读：责任管理、责任运营、社会责任、责任团队等。

　　　□ 责任行动共享：鼓励参与、责任赋能、责任领导、责任组织等。

　　从责任沟通的视角出发，管理沟通技能分为三种层次：核心沟通技能（开头与书面沟通、非言语沟通、主动倾听、给予与接收反馈、情商风格、冲突与谈判沟通等）、团队沟通技能（走动式管理沟通、促进会议效率、激发团队精神、协调团队任务与冲突等）和战略沟通技能（传播使命、愿景、价值观，建立有效沟通系统，扮演沟通榜样，开展知识管理，市场与公共关系沟通等）。

　　责任沟通作为管理沟通的核心内容，在组织变革与数字化转型中多采用以下沟通途径：制定沟通战略，增强信任度、责任心、敬业度、承诺度、满意度和绩效；构建沟通氛围，建立相互沟通的透明规范与信任渠道，定期例会，认可成效，鼓舞士气，激励团队；完善沟通机制，以目标—反馈为主线，强化荣誉感，从而培养各方高质量沟通的行为机制；加强沟通赋能，持续提升学习力、掌控力和效能力。沟通技能还包括：主动沟通、结果导向、声誉构建、时间管理、倾听意见、理解他人、构建网络、辅导学习、自信跟进、适应调节等十项能力要素。利用数字化技术支撑、社交媒体平台搭建、人工智能学习平台、协会项目组信息网络及月度调研、职业培训等办法创建在线沟通生态系统。

　　（4）危机沟通及其过程模型。危机沟通模式已经远不止"通讯式"的交流，而是更多用作"助推式"的沟通策略。危机沟通的主要特点是突发快速，透明度高，责任性强。在危机下，对于增强弹韧、转危为机、成长机会的认知与行为倾向，在很大意义上受到危机沟通传播能力的影响。图7-2是新型危机沟通的模型，运用了预警参与式沟通、研判决断式沟通、方案对策式沟通的三部曲沟通方法。把危机沟通划分为热身准备、启动研判、交流辅导、方案践行四要点的沟通过程。新的沟通心理理论与应用转向"以沟通目的—行动为中心"的有效沟通策略的定制和创新。

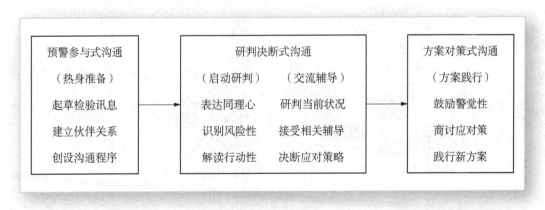

图 7-2　危机沟通过程模型

　　① 预警参与式沟通。沟通始于危机前，以热身准备启动。相关经理与员工、客户、社区等人员沟通，商讨预案的策划、起草和检验以及组织与人员的配置，与利益相关者建立合作

伙伴关系，创设专项沟通程序、预警热线联系和参与式沟通系统。

② 研判决断式沟通。这是指危机发生时的沟通，包括启动研判和交流辅导两个环节。一方面沟通和表达同理心、识别风险性并解读备择的应对行动；另一方面沟通和研判当前状况，分析多方信息，决断应对策略。

③ 方案对策式沟通。这是就危机应对方案开展沟通和评价，鼓励警觉策略，商讨应对举措，评价危机管理与处置方案，通过沟通分享达成心理共识，开始践行新的方案。

由于危机中的情况错综复杂、员工的心态不免会有担忧焦虑，沟通互动往往出现"心理折扣"，及时、透明和多渠道补充与提供全面信息，有利于加强危机沟通的参与、研判、接受与践行效果。

2. 管理沟通模式与沟通策略

（1）沟通方向与沟通模式。按照沟通的方向特点，沟通可分为单向、双向、多向和分布式沟通。在工作与管理实践中，主张提高沟通的双向性。与单向沟通相比，双向沟通的准确性更高，所体验的自我效能感也更强；双向沟通的沟通技巧和人际压力相对比较大，动态性高。由于工作任务越来越交叉关联，承担多重任务或项目的情况很普遍；加上管理模式与风格上越来越趋向于授权和扁平化；兼之社交媒体已成为组织中人际沟通的主要手段，多向、多部门、多项目的分布式沟通成为组织中的主要沟通模式和数字化分布式创新的沟通策略。通常，组织的沟通以与任务有关的沟通联结及其协调为主，时间一长，这种沟通关系就变得比较确定。沟通网络结构可以划分为四种基本类型：轮式、链式、环式和全通道式，如图 7-3 所示。

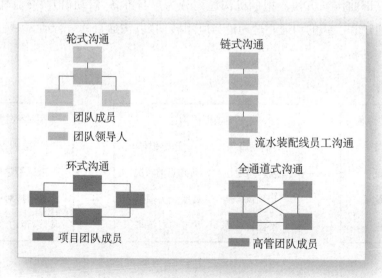

图 7-3　沟通网络结构的类型

□ 轮式沟通网络。信息沟通处于中心的经理（或主管）和周围每一位成员之间进行。在群体情景下，轮式网络是典型的沟通结构。

　　▫ 链式沟通网络。信息沟通在上下级间进行，而并不与链端人员直接进行。

　　▫ 环式沟通网络。信息沟通只在两边进行，例如项目组成员间的沟通。

　　▫ 全通道式网络。每位成员都与其他每个人进行沟通，呈现为全员群体的沟通。

　　这四种沟通网络都有其优缺点。通常，链式沟通网络的信息传递速度最快，环式沟通网络能提高群体成员士气。轮式和链式沟通网络则对于解决简单问题时效率最高；而在解决复杂问题时，环式和全通道式最为有效。请读者思考一下这些沟通网络各自的局限性以及优化沟通网络结构的方法。

　　（2）在线虚拟沟通的三角模型。随着网络化、数字化以及社交媒体与在线平台的广泛应用，在线虚拟沟通的独特能力引起人们的关注。在线沟通或称虚拟沟通需要信任、专注及释义，即在线工作与虚拟交流能力：信任力、专注力和释义力，形成在线虚拟沟通的三力模型。

　　① 虚拟沟通的连贯式信任力。在虚拟沟通中，除了认知理解和判断，从沟通到行动的通路建立在一贯的相互信任基础之上。信任策略行为体现为主动合作、意见采纳、信息分享和监督查看四种行为，相关测量从沟通的内容中抽取。在线沟通与面对面沟通的区别之一在于沟通信任一般并非逐步形成，而是表现为"快速信任"，具有沟通之初就迅速建立信任和在线实时形成依存关系的特点。虚拟沟通的连贯式信任力，需要快速信任的互动维护和相互促进。

　　② 虚拟沟通的整合式专注力。由于虚拟沟通的在线交流、独自工作和时间不确定性，沟通者往往会以并行或分布式参与的方式进行沟通对话却同时在做几件事。虚拟沟通的专注性会符合"折扣加工"模式，即以分时或分散注意的方式降低认知资源投入而进行多样任务的加工。在线虚拟沟通的效果取决于沟通人的认知适应能力和知情意责整合能力。学会有效的分布式虚拟认知加工，提升认知适应能力并设法整合情绪、意志和责任元素，可以对增强整合式专注力发挥显著的补偿作用。

　　③ 虚拟沟通的集成式释义力。人们在知觉解释阶段经过组织的抽象概念加以解释，赋予深层、完整的意义，称为释义或称"组织释义"，包含制定（感知框定意义）、选择（沟通提炼共识）、保留（解读共享意义）三个阶段的生态式"释义情节"。释义是一种认知加工过程，具有认同建构、经验回溯、取义制定、社交互动、过程跟进、线索取证和合理确信等七项特征，包含了感知、解释、记忆的个体思维过程和群体互动解读的社会建构过程。个体认知加工和群体社会建构过程整合成释义的解读与行动循环能力。

　　（3）沟通效能与有效沟通能力。沟通的效能受到许多因素的影响和制约。管理心理学把影响沟通质量的因素和差误分析作为重要领域。除了认知因素、任务因素、人际沟通因素、态度与个性因素和跨文化因素，沟通能力是有效沟通的基本因素。

　　① 沟通信息加工能力。这包括编码解码、参照框架、折扣调节等方面的胜任特征。

　　▫ 编码解码。信息发送者的可信度和发送者对于接收者或"听众"的敏感性，都对于沟通效果有显著影响。不同的信息加工使得在编码与解码之间不兼容，从而造成沟通偏差。解码能力强的人在沟通过程中具有快速释义、解码汇总、要义提炼的成效。常见的偏差是许多人在沟通一开始就产生"快速锚定"或"自我解码"现象。这是指把沟通"开场白"快速锚定为沟通主题内容，提前自我解读和解码，且不再深度加工和理解之后的沟通内容，浅层理解，造成偏差。

　　▫ 参照框架。各人认知与价值参照框架会有较大的差异，处于基层一线的员工、主管等群体具有不同于中高层经理的参照框架，因而产生内隐性的关系依赖、刻板解读、信息误判和选择释义等典型沟通偏差。开放包容的心智模式有利于不断优化参照框架，增强沟通的"收纳度"、释义域和整合性。此外，人们在沟通中表现出某种"选择性倾听"，以"偏好框架"加工自己"喜闻乐见"的信息。倾向于获取"报喜式"信息，而阻碍新的似有冲突、不同意见以及"报忧式"信息的加工。并在沟通中做出"心理过滤"，对相同沟通信息做不同选择性的解释。

　　▫ 折扣调节。由于价值取向不同、认知能力强弱、"一心多用"或疲惫倦怠等原因，会出现"沟通折扣"现象。即沟通交流中"信息打折"或"加工稍息"，这极大地影响学习、沟通或传播的效能。解决"沟通折扣"比较有效的办法是做出心理距离调节（社会、时间、空间与经验距离），换位理解、积极心态、角色转换和多源识记以及进行"分布式加工"能力开发，充分认识"沟通折扣"问题，提高多任务多角色并行加工能力。

　　② 跨文化沟通的能力。在全球化和跨国经营的场景下，跨文化管理沟通的渠道与持续直接影响其沟通能力。"跨文化管理沟通"有两层含义：一是中外文化条件下的管理沟通。例如，不同文化背景经理人员之间的沟通，项目团队间、员工与领导之间的沟通等。二是不同区域观念下的人际沟通。例如，不同地区人员之间会形成跨文化背景的人际沟通。在跨文化沟通条件下，沟通的焦点会由于人际沟通侧重点的差异而发生变化，语言、语义和语气等方面的差异也会影响跨文化沟通的能力与效能。文化同质性会使人际沟通更多注意相互关系方面的信息，而忽视工作任务方面的信息。具有文化多样性特点的人际沟通更容易进入工作状态，讨论工作中所遇到的各类问题。

　　③ 管理沟通能力。这包括交互心智与内容导向、移情反馈与双向调节、信任承诺与行动关联等特征。

　　▫ 交互心智与内容导向。管理沟通中新型沟通层出不穷：创新沟通、责任沟通、风险沟通、危机沟通等。强调内容导向：沟通分析视角从一般沟通偏差与信息传播质量等转向情绪沟通（关注情绪劳动）、工作—生活沟通（着重交互释义）、领导—下属沟通（促进交换关系）、同事—朋友沟通（采用互信模式）、团队间沟通（注重心理安全感）、组织文化沟通（提升文化智力）等。

　　▫ 移情反馈与双向调节。管理沟通具有较强的移情反馈与双向调节特征。在全球化、信息化、多文化的形势下，开放沟通能力成为经理人的基本管理沟通能力。成功的高层经理几乎将 90% 的时间花在多类沟通活动和分享意见上；许多经理处于"全天候"沟通工作中；数字化沟通则成为关键能力。同时，管理沟通要求高水平的移情反馈与同理心，强调激情投入，注重在反馈中移情，设身处地，换位处理，学会适应他人观点和理解他人情绪，从而通过双向调节获得融洽理解的同理心情绪基础。

　　▫ 信任承诺与行动关联。管理沟通能力的重要特征是强调相互信任,讲究对沟通相关行动的承诺和跟进,并设法消除"沟通信息超载",以提高行动的通畅性。以沟通推进行动,以沟通完善行动,力求提升沟通的行动效能与组织效益。有效的管理沟通不但可增强交流与合作,而且能够提升组织的敏捷性、创新性和高绩效。

💬 **思考研讨 7 - 1** ┈┈

如何提升虚拟沟通的效能

　　在线虚拟沟通必须加强连贯式信任力、整合式专注力和集成式释义力。在虚拟沟通中,聚焦目标、交流问题、分享视角、共识挑战、互信研判、解读要义和尝试多解等多方面动态元素,使得相对碎片式、分段式、发散式的信息分享与交流转换成连贯式、整合式、集成式的互通、判读与构义。请思考在线学习与远程工作的沟通过程,研讨提升虚拟沟通效能的途径和方法。

二、谈判管理与谈判权衡策略

1. 谈判成分特征与基本阶段

　　谈判是管理心理学的重要领域。人们在生活和工作中遇到越来越多需要讨价还价、商讨权衡、求同存异和达成一致意见的场景。说管理是七分沟通谈判、三分经营技术,不无道理。谈判技能在管理行为中日益重要。

　　(1) 谈判的定义。当人们不合作就不能达成目标时,就需要进行谈判。谈判是指"两方或多方缺乏共同意见而进行的协商与决策过程"。谈判是各方识别可能协议,估计结果需要,理解他方意见并沟通说服的过程。

　　① 谈判的基本成分与特点。谈判包含四个基本成分:谈判依存关系,谈判各方具有相互依存性;谈判目标程序,各方的目标或程序冲突性;谈判动机投入,各方的动机及投入程度;谈判意见信念,各方对达成一致意见的信念。管理心理学研究的注意力从谈判本身的基本成分特征转移到谈判的组织情境、文化习惯、谈判技能和博弈权衡策略等方面,作为谈判的四项新成分。

　　② 谈判过程的四个阶段。谈判通常分为以下四个阶段:

　　▫ 调查准备阶段。这是重要的谈判步骤,需要收集问题与方案的事实信息,了解他方谈判风格、动机、个性与目标,分析基本背景,确定各自的利益关切和谈判策略。

　　▫ 方案表达阶段。这包括提出最初要价、表达各方需求。这时,表达能力与沟通能力特别重要,跨文化差异在这一阶段比较明显,文化敏感性与适应能力的重要性更为凸显。

　　▫ 讨价还价阶段。管理人员运用各种公关手段、沟通技能与谈判策略，互动商谈，做出研判，以便达成原则意见或潜在结果。

　　▫ 达成一致阶段。谈判团队做出决断，谈判接近尾声。假如没有反复，各方通过讨论达成一致意见或最终协议。

　　（2）谈判策略与跨时权衡模式。谈判中多用两种思路：规范式思路和描述式思路。规范式思路认为个体具有充分理性，试图诊断出对方会在竞争性情景中怎样谈判，以学习和确保谈判选择的有效性；描述式思路则注重于分析使得谈判行为偏离标准的认知、学习、偏好和价值取向等因素。个人因素或群体因素都会影响谈判中的分析判断、策略行为和决策结果。跨时权衡谈判是指谈判协议随着时间的跨越而越来越具有整合性，要求谈判一方在某次谈判中做出让步，而在后面的谈判中获得回报从而使双方获得更高的共同收益。多数商务或重要谈判场景都是多轮拓展式的，会比单次谈判更难达成整合式协议。由于谈判中往往资源有限或者各方价值取向及备案偏好的差异较大，且时间权衡可以成为重要的因素在不同谈判阶段成为"筹码"，因而通常把时间视域这一决策过程元素作为最重要的跨时谈判影响因素。时间视域是指谈判者对将来时间里需要付出的代价和获得的收益进行预估并赋予的一种权重。如果看重长远价值，其时间透视能力就会比较强，时间视域也越长。在重要谈判或利弊权衡时，许多谈判者倾向于以短期损失换取长远得益或回报，做出有利的跨时权衡式谈判。

　　请读者回忆或设想应聘工作时就薪资待遇问题开展谈判时的场景和自己可能采取的谈判策略，以进一步理解跨时权衡的基本原理和心理模型。

　　（3）整合式谈判与分布式谈判。有关谈判行为的研究与应用比较集中于整合式谈判与分布式谈判，大体分为五种影响力：心理谈判力、混合激励力、群体认同力、组织利益力和虚拟决断力。

　　① 心理谈判力。这种思路关心谈判者的心智、知识和经验如何影响谈判表现。比较多注重于心理谈判力、性别和情感对于谈判的影响。这里所说的谈判力是指谈判协议之外的最佳备择方案选择能力，又称"BATNA"（best alternative to a negotiated agreement，简称BATNA），即讨价还价的最大余地。根据社会交换理论，达成交易的好处（奖励）和资源分配是人际交换的心理基础。人们以此与备择方案加以比较来决定谈判的保留点（reserver points），进而依据双方的协商（讨价）区间来确定谈判的策略。

　　② 混合激励力。这种思路关注谈判各方的行为和心境特点对于谈判过程与结果的影响。主要围绕两方面的因素：谈判互动中的混合激励力（合作与竞争等）和人际情绪状态所发挥的作用。围绕混合激励力开展研究，若关注双方或多方谈判风格对于谈判态度与策略选择的作用，会发现其中比较多的是采用"对等"策略，但这看似公平，却不一定是最具策略性的谈判习惯。信任度因子在整合式谈判中很关键。在高信任条件下，谈判各方更愿意分享信息和各自底线，也更容易达成激励力的整合结果。

　　③ 群体认同力。这种思路注重群体认同感、文化认同感、群体文化，以及团队认同因素

对于谈判过程与结果的影响力。谈判各方各自群体的动力因素(如价值取向差异、利益关系、权力关系、参与模式等)都会对群体间的谈判代表心态、筹码、保留点的高低和出牌方式等产生关键的影响。群体谈判就像是一场竞合游戏或解决两难困境。团队利益和个人得失常常交织在一起。

④ 组织利益力。这是指谈判者由于具有行业角色(如加盟行业协会)或者属于跨组织的联盟、市场协会或高新技术园区的网络而形成高阶利益关系的影响力。这类组织利益力往往会形成成对关系和组织间利益权衡,从而影响谈判中的信任、期望、伙伴选择和对研判解决方案的认知与价值取向。这方面组织因素的效应是跨期性的和影响比较深远的。

⑤ 虚拟决断力。采用电子邮件、在线沟通、视频会谈等方式开展协商谈判日趋普遍,使得虚拟互动、数字化谈判和数字化决策过程成为谈判管理的虚拟决断力。数字化谈判会加快谈判节奏,需要充分的预案和较快速的研判与决断;数字化谈判的能力开发要求更多增强战略层面的谈判策略能力、文化敏感性以及多向虚拟互动、跨文化电子沟通风格的谈判技能。

2. 谈判管理的主要策略类型

(1) 谈判关切点和五种行为策略。采取适当的谈判策略对于谈判的成败至关重要。在谈判中,各方在考虑谈判博弈时会表现出两种偏好:关心与对方的关系和关心谈判结果的损益,从而体现各自不同的利益关切。这两种偏好之间的交互作用,会显著影响谈判的实际过程及其最终结果。谈判结果的重要性高低和谈判关系的重要性高低,构成了谈判的五种常用策略:回避策略、顺从策略、竞争策略、合作策略和妥协策略。图7-4表示出五种常见谈判策略,分别属于不同的关系重要性与结果重要性高低的组合情况。

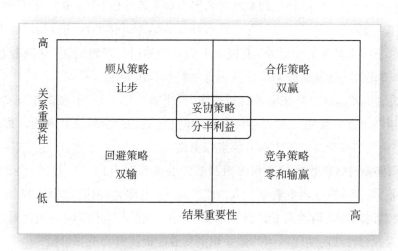

图 7-4　五种常见的谈判策略

① 回避策略。这项策略位于关系重要性和结果重要性都低的场景。无论是从关系还是从结果来看,都没有必要引发谈判冲突或对立的策略,因而采取回避冲突和不主动跟进谈判砝码的办法。

② 顺从策略。这项策略位于高关系重要性和低结果重要性的场景。在这种情境下，结果对于谈判并不重要，因而像是"兜了底"，输了也不要紧，只要做出让步以确保赢在关系维度上。有时，用此策略能以暂时损失增强相互关系的层次。

③ 竞争策略。这项策略位于低关系重要性和高结果重要性的场景。在这种时候，谈判策略是以竞争获取赢得结果，暂且损失关系。这就是零和输赢的结果。这种策略多用于短期项目谈判或者一次性谈判。在许多商务谈判中，竞争策略与合作策略交替使用，往往容易推进谈判过程。竞争策略的成效取决于若干关键要素：明确界定议价范围（可谈起点、谈判目标和终点、谈判破裂点）以利于策略定位，最佳备择方案选择能力（BATNA），以及竞争谈判配套战术（如佯装攻击或威胁等行为战术）等。

④ 合作策略。这项策略位于高关系重要性和高结果重要性的场景。维护关系和获取结果都显得很重要。最有利的策略就是采取合作策略，争取双赢结果，期望通过双方合作获得各方需要的双赢解决方案。这项策略的成功在于谈判双方都愿意采取合作策略，需要有高度信任、相互理解、明确目标需求及良好、开放的沟通渠道与倾听能力。

⑤ 妥协策略。这项策略位于中度的关系重要性和结果重要性交汇之处，是一种综合多种策略内涵的策略，可以顺利用于多种情景。妥协策略在谈判中也被称为"默认策略"或"备用策略"。在双赢条件不成熟、合作策略暂不可能、相互信任度不够高等情况下，采取妥协策略是"短平快"的谈判策略选项。

在实际谈判过程中，由于谈判的动态性，往往采取综合谈判策略。最常见的谈判策略包括分布策略（"接受或离开"策略、公平标准策略、先报价再讨价策略）、整合策略（得失信息交换策略、内隐信息交换策略、捷径试误策略等）、混合动机策略（竞合方案"一揽子解决"）。

（2）谈判偏差特点。谈判过程中会出现多种认知偏差。例如，在谈判者"最大程度减少损失"框架条件下给出显著更少让步，表现出更为冒险的讨价策略行为；谈判者在定价决策中受到报价单锚定效应的显著影响等。认识这些偏差非常重要。

① 固定馅饼偏差。这是指在资源总量固定时，不得不以一种"不赢即输"的方式做出优先度判断，把谈判对方的优先度和利益性误判为与自己这方完全、直接相反。如果做测试，可让谈判者在谈判结束时马上写出对方因素权衡模式。

② 下意识偏差与启动效应。谈判决策判断的偏差有时会比较"内隐"，即比较下意识。例如，种族偏差、性别歧视或者低看某类人群或文化等，也称为"内隐社会认知"。谈判中，可使用适当的关键词或特别刺激来激活谈判者的"域限下意识"，从而理解和预测其随后的判断与行为，这对社会性或跨文化谈判的偏差识别和效能提高具有重要价值。

③ 谈判的动机性偏差。动机驱动的偏差越来越受人重视。持自我中心偏差的谈判者会认为自己拥有更多资源而高估自己的利益分享权，或者要求别人采用自己的观点对待方案选择。谈判过程中存在较为普遍的动机性偏差。例如，非理性地加大承诺，会使一方得利、一方受损，以及求胜心切而过分要价等。在谈判中，充分认识和调节动机性偏差对于谈判有序进行至关重要。

（3）谈判能力。由于谈判的复杂性、动态性、文化性和战略性不断提升,因此谈判技能和能力开发成为一项战略任务。谈判管理的重点从有关个体或人际视角的谈判问题,转移到组织能力,即注重多层次行为系统和组织能力框架,包括心智技巧、群体协调、决策权衡、数字研判、谈判关联和组织策略等层面相应的能力要求。

① 心智技巧能力。这是谈判的基本能力层面,关心谈判者的心智模式与个人专业素养、参与或主导谈判的经验、多种谈判与协商技巧、谈判的人际互动能力等要求。新的趋势是"跳出"个体层面,注重提升群体与组织层面谈判能力。

② 群体协调能力。在谈判的群体层面,协调群体内外利益与极端意见,做好群体适应与谈判团队选配,协同多个群体的谈判参与与合作能力。运用群体动力理论激发团队的主动性、合作性、责任感和谈判效能感等心理特征。

③ 决策权衡能力。在谈判的调查准备、方案表达、讨价还价和达成一致的全过程,以利益权衡、跨时权衡、得失研判、战略决断、行动跟进等能力要素组成谈判的"决策能力包"。

④ 数字研判能力。数字化谈判与虚拟沟通研判能力日趋重要,主要包括数字化谈判心智模式、数字化多利益群体分布式研判和数字化沟通能力等。其中,数字化沟通能力包括虚拟沟通的专注力、信任力和释义力元素。

⑤ 谈判关联能力。关注谈判的"场景"或"关联方"。特别是谈判程序与结果的相互影响,以及谈判参与群和利益相关者并行跟进的能力。对以往谈判的回顾总结和对谈判行为的深度分析,都有利于增强协调与合作能力。

⑥ 组织策略能力。组织策略能力是依据愿景战略和谈判目标,在市场定位、商业模式创新、数字化变革、转型行动方案和新兴战略选择等方面配套推进的能力,还涉及与组织利益相关者、合作伙伴和战略伙伴等的协调能力和资源配置能力。

表7-1展示了从多层谈判能力、谈判能力焦点、谈判管理重点、关键因素分解和能力开发策略等五层次小结谈判能力特征及能力开发策略要点。这也是谈判管理的新趋势和新重点。

表7-1 谈判的多层次组织能力特征与开发策略

多层谈判能力	谈判能力焦点	谈判管理重点	关键因素分解	能力开发策略
心智技巧层能力	心智个性技能	骨干谈判者	任务流程绩效	选拔培训实习
群体协调层能力	群体动力因素	核心团队成员	团队利益得失	团队建设策略
决策权衡层能力	利益跨时权衡	战略决断能力	决策行动跟进	决策能力策略
数字研判层能力	数字化谈判力	谈判团队	虚拟沟通策略	教练指导策略
谈判关联层能力	谈判场景配置	相关参与人	场景知识经验	群体协调研讨
组织策略层能力	部门协同整合	组织决策层	谈判举措KPI	领导力开发法

💬 **思考研讨 7-2**

如何培养谈判技能

　　谈判技能的培养主要围绕以下五个方面。①创造性解题技能：能从多重角度看待问题，善于综合多种意见，创造性解题；②灵活性转换技能：能快速思维、敏感体察，善于转换视角、换位思考，灵活处置冲突；③全局性调控技能：能从全局视野审视形势，善于调控、驾驭谈判进程；④多赢式激励技能：能从多赢视角激励谈判进程，善于鼓励谈判各方以多赢方式处事；⑤合理性否决技能：能在谈判中有理、有节、有据、有序地处置矛盾，善于合理否决论点与草案。根据上述知识，思考为什么谈判技能是一种内隐知识，怎么通过谈判实训、角色扮演和实际参与决策等经历加以体验、积累和培养。

🔲 **案例体验 7**

跨文化沟通的应对策略

　　中外企业员工和经理在跨文化沟通方面都面临挑战与问题。在许多中小企业线上线下结合的跨境合作项目或"一带一路"合作商务中，跨文化沟通成为全新的商务胜任力。某创投公司的杨经理一直负责国内项目投资或创业投融资业务。从 2020 年起，他所投资的项目企业由于国内市场变化而有一半以上转向跨境商务，一段时间内，经理们在人际交往和管理风格方面出现较大的跨文化沟通短板。杨经理与浙大全球创业研究中心合作启动了跨文化沟通研究式能力提升计划，学习和应用王重鸣《创业能力建设读本》中有关跨文化创业价值能力的知识点。参与这项计划的经理或项目主管把各自遇到的挑战和赋能设想进行了交流和汇总，除了一般的跨文化差异理解（直接与间接、习惯与规章、直白与含蓄、直面与包容等），还发现以下六项能力要素很重要：多文化视野（理解跨文化商务中的多元、向背、差异、冲突等）、跨文化沟通（掌握多种语言、有效倾听、信息解读、理念传播等）、文化敏感性（跨文化同理心、觉察差异、辨别理念、发展关系等）、文化快速适应（文化价值跨界、快速调整、处事思路、适应行动等）、商务灵活性（多文化适配、协调管理、灵活运营、一企一策等），以及文化融合性（自我适应、合作思维、跨文化团队、亲验学习等）。讨论中特别多提到的是线上线下的倾听技能，在跨文化沟通中学会开放信任、淡化级别、全息交流（分享好坏消息）、同理倾听、鼓励解题、建立生态。这项计划使得各家企业的跨文化沟通短板大有改善。杨经理说，只要用心沟通，就能心心相印。请读者对照自己的文化内或文化间沟通体验，就存在哪些值得加强的沟通能力进行讨论和交流。

第二节 冲突管理与压力管理策略

知识要点7-2 冲突管理与压力管理

冲突管理：信任重建(合作)、开放重塑(同创)、合作重展(双赢)的三环节模型。
冲突策略：协调潜因、适应研判、选择应对、跟进行为、提升成效的五阶段策略。
倦怠策略：使命目标、沟通协调、互动分享、同理鼓励、家庭联结、培训准备策略。
压力管理：倦怠应对、压源分解、事件控制、主动调适、社会支持、心理弹韧策略。

一、冲突概念与冲突管理特点

1. 冲突基本成分与冲突类型

（1）冲突的概念与过程模型。冲突与冲突管理是管理心理学中的重要领域。当人们具有不同的目标或利益时，会产生外显或潜在的意见分歧或矛盾，从而体验到心理冲突或人际冲突，甚至出现群体冲突和组织冲突。在中国文化背景下，"冲突"一词具有一定的负面含义，通常会在情况相对严重时采用。人们会更多用"矛盾"或"分歧"概念来描述和分析所存在的问题。冲突的发展过程有四个关键成分：矛盾内容、认知情绪、分歧过程和措施行动。矛盾内容包括利益、资源、任务、协调等方面不一致；认知情绪是指冲突各方对相关问题或矛盾存在着不同的认知观点和情绪状态；分歧过程是指出现分歧或矛盾的经历过程；措施行动则是指冲突过程中采取的行动，即分歧各方设法阻止或推动对方实现其目标的措施。冲突管理的过程模型包括冲突的输入、加工和输出三阶段，如图7-5所示的冲突的过程模型。在冲突来源输入端，个性、价值特征、角色、权力冲突、有限资源、多方利益、文化冲突、新老理念

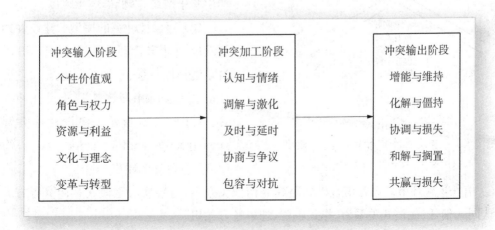

图7-5 冲突的过程模型

和变革转型都是常见的因素；在处理冲突的加工段，有组织、有计划的变革策略或者冲突处理不及时或不恰当等都会在认知、情绪、减缓、激化以及时间节奏、协商模式、应对方式等方面调解或加剧冲突过程；在冲突结果的输出端，冲突管理可以提高能力、改进效能、协调化解、和解共赢，也可能由于处理不当而僵持搁置、损失资源、弱化组织效能甚至使得组织目标失调。

冲突可以分为三大类型：A. 人内冲突与人际冲突，在面临互不相容的多个目标、利益关系或试图从事多种不相容活动时，会形成认知、情感和行为方面的人内或人际冲突；B. 群体冲突与群际冲突，可以是同级之间的"水平式冲突"，也可能是跨管理层次的"垂直式冲突"，重要特点是群体情绪的爆发性、弥散性和激奋性（常说的"群情激奋"）；C. 跨文化冲突则指来自多种文化背景的员工与管理人员共事时，出现理念、价值取向和工作风格特别是利益处理方面的冲突。

（2）建设性冲突的特点。管理心理学研究把冲突分为破坏性的冲突和建设性的冲突。早期观点认为，工作与管理情景中出现的冲突都是消极的，冲突会影响组织功能的正常发挥，具有"非功能性"，使人们脱离工作任务要求，进而造成决策偏差或失误。因此管理者采取各种办法避免冲突，设法协调各方的利益，寻求共同目标。近期也采用建设性冲突的观点，认为冲突是工作与生活的正常组成部分，可以转变成为起到有益甚至是创新作用的"功能性"冲突。

① 适度群体冲突具有正面作用。在良好的群体工作设计条件下，群体冲突既有利于增加群体的张力，达到较好的经济目标；又能增强群体成员的工作动机，并形成良好的团队文化，增进群体成员间的信任和承诺度，协调个人、群体与组织的目标。

② 群体冲突促进多样化创造性。群体成员的多样化可以激发各种新观念、新思路，促进创造性解决问题和成员间的动态合作，从而提高群体工作效能，尤其是管理部门群体的效能。当然，群体多样化也可能导致管理的难度，影响沟通效能，产生紧张情绪，降低群体承诺度。

（3）建设性冲突的模型。建设性冲突管理成为冲突管理的主要途径。可以通过重建信任关系、重塑开放心智和重展合作前景等多种手段来实现建设性冲突管理。如图 7-6 所示。建设性冲突管理（constructive conflict management，简称 CCM）包含三个环节：

图 7-6　建设性冲突管理三环节模型

① 信任重建环节。以互信合作思路建立信任关系，各自转换心智模式。冲突各方着重构建认同式信任、诚信式关系、合作式心智，理解各方关切。

② 开放重塑环节。以包容整合思路开放心智讨论，重塑合作方案。冲突各方围绕存在问题开展开放心智式讨论，做到求同存异，以整合策略解决问题。

③ 合作重展环节。以共赢发展思路建设新型关系，重现合作绩效，实现质量合作，创造双赢发展。

建设性冲突管理三环模型为群体冲突管理和跨文化冲突管理都提供了全新的理论视角和管理心理学策略。

2. 冲突管理策略与过程模型

（1）冲突处理策略过程。在冲突处理，特别是跨文化管理环境中，组织成员间产生冲突是常见的，适度冲突对组织的功能具有建设性作用。图7-7是冲突处理策略的心理过程模型。冲突管理可以分成如下五个策略阶段。

☐ 协调策略阶段：这是冲突处于潜在状态，着重采取对来自沟通不畅、文化相容性低、个体差异大、组织体制错位等潜在对立的条件因素进行协调的策略。

☐ 研判策略阶段：这是在冲突初起时做出的策略，注重对认知模式、情绪调节、行为控制和群体动力等心理特征加以个性化的适应与研判。

☐ 选择策略阶段：这是冲突管理的重点阶段，采用交互应对策略，在竞争、整合、回避、妥协、协调五种冲突管理方式上做出选择或组合。

☐ 行为策略阶段：这是"出牌行为"阶段，实施跟进行为策略，采取公开冲突、对方行为、双方行为或者"桌上台下"不同行为表达等多种方式。

☐ 评价策略阶段：这是冲突管理的评价策略，通常采取成效提升策略，设法在适应绩效、合作绩效、任务绩效和长期绩效方面评估成效。

在许多冲突场景下，冲突管理是一个逐步演化的过程。冲突管理策略心理过程模型对于理解和把握心理与行为演化的过程具有重要的指导意义。

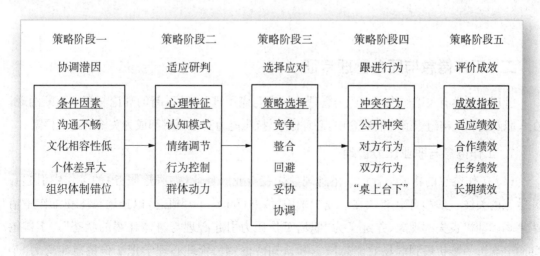

图7-7 冲突处理策略的心理过程模型

（2）跨文化冲突的特征与策略。跨文化冲突处理与管理聚焦于冲突内容认知、非相容行为反应模式、冲突处理方式以及合作—竞争策略选择等方面，致力于改善跨文化管理的效能。

① 跨文化群体冲突的处理方式。在解决跨文化群体冲突时，所采用的策略存在文化差异。一般来说，在中国文化条件下，倾向于采取低不确定性策略（如回避和折中策略）；而在欧美文化条件下，则更多采用高不确定性策略（如竞争和合作策略）。跨文化冲突管理方面普遍表现出结果导向，注重组织责任、职权模式和利益平衡。

② 跨文化冲突管理模式的特征评价。我们在研究中采用的评价体系包括 14 项指标，用以评价冲突管理模式特征：协同能力、文化心智、价值取向、冲突管理、管理协调、职权分配、规章制度、选拔聘任、培训开发、报酬奖励、绩效考核、职业发展、参与管理、团队建设等。

③ 跨文化冲突管理的机制。在跨文化管理环境下，彼此尊重、相互理解、求同存异、合作发挥等可以增强合作心智模式，通过合作项目与共事岗位上的"换位思考"、沟通协调和积极的冲突管理与团队建设措施，有助于建立高绩效的跨文化管理机制和总体效能。

💬 **思考研讨 7 - 3** ⋯⋯⋯⋯⋯⋯⋯⋯⋯⋯⋯⋯⋯⋯⋯⋯⋯⋯⋯⋯⋯⋯⋯⋯⋯⋯⋯⋯⋯⋯⋯⋯⋯

如何有效管理冲突

在现实生活中，多种冲突并非单一显现，必须从实际工作与管理情景出发进行具体分析，了解冲突发生的主要原因，考虑化解矛盾和管理冲突的效应对策。组织中的冲突与绩效之间的关系并非都是负相关的，冲突与绩效呈现"倒 U 形"关系。当冲突适度时，绩效水平最高；冲突过少或太多时，都会影响工作绩效的发挥。有效的冲突管理需要积极心态、拥抱分歧或分享矛盾问题，注重调适冲突，形成健康的冲突管理氛围和实践，对群体工作与组织效能产生促进作用。请思考、举例和研讨在学习与工作中如何管理冲突。

二、工作倦怠与压力管理特征

管理心理学有关工作倦怠与压力管理的研究与应用日益活跃，新的理论与策略不断涌现，在人职匹配和人与组织适配的概念中，心理健康、抗压能力和幸福感都成为关键的适配要素。

1. 工作倦怠与职业压力管理

（1）工作倦怠的特征与管理。倦怠现象先在专业服务业（如医疗服务）的工作中引起心理学家的关注。1970 年代首次在研究中采用"倦怠（burnout）"概念，以描述员工在工作中情绪衰竭和动机丧失的现象，并定义为"职场工作压力引起心理与身体耗竭的状态"。工作倦怠的概念进一步扩展到职场效能感减退和认知疲倦感。管理心理学把工作倦怠定义为"个体在工作中经历多种压力或多重要求而身心资源耗竭所产生的衰竭感、疲惫感和懈怠感"。

比较通俗的说法是"筋疲力尽"和"疲惫不堪",甚至是"燃烧殆尽"。工作倦怠作为一种心理综合症,指工作中表现个体衰竭感、人际疲惫感和任务懈怠感三维特征的身心综合症。

工作倦怠是怎么造成的呢?最常见的原因是较长时间的"超荷"工作,还有工作复杂性高而组织管理不到位等因素。比如,工作缺乏掌控力或自主性,奖励不足或缺少公平感,缺乏群体互动和支持网络,以及价值观与技能不匹配等。

工作倦怠了怎么办呢?倦怠应对策略聚焦在应对和减缓倦怠体验和增强倦怠的适应能力。由于组织中的倦怠源具有多层次的特点,需要采用综合应对的策略,包括工作重新设计,避免"996"(俗指早上九点工作,晚上九点下班,一周工作六天)过劳加班或隐性加班,群体情感支持辅导,多样集体活动与社会公益事项以及倦怠症状处理预案等。不少单位安排专人或新增职能负责倦怠问症与压力管理,出台工作倦怠服务计划和倦怠心理辅导计划等应对措施,取得较好的成效。全球调研发现,可以从以下六项策略入手对工作倦怠加以调节和预防。

- □ 加强工作的使命感和目的性,明晰目标。
- □ 加强沟通协调,使得工作负荷可控。
- □ 开展同事间互动分享,增强心理健康。
- □ 管理者具有同理心,善于鼓励下属,增强工作满意度和减少倦怠感。
- □ 增强工作与家庭的联络,提升与家人朋友的联结感。
- □ 开展培训和研讨,加强工作倦怠的心理准备度。

越来越多的企业组织通过积极的工作流程与组织管理模式的重新设计,提出解决工作倦怠和心理健康的"整体解决方案"。倦怠管理中常用心理测量量表,比较经典的是马斯拉奇工作倦怠问卷(Maslach burnout inventory,简称 MBI),用以测量个体衰竭感、人际怠慢感和任务懈离感。

(2)职业压力管理。在高竞争经营环境下,职业压力(occupational stress),又称职业紧张,日益成为受人关注的管理心理学领域。职业压力是指由于工作任务过重、人际沟通困难、工作环境变化等因素导致的各种压力。心理学家提出诸多有关职业压力的理论加以诠释和指导,比较流行的有 A 型行为理论(以 A 型行为类型及其特征解释职业压力)、情绪平衡理论(认为压力感与人的适应资源分配程度密切有关)、工作要求模型(以工作负荷和决策自由度大小解读压力高低)、人与环境适配模型(以人环匹配不良解释心理紧张度)和生活事件理论(考虑职业紧张与压力的多源因素和成因机制)等。职业压力又可分为个体水平的压力和组织水平的压力。其中,生活(工作)事件理论较好地解读了职业压力。

职业紧张(压力)因素结构与组织压力管理的研究创新了职业紧张与压力管理的理论:由组织目标要求、任务特征、社会与个体的心理期望相组合而形成的目标要求,与应对工作压力所采取的策略以及所体验到的内部控制感这三种因素及其交互作用决定了职业紧张与压力。图 7-8 是职业压力的组织模型,分析了产生职业紧张的深层次机制,发展了有关职业紧张的理论观点,也为企业组织的压力管理提供了全新的视角与途径。

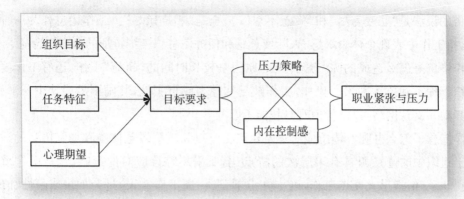

图 7 - 8 职业压力的组织心理模型

关于职业紧张与压力的评价,我们修订了库珀的职业紧张量表(occupational stress indicators,简称 OSI),不仅具有较高的测量信效度,而且能够反映中国文化背景下职业紧张与压力的特征。

① 工作压力因素。主要包括如下六个方面:

□ 工作内因。工作负荷、多样任务、报酬水平等的压力。

□ 管理角色。他人对个体的期望、角色模糊度和角色冲突等的压力。

□ 他人关系。工作中的人际关系、办公室政治、上司支持等的压力。

□ 职业成就。职业发展认知、晋升前景、裁员风险等的压力。

□ 组织氛围。机构精简或重叠、沟通通畅或障碍、组织士气高低等方面压力。

□ 工作家庭。工作与家庭之间交集关系,工作或家庭平衡的影响等。

② 职业紧张量表(OSI)。量表的中国版包括六个分量表共计 25 个因素与 75 个变量,如量表工具 7 所示。

📋 量表工具 7

职业压力与紧张量表的分类表、因素和变量要素

分量表	因素	变量要素
工作压力感受分量表	职业发展	职业发展、实现理想、个人发展
	组织角色	同事关系、受人重视、榜样认同
	工作特征	任务类型、工作负荷、工作特征
	管理方式	革新方式、解决纠纷、管理体制
	个人工作	工作自由、参与决策、工资匹配

续　表

分量表	因素	变量要素
行为方式分量表	生活态度	竞争严谨、进取精神、时间观点
	抱负水平	知足随遇、成就感强、逍遥自在
	行为风格	不惟工作、性情急躁、处事干练
事件控制源分量表	组织氛围	结果难测、社会适应、参与授权
	行政管理	管理部门、领导支配、绩效评估
	能力可控	可控制性、工作技能、个人能力
工作压力来源分量表	家庭界面	家庭稳定、事业家庭、工作家庭
	个人职业	职业发展、组织忽视、缺乏认同
	工作特征	差旅食宿、无力放权、过于挑战
	人际关系	员工支持、监督他人、人际协调
	管理因素	情绪支持、经费资源、职责分担
	管理角色	缺乏职权、工作量大、承担风险
压力应对策略分量表	兴趣爱好	扩大兴趣、稳定偏好、有趣方法
	宣泄感情	超前计划、抑制感情、透彻思虑
	规则处理	求助规则、授权利用、按序处理
	任务策略	安排时间、重组工作、即时处理
	工家策略	工作家庭、行动节奏、支持建议
	被动适应	回避情绪、分散注意、回家避压
身心健康分量表	心理健康	处事敏锐、主动振作、处事不惊
	身体健康	头痛脑胀、胸闷心跳、疲劳倦怠

2. 压力管理的策略及其特点

比较有效的压力管理运用五项策略,包括压源分解策略、事件控制策略、主动调适策略、社会支持策略、组织弹韧策略。

(1) 压源分解策略与事件控制策略。压源分解策略采用压力源分析方法,识别、研讨与分解压力源,并采取"各个击破"的办法逐一弱化与处理相关压力源。多年研究发现,工作压力、创业压力、组织压力等是主要压力源。其中,工作压力源有收入问题、家庭困境、职业停滞、新任务高负荷挑战、多重任务角色与人际关系紧张等因素带来的压力;创业压力源包括创业过分卷入、知识储备短缺、竞争压力加大、资源需求紧迫和管理责任过大等方面压力;组织压力源分为组织水平上的多业务耗时费力、多项目任务繁重、内外环境竞争、人际利益竞争、群体工作滞后与组织间关系不顺等方面的压力。

事件控制策略则针对多数压力源常常与相关事件交织嵌套的特点，围绕诸如项目领域更新、工作岗位更换、晋升标准升高、薪酬收入调整、分管业务转型、行政管理改革等压力事件，从组织层面入手，开展压力事件管理、工作能力增强计划，以及建设合作共赢和同理奋发的文化氛围等举措推进压力管理。因地制宜定制压力事件管理的工作预案、培训赋能计划和文化建设方案，有助于建设适应性强、灵活度高和动力、活力、张力大的弹韧型团队和组织。

（2）主动调适策略、社会支持策略与组织弹韧策略。主动调适策略重视鼓励和帮助干部员工对面临的多种压力源和心理症状加以主动调适，努力把挑战性压力转变为建设性动力。常用的方法包括正确认知和管控压力源，开展经常性健身活动或部门运动赛，组织健身疏压参访和群体游览活动，建立抗压兴趣爱好俱乐部，启动压力管理学习与解题小组，群体交流心理辅导减压方法等。

社会支持策略是缓解倦怠和保持旺盛工作精神的重要途径。社会支持或资源扶持能在很大程度上舒缓压力，并对消减倦怠起到直接效果。社会支持包括信息支持、工具支持、情感支持和反馈支持四个方面。更具发展导向的是组织弹韧策略，运用心理弹韧原理，增强组织的协同弹韧和进取弹韧力。通过建设"弹韧公司"，从根本上重塑愿景、调整战略，构建新的工作模式和压力管理模式，从而实现个体健康工作、群体合作舒压和组织可续绩效。

💬 **思考研讨 7 - 4** ┈┈┈┈┈┈┈┈┈┈┈┈┈┈┈┈┈┈┈┈┈┈┈┈┈┈┈┈┈┈┈┈┈┈┈

如何运用心理弹韧策略开展压力管理

心理弹韧策略成为风险、压力、危机情境下的重要解题方法，并与领导力与组织设计密切关联。管理心理学研究提出多项增强心理弹韧度的新途径：构建援助网络、正面解读困境、接受拥抱变化、持续追求目标、采取决断行动、寻求复原机会、培养积极心态、拓宽心境视野、保持希望愿景等。心理弹韧也嵌入了管理全过程，通过弹韧领导力、组织弹韧性和弹韧型组织设计等提高压力、危机下的弹韧性、敏捷性和灵活性，使得压力管理事半功倍。请思考与研讨在本职工作岗位和组织中如何开展压力管理。

在组织变革与企业转型中，重组与整合过程往往面临人资整合风险和因此带来的多种心理压力。这些风险控制策略特点和配套条件可以从实施基点、实施载体、实施时间、实施结果等方面加以比较和加深理解，有效用于新的实践。请阅读"研究案例 7 并购式内创业中人力资源整合风险的控制策略"，具体了解并购式内创业中的风险控制策略。

研究案例 7

并购式内创业中人力资源整合风险的控制策略

案例解读:在企业并购式内创业重组过程中,人力资源整合风险的控制是关键。以下选取四个典型案例加以深入分析。

案例一:某环保热力设备公司并购某锅炉厂。实行全员承载式兼并,母公司施行以市场为导向、以岗位能力为基础的人资竞争机制,采取选派骨干参与、组织座谈谈心活动、建立规范奖惩制度、优化员工待遇等多种措施。多样、长时、嵌入、贯穿风控全过程。

案例二:某电器公司并购另一家电器公司。实行高度人资整合,基于公正期望的风险控制策略,通过对干部员工工作行为公正奖惩和关键事件公平处置,体现尊重、公正、信任、认同,加快人资整合步伐。

案例三:某集团有限公司并购某钢铁厂。转型实行母公司人资实践,强调岗位责任与多劳多得,启动发挥技术人员的新项目,分组开展思想工作,处罚违纪违规员工。前景项目和新生产线成为基于高绩效期望的风控成功关键。

案例四:某橡胶配件集团并购某油封公司和某橡胶密封件厂。采用基于契约的人资整合风险控制策略。先"买断"职工工龄,再重新招聘吸纳,与员工签订具有法律效力的契约,以双向选择、自愿录用,显著降低风险,辅以文化建设举措,加快整合步伐。

运用四种人力资源整合风险控制策略开展案例分析:

① 规范控制策略(建立制度规范,形成整合性的价值观以降低整合风险)。
② 程序控制策略(通过组织的程序公正来提升积极期望以管控风险)。
③ 绩效控制策略(通过组织的运作来取得高绩效期望以便控制风险)。
④ 契约控制策略(制定重组安排的契约而增强组织依存度来控制风险)。

表 7-2 是上述四种风险控制策略从并购式内创业人力资源整合风格进行的比较分析。

表 7-2　并购式内创业的人力资源整合风险控制策略的比较

维度	规范控制策略	程序控制策略	绩效控制策略	契约控制策略
策略基点	新规推行共享	公正人资实践	获取高组织绩效	签订法规契约

续表

维度	规范控制策略	程序控制策略	绩效控制策略	契约控制策略
策略载体	人资整合过程	整合的关键事件	有前景业务绩效	多成员进入前提
实施时间	人资整合过程	人资整合前期	人资整合初始	人资整合之前
实施结果	共享新规范	树立组织信任	建立信心依赖感	成员进入心态
优势	有效人资整合	控制整合风险	有效控制风险	清除整合障碍
劣势	实施难度时间长	易出现负面影响	需辅助配套策略	易造成人才流失

　　请结合上述案例故事，思考与研讨组织变革与并购转型中如何运用不同谈判策略防控多种风险，特别是人力资源风险，并以此推动变革转型。

　　（参阅：颜士梅，王重鸣.并购式内创业中人力资源整合风险的控制策略：案例研究[J].管理世界，2006(06)：119-129＋140.）

　　在跨文化情境中，谈判与冲突管理是关键的能力与管理策略。有关这方面的研究与应用，请阅读"研究解读7　跨文化团队冲突管理策略"，王重鸣总结了相关研究的新进展并提出了新的指导原理。请思考和讨论跨文化情境下常见的冲突管理策略，并运用本章所述原理和跨文化管理的内容提出新的解决思路和管理策略。

📖 研究解读7

跨文化团队冲突管理策略

　　作者：王重鸣（浙江大学）

　　图书：《中国国际管理研究》(International Management in China)，1998年版

　　研究内容：围绕国际合资企业发展和全球化商务背景下的跨文化团队冲突管理，本研究是一项我们与沃顿商学院合作的跨文化冲突管理研究。聚焦在文化间冲突和文化内冲突管理的特点、策略和机制，特别是进一步理解两种文化冲突管理的共通性和特殊性。研究聚焦在中外合资企业的中国经理和外籍经理在双文化团队中处理文化内冲突和文化间冲突的策略比较。研究设计了文化间冲突案例和文化内冲突案例并在前期研究中通过现场访谈采集冲突解决方式作为材料，选取中外合资企业中经常与不同文化经理交往的142名中国经理和142名外籍经理参加研究。请他们评价冲突

处理方式之间的相似性,再运用多维量表方法分析不同文化经理管理文化冲突的行为特征。研究结果表明,外籍经理的文化内冲突评价得到二维解法(维度 1:报复—和谐,维度 2:被动—主动);外籍经理在文化间冲突条件下则表现出三维解法(维度 1:被动—主动,维度 2:调解性,维度 3:破坏—迁就)。中国经理的文化内冲突评价得到二维解法(维度 1:直接—间接,维度 2:维和性);而在文化间评价中也得到二维解法(维度 1:直接—间接,维度 2:建设性)。表 7-3 为中外籍经理团队冲突管理风格的比较。以上研究为跨文化团队冲突管理风格与解题差异提供了理论依据。

表7-3 中外籍经理团队冲突管理风格的比较

	中方经理冲突管理风格	外籍经理冲突管理风格
跨文化相似性	和谐为重、文化内直接、 公开冲突失面子式破坏风格	和谐为重、文化内直接、 报告上司式报复性破坏风格
跨文化差异性	文化间表现维和性、建设性 聚焦良好关系和谐工作环境 间接建设性行动和直接上会 无视、退缩等间接维和行为	文化间表现调解式、解题式 聚焦维持同事与文化间关系 直接互动讨论问题鼓励合作 无助、辞职等被动解题行为

思考题 7

1. 沟通管理有哪些关键因素? 如何理解管理沟通模式的利弊点与适用性?
2. 如何理解虚拟沟通的三种能力? 如何加强数字化沟通与危机沟通管理?
3. 谈判管理有哪些主要类型与策略? 在管理谈判中应权衡哪些关键因素?
4. 阐述与讨论建设性冲突管理三环模型,说明其对冲突管理策略的作用。
5. 如何应对与管理工作倦怠? 如何运用心理弹韧策略平衡工作与生活的压力?
6. 试述压力管理的五项策略及其特征,举例说明如何以此管理工作压力。

第八章
工作群体与团队管理

第一节　群体理论与群体动力机制

🎓 知识要点 8-1　群体理论与群体动力

> **群体特征：**互动促进、共享目标、合作结构、关系功能、凝聚承诺、认同资格特征。
>
> **关系管理：**工作中人际互依、互动与合作关系及其效能的管理过程与策略优化。
>
> **群体动力：**规范、角色、关系、凝聚、信任、创意、合作、发展八项活力因子。
>
> **合作思维：**信任共享心智、合作互补技能、互利协作布局、协同整合行动四特征。

一、工作群体与群体动力理论

1. 群体特征和群体互动类型

（1）群体的特征与类型。群体价值取向与团队管理是中国集体主义文化下的重要策略。中国团队管理情境在 1960 年代和 1990 年代先后受到"先进班组评选"和"优化重组改革"的新实践影响而注重团队责任感和团队承诺度。在全球人力资源发展报告中，新型群体（团队）的崛起成为最重要趋势之一。新型群体是指全球化、信息化、智能化、项目化、跨界化的新型群体，层出不穷，十分活跃。团队的文化背景或专长更加多元化、所处的地理位置更加分散化、数字化合作程度更网络化、参与的项目与涉及的产品业务线更加分布化、在线沟通与协同的工作模式更加虚拟化。管理心理学把新型群体特别是创业创新团队、数字化团队、全球经营团队和绿色环保团队作为新的研究课题和应用领域。

① 群体的特征。群体作为组织管理的基本单元，由多名成员组合在一起工作。在群体互动中，提高创造性，增强承诺感，做出风险判断，改进决策质量，获取"总和大于个体相加"协同效应，从而提升群体绩效。群体有如下六项基本特征。

  ▫ 群体成员间的互动促进形成合作氛围。

  ▫ 群体拥有共享合作目标和努力的方向。

　□ 群体具备稳定的合作结构与任务分工。

　□ 群体依赖正式工作角色建立关系功能。

　□ 群体成员凝聚承诺结成可续发展潜能。

　□ 群体成员具有价值认同承担身份资格。

② 群体社会互动效应。群体具有不同互动模式,在很大程度上制约了群体的工作效能。管理心理学主张运用"交叉功能任务群体",即由来自不同职能或专长背景的成员组成高效能的任务群体。

　□ 霍桑效应。非正式群体是根据个人关系、兴趣、利益等因素,通过人际互动自主形成的群体。在著名的霍桑研究中,非正式群体行为规范比正式群体的规范表现得更接地气并直接影响工作成效,称为"霍桑效应"。"霍桑效应"在群体中常常起到增进友谊、促进互帮互助、咨询交流等积极作用。在实际管理中,需要对非正式群体加以适当引导和指导,使之发挥促进作用,避免形成自行其是的"影子群体"而有碍正式工作任务的协同与推进。

　□ 责任绩效。随着互联网络和电子商务的迅速发展,在线或跨越时间与空间的虚拟群体层出不穷。虚拟群体通常指其成员通过计算机网络在线共事,以虚拟作业方式互动与完成任务而实现工作目标的群体。在项目任务中通过分工和沟通发挥各自的专长和负责不同任务,实现工作群体共同绩效目标,称为"责任绩效"。

　□ 社会促进。互动的主导效应是社会促进效应,即群体成员由于同事在场而受到鼓舞,改进和增强绩效的倾向。在群体情境下人际情绪唤起,增强成员的努力程度,对人际评价或点赞更为敏感,倾向于更专注于提高绩效。在社交媒体在线群体互动中,"虚拟式"社会促进效应更加明显。

　□ 社会闲散。许多时候,群体互动会出现"社会闲散效应"。这是指群体工作时表现出较低努力程度,不如单人工作时多产的现象。这是由于群体规范松散或内聚力缺位时,群体作业没有像单独工作时那样投入,不容易显示出各人的努力与贡献度。近期还出现诸如"躺平"和"内卷"现象,表现出弱化责任意识和竞争规范的行为趋势。

管理心理学为此开展了许多新的研究,采用提高任务的重要性、实行集体责任制、强化对群体贡献的奖励力度、开展团队建设与培训等办法,增强群体行为的适应性和规范性。

(2) 关系管理行为。管理的重要基础是工作中的人际关系及其群体管理行为。中国传统文化往往以中庸、关系、人情、面子、圈子为特征,以人与人之间的亲疏为维系,把关系建立在个人认知与情感基础之上。"关系"是一个日常生活与工作中无处不在的用词,在英汉字典里也把 Guanxi 作为专用名词加以收录。在管理心理学中,以人际关系管理、员工关系管理、领导关系管理、客户关系管理、供应商关系管理、组织(间)关系管理和公共关系管理等为主题,提出关系管理的概念、原理、方法和模式。管理心理学把关系管理定义为"工作中人际互依、互动与合作关系及其效能的管理过程与策略优化"。关系包含四个基本要素:互依、互动、合作、效能,这就把关系与一般互动区分开来。人际关系的关注、尊重、认同等要素是生产管理和工作效能的重要影响因素。

关系是管理心理学许多重要理论的核心元素。影响比较大的,有以下六方面的理论进展。

① 关系管理作为情绪胜任理论的四大模块之一,强调团队情绪调节、他人开发鼓舞、变革冲突化解和合作关系提振。

② 关系动机作为成就动机理论的三项维度要素之一,表现与他人建立、保持和发展关系和社交成长的关系激励度。

③ 上下级关系作为领导权变理论的三项权变条件之首,与任务结构和职位权力形成权变性决定领导效能。

④ 领导者与成员交换关系理论成为理解与预测领导行为机制与组织行为的重要原理。

⑤ 在 PERMA 幸福感模型中,关系 R 表现与社会或社区的整合感、受人关爱和融入社会网络的满足感。

⑥ 在有关领导力脑机制的 SCARF 模型中,关系 R 的安全感与公平性,增强神经可塑性,成为领导胜任力的神经基础,助力组织可续效能。

(3) 差序格局的特征分析。在工作和管理场景下,群体间关系和组织内外关系却远比一般人际关系更为交互、多重、动态,要求有更高、更宽的心理格局。关于中国的人群关系特征,费孝通提出"差序格局"的重要概念,认为是一种亲疏不同、贵贱不一的差序关系,以自己为中心的波纹模式,像水的波纹一般,一圈一圈愈推愈远,愈推愈薄。所谓格局,是指一种认知范畴与视域,具有自我取向、关系伸缩和角色定位等特点。例如,信任格局、关系格局等关系结构等。可以从关系组织、多元格局和动态结构来理解差序格局。运用差序格局思想提出基于本土特点的差序格局原则,认为企业内部人际与群体互动包含三项格局特征:关系、忠诚与才能。

① 关系格局。这是新差序格局的第一项特征。在企业组织中,各种关系有亲疏之分,亲疏远近、"圈内圈外"因人而异。透过关系的判断,识别交往各方在社交网络中的定位,以确定符合自己身份、角色特点的交往行为,形成自己或群体的关系格局。

② 忠诚格局。员工忠诚度也是管理心理学的经典领域,也是新差序格局的第二项特征。为了企业基业长青,都希望建立客户忠诚度,而更重要的是员工忠诚度和组织忠诚度。管理界提出"基于忠诚的管理",建议企业创设忠诚价值取向、提振士气与承诺度、开展忠诚员工管理等,形成忠诚管理体系和忠诚格局。

③ 才能格局。这是新差序格局的第三项特征,指企业组织的成员之间工作能力与动机等综合素养与胜任力的整体认知与判断。也可以把才能格局看成企业组织的胜任力心理框架。才能格局需要与员工能力提升、群体能力开发和组织赋能策略结合在一起,整体增强组织的胜任力。

从差序概念出发,不少有关差序信任格局、群体关系与团队差序特征、差序特征异位、差序式领导等多方面的研究取得了一系列的进展。

2. 群体动力理论的主要原理

群体的组合、运营、管理与发展需要有内在的推动力。群体各项特征和内外因素之间的相互作用和转换都对群体形成动力、活力和张力。群体的各种因素"力"的相互作用形成"群体动力"，管理心理学提出经典的群体动力理论。

（1）群体动力理论与群体规范。勒温所创建的群体动力理论又称"场"理论，通过对群体互动现象的动态分析，解读群体行为规律。根据"场"理论，群体心理与行为主要依赖于人与周边环境之间的相互作用。勒温提出行为动力公式：

$$B = f(P, E)$$

其中，B 是行为，P 是个人，E 是环境，f 是函数。

该公式表示行为是个人特征力场与情境力场之间相互作用的函数或结果。"场"理论在个体与群体行为研究基础上提出"群体动力"概念，包含群体的规范、发展途径、决策模式、群体内聚力形成等要素。群体互动行为激发出规范、角色、关系、凝聚、信任、创意、合作、发展等群体动力学的基本要素。在群体动力学理论的应用中，围绕群体互动行为（群体价值、群体沟通、人际互动等）、群体合作行为（信任心智、互补技能、协作协同等）、群体决策行为（群体目标、群体参与、群体研判等）和群体发展行为（群体愿景、群体建设、群体开发等）推出新的举措，显著增强了群体动力。

群体规范是重要的群体动力因素，是指群体所建立的普遍认同的行为标准与准则。不同于组织正式明文发布的规章制度，群体规范是不成文的行为准则。群体规范又分为正面规范（与群体目标一致、需要鼓励的行为表现）和负面规范（与群体目标违背、应该避免的行为表现）。群体规范通常有以下四个方面的作用。

▫ 成长功能。群体规范帮助群体成长发展。在群体发展过程中，形成正面的群体规范，帮助群体实现目标。

▫ 程序功能。群体规范使管理程序简化，并使群体行为明确所期望的行为，从而提高群体绩效和实现群体目标。

▫ 榜样功能。群体规范帮助成员塑造正面的形象，特别是重塑专业精神与行为榜样，以适应各类情景与应对多种挑战。

▫ 价值功能。群体规范表达了群体的核心价值观，成为全体成员遵循的价值观要素，有利于组织文化建设。

群体规范一般在群体发展的融合期形成，并逐步发展成多元融合式规范。在管理工作中，应该充分了解群体规范的形成和发展，注意树立正面的群体规范和努力克服负面的群体规范。

（2）群体内聚力与群体动力。群体成员之间的相互作用和感情交流，对于群体任务的完成起着重要作用。管理心理学把群体内聚力（在组织层面称组织凝聚力）定义为"群体成员相互吸引、认同，对群体目标的投入和共同参与群体活动的程度"。成员之间的相互吸引力越强，群体目标与成员个人目标越一致，则群体内聚力程度越高。在多团队协作任务和项目团队工作模式下,群体内聚力既指群体成员与整个群体的吸引程度,又包含群体成员之间的相互吸引以及多个团队之间的协同吸引力。内聚力与群体规范一样,都是群体动力学的关键要素。当群体发展到合作型或交叉式的工作团队时,多水平团队互动过程就会形成"高阶动能因素"。在群体或团队层面称群体内聚力或团队内聚力,注重内在吸引;而在组织层面称组织凝聚力,强调内外凝心聚力。在研究与实践中,经常采用群体内聚力指数和社会测量法。群体内聚力指数是请每一位群体成员评定自己对其他成员的感情和偏爱,然后把这些评定加在一起,求出群体内聚力指数。社会测量法由社会学家创建,主要用于研究小群体成员之间的人际关系和互动模式。社会测量法是让群体成员评价整个群体或他们的归属感,以此作为群体内聚力的指标。

(3) 群体多样性与包容性管理。各类企业组织的员工构成和经营业务与交往合作的人群日趋多样化、多文化,员工参与的项目任务以及变换的工作岗位也具有更加多元化的趋势,群体多样性成为管理心理学中日益重要的研究议题和应用领域。

① 群体多样性与包容性的特征。群体成员组成的多样性包容性主要指性别与文化背景的多样,包容性则是对新生代和弱势人群的包容程度。多样性研究除了性别与文化背景,还特别重视经理与骨干的不同行业背景、职业路径和国别地区背景及其对群体发展和工作绩效的影响。

② 群体多样性与包容性的管理。群体多样性能导致较高的创新力和适应能力,也会引发群体间的人员流动,增加信息交流和合作;而群体包容性能激发自信自强和合作精神,因而更有可能塑造高绩效群体和提升组织幸福感。通过容忍失败、参与管理、开放沟通、鼓励行动、公平待遇和赋能问责等使能策略,优化群体多样性与包容性,可以强化创造创新、沟通互动、凝聚满意、科学决策与工作效能。多样、包容的群体比较适宜于复杂任务、分布式任务、集体任务和创造性任务。

💬 **思考研讨 8-1**

如何运用群体动力理论

　　请选择自己所在的群体或者某个班组,运用群体动力理论的原理,分析其群体结构、角色任务、互动关系、沟通模式、责任模式,以及最多影响群体绩效的动力特征。思考群体运营过程中的内聚力、合作精神、群体间合作与开放、群体间互动的创新性、群体参与的变革与可续发展项目等。在此基础上讨论并提出增强群体动能和建设责任、创新、可续团队的建议。

二、团队特征与团队合作思维

随着创新驱动、转型升级、数字经济和绿色经济的加速发展,各类企业组织对团队管理提出了更高的要求,团队精神、团队管理能力和团队间协同能力的培养成为各类人才成长的关键胜任特征,也是企业可续发展的重要队伍建设任务。

1. 团队特征与团队效能因素

什么是团队?说到团队,就会想到群体和集体。集体是目标认同感、任务合作性、成员凝聚力和利益关系度都比较高的群体。管理心理学把团队定义为"由多位成员互动凝聚,有组织的共享目标,工作分工合作,技能专长互补,任务相互依存和共担责任利益的集体"。因此,把团队作为开放的组织系统中的核心要素,具有目标共享、分工合作、责任共担、技能互补、任务依存、互动凝聚等特征。

群体与团队的主要区别可以从目标结构、协同方式、责任导向、技能模式和任务特征等方面来理解,如表 8-1 所示。群体成员具有个体与集体工作目标,工作中强调成员间合作,管理上分工与责任导向,技能上呈组合式,任务上注重个体要求;团队成员形成共享目标结构,强调成员之间密切配合,管理上注意团队的整体责任导向,技能上体现成员间互补模式,任务上强调依存协作。

表 8-1　群体与团队的比较

	群体	团队
目标结构	集合型	共享型
协同方式	合作式	配合式
责任导向	分工式	整体式
技能模式	组合型	互补型
任务特征	个体式	依存式

（1）团队基础特征。早期团队管理研究比较注意团队成员的个性、态度和构成等;此后研究比较重视群体动力特征、团队的情境性与结构性等因素;近期研究强调团队的高阶动能特征与激发条件,特别是多元文化、数字化及虚拟化团队的领导力等。管理心理学重视愿景目标、团队设计与支持性环境以及团队内外互动而涌现的高阶协同作用。哈佛大学心理学家理查德·哈克曼经过 40 多年研究,提出了决定团队效能的六项关键因素,分为团队基础特征与激发策略两类因素,如图 8-1 所示。

团队的主要基础特征包括团队的成员

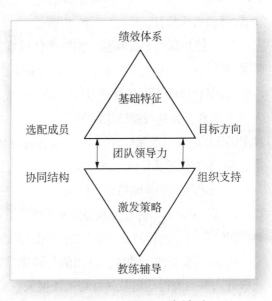

图 8-1　团队效能模型

选配、绩效体系目标方向。多样专长的成员选配和激励性方向是团队获取成效的重要条件。

（2）团队激发策略。主要包括协同性团队结构、支持性组织环境、有力的团队教练。团队协同结构是指适宜的规模、角色与规范。组织支持情境主要是指鼓励合作的综合奖励机制、促进绩效的任务信息系统和提升可续力的培训计划等，以及配套的团队教练与团队赋能辅导功能。

此外，团队多样化是指团队成员的性别、教育、文化背景与专长多样化，这有助于引入新的观念意见，增多建设性观点，丰富决策信息，促使产生更多备择方案和创新思想，增强团队间信息交流与合作，提高团队决策质量与适应性绩效。团队人数规模也与团队效能有密切关系。认知心理学研究表明，人类认知加工广度为 7 ± 2，称为"心理魔数"，成为确定有效团队规模的一种心理框架。根据此理论，可以把项目团队规模定为 7 ± 2 人，把部门与班组管理或绩效考核的单元数定在 7 ± 2 的幅度等，以便达到规模与效能的最佳平衡。

2. 团队合作思维与信任行为

管理心理学高度重视合作与信任行为。在竞争、变革和创新的环境下，生活与工作都越来越需要合作和协同。原先关心的是工作中的人际合作和群体内合作，现在则关注项目合作、团队间合作、跨组织合作、合作伙伴、多文化合作、面对面合作和在线合作等。王重鸣把创业合作能力作为创业团队力的能力维度，而把合作列为五力管理的核心要素。

（1）团队合作思维特征。合作行为的基础是团队合作思维（team collaborative thinking，简称 TCT），也是工作心智模式的重要元素。我们把合作思维定义为"多方合作共享的心智模式"，而把团队合作思维界定为"以团队信任共享、合作互补、互利协作和协同整合为特征的心智模式"。团队合作思维主要具有四项特征：信任共享的心智特征、合作互补的技能特征、协作互利的策略特征、协同整合的行动特征。简而言之，团队合作思维包含心智、技能、策略、行动四项特征。

① 信任共享的心智特征。团队合作思维的心智特征包括团队、同理、沟通、共享、信任、尊重、依恋、认同、战略、学习、创新、领导共十二项元素。这些心智特征的核心要素是信任与共享，依据合作的不同场景或过程阶段而形成多样的模式。

② 合作互补的技能特征。团队合作思维的技能特征表现为多重性格搭配、双向沟通同理、自主优化组合和多层赋能开发，形成合作胜任体系。在挑战压境、任务当前、危机常态的工作场景下，战略心智、团队导向、多向沟通、开放共享、创新创造和合作领导成为最重要的合作胜任特征。

③ 互利协作的策略特征。团队合作思维的策略特征注重在工作中创造合作的机会、氛围、责任、模式、渠道和目标等互利协作的策略。重点是通过任务设计、项目策划、沟通模式和平台创建，做出"策略性"的布局设计及人资管理配套（协作职责、责任激励、合作绩效和弹性工时等）。

④ 协同整合的行动特征。团队合作思维的行动特征强化增强"主动倾听式"行为，创设让所有人参与的行动场景并好奇关注他人意见；在合作行动中表现"同理心"，以便在互动中拓展"他人思维"而给大家更多的合作空间；让合作行动包含各方更多开放、直接、具体的反

馈机会并做出合作式响应和双赢式协同整合。

（2）合作智能与信任机制。信息化、数字化和智能化发展加速了在线合作以及人与系统合作模式的研究，特别是人与人工智能之间的对话与配合能力，即"合作智能"。合作智能描述了人机交互而产生智能结果的合作网络与集体智能，表现出"胜任、参与、管理和增强人与系统交互系统的能力"。建构与发展合作智能成为一项战略性任务。

有关工作与组织中，信任机制的研究十分活跃。针对团队管理的行为过程，我们聚焦团队动力机制开展研究。在以往有关信任形成过程的社会认知、社会交换、经济交换三种观点的基础上，提出信任的决策判断新视角，把信任定义为信任者基于对方会做出重要特定行动的期望而自愿采取的行动。信任是个体在对他人的能力、诚信和善意的认知基础上形成的，是一种映象决策。我们研究以映象理论（价值映象、轨道映象、策略映象）为基础，认为信任决策基于理想映象（决策判断标准）和当前映象（备择方案特征）的比较和对信任对象进行的映象相容性检验。以相容性检测模型解释决策筛选过程的机制，研究采用实验模拟方法，系统考察了团队成员信任的形成过程及其关键特征，深入探索了团队成员信任形成的映象决策机制。这项研究通过实验检验，找到了信任映象决策过程中对于违背信任三种特征的拒绝阈限，发现了影响映象信任决策的重要因素及机制，创新了信任映象决策的理论与方法。

3. 团队发展与团队动能激励

（1）团队发展阶段与成长策略。团队成长的不同阶段表现出独特的动力特征，对于团队建设与可续发展具有重要的意义。我们把团队发展分成四个阶段：初建期阶段以资格认同为策略，成长期以角色融合为策略，成熟期以目标整合为策略，跨越期以绩效协同为策略。图8-2是团队发展不同阶段的特征与建设策略图。围绕团队发展的阶段特征，不断激发和重塑团队新动能，促进团队功能转换和团队能力开发。

① 团队资格认同策略。在初创期，新组建团队的成员面对新的任务、规则、环境和目标，团队资格认同成为关键的特征，又称为认同期。通过建立团队成员标识（例如制服或名字牌），强化成员资格（例如组织协会），协调合作互动活动等措施，显著增强团队的资格认同、信息分享、相互接受，从而使团队顺利进入成长期。

② 团队角色融合策略。在成长期，团队成员角色分化，即相互认识和了解长处与弱点，相互磨合，"不打不相识"，并逐步进入多重角色，又称为融合期。通过多种角色动态融合，团队内聚力持续加强，互动中形成的团队内聚力、绩效行为规范、融合互动规则统称为"高阶动能特征"。这些特征的涌现，促进了团队激发活力，激励斗志。

③ 团队目标整合策略。在成熟期，团队进入较高水平的任务协作和责任目标导向，又称为整合期。团队激励和角色融合而促成目标整合。个体、团队和组织的目标整合也是高绩效团队的重要标志。团队通过多种途径，强化个体、团队和组织结合的综合奖励和团队绩效评估系统等，促进团队的激励和提升。

④ 团队绩效协同策略。在跨越期，团队发展进入其跨越式协同期。团队成员深度协作，

相互适应优化,形成自我监控与共享机制,提升了绩效协同模式。随着工作任务日趋显现出多项目、跨职能、无边界、协资源的新特点,建设、管理和发展基于多元合作和绩效协同的创新团队成为重要的成长战略。

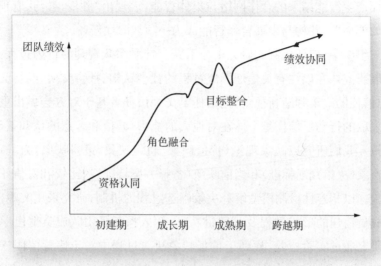

图 8-2 团队发展阶段与建设策略

(2) 团队动力建模与动能激励。团队管理越来越重视整合期与协同期的团队动力建模与激发动能激励。

① 高阶团队动力特征。团队在不同发展阶段会由于成员流动重组、领导班子调整优化、团队任务实现迭代以及组织变革与创新活动而不断涌现出新的动态特征与互动模式。我们把"在团队高水平互动过程涌现出的嵌入团队交互记忆系统的新型特征"称为高阶团队动力特征。在团队管理中,众多新涌现的高阶动力特征建构起团队的动力机制,并形成新的团队激励模式,持续促进团队效能。

② 高阶团队动能激励。由于交互记忆系统的作用,激发了团队新的分工、互信、协同状态,重塑了团队的整合跨越的动能激励。团队信任是团队互动达到融合阶段时的主要动能激励特征之一。在多团队工作场景,项目团队或班组活动中,在交叉任务和合作活动中不断增强团队间交互记忆系统而形成新的动能激励。其中,"团队化"机制是多团队协同创新的主要激励源泉。在团队的持续发展方面,合作思维、协同心智、目标驱动、创新领导、成长文化、发展战略等因素都可以演变成为新涌现的"动能激励",从而发挥关键作用。

③ 动能激励的新策略。根据团队管理模型,团队动能激励的重要策略是团队化策略与高阶团队动力策略。我们在下一节专题阐述团队化策略,这里主要关注高阶团队动力策略。这是形成更强动能激励的团队动力建模策略(team dynamics modeling,简称 TDM):开放思维策略、互动授权策略、整合效能策略和可续成长策略。

▫ 开放思维策略。团队在开放互动过程中涌现开放的创意思维,凝聚激励元素,促进合作认同,提升包容共享理念等特征。

□ 互动授权策略。团队在多项目互动与授权决策中形成互动发展、角色转换、动能建构和决策参与等动能激励模式,形成更为动态、协同的团队动能新机制。

□ 协同效能策略。团队在开放思维、互动授权基础上注重协同多团队专长,促进团队化进程和创新潜能的迸发,从而增强团队协同创新的心理动能。

□ 可续成长策略。新型团队日趋多样,包括创新团队、创业团队、数字团队、精益团队、虚拟团队等,其团队组建时间短、成长节奏快,从初步磨合到形成适应发展,需要加快进入高阶交互创新的工作模式,需要配套赋能与使能举措,加快进入可续成长新阶段。

💬 思考研讨 8－2

如何增强群体信任机制

群体信任是高效群体和团队建设的关键心理机制。我们提出群体心理信任机制的六项特征:待遇公平、互动诚信、关系承诺、利益认同、价值共享、映象决策,从而为基于信任的工作群体关系和团队合作模式提供理论依据。请思考、回顾与研讨各自所在群体的信任模式,考察上述六项特征及其建设策略。

🔡 案例体验 8

创业校友的成长策略

我们在浙江大学创业校友成长策略报告中,总结了数十位成功创业校友的案例,并发现三项重要的成长策略:持续职业转换(从学校毕业就业后,一般经历 4—6 次的职业转换和创业历练),团队协同创新(联合各类专业团队开展协同创新)和敏捷迭代与变革学习(对行业、客户、对手、合作者的敏感学习与敏捷改进,多次迭代式的学习和变革践行)。许多创业校友企业展示创业团队的群体效应,合作开展企业应用软件服务、企业互联网服务、科技金融服务,实现精细管理、敏捷经营和商业创新。企业实行以愿景目标引领团队、以幸福企业激励团队和以变革思维发展团队的策略。企业努力实现构筑创业合作伙伴生态圈的可续发展目标。尤其是知识产权研发与网络技术创建方面的多团队合作策略与互动过程对于跨界创新和新型团队发展提供了高阶团队创新动力。其核心要素则是团队化能力,即调动多方资源、借调多项子项目、整合技术人员与业务骨干,通过团队化实践,提升创业团队能力。请回顾您所在学校创业校友的案例情况,分析这些创业案例在持续职业转换、团队协同创新和敏捷迭代学习三方面的实践表现,提出团队建设的新建议。

第二节　团队力管理与团队的建设

📖 知识要点 8 - 2　团队管理与合作动力

> **团队力管理：**团队管理发展为主线，团队与数字领导力为双翼的协合性管理。
> **团队管理：**合作性、团队化和数字化提升合作胜任、动能激励与协同创新。
> **团队化策略：**开放沟通参与、互动合作共享、自主实验尝试、迭代反思改进。
> **心智共享：**交互适应策略、合作学习策略、心理共识策略、共享创新策略。

一、团队力管理与团队的管理

1. 团队力管理的框架与要素

什么是团队力管理？队伍能力建设的核心任务是团队力建设，从"五力管理模型"可以看到，团队力管理是"以团队管理为主线，团队领导力和数字领导力为双翼的协合性管理过程"。其中，团队管理主要包括三项维度：团队胜任、团队激励和团队创新。如图 8 - 3 所示，团队管理模型包括三项策略依据、两项领导力和三重策略。其中，三项策略依据是团队合作思维（TCT），包含共享、互补、协作、整合四要素；团队动力建模（TDM），包含开放、互动、整合、可续四要素；团队心智共享（TMS）（见本节二 2），包括适应、学习、共识、创新四要素。双翼能力是团队领导力与数字领导力。三重策略是基于团队合作思维的合作蓄能（蓄储势

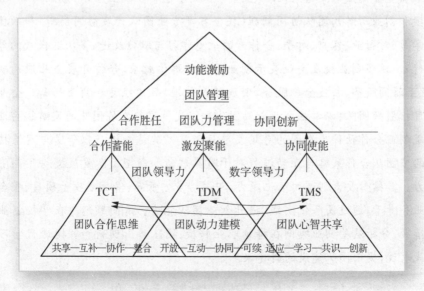

图 8 - 3　团队管理模型

能），基于团队动力建模的激发聚能（催化动能）和基于团队心智共享的协同使能（开发效能）。团队管理以整合式合作蓄能优化团队胜任管理，以团队化动力聚能激发团队激励管理，以共享式协同使能提升团队创新管理，从而整体增强团队力管理的水平。以下进一步解读团队管理模型所包含的各项特征与策略。

在团队力管理框架下，团队管理包含三项维度：团队合作胜任、团队动能激励和团队协同创新，具体内涵如下。

（1）团队合作胜任。团队胜任策略是各类组织促进团队发展和建设高绩效团队的"杀手锏"，是指"通过共享信任、深度合作、互联专长和共图绩效的方式进行胜任力开发，以实现团队目标的管理过程"。团队合作胜任以团队合作思维为基础，通过团队领导力增强合作蓄能机理。尤其是对于新组建团队、跨界团队、项目团队、创新团队和数字团队（含虚拟团队），团队建设是关键策略。通过组合、碰撞、绩效、协同四阶段的团队活动与任务的互动体验和协作合作，增强团队的前置性能力与统合性能力。我们把合作与协同作为团队发展的前置性能力要素，而把建设与创新作为决定目标方向、路径选择和创新发展的统合性能力要素，主要包含愿景目标、激励指导和战略引领等要素。合作蓄能是团队胜任管理的动力机制并成为团队管理的合作蓄能策略。

（2）团队动能激励。团队的发展是一个动态过程。从初建、成长，到成熟、跨越的相应阶段，团队发展的重要策略是通过团队动力建模，促进团队的动力、活力、张力和团队协同性，从而形成高阶团队动能激励。团队激励管理以团队动力建模为基础，借助团队领导力与数字领导力增强动力聚能。团队发展到中期阶段，会由于各种变革与创新活动而涌现出嵌入团队交互记忆系统的新型特征，称为高阶团队动能特征。团队动能激励是以众多新涌现的团队动力特征为基础，激发成员间与群体间互动模式，持续促进团队动能转化及效能的过程。团队信任是出现在团队互动达到融合阶段时的高阶团队动力特征之一。交互记忆系统激发了团队新的分工、互信、协同状态，成为团队整合与跨越的新动能。激发聚能是团队动能管理的活力机制并成为团队管理的激发聚能策略。

（3）团队协同创新。在团队内与多团队工作场景，项目团队或班组活动中包含多种协同创新环节。其中，"团队化"机制（见下节内容）是多团队协同创新的主要张力源泉。通过团队互动与协同，可以使得创新心智、创新目标、创新领导、成长文化、发展战略等因素得以开发创新，演变成为新涌现的"高阶创新特征"。团队协同创新以团队心智共享为基础，主要通过数字领导力增强协同使能。协同使能是团队创新管理的张力机制并成为团队管理的协同使能策略。

2. 团队领导力与数字领导力

（1）团队领导力的维度与特征。团队力管理的"左侧翼"是团队领导力。把团队领导力定义为"通过共享团队心智，激发团队动能，激励、指导与引领团队实现目标的能力"。运用元领导力模型，团队领导力包含三项能力特征维度：团队愿景共享力、团队激励合作力、团队

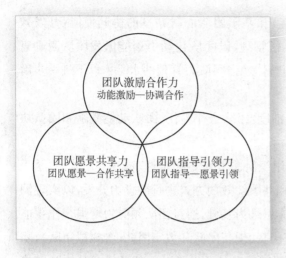

图 8-4　团队领导力模型

指导引领力。图 8-4 是团队领导力模型。

① 团队愿景共享力。团队领导力的第一项能力特征维度是指善于从个体价值理念与自我视角转变到集体价值取向与合作视角处事，并与团队成员共享愿景和心智模式的能力，主要包含团队愿景与合作共享两项要素。团队愿景要素是指以愿景认知、合作集体、互动互补、协力共享等元素构成愿景型心智模式；合作共享要素则是指具有秉持合作思维、沟通愿景目标、凝聚团队精神、优化协同技能、共享团队角色的能力。

② 团队激励合作力。团队领导力的第二项能力特征维度主要包括动能激励和协调合作两项要素。动能激励要素是指善于调动团队成员积极性、设计互动任务、激发团队化创新等高阶新动能因素的能力；协调合作要素则是指具有团队合作决断、团队协作解题、团队共享利益和团队融合关系的能力。

③ 团队指导引领力。团队领导力的第三项能力特征维度主要包括团队指导和愿景引领两项要素。团队指导要素是指善于支持与指导团队成员的任务推进与创造力，教练团队胜任能力与担责敬业精神的持续赋能能力；愿景引领要素则是指善于愿景目标导向、鼓励创新行动、创造支持成长环境与推动变革转型的持续引领能力。

团队领导力是团队力管理的核心元素，也是高绩效、高成长团队建设的关键条件。团队领导力的关键策略之一是激发与运用高阶团队动能特征。

（2）数字领导力的维度与特征。团队力管理的"右侧翼"是数字领导力。如何在数字化转型中发挥"精准、协配、迭代"的数字胜任特征并开发数字领导力呢？管理心理学运用元领导力框架，针对数字化的互联、分布与行动特点，构建了数字领导力三维结构模型，包含数字互联精准力、数字分布协配力和数字行动迭代力。图 8-5 是数字领导力模型。

① 数字互联精准力。数字领导力的第一项能力特征维度主要包括互联心智与精准引领两项要素。互联心智要素是指善于以互联分布、协同迭代和学习创

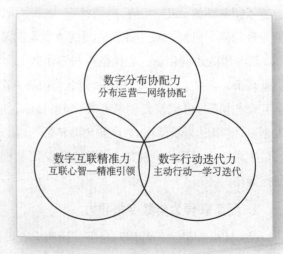

图 8-5　数字领导力模型

新、实验精准等元素建构心智模式；精准引领要素则是指善于优化数字化领导技能、增强数字化决策胜任力、引领精准运营和精准绩励（绩效管理与激励机制）的心智能力。除了需要具备基本的数字化知识（数字信息处理、数字化沟通、数字内容创建、数字安全和数字化解决方案等）和数字化技能（对云计算、数字化营销、数字化分析和数字化平台等方面的技能），具备数字化的互联精准力是数字领导力的关键元素。

② 数字分布协配力。数字领导力的第二项能力特征维度主要包括分布运营和网络协配两项要素。分布运营要素是指具有数字化下的分布式多项目协同与"弹琴式"多业务运营的能力；网络协配要素则是指善于把互联业务、产品团队、创新平台和市场项目等看成像神经网络上的节点，交互链接、相互支持，以"互联协配型"方式带领多种团队协作决断、敏捷开发、精准服务（前后左右、上下内外）的能力。

③ 数字行动迭代力。数字领导力的第三项能力特征维度主要包含主动行动与学习迭代两项要素。主动行动要素是指发起前瞻性项目，组织数字化举措和引领数字化行动的能力；学习迭代要素则是指加强学习创新、加快行动迭代和加速敏捷发展的能力。特别是带领团队尝试数字化商业模式、运用数字化转型策略和推行精准化客户服务的"组合拳"行动，可引领实现数字化创新发展。

基于元领导力的数字领导力开发，为带领团队成功推进数字化转型，提供了强有力的策略支撑。

💬 思考研讨 8-3

团队管理的合作胜任、动能激励和开发创新特征

请回顾所在团队的实际情况，对照团队合作胜任、团队动能激励和团队开发创新的特点，本团队的长处与弱点在哪些方面？如何运用合作蓄能策略、动力聚能策略和协同使能策略，不断增强团队的胜任、激励和创新特点，更好实现团队的新目标。

二、团队化策略与团队的创新

1. 团队化策略的特征与效应

在创新驱动、数字化转型和可持续发展的情境下，团队间的合作日显重要；团队化协同策略成为创新发展的紧迫任务和重要机制。团队需要在组建、熟悉、支持成员配合与融合的过程中扮演双重角色：审视辖域和搭建支架。审视辖域角色旨在持续迭代合作职责；搭建支架角色则重在策划工具与项目的协作平台，还包括创建容忍失败、鼓励创意的心理安全与合作创新文化。运用团队动力因素推进合作创新的策略需要与团队化成长策略结合在一起，可以起到事半功倍的效果。

（1）什么是团队化？埃德蒙森在专著《协同：在知识经济中组织如何学习、创新与竞争》中首次对团队化（teaming）进行系统阐述。团队化是指通过团队间互动和交流，将多种专业化人才聚集到一起,共同解决新出现的重要问题并形成多团队知识沉淀的全新团队模式。为此,团队化策略注重组织中多种团队以一种交互、灵活、跨界方式共同工作的活动而合作演化的行为过程。从词义上说团队化是一个动词,强调其跨界协调、合作动态特征,并非一个固定、稳定的团队结构。尤其在任务复杂多头和不易预测的情况下,团队化特别重要。例如,医院中的急救任务、会诊活动等,任务执行是在手术或综合检查中逐步展开的,且时间紧迫,任何差错都有高风险。如何"协同作战"和"包容差错"就成为团队化的新考验。心理安全感和各自问责区域都需要通过团队化过程而形成新的"学习区"(高心理安全和高问责担当)。团队化的出现使团队能够以更加开放、动态及多元化的姿态在复杂多变的商业环境下完成交互式的合作任务与合作模式,从而实现创新、共享和融合。

团队化包含以下四项过程特征。

① 开放式互动参与。团队化过程表现出团队成员利用各种机会交流想法和参与互动,从而形成开放式的团队互动模式。

② 互动式合作共享。团队化过程显示出团队成员高频次的互动和经常性的任务合作,从而比较容易取得团队心理共享。

③ 自主式实验尝试。团队化过程创造了团队成员通过主动尝试和开展实验的机会和氛围,并且表现出容忍团队失败和团队学习活动。

④ 迭代式反思改进。团队化过程促进了对团队项目或活动进展的反思和即时调整,表现出持续的迭代思路与改进行动。

(2) 团队化策略。根据上述团队化特征,可以形成有力的团队化策略。而这个过程需要个人、群体、组织等多层次配合,加强授权、合作、包容、发展的团队发展心智模式。多团队管理称为"团队化模式",是一项新的团队胜任策略。

① 以愿景目标引领团队。强化多团队的共享愿景,注重和团队成员之间的沟通,不断向自己的员工详细阐述企业发展前景以及如何分步实现。

② 以幸福企业激励团队。在尊重、公平、平等、交流、沟通的文化导向下,特别提倡多团队合作、集团思维与大局意识。许多企业启动"公司内部骨干员工股权激励计划",并提出新的企业经营愿景——创建"幸福企业"。

③ 以变革思维发展团队。在转型升级和新业务战略下,以变革思维锻炼多团队胜任力。以国际化战略、平台化创新和数字化合作的新策略培育跨界团队。

(3) 个人主动性的特征。快速创新和责任担当都要求有较强的个人主动性并增强心理安全感。个人主动性(personal initiative)是指"个人以自我发动、行动领先、坚持不懈的方式致力于工作目标的行动导向心理倾向"。个人主动性的三个关键特征是:自我发动、行动领先、坚持不懈。

① 自我发动。这是指主动行事,即在不需告知、不用明确指示或不确定角色要求的情况下就能自主做事。因而,个人主动性强的人能够自我设定目标、自我处理问题和自我实现任务或客户需求。在工作与管理场景中,个人主动性的自我发动特征表现为主动的目标导向、积极的信息加工、实时的反馈流程等工作模式。

② 行动领先。这是指聚焦长远，即行动起来再说，而不是不得不行动才做事，也不是只说不做、等待心态。在工作中行动领先的人会特别关注新的需求、新出现的问题和新兴的机遇，预见问题甚至危机并提前处置。在实际工作与项目任务中，个人主动性的行动领先特征表现为先行式机会捕捉、序列式解题行动、连续性行动跟进等解题模式。

③ 坚持不懈。这是指追求目标，即不断克服障碍、改进流程、修订目标、消除阻力、排除懈怠、完善行动和变革前行。心理学把坚持作为持续的目标追求与动机要素。在实践中，个人主动性的坚持不懈特征表现为持续学习改进、勇于变革创新和不断成长跨越等行为模式。

我们在研究中采用量表工具 8 个人主动性量表，可供读者选用。

量表工具 8

个人主动性量表（请根据您的实际情况做出选择）

个人情况	非常不同意	不同意	中等	同意	非常同意
① 我积极地应对问题	1	2	3	4	5
② 不论出什么问题，我都是立即寻找解决方案	1	2	3	4	5
③ 在工作中只要有参与机会，我都会尽力抓住	1	2	3	4	5
④ 面对问题我会马上主动解决，尽管他人不这样	1	2	3	4	5
⑤ 为达成目标，我会尽快利用机会	1	2	3	4	5
⑥ 我通常都做的比工作本身要求的更多	1	2	3	4	5
⑦ 我特别善于把想法变成现实	1	2	3	4	5

在个人主动性的基础上，群体主动性与组织主动性备受关注。在变革创新、数字化转型和绿色发展战略下，中国企业组织的经营管理实践中，从群体（团队）层面和组织（公司）层面主动激发、行动领先和不懈追求非常普遍和颇具特色。在弗雷瑟经典研究和其他相关研究的基础上，我们把群体（团队）主动性定义为"团队群策发动、群力协作和互动追求的行动策略"，而组织主动性更多与变革举措、赋能策略、转型发展紧密相关，是"组织共生发起、共享愿景和共赢行动的动态能力"。有关心理倾向、行动策略和动态能力的建构为三层次"主动性"研究与应用提供了新的理论指导。

（4）心理安全感及其层次。组织变革研究中首先提出心理安全感，可以使人们在组织中克服防御心理或学习焦虑而感觉安全，从而改变其行为以应对组织面临的各种挑战。心理安全感有助于个体表达意见和建立信任尊重的关系。埃德蒙森在此基础上提出团队心理安全感的概念,定义为"团队成员共享有关团队中人际风险承担的安全理念"。心理安全感包含个体、群体和组织三种层次,分别涉及多方面因素。

　　▫ 个体心理安全感:主要涉及工作心智、任务胜任、领导行为、主动行为、信任自信、发言敬业、知识分享等,进而影响创造性和个体绩效。

　　▫ 群体心理安全感:主要涉及组织场景、团队特征、任务资源、互动关系、信任分享、群体解题、团队学习等,进而影响团队创新和团队绩效。

　　▫ 组织心理安全感:主要涉及领导模式、组织文化、组织承诺、人资实务、社会资本、创新策略、知识共享等,进而影响组织学习与组织绩效。

　　对于动态竞争和不确定经营情境下的团队,适应性和安全感成为团队学习与运营的关键条件,团队心理安全感是一种重要的内隐特征。图8-6是我们提出的团队心理安全感与团队学习行为的关系模型,包括团队情境、团队信念、团队行为和团队效能四个环节。其中,组织支持与领导指导增强了团队心理安全感和团队效能感,进而促进团队学习与创新行为,显著提升团队效能。

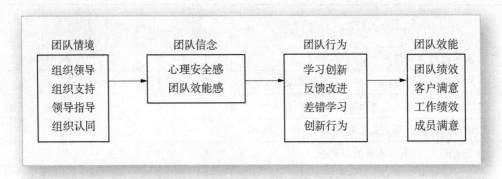

图8-6　团队心理安全感与团队学习行为关系模型

2. 团队创新与共享心理模型

　　有关团队创新与协同的策略还包括团队创新氛围策略和团队心智共享策略。团队协同不同于多人叠加,协同策略可以促成"协同效用递增效应",即在团队成员担责协作下呈现团队创新成效倍增的趋势。

　　(1)团队创新的概念与特征。团队动力因素的重要特征是团队氛围,这也是团队创新的关键因素。管理心理学把团队氛围定义为"团队成员共享的有关团队内实践、程序、奖励所创造氛围的知觉"。团队氛围是团队成员对团队目标、团队运作、团队结构等具体情景形成的一种认知或心理体验。团队氛围包含三项维度:沟通与革新支持维度、目标认同维度和任务风格维度。其中,沟通与革新支持维度则包含两方面要素:团队沟通和革新支持。团队是一个动态发展的工作群体,经历从初创成长到成熟转型的过程。团队所处的发展阶段不同,其团队氛围的关键特征与心理效应也不一样。

　　团队创新氛围包括以下四项要素。

□ 团队创新支持：对创新追求的期待与支持，以团队成员在团队内的发言频次与建设性作为团队成员对团队活力的贡献。

□ 共享目标愿景：对团队目标的共享承诺，以团队成员相互之间沟通频次与建设性作为共享承诺的表现和团队间活力指标。

□ 卓越任务导向：对获取卓越绩效的共享承诺，以团队任务目标的达成和团队间合作计划的推进作为卓越任务的承诺度。

□ 参与安全感：所有人都能参与和表达意见，把多团队之间互动沟通与心理安全感评价组合成创新氛围和合作参与指标。

在变革转型环境下，创新团队从初创、成长到转型，往往会伴随各种挑战、问题、差错、失败、冲突和学习。如何营造积极奋进的宽容氛围，以便应对由于创新团队的挫折或失败可能产生的抱怨、责备或困惑，是一个具有重要意义的研究领域。所谓团队宽容氛围是指团队形成一种对创新中的差错与失败给予同理心对待和仁爱理解，并获得奖励、支持与期待的共识。团队宽容氛围在团队共享愿景支持下通过团队失败学习而对团队绩效产生的促进效应。团队宽容氛围能提升团队的绩效、促进问题解决、修复工作关系并提高工作成效，如图8-7所示。

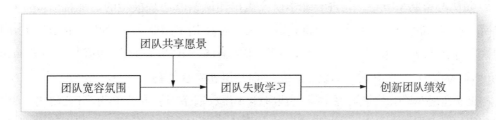

图8-7　团队宽容氛围与团队失败学习效应模型

近期研究还采用辩证的视角和"双栖"研究策略，把员工建言分成两类：促进性建言和抑制性建言，聚焦于不同建言方式与团队创新的关系，取得了富有意义的研究成果。图8-8是团队成员建言与团队创新关系模型，即研究的理论框架。团队成员的促进性建言显著提高了团队知识利用过程，进而促进团队创新；团队成员的抑制性建言则有利于提高团队反思过程。这种差别化的建言效应揭示了员工建言与团队创新之间的双栖机理。

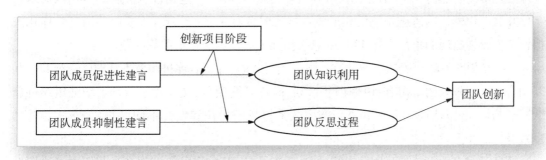

图8-8　团队成员建言与团队创新关系模型

（2）数字团队与心智共享策略。全球化、信息化的快速发展改变了组织的架构与运营方式。企业组织日趋多样化、跨地域、数字化和互联型。

① 数字团队与虚拟团队。数字团队既指"以数字技术支撑、运营、共事和发展的团队"，也指人与智能系统或机器人互动整合的数智团队，也包括企业团队与其供应商、客户、战略伙伴甚至竞争对手之间的网络化合作团队。数字团队使得组织形成了更为开放、合作、创新、可续发展的生态圈，不断加强其多样化工作角色、分布式任务专长、跨文化价值取向和扁平化项目管理等特征，成为管理心理学研究与应用的新领域。虚拟团队的定义为"由跨地区、跨时间、跨组织并通过在线通信系统工作的成员组成，共同完成任务的团队"。虚拟团队依靠互联网技术，跨越时空和组织边界而形成，聚集多地技术条件，集中多样跨界才能，适应多层员工需求，提升了团队的多样性、自主性、合作性、创造性和项目协同能力。在管理上，虚拟团队具有前瞻协作指导、快速信任认同、激励赋能和分布式心智共享等特征。虚拟团队由于时间、地点不同，容易出现交叉文化不匹配或冲突、缺乏内聚力、各自利益不易协调、项目任务分散、工作步伐失调、人资管理成本高等问题。为此，虚拟团队管理需要更高工作胜任力和领导力，以及更强团队建设与创新管理。

② 团队心智共享策略。管理心理学研究提出团队共享心理模型的三项特征：适应与内隐协同、多重与动态变化、互补与分布共存。尤其是在数字团队和虚拟团队的场景下，团队心智共享对于团队健康成长至关重要。我们提出四项团队心智共享策略（team menfal sharing，简称 TMS）：交互适应、合作学习、心理共识和共享创新。

▫ 交互适应策略。团队心智共享重视多样、跨域、数字团队凝心聚力、齐心协力，增强团队与职能间交叉互动与心智适应，形成团队共享价值导向的行动目标。常用方式有：明晰目标、鼓励协作、凝聚适应合作模式。

▫ 合作学习策略。团队心智共享强调合作、迭代学习和持续改进，包容各方价值取向，协调利益关系，促进团队的知识管理与知识分享并鼓励数字行动学习。常用方式有：激励合作、快速学习和建议共同的目标责任。

▫ 心理共识策略。团队心智共享注重增强心理安全感，创设一种鼓励互动、开放、尝试、容错和创新的氛围。通常采取的行动包括：开放沟通、差错学习、奖励建言、建设创新文化。管理心理学研究认为"没有信任就没有高质量团队"，提出"快速信任"的新概念，用以揭示数字化互联工作模式迅速建立信任和形成在线实时依存关系的特点，不断改善团队多样化虚拟化工作容易出现的角色边界模糊、信息折扣加工和多边协作松散等问题。

▫ 共享创新策略。团队心智共享加强在线团队创新活动，促进团队人际群际心智共享和互动合作。多采取的举措有：协作创新计划、绿色可续项目、文化建设行动。增强组织创新认同感与协同性（认同式心智共享），多团队承担科创责任和发挥不同专长（分布式心智共享）。

团队通过多种策略增强团队心智共享，为变革转型、数字经济和绿色发展下的各类团队建设提供支持，努力实现团队可续效能。

思考研讨 8 - 4

客服团队的心智共享策略

在实际工作中,如何理解和运用团队心智共享策略提升客服团队的业绩? 常规客服的绩效管理只评估个人业绩,而在数字化和绿色转型的今天,需要增强团队绩效并表现出团队内和团队间各自专长、合作、创新和与客户群体的心理联结,并在合作互动中不断分化、融合,促进在网络任务要求和多层次可续项目行为中形成分布式心智共享模式,就像一张神经网络式的多样知识网状图,拥有兼容、互补、分化、集聚、交叉、重叠、开放、前瞻等新特征。请以此为例,思考与研讨团队心智共享策略对自身工作与学习的现实价值。

研究案例 8

人、计算机与组织界面的决策策略研究

为了探讨新技术应用(特别是信息技术应用)中人与电脑系统及组织对话的界面特征,以决策策略为理论切入点,系统设计和开展了一组实证研究。在设计与具体方法上,采用了"案例—问卷—实验"的三段论模式。在研究的第一阶段,我们在 8 家企业对参与新技术引进和开发的经理、技术主管开展了深度访谈,并对 165 名应用人员进行了系统的问卷测评研究。初步揭示了人、计算机与组织界面的 10 项基本因素以及包含用户、任务和制度多方面因素交互作用的复杂过程特征,并创建了"界面特征 LISREL 结构模型"及其高阶因素层次结构,提出了界面层次理论(IHT)的基本假设。在研究的第二阶段,又对我国 40 家企业 304 名管理与技术人员开展测评,并对 4 家企业完成了"对比式个案分析",通过组织背景、新技术决策与应用采用不同模式的案例分析与解读,进一步开展了定量分析与定性解读相结合的实证研究,验证了新技术应用的阶段特征和界面维度对于应用成效的重要作用。在研究的第三阶段,以现实组织背景对 18 位管理人员分别进行了系统开发决策实验,采用模拟决策任务,运用了口语报告和信息搜索技术等方法,细致分析了决策认知加工和策略效应,系统解读了决策中的创造系统和表征系统,特别是决策策略训练在决策辅助中的意义和实施方案。

请体验这项研究的方法论,并参考本书界面层次理论,讨论管理心理学的三段论研究模式的方法特征。

(参阅:王重鸣.管理心理学[M].上海:华东师范大学出版社,2021.)

　　在团队中的信任是如何形成的呢？管理心理学注重团队信任形成过程的决策机制。请阅读"研究解读8　团队中信任形成的映象决策机制"，思考和讨论团队信任形成的心理机制和在团队工作过程中增强信任度的多种策略。

📖 研究解读8

团队中信任形成的映象决策机制

　　作者：王重鸣（浙江大学）、邓靖松（中山大学）

　　期刊：《心理学报》2007年第2期

　　研究内容：团队中信任形成机制成为管理心理学中的前沿领域。团队成员间的信任模式及其水平是高绩效工作团队的关键条件，团队中信任的形成过程受到成员的个体价值取向、人际交往能力、团队领导风格以及团队共享心理模型特征等诸多因素的影响。而团队信任形成与发展的机制成为重要课题。有关信任形成过程有三种观点：社会认知观点认为信任产生于人际互动中对他人和群体的认知评价；社会交换观点认为信任形成于个体之间重复的利益交换过程中；经济交换观点则认为信任伴随有关回报与惩罚契约的能力构建而产生，个体遵循规范的行为方式行动。本研究以映象理论为基础，采用了实验模拟方法，系统考察团队成员信任的形成过程及其关键特征，深入探索团队成员信任形成的映象决策机制。映象理论提出决策者在决策过程中依赖三类称之为价值映象、轨道映象和策略映象的认知表征，分别表征决策者判断原则、价值观、道德、信仰等判断标准，决策者期望达成的长短期目标等决策目标，决策者为达到目标而采取的行动策略。模拟实验采用团队局域网络模拟方法和被试间因子式设计，分别设置了高目标冲突（个体目标导向）和低目标冲突（团队目标导向）两种条件。投资任务的实验研究辅以问卷测量理想映象、当前映象、相容知觉和信任程度。研究结果表明，团队成员的信任决策是一种映象决策，表现出明确的拒绝阈限。在建立信任关系的过程中，理想映象和当前映象的加工对能力和诚信更加重视，容易导致不信任；而对善意的要求稍宽一些。团队成员在工作任务中对理想映象和当前映象之间进行非补偿性相容性检验，并做出信任决策判断，形成了映象决策的机制。该研究为团队信任的形成与增强策略提供了充分的理论成果。

💡 思考题8

　　1. 什么是合作思维与群体信任策略？阐述群体信任四种策略及实践意义。

2. 群体动力理论包括哪些观点和相关动力因素？团队效能有何因素影响？
3. 什么是团队力管理？请举例说明团队管理的三项机理与三项策略依据。
4. 什么是团队领导力与数字领导力及其维度？团队化策略有哪四项特征？
5. 如何增强团队创新管理？团队氛围与心理安全感如何影响团队的绩效？
6. 请举例说明如何运用四项团队心智共享策略提升数字化创新团队效能。

第九章
领导行为与领导能力

第一节　领导行为和领导理论发展

 知识要点 9 - 1　领导行为与领导理论

> **领导理论:** 领导行为风格理论、领导胜任特征理论、领导能力理论三阶段发展。
>
> **企业领导:** 领导心智品德特征、领导管控发展特征、领导创新运营特征三维度。
>
> **愿景领导:** 愿景驱动精英团队、创新引领新兴业务、创业实现价值事业三维度。
>
> **领导权变:** 领导上下级关系、任务结构和职位权力三维权变特征决定领导效能。

一、领导理论与基本领导行为

1. 领导、领导行为与领导力

（1）领导与领导行为的概念。在管理心理学中，"领导"通常分为三种涵义：领导者、领导行为（或领导型）和领导力。顾名思义，领导者是指企业组织的领导人员；领导行为多指领导的方式和行为风格，例如，参与式领导、家长式领导和魅力型领导等风格；领导力则是一种领导能力，与带领团队实现组织目标与应对挑战联系在一起，例如，团队领导力、变革领导力、危机领导力、创业领导力等。还有一个常用的概念是领导胜任特征或领导胜任力，是指有关实现岗位或组织目标所具备的领导资质、知识、技能、能力、非智力要素（KSAOs）与资源特征的综合能力。领导能力并不是常识中的领导者或者一种领导岗位，而是一种胜任力和领导行为过程。

领导与管理是两个密切有关但含义不同的概念。其主要区别在于：领导侧重于设立愿景、制定战略、指挥队伍、判断决断、整合资源、引领责任等特征；而管理则多与任务目标、操作方法、调配人员、计划组织、职能责任等有关。还有一个与领导相关的概念就是经营，更多体现为精打细算、投入产出、成本效益方面的职责或行为，包括合理投入、调配资源、成本管控、风险管理、经营责任、效益目标等职责。在现实中，这些职责常常交叉融合。作为一名领导者,既要有管理能力与经营头脑,又要有领导胜任力和领导力,并突出领导力的开发。管理心理学研究日益关注指引和影响个体或组织为达成组织目标而奋斗的领导力。领导力既表现在领导过程中,也不同程度体现在经营运作和具体管理实务之中。例如,创业领导力与创新领导力都属于这种模式。

(2)领导力的内涵结构。领导力是管理心理学有关领导行为的研究和应用中最重要的新概念之一。领导力并非只是担任领导职务的人需要拥有的能力,而是每个人生活、工作和事业的关键能力。我们把领导力定义为"在群体组织中影响、激励与引领成员实现组织目标的行为过程与统合能力",并提出了"元领导力"的框架模型,用以表达领导力的策略机制:心智适应(动力元)、决断选配(活力元)和策略发展(张力元)的基本元策略组合。面对复杂多变的全球化、信息化、数字化、创业创新和绿色转型的新进程,多种新型领导力成为获取管理竞争优势并持续创造价值的关键能力。领导力概念的不断深化、定位、建构、开发与应用,对于企业经营管理的可持续引领和各类组织的创新转型,都具有重要的理论意义与实践价值。管理心理学把领导理论与策略的演变划分为三个阶段:领导行为风格阶段、领导胜任特征阶段和领导力发展阶段。在领导行为风格阶段,研究与应用比较看重领导行为作为一种风格或模式所产生的影响;在领导胜任特征阶段,研究与应用比较注重领导能力与职位目标之间的胜任度;在领导力发展阶段,研究与应用则强调领导力的结构与策略效能。表9-1表明了这三个阶段的领导理论与策略类型。

表9-1 领导理论的三个阶段

阶段	领导行为风格理论	领导胜任能力理论	领导力发展理论
视角	行为风格类型	胜任力特征	元领导力框架
领导理论与领导策略	关系-任务型领导	领导下属交换	弹韧领导力
	参与型领导	高阶梯阵理论	赋能领导力
	管理方格图	职业经理能力	责任领导力
	领导权变论	领导能力模型	伦理领导力
	交易-转型领导	领导胜任理论	团队领导力
	威权-家长领导	女性创业能力	数字领导力
	魅力型领导	愿景型领导	创新领导力
	规诲式领导	危机管理领导	创业领导力
	服务式领导	中国式企业领导特征	变革领导力
	公仆式领导	全球商务领导能力	精益领导力

那么,为什么说领导是一门艺术;在转型升级背景下,领导力更是一种变革艺术呢?这是因为领导的激励、决策与行动等方面,越来越与领导情境的多样变革转型以及群体的多样

价值观、动力和态度等交织在一起，成为动态多变的领导任务情境。在这种新场景下，既没有现成的管理模板可以套用，也没有单一的方法路径可供选择，而是在很大程度上取决于领导者的价值判断、风险知觉、经验资源、行为模式和情境条件，以及因地制宜、随机应变、深入底层、凝心聚力和战略驾驭的工作艺术。

2. 中国管理思想与经营能力

（1）中国古代组织管理思想与民间商帮经营实践。最有代表性的当属第一部系统论述管理战略思想与战术问题的举世杰作《孙子兵法》，距今已 2500 多年。《孙子兵法》从战略运筹、战斗准备、谋略运用、形成实力、创建态势、灵活用兵，到行军布阵和情报采集等，都从决策、领导、制胜、竞争和团队等兵法角度提出领军作战的领导战略与战术，其"知己知彼，百战不殆"的思想，至今在各国军事管理中被奉为经典规则，并在企业和商务管理中得到广泛运用。《孙子兵法》对领导能力做过比较系统的阐述。孙子曰："将者，智、信、仁、勇、严也。"他认为一位领导者必须具备这五个方面的领导能力与道德修养：智者，聪颖而有智慧，遇事能做出准确无误的判断和及时而合理的决定；信者，信赖下级并能获得部下信任；仁者，体贴、爱护下级，时刻把下级挂在心上；勇者，有勇气和魄力，处事果断，一往无前；严者，遵守法纪、赏罚分明。《孙子兵法》体现出辩证思维、超常思维和逆向思维等重要特点，成为中国兵学和组织管理思想的巨作，是带领团队与管理组织的有效领导策略与原则。

民间商帮的领导行为是我国古代乃至现代管理的亮点。我国民间商帮历史悠久，到明清时期得到较大的发展，形成了以晋商、徽商、闽商、粤商、甬商、陕商、鲁商、衢商、鄂商、赣商、浙商、潮商等代表性传统商帮。这些商帮由于所在地域和乡土文化的差异，各具特点，互显神通，对中国传统的经商管理之道产生独特影响。相对而言，北方重义，南方善商；北方强手笔，南方行策略。概括起来，这些商帮表现出以下三个方面的三十六项显著特点，对于理解现代经营管理行为具有重要的参考价值和行为借鉴。

▫ 经商策略。注重商务、信息反馈，信奉公关、积淀关系，长远战略、巧取经营，揣摩客户、迎合主顾，因地制宜、地缘人缘，低调经营、稳中求胜。

▫ 经营理念。诚信声誉、强化价值，信义为本、开放包容，灵活变通、进退程度，泛舟五湖、海纳百川，扬长避短、审时度势，敢为人先、开拓进取。

▫ 组织管理。掌柜制度、责权分离，责任分红、经理负责，票号体系、层级管理，贩运致富、多重贸易，商务金融、独资合营，注重实业、产业资本。

进入 21 世纪以来，从浙商、温商、粤商、潮商，到晋商、贵商；从企业转型与企业家成长，到创业精神与创新能力，我国商帮经营传统日趋开放和创新，其经营传统和实践经验成为各类商务行为的重要参照和融合范例。"海纳百川、共创未来"成为新一代经商管理者的共同理念。

（2）中国式企业管理与领导实践。从中国式企业管理的九项特征可以看到，中国企业领导实践表现出三方面的主要特征。

① 领导心智品德特征。中国成功企业的领导者普遍表现出辩证思维、中庸和家国情怀和强烈的创新创业精神，形成了独特的领导心智模式。在企业发展中多采取应变战略，利用权变模式，保持危机意识并精于资源整合策略，构成了发展导向的战略思维。这些企业家在德行操守、合规协调、事业追求等方面尤其突出，表现出高度的使命感、责任感和理想信念特征。

② 领导管控发展特征。中国式企业领导者都比较讲求情感互动、忠诚付出、关爱信任和善于开展新型的家庭化组织管控。普遍运用企业文化、时代信念、使命愿景等带领企业持续发展，用企业核心价值观指导各级管理与服务行为。在政治上能注重分寸，建立和谐关系，承担社会责任，并能引领企业改革创新和健康发展。

③ 领导创新运营特征。中国企业的领导者特别强调标杆模仿、整合再造和"干中学"的行动学习，普遍具有引领企业自主创新的能力。很多企业采用从草根式市场竞争到品牌型创新产品与服务的开拓策略，善于实施高效能的企业管理、市场响应和精益流程，引领企业高质量的创新运营和可续发展。

（3）愿景型领导的主要特征。在动态不确定情景下，企业领导行为日趋愿景型。愿景型领导是指"以公司未来发展愿景鼓舞人心、集聚资源，激励、指导、引领下属实现目标的领导风格与行为"。从实践案例来看，愿景型公司在实现基业长青目标方面表现出六项重要经验：愿景驱动、公司基业、超利理念、宏大目标、内成经理和教派文化。可见，愿景、基业、超利、宏大、历练、教派等要素在领导情境中的引领作用。我们针对中国新侨的发展策略，采用适应—选配—发展 ASD 变革行动理论（参阅本书第十二章），开展深入、系统、全面的实证调研，获得了富有战略意义的成果。新侨定义为"改革开放以后以留学、经商、投资等多种方式移居海外的华侨华人，以及海内外老侨的新一代华侨华人"。针对陆续回国就业、创业和工作的中国新侨群体，我们的研究揭示出愿景型领导的三项关键维度：愿景驱动、创新引领、创业实现。

① 愿景驱动精英团队。新侨领导者是各自领域的"帅才"，打造一支愿景驱动的优秀团队，是领导者的重要任务。他们在相关案例中都有发挥国际优势、全球配置人才，引进特长突出、优势互补的专家、企业家和经理人才的表现。他们以报效祖国的愿景和自身经验优势，对年轻的团队成员进行培养和历练，努力建设各种创新团队。

② 创新引领新兴业务。新侨领导者放眼世界，发挥自己在国外积累的经验和人脉，努力提升单位的国际化水平。其普遍利用自身关系，邀请知名专家或企业家推动创新，并以理想愿景吸引顶级院校毕业生和合作伙伴加盟，拓展自主集成研发，以中国发明专利推进研发成果产业化，以创新模式拓展全球新兴业务。

③ 创业实现价值事业。在转型发展时期面临许多机会与挑战，新侨领导者以国内广阔发展空间，承担项目，扎根创业，实现事业新阶段。他们满怀抱负，重塑愿景，艰苦创业，占领竞争制高点，在实现自己人生价值的同时，以事业回报国家和社会。

3. 领导职权特征与管理策略

（1）职权的概念。企业组织在很大程度上是一个多层职位、职能关系和职权决策的组织系统。管理心理学把职权定义为"在企业组织特定岗位影响他人按照特定目标行动的能力"，又称为"职位影响力"。职权影响力既是指不同领导层的职务权力，也是指所有岗位任职的职责权力和决策影响力。职权是一个综合概念，职位影响力来源于多种职权特征。例如，职务、职责、岗位专长或经验、人际网络活跃度，以及参与各种活动的行为效应，并非只是狭义的管理或监督权。我们常常通过领导力开发策略增强领导者的职权能力，即运用和发挥多源职权的能力。不同企业组织体制下的工作活动和信息流向，也会形成结构性管理职权与层级基础，主要包括三种结构因素：不确定性控制、可替代性、中心度。不确定性控制是指领导者通过对影响关键权变因素的控制而降低其不确定性，从而获得结构性职权；可替代性是指领导者对于企业组织运营的关键程度，低可替代性能够使领导者对于企业具有重要性，从而获得结构性职权；中心度是指领导者在管理流程中的地位，可以使领导者拥有较强的结构影响力。随着数字化和跨界团队的日趋普遍，常规的企业职权层级模式逐步弱化，取而代之的是基于数字化技术的知识密集、相互支持、协作共享的分布式自组织。

（2）五源人际职权理论。有关职权的研究中比较经典的是五种职权来源的职权理论，认为企业管理职权来自奖励、惩罚、法定、参照、专长五种来源。

① 奖励职权。管理职权来源于拥有分配奖励结果的能力。例如，赞扬、晋升、工作任务、休假、奖金乃至某种待遇等的分配和创设能力，都表现出奖励职权。奖励职权的运用有利于增强组织承诺度，并对企业组织的目标达成产生积极作用。分配合理性、信用度和下属需求的满足性是奖励职权发挥效能的基本条件。

② 惩罚职权。管理职权来自分配负面结果的能力，包括给予负面处理或免除正面奖励，例如，批评、降级、减薪、辞退等。惩罚职权一般会产生短期的组织顺从，却很可能形成行为障碍甚至群体阻力。惩罚措施的规范性、预警性和保持信用度是惩罚职权有效性的关键条件。

③ 法定职权。管理职权来源于正式管理中的职位任命及其制度性、指令性的规范和观念。企业组织的法定职权分布于其层峰结构的职位和不同岗位之中，形成了管理的正式职权体系。企业组织的法定职权与关系导向的领导风格相结合，才能促进下属的组织承诺度。规范化、程序化、人员导向的法定职权更多导致下属在企业中的行为遵循与任务绩效等。

④ 参照职权。管理职权建立在任职者的某种个性特质、魅力或特定资源基础之上。领导者的领导魅力、榜样行为、诚信担责等特点，都会形成某种参照职权，影响他人行为。参照职权可以使下属形成组织承诺和较长期的组织遵循。公平性和利益与需求的相容性是参照职权发挥效能的基本条件。

⑤ 专长职权。管理职权来自拥有某种专长、知识、才能和技能而产生的影响力。专长职权有两种方式：提供所需知识，使之改变态度与行为；要求他人遵从，以换取所需专长。专长

职权运用的重要条件是领导者任务目标与下属目标一致,使专长职权运用和组织绩效密切关联,以取得更为积极的效果。

　　在上述五种职权来源中,前三种来源与企业的管理体制及职位有密切的关系,后两种来源则更多依赖于领导者个人特质与积极行为。在五源职权框架的基础上,强调"关系职权"的重要性,特别是团队关系和资源关系的职权特征。

💬 思考研讨 9-1 ⦙⦙

如何理解能力导向的领导力开发

　　领导行为研究一直是管理心理学和组织行为学的重要议题和应用领域。随着工作情境与营商环境日趋动态复杂和危机多变,以能力为导向的领导力研究日益活跃并取得许多理论进展,逐步形成新型领导力的体系。请思考本书阐述的十种新型领导力,对照本职工作或学习任务实际,选出两种领导力加以比较和解读,说明能力导向的领导力开发的思路和策略。

二、领导风格与领导权变理论

1. 领导风格理论与行为理论

　　随着领导者特质理论研究的进展,领导行为特征和领导风格成为决定领导效能的关键因素,特别是领导者如何有效地处理复杂的管理任务和指挥员工的领导风格。

　　(1)领导风格理论和领导行为研究。最经典的领导风格理论是由勒温的经典研究提出的。该理论把领导风格分成三种类型:威权型风格,权力集中于领导者个人;民主型风格,群体参与决策过程;放任型风格,每位员工自行其是。在实际管理情景中,领导者所采取的领导风格是一种混合型风格。威权型领导风格虽然通过严格管理使群体达到了工作目标,但群体成员的负面态度与情绪显著增强;放任型领导风格下的工作效能最低;而民主型领导风格的工作效率相对最高,所领导的群体不但达到了工作目标,而且取得了社会成效,员工更为成熟、主动,且显示出创造性。领导风格理论的比较研究忽视了下属特征和管理情景特性,在动态管理情景中具有一定的局限性。

　　有关领导风格比较热点的研究领域是"家长式"与"兄长式"领导行为。家长式领导是指企业领导职权比较集中,领导者个人意志支配,管理主要依赖个人直觉、经验、个性和偏好,少遵循程序或规则处事,缺乏明确责任与分工。家长式管理多以关系为基础,管理群体大多由亲朋好友组成,以私人关系和感情亲疏处事,容易形成利益群体、职位冗杂和经营失调等问题。与"家庭式"管理相关的是"兄长式"领导,其定义为"在一种相对平等的人治氛围下,淡化命令式指挥及人格形象,而强调魅力感召、亲情凝聚的领导方式"。在我国企业和商界,多见这种管理风格，被看成管理系统中的"情感缓冲"模式。

（2）管理方格图理论。该理论注重领导者的工作行为表现及其对于下属行为和绩效的影响，以期确定最佳领导行为。密西根大学社会调查研究中心和俄亥俄州立大学商学院的领导行为研究，以及"管理方格图"研究都是比较经典的。在领导行为研究的基础上，管理方格理论关心确定关键领导行为；决定这些领导行为与领导效能之间的关系；设法开发这种关键行为。这项理论用纵横两个维度表示领导行为：关心人员和关心任务。从一定意义上说，这种领导行为也反映出某种领导风格。图9-1表示出管理方格图，以九等分的横坐标表示领导者对生产或结果的关心程度，用纵坐标表示领导者对人员的关心程度，领导者在两个维度行为水平的交叉点，表现出领导者的领导行为类型。

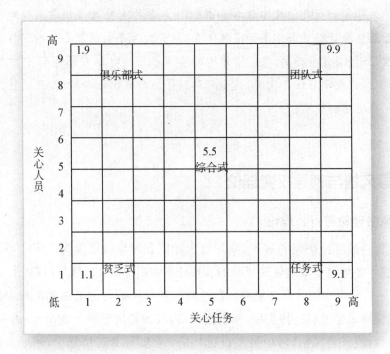

图9-1　管理方格图

管理方格图的五种典型领导行为类型是：

□ 9.9类型是关系协调、工作投入、相互信任、目标整合的"团队式领导"。

□ 9.1类型是只抓生产、注重效益、不关心人员的"任务式领导"。

□ 1.9类型为氛围友好、关系满意、忽视任务的"乡村俱乐部式领导"。

□ 1.1类型为放任自流、忽视任务和人员的"贫乏式领导"。

□ 5.5类型则为在工作任务与员工关系之间保持平衡的"综合式领导"。

管理方格图理论对于领导人员培训和领导力开发具有重要意义。在实际管理情景中，9.9类型的团队式领导属于比较理想化的模式；何种领导行为更为有效的问题，则取决于下属特征、任务特点和管理情景要求。

2. 领导权变理论与认知资源

随着领导情景日趋复杂,如何解读领导者在不同管理情景和条件下引领和推动群体与组织的效能,从而描述与揭示领导效能由领导者特征、下属和情境多因素共同决定的行为机制。领导权变理论中影响最大的是费德勒理论,认为领导效能取决于三种关键因素:领导者的上下级关系、任务结构和职位权力,这三者组合形成一种使领导者与管理情境相匹配以取得成功的领导模式。

(1)领导者上下级关系。采用"最不喜欢的同事"(least preferred coworker,简称 LPC)双极形容词量表,测量领导者任务导向和关系导向。LPC 量表要求领导者设想一位最难共事的同事。这个人不一定是最不喜欢的人,而是认为最难一起工作的人。运用 LPC 量表描述对这个人的印象,从而获得 LPC 得分。根据 LPC 量表的得分,确定领导行为的主导途径:高 LPC 得分的领导者具有关系导向风格,低 LPC 得分的领导者则具有任务导向风格。

(2)领导者任务结构。这是指领导者的任务是否常规或复杂的程度。假如任务结构比较简单明确,则可用任务导向风格获得高绩效;如果任务结构比较复杂模糊,则需要运用关系导向风格协调团队的努力。

(3)领导者职位权力。这是指领导者的综合影响力,在职位权力偏弱的情况下,必须任务导向,强化目标的实现能力;而如果职位权力较强,则可以采用不同的风格。

在八种典型情境类型中(如图 9-2 所示),在较有利或不利的情境下,领导者应采用任务导向的风格获取高绩效;只有在中等有利的情境下,才应该采用关系导向的风格以确保高绩效。领导权变理论为领导研究开辟了权变思路,成为领导行为研究中最具影响的理论之一。

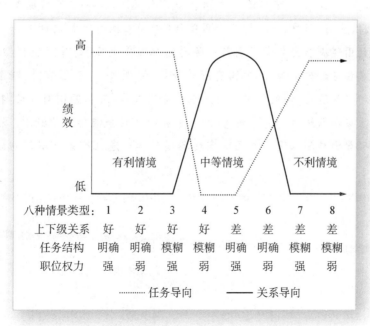

图 9-2　领导权变情境条件与绩效关系

💬 **思考研讨 9 - 2** ‖‖

权变理论与认知资源论

在组织变革、数字化转型与绿色发展的新情境下，如何运用权变思路提出新的研究与应用思路呢？在权变理论基础上提出的认知资源理论，在预测领导效能时，既考虑领导者的特质和行为，如智力与指挥风格，又顾及领导情境特点，如工作压力和群体支持：在低压力情景下，领导者智力起着重要作用，高智力领导者容易获得高绩效；而在高压力情景下，综合经验起着更重要的作用。由于大家面临的工作与任务多半是高压力情境特征，请从组织内外关系、决策授权程度和团队间合作创新程度，确定权变视角的新客户管理模式与领导力策略，思考与研讨并提出新的管理策略。

🔲 **案例体验 9** ‖‖

危机下的领导力特征

某医疗器材公司是业内的骨干企业。危机挑战下常规思维模式和新工作流程难以适应，员工情绪不稳、前景堪忧，甚至连客户的需求也都发生很大变化；供应链、零部件乃至研发、生产、销售工作都必须协调整合成新模式，需要快速获取多种来源信息（干部、员工、供应商、客户、行业协会和医院等）并提出医疗器材的新业务和新服务方向。如何在利用现有能力与尝试创新业务之间把握平衡点，将原有流程、应变措施和远程工作模式相结合呢？为此，急需有沉着冷静、协调决断、管理靠前、联系群众与客户的开拓创新领导能力，以便带领公司既跟进各项工作，又引领创新行动，特别是把可持续的行动贯穿在从原料、生产、销售，到客户和社区的全链路产业链中。在危机中需要加强哪些领导力特征以便带领团队实现各项目标？危机后如何以弹韧力为组织可续力筑基？

第二节　领导胜任理论与成长策略

知识要点 9 - 2　胜任理论与传承策略

LMX 理论：领导者与下属相互信任、相容互动和胜任力交换关系促进持续成长。

高阶梯阵：以战略选择作为高管团队心理组成元素预测组织绩效的理论。

职业经理：职业经历、职业业绩、职业素养、职业胜任、职业知识、职位适配评价。

领导开发：基于历练成长与心理社会的指导人计划与领导力教练辅导计划。

一、领导成员交换与战略领导

1. 领导者与成员交换的理论

（1）领导者与成员交换理论及测量。在历经 25 年有关领导行为与下属职业发展关系的研究成果基础上，格雷恩（G. B. Graen）等在《领导力季刊》发表经典文章"基于关系的领导力研究：领导者与成员交换理论（LMX）发展 25 年：应用多层次多范畴视角"。这是有关领导者与下属以相互信任、相容互动和胜任力交换关系促进持续发展的理论，从最初的领导者与成员的垂直成对联结关系（vertical dyad leadership，简称 VDL）研究起步，建构与验证了 LMX 理论（leader-member exchange，简称 LMX）。从成员的生涯发展视角，领导者与成员交换关系是比成员动机与能力等因素本身更具预测力的指标。领导者与下属工作交往时的信任与互动水平，形成更为紧密的交换关系即 LMX。这项研究实现了领导理论的重要突破，强调多种领导者—成员彼此之间的相互依赖和基于胜任力的网络组合，从而形成组织内外领导力结构的"新版图"。

LMX 理论演进的新焦点是团队领导胜任力，而不只是单一的上下级关系。LMX 成为理解领导机制与组织行为的重要变量。如图 9 - 3 所示，LMX 理论强调，领导者胜任力表现在能与具有任务胜任力、群体相容性和外向性的下属成员在互动过程中逐渐形成员工的"圈内群体"，超越原有正式工作关系下的"圈外群体"，形成集体型的胜任能力。LMX 在多种管理场景中表现出对于工作行为与绩效的较强预测力和解释力，得到国内外许多研究的采用，成为管理心理学研究的最常用概念之一。比较常用的是 LMX 量表，包括 7 个题项，可以由成员回答与直接领导之间的关系，或由领导者做出评价。量表工具 9 是 LMX 量表题项。

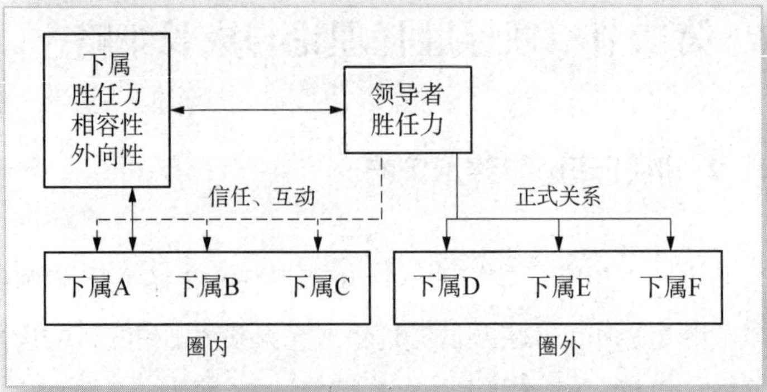

图 9-3　领导者与成员交换关系理论

📋 **量表工具 9**

LMX 量表题项(格雷恩等，1995)

① 请问你是否了解与你领导的相处情况？你通常是否知道你领导对你工作的满意度？（或问你的成员通常是否知道……）

② 你的领导是否很理解你工作中的问题与需要？（或问你在多大程度上理解……）

③ 你的领导是否认识到你有多大潜能？（或问你在多大程度上认识……）

④ 无论你领导的行政职权有多大,他/她是否有机会运用其权力帮助你解决工作上的问题？（或问你有多大机会……）

⑤ 无论行政职权有多大,你领导是否有机会运用其权力牺牲自己的利益来帮助你走出困境？（或问你是否有机会……）

⑥ 你是否有足够信心在领导不在场的话为他/她所做出决策做出辩解？（或问你的成员会……）

⑦ 你怎么看自己与领导的工作关系？（或问你的成员会……）

　　(2) 领导者与成员交换关系研究。有关领导者—成员交换关系(LMX)的研究十分活跃,主要围绕 LMX 的效应、机制以及新的理论拓展等领域开展。我们进一步提出 TMX (team-member exchange,简称 TMX)即团队与成员交换关系和 OMX(organization-member excahnge,简称 OMX)即组织与成员交换关系的新理论概念与应用指标,在组织变革中显示出具有更好的适应性和预测力。尤其是 OMX 在多种数字化转型组织中具有更强的预测力和研究价值。根据图 9-4 的效能模型,在多项目交叉团队、平台型组织和数字化转型情景下,领导者与成员交换关系趋于动态性和多元化。经典的 LMX 理论难以适应领导者(主管或经理)轮换比较频繁或者跨部门、多项目动态交叉的情境。在这些情况下,下属成员需要更多发挥各自的主动性和团队能动性,即高阶动能策略,在领导者与成员交换关系相对松散或角色多样的条件下,加强组织与成员或者团队与成员之间的组织协同关系,也称为 OMS(organization-member synergy,即组织与成员协同关系亦简称组织协同)和 TMC(team-member coordination,即团队与成员协调关系)。这两种新型关系都成功运用基于责任共享和团队协同的项目工作关系模式。

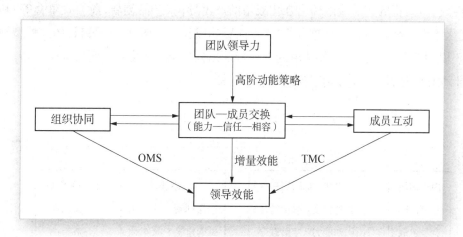

图 9-4　团队与成员交换关系效能模型

2. 转型式领导与战略型领导

在转型升级和改革创新的形势下,所有的管理者和领导人都会思考如何增强转型式领导和提升战略型领导能力的问题。

(1) 转型式领导的特点。在领导研究领域,有两种与变革场景相关的理论思路:一是转型式领导(transformational leadership),也有译为变革式领导,二是变革领导力(change leadership)。这两种思路有时会使人混淆其含义。其实,两者并非同一概念。转型式领导行为采用行为视角,是把转型变革看成领导行为权变条件,制约着特定领导风格的有效性,认为在变革时代,魅力型领导或转型式领导行为是特别有效的领导行为模式;而变革领导力则扎根于变革管理研究,认为变革领导力是带动下属支持与实现变革的能力,并参与引领实际变革行动。以转型式领导行为和变革领导力在概念上加以区分。有关交易式领导与转型式领导的观点是领导胜任理论思路的发展,强调从常规的奖惩交易式领导行为转向以领导魅力、体贴指导、鼓励志向、激发智力为特征的转型式领导行为。在中国情境下,转型式领导能带来和促进更高的个体、团队与组织绩效,归因于中国企业组织的绩效潜力、集体主义文化和团队组织行为。

(2) 变革型领导与战略型领导。变革无处不在,拥抱变化、管理变革已经成为经理人的第一要务,变革型领导和变革领导力急需得到同步提升和增强。变革型领导即围绕一组管理程序、工具和机制如何管控变革、管理资源、调节举措和管理成本与效益的管理活动。变革领导力则是领导者以变革的心智、技能、知识与行为，更有效地发起、驱动、调节和持续组织变革的进程与团队动力，以实现变革目标的能力。

战略型领导是指企业组织的高管或高管团队的领导行为。汉姆布里科（Hambrick）和梅森（Mason）提出著名的高阶梯阵理论，把战略选择作为企业高管团队的心理组成元素预测组织绩效。组织的经营结果（指战略选择与绩效水平）可以部分地从管理层背景特征加以预测。企业高管年轻化特征会带来追求风险性战略（多元化、产品创新、资本运作等）并经历更大盈利性成长，高管的产品线经历会强化战略的产出导向（产品创新、前导式整合等）和生产能力（优化流程、设施更新、后置整合等）并正向影响成长等。图9-5是修订的战略型领导的高阶梯阵模型的示意图。从内外情境的五项特征出发，制约和激发十项高阶梯阵特征，进一步影响十种战略选择，最终影响五项组织绩效指标。

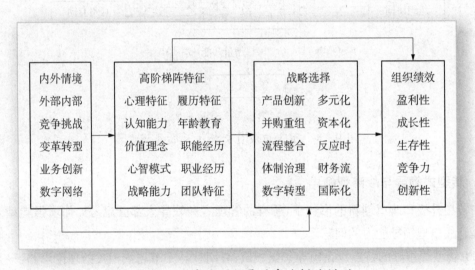

图9-5   战略型领导的高阶梯阵模型

💬 **思考研讨 9-3** ▪▪▪

战略型领导的培育

从战略型领导的高阶梯阵模型的思路出发，围绕中国管理情境下战略型领导行为对于企业数字化与绿色转型及经营绩效的影响，具体分析战略型领导行为的阐述愿景、开拓创新、人际沟通、监控运营和关爱下属五项维度对员工发展和企业绩效所具有的显著正向作用，以及战略型领导行为如何通过组织文化（特别是核心价值观）的内外融合策略影响企业的持续发展绩效。请思考与研讨本单位如何培训、培育战略型领导，并提出增强战略型领导力的举措。

二、领导者能力与领导力传承

1. 职业经理人与领导者资质

（1）什么是职业经理人（professional manager）？关于职业经理人的概念有一个理解演变过程。当"职业经理人"这个名称1930年代第一次出现时，被称为"生涯经理"，指以经理工作为"生涯"或"事业"的经理人。随着技术快速发展和组织管理日趋复杂，职业经理人广泛流行，指以经理工作作为自己专门化职业的经理人。管理心理学对职业经理人的定义是，"具备专业管理技能、市场化竞争能力、国际化经营才能并以经理工作为职业的经理人员"。

进入21世纪，职业经理人的内涵发生了深刻的变化，经理人的专业化、市场化和国际化能力成为职业经理人的核心内涵。《国家中长期人才发展规划纲要（2010—2020年）》提出"以战略企业家和职业经理人为重点，加快推进企业经营管理人才职业化、市场化、专业化和国际化。完善以市场和出资人认可为核心的企业经营管理人才评价体系，积极发展企业经营管理人才评价机构，建立社会化的职业经理人资质评价制度，加强规范化管理"。在规划纲要的指引下，职业经理人的研究、培育、赋能、评价成为各行各业的经营管理人才工作的重点。专业工程师、专业项目经理、专业人资经理、专业数字经理、专业组织发展经理等不断涌现，职业经理人能力建设成为获取人才优势的新战略。

（2）职业经理人的资质体系。我们与中国职业经理人协会开展战略合作，主持承担和完成了"中国职业经理人资质评价标准和评价方法"等一系列重点研究项目。其中，职业经理人职业资质评价体系框架结构和职业经理人职业资质评价层级划分（2016）等全国性课题成果已被采用。以中国职业经理人协会于2018年发布的《职业经理人才职业资质社会评价工作指引》为基础，进一步修订和完善了职业经理人才职业能力与职位适配指标体系。如表9-2所示。

表9-2　职业经理人才职业能力与职位适配指标体系

评价维度	评价要素	评价指标
1. 职业经历（5项）	1. 工作经历	管理工作经历、社会技术经历、国际商务经历
	2. 教育经历	学校学历教育、管理领导培训
2. 职业业绩（5项）	1. 工作业绩	任务实绩、合作绩效、创新业绩
	2. 社会业绩	公益业绩、企业贡献
3. 职业素养（10项）	1. 理念操守	遵纪守法、职业道德、担责敬业、竞业避止
	2. 意识作风	廉洁自律、求真务实、服务进取
	3. 心理素质	价值伦理、心理弹韧、心理健康

续　表

评价维度	评价要素	评价指标
4. 职业胜任(20项)	1. 可续能力	心智适应能力、决策协同能力、生态运营能力、可续管理能力
	2. 文化能力	沟通协调能力、合规经营能力、风险管控能力、责任管理能力
	3. 队伍能力	选任用人能力、激励指导能力、战略领导能力、团队管理能力
	4. 创新能力	创造开拓能力、跨界学习能力、创业管理能力、创新管理能力
	5. 行动能力	数字经济能力、精益经营能力、转型发展能力、变革管理能力
5. 职业知识(5项)	1. 领导知识	政策法规、领导科学、国际商务
	2. 管理知识	经营管理、危机管理
6. 职位适配(5项)	1. 能力适配	职位任务适配、企业治理适配、生态文化适配
	2. 协同适配	班子团队适配、变革发展适配

　　这项成果强调职业经历、职业业绩、职业素养、职业胜任、职业知识和职位适配等标准维度及其要素。职业经理人的职业资质体系主要包括6项维度、16个要素与50项指标，可用于经理人才的选配、培养和发展工作。其中，职业经历与职业业绩(10项指标)通过背景与组织资料加以考察，职业素养、职业胜任、职业知识(35项指标)采用科学测评方法加以评估，而职位适配(5项指标)则从经理人领导力的视角，把职位适配度分为：职位任务适配、企业治理适配、生态文化适配、班子团队适配和变革发展适配五个方面，可运用综合评价与组织考察办法做出衡量。我们提出的经理人职位适配度指标表现出人与组织适配的多维性和多向性，确保个人胜任成长和组织可续发展之间的适配度。

　　在此基础上，我们创建了"中国职业经理人赋能评价中心"系统，开展线上线下结合的职业经理人学习、评价和辅导工作。该系统采用了工作业绩考核、现场或在线考评和单位调研等方式，评估题型采用结构化面试、情景判断测评和管理能力与领导力测评等综合方法，全面考察职业经理人的素质、能力和职位适配度等素质特征和胜任力。根据评价结果，划分出初级经理人、中级经理人和高级经理人等多级经理认证，并定制适当的赋能计划提升职业能力等级与适配程度。许多单位采用职业经理人赋能成长计划提供配套条件。职业经理人的赋能可以通过专题课程培训、定制辅导计划和专项赋能成长计划等方式开展，比较强调运用实际案例研究、管理智慧汇集、内部标杆参照、学习型组织推进和国际化合作学习等一系列行之有效的能力提升策略。

2. 领导能力模型与领导传承

　　(1) 领导干部能力结构模型。有关领导干部能力结构与评价方法的研究工作，取得了重要理论成果和方法创新,构建和验证了领导者多维能力结构模型。这个模型包括协同引领能力、决策掌控能力和创新发展能力三项胜任力维度。以下是每项领导能力维度包括的细分能力要素和若干指标要点。

① 协同引领能力维度。该维度侧重于领导素质的方面,包括诚信执政、敬业激励和团队引领要素。

▫ 诚信执政:诚信自律、审时务实、依法执政。

▫ 敬业激励:全局意识、协作共享、激励承诺。

▫ 团队引领:合作沟通、指导授权、群众工作。

② 决策掌控能力维度。该维度注重把握工作决策和管控方面能力,包括愿景奋斗、战略决断、应变掌控要素。

▫ 愿景奋斗:愿景目标、集聚资源、引领奋斗。

▫ 战略决断:机遇判断、战略思维、科学决策。

▫ 应变掌控:驾驭风险、因势应变、掌控局面。

③ 创新发展能力维度。这项领导能力维度关注积极主动学习和可续发展方面能力,包括改革创新、利益协调和可续发展要素。

▫ 改革创新:改革推进、创业开拓、创新运作。

▫ 利益协调:绩效关注、财务意识,整体利益。

▫ 可续发展:务实可续、协调发展、危机管理。

上述三维度九要素 27 项行为指标的评价为理解和开发各类管理干部的领导能力提供了系统的参考和指导,是领导者能力研究的开拓性成果。

(2) 领导传承理论模型。企业领导研究与应用日益关注领导者生涯发展和后备传承的理论与策略。随着企业的初创、成长、延续和发展,领导者更替、换届、传承与继承,企业基业长青、创建"百年老店"、事业持续发展等问题都成为领导力理论和后备传承策略研究的新焦点。有关领导传承的研究和实践,提出多种理论和策略模型。

① 人才库加速器模型。这是指以跨职能高技能强领导人才的持续培训计划为基础,配以"一对一""一对多"的指导人计划和教练计划,通过认真的识别、选拔、培养和历练环节,以领导力学习提升和多管理岗位挂职担责实习为重点,建设领导人才库加速器,并快速跟踪"精英型"高管群体及其筛选淘汰机制。

② 领导成长经历模型。这是以领导工作经历为基础的领导传承基础,"岗位外"任职、多部门轮岗和个人"指导人计划"等成长经历是领导传承的成功策略。关键工作经历与领导准备度及领导潜能密切相关,从中获得系列胜任特征,包括智力资本(国际商务、高阶认知和全球视野等)、心理资本(激情包容、弹韧适应、自信自强等)和社会资本(跨文化同理心、人际影响力、多边交往能力等)。国际管理经历对于增强领导者的战略思维能力多有裨益。领导成长经历模型建立重要经历识别程序"领导经历地图",其包括四项特征:重要发展经历、挑战应对经历、事件策略特长和生涯情景催化。这四项特征是领导传承的重要

成长台阶。

（3）代际传承策略。代际领导传承一直是家族企业持续发展的关键问题。事实上，业务传承不易，能力传承难，理念传承和事业传承更难。管理心理学提出代际传承的三层次模型：价值理念传承、领导能力传承和团队事业传承，成为指导代际传承的有效策略。

① 价值理念传承。价值理念传承也许最不容易。从家门走向校门，再到职场和社区，个人经历、学校教育、社会世俗、团队规范、组织文化等多方面影响都可能做出大面积的"认知修订"和"情感转移"，容易出现"代际理念失衡"和"价值收缩"等现象。"知情意责"的四元失调，常常是出现认知模糊、情绪涣散、意志弱化和责任缺位的主要原因。正所谓"从小培养到大，不认理念而言他"。知识能力不断增强，心智情感却日渐偏离。从国际领导传承与"百年老店"的传承经验来看，以责任意识和社会责任要素转换心智模式是实现代际传承的有效途径。

② 领导能力传承。我们把家族企业接班胜任力定义为"面向家族企业可续成长，促进责任价值理念与领导力传承和企业健康发展的知识、技能、能力及其他 KSAO 特征组合"。从胜任力思路增强家族企业接班人培养选拔和赋能开发，推进企业继承计划实施。这方面传承是人与组织持续适配的过程，包含领导动力、活力到张力的"系列能力清单"：除了领导素养和商务技能，初心价值、家业责任，策略认知、模式更新，愿景重塑、弹韧发展等成为传承胜任能力。许多企业设立使命型成长目标，出台领导传承后备计划，并与变革创新、绿色转型相配套。

③ 团队事业传承。以团队事业传承策略增强继承效能，强调文化传承、责任传承、策略创新和发展路径，提出了基于团队建设和事业续航的传承模式和创新策略。在二代加盟和历练成长过程中，创建继承团队活力和创造事业张力。有关"基业长青企业"的研究表明，团队责任与可续事业是"百年老店"的成功之道。许多"长寿企业"都显示出责任导向的经营理念和面向可持续发展的业务模式。责任型团队和可续式事业成为领导力传承的新策略。

三、女性领导力与领导力开发

（1）女性领导力的层次结构。女性领导力一直是受人关注的领域。相关研究经历了三个发展阶段：一是性别特征研究，早期研究比较关心女性的性别刻板印象和性别角色，注意女性的亲和力、优柔性、妥协性、和谐力等；二是领导风格研究，1990 年开始重视女性领导风格与管理模式，关注女性领导的任务导向与员工导向、"强势管理"或"柔性风格"等；三是能力开发研究，进入新世纪，面对全球化、信息化、数字化转型和创业创新及可续发展的变革情境，越来越强调女性领导力开发，注重责任心智、决策协同和变革能力等，女性领导能力开发成为一项战略任务。

这里以女性领导能力为例，阐述领导能力呈现的层次结构和与绩效关联度递增的效应。

领导力的增强存在一种层次结构。

 □ 社会力，主要指女性在亲和社交和群集参与方面的带动潜力（更多与任务绩效相关）。

 □ 职业力，主要指女性的就业能力和职业发展的工作潜能（较多与协作绩效相关）。

 □ 创业力，主要指女性在创意、创造和创新方面的行动能力（更多与创新绩效相关）。

 □ 领导力，主要指女性带领团队实现愿景的组织能力（与责任绩效相关）。

 □ 可续力，主要指女性践行可持续发展目标的续航能力（与可续绩效相关）。

如图 9 - 6 所示，纵坐标为"成长绩效"，横坐标表示上述能力的递进。女性领导力以社会力、职业力、创业力逐步增强作为基础，发展到领导力与可续力处于高阶层次，显著影响成长绩效，形成绩效递增效应。

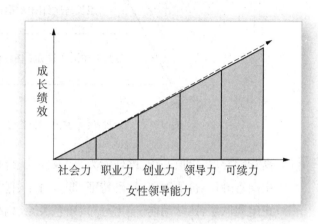

图 9 - 6 女性领导能力的层次结构

（2）女性创业能力开发与女性领导力。王重鸣以创业五力理论（EFC）为框架，开展了以女性创业能力开发为主线的女性创业领导力的培养和提升研究，论证了女性创业型领导的五项特征。

 □ 变革心智：拥抱变革，商机警觉，变革心智适应创业举措。

 □ 培育创新：注重持续学习进取，指导与激励下属创新成长。

 □ 掌控风险：不懈坚持执着担当，管控风险，化解风险危机。

 □ 整合关系：建构互动合作网络，社区关系和利益各方协作。

 □ 亲和感召：携手追求，亲情包容，诚信关爱增强凝聚弹韧。

根据元领导力框架和实证分析，我们认为女性领导力包含三项维度。

① 机会警觉力，包括成长思维和警觉适应要素。成长思维是指机会辨识、合作价值和战略重构特征；警觉适应包含警觉预见、包容调适和可续发展。

② 互动合作力，包括互动决断和团队选配要素。互动决断包含互动策略、合作参与和团队协作特征；团队选配包含协调利益、协同角色和调配资源。

③ 学习进取力，包括学习创新和变革推进要素。行动创新包含行动学习、创新策略和行动领先特征；变革推进包含变革举措、创新策划和可续发展。

（3）女性领导成长模型。女性领导力成长显示出促进—抑制效应，形成层次模式。如图 9 - 7 所示，在四个层次与三角架构内外互动影响下，充分发挥"增强促进"和"减弱抑制"的成长效应，可以持续提升女性领导的成长效能。

在组织的四个层面（员工、班组、中层、高层），列出了对女性领导成长比较重要的因素。

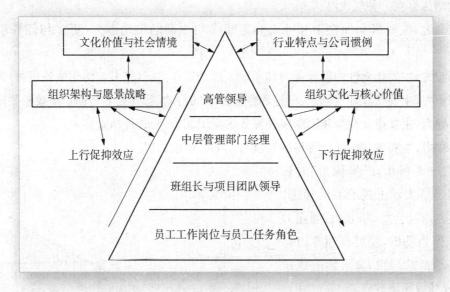

图 9-7　女性领导成长的促进—抑制效应模型

- 高管领导层：价值心智、胜任能力、职权模式、合作格局、领导绩效。
- 中层管理层：价值取向、性别特征、职责分工、任务协调、参与决策。
- 班组团队层：团队动能、能力分布、角色关系、内外协作、团队业绩。
- 员工岗位层：性别理念、任务能力、工作表现、互动角色、工作绩效。

（4）领导力开发的模式与策略。领导力研究与应用的重心在很大程度上从选拔任用转向赋能开发。在原理上注重参与、定制、迁移和反馈，在内容上强调软技能、数字化变革、创新创业和可续发展能力，在模式上重视指导人计划、教练辅导方式和组织赋能策略，在成效上关注指导实践、讲求责任可续和创新发展。

① 领导力开发原理应用。领导力开发是遵循与运用四项学习原则，系统获取与工作岗位或职位有关的知识与技能的过程。

□ 参与原则与定制原则。以领导力开发的参与原则提高参与学习程度，显著提升开发成效。通过案例分析、角色扮演、模拟任务等方法，加强参与学习和情绪卷入的程度。领导力开发的定制原则强调多场景任务学习"熟能生巧"，指学会依据多种场景定制赋能策略，从而提升领导力开发的适应性和生态性。

□ 迁移原则与反馈原则。把领导力开发成效体现到实际工作的程度称为"迁移"。领导力开发的迁移原则要求领导力开发方案有利于所学知识与技能迁移到实际情境。这需要在赋能开发中增强情境模拟、任务实训、配套措施（专项激励与特别考核等）。领导力开发的反馈原则把效果反馈作为开发的关键环节。在行动学习中建立了新型的"行动环"，利用"目标—反馈—迭代"形成整合反馈机制，成为领导力赋能与绩效改进的创新。领导力开发讲求通过学习迁移提升适应性绩效，即通过学习与认知适应能力提升而带来的绩效，主要包括四项维度：压力与危机处理、人际与文化适应、岗位持续学习和创新解决问题，作为领导力开发的效能指标。

领导力开发的重点是增强"软技能",主要指领导技能、人际技能、沟通技能、学习技能、团队技能和社会技能。从职场面临的挑战与机遇来看,最新研究提出四种重要的职场能力:创造力、说服力、合作力和适应力。管理胜任力则主要包括三大成分:技术胜任力、人事胜任力、创新胜任力。技术胜任力是从事某一岗位或项目时应用专业技术知识的技术能力或专长的胜任力;人事胜任力是工作中与项目内外和组织内外人员或团队共事的能力,包括高度的技术素养、自我意识、换位思考及合作协同方面的能力;创新胜任力则是指管理者驾驭变革创新、解决复杂组织创新问题和识别创新机遇及实施创新项目能力。

② 指导计划与教练辅导计划。管理技能与领导力开发的有效策略是"指导人计划"和"领导力教练计划"。

▫ 指导人计划。这是企业组织专门设计和正式启动的"一对一""一对多"或"多对多"领导力培养计划。许多企业都有各种"师徒计划",对新员工做出见习性的指导。不同的地方在于,领导力指导人计划聚焦领导力提升和正式指导历练。典型的领导力指导人计划包括四个阶段:指导关系建立阶段、指导目标设置阶段、互动指导行动阶段和未来发展计划阶段。其中,指导关系是有经验的指导人与新聘任的被指导人之间的认知—情绪互动,在信任、支持的相互关系中,被指导人得到指导人在历练成长(关爱、体验、历练、学习、专长等)和心理社会(才能、认同、角色、友情、伦理)两方面的教诲、辅导和示范。指导人计划成为各类组织的重要领导力开发与员工成长策略。

▫ 领导力教练计划。又称高管教练计划。在动态复杂环境下,过去的成功不再能有效指导将来的成功,经理人角色转变为"教练"而不是常规的发号施令者。我们把领导力教练计划定义为"运用领导与管理技能与经验以一对一等关系模式帮助学员成为有效的经理人或领导者"。常用的技能包括反馈技术、多向沟通、认知重构、框架重塑、变革管理、团队激励、战略规划、情商管理、冲突解法、目标设置策略、行动学习策略、新兴领导力、多团队协同、数字化项目和可续管理等。领导力教练计划一般包括四个阶段:启动教练关系、制订教练计划(通常 3 个月到 2 年)、定期互动咨询、持续改进提升。教练计划聚焦当前与未来,致力行动导向、成长开发导向、运用教练才能、关注绩效问题、体现组织效能和保持积极心态。

为了使指导人计划和领导力教练辅导计划更具针对性和实效性,建立高度互信、开放、亲情、建设性、创新性的指导与教练关系,并从实践出发识别竞争环境、转型升级、业务拓展、内生动力、创新潜能等方面的新挑战、新要求和新目标。实践中比较有效的是运用整合赋能 GROW 模型,通过目标(goal)、现实(reality)、选项(options)和意愿(will)四步推进领导力教练计划。成功的指导人或教练应具备七方面的能力:责任伦理、行动策划、关系创建、有效沟通、目标设置、成长促进、行动管理。此外,明晰的目标、及时的反馈、充分的诚信、组织的支持、成效的显示等都是指导人计划与教练辅导计划的成功条件。

💬 **思考研讨 9-4**

如何设计高效的指导人计划和教练辅导计划

　　在实践中，指导人计划和教练辅导计划可以采用多种形式。随着数字化虚拟团队日益普遍，团队式多人协作指导模式和 GROW 整合赋能模型都取得较好的效果，尤其是针对中、高层经理的指导或教练方面成效显著。良好的指导人计划可以显著提升终身学习、自信与适应、心理弹韧性、自我意识、自知之明、学习型组织、组织赋能等方面的能力。也有企业采用"自我拓展理论"开展教练辅导计划，通过提升资源感、自主性和认同感而增强达成目标潜在效能感的自我拓展动机，从而优化领导力指导计划和教练辅导计划的适配度和有效性。请思考与研讨工作实践中这两种指导与教练计划的具体做法以及综合改进指导辅导效能的新建议。

　　战略型领导并非只是大企业的领导行为，即使是小企业，也很需要增强战略型领导能力。事实上，科创企业中常见弱项正是缺乏战略引领能力。请阅读"研究案例9　技术能力如何转化为竞争优势"，思考与讨论科创企业如何识别关键技术能力和建构组织动态能力；从战略型领导的视角，如何才能增强创业战略引领能力，明晰与实施组织内外的整合与转化战略。

📖 **研究案例 9**

技术能力如何转化为竞争优势

　　案例解读：技术创业是指基于技术能力的创业行为，这类企业通常具有较强的技术能力（technological capability）。然而，技术能力并不总能转化为竞争优势和有助于提高组织创业绩效。技术创业型公司的技术能力在实现市场客户信息、组织合作配置能力和生产运作能力之间有机整合的基础上可以推进组织技术能力转化为竞争优势。以下通过三家典型的技术创业型公司的实践来验证技术能力转化整合能力模型。A公司以开发电子图书和电子器件为主要业务，成立于2000年，是由三位电子工程系在读硕士研究生在其参与全国电子设计大赛获奖项目的基础上建立的。创业之初的种子资金一部分来自大奖赛奖金以及学校鼓励学生创业的配套资金，同时也有一家很有实力的国内风险资本 VC 公司介入。现被风险资本公司控股，公司总经理是原创业团队成员之一。B公司成立于2001年，是一家以网络开发和设计为主的技术创业型公司。B公司是由公司总经理以其在电信学院攻读博士期间获得一项专利的基础上注册成立。通过朋友借款填补了公司发展所必须的资本。公司业务拓展到拉美及欧洲国家。C 公司成立于 2000 年,以生产多媒体语音职能产品为主。C 公司由计算机系毕业生联合创办,种子资金基本来自朋友相互筹借,并得到外方风险资本 VC 公司介入而控股,业务主要集中在本地区。这三家公司都面临着一个共同问题:如何通过组织动能与能力建设,把技术能力有效转化为竞争优势。案例表明,可以通过两个过程把公司技术能力与市场客户需求信息有机整合,经过组织流程设计,提升组织动态能力。一是组织内外的整合过程,即将组织外的市场信息吸收进来以指导组织内的新产品开发;二是组织内各部门之间的相互合作过程,如营销部、研发部门及生产部门之间保持有效沟通与互动以促进新产品开发,即组织间整合过程和组织内整合过程及其并行加工。从案例看,A、C 公司较好处理了组织内外整合而成长迅速。

　　请结合案例故事,思考和讨论技术能力的内涵和如何才能有效地转化为创业竞争优势。

　　(参阅:刘帮成,王重鸣.技术能力如何转化为竞争优势:组织动态能力观点[J].管理工程学报,2007(01):20 - 24.)

　　在《全球领导力》专辑论著中,王重鸣(2012)提出了组织变革的 ASD 行动理论,进一步深化了组织变革行动策略。请阅读"研究解读 9　开发中国企业领导力的全球角色:组织变革的 ASD 行动理论",思考和讨论 ASD 行动理论的主要原则及其在组织变革与行动策略方面的指导意义。

研究解读 9

中国企业领导力与组织变革的 ASD 行动理论

作者:王重鸣(浙江大学)

期刊:《全球领导力》2012 年第 7 卷

研究内容:本研究创新性地提出组织变革的 ASD 行动理论,成为组织创新、组织转型和组织发展以及全球领导力开发的全新变革成长理论,具有重要的理论意义与应用价值。近年来,紧密结合组织变革与转型升级的管理实践,中国开展领导力研究取得了长足的进展,中国企业变革领导力的成长模型也日益成熟。在组织变革的背景下,出现了三方面重要的新趋势:面向全球领导力场景与商务实践的问题驱动日趋应用,包括嵌入问题情境、激发实践问题、聚焦理论内涵;与全球领导力胜任力结构相整合的高绩效工作系统成为焦点,包括人力资源管理广泛应用、战略人资作为平台、人才领导力成为重点等；与新型领导力相应的理论建构日益活跃，涉及新型领导胜任力、变革领导理论、公司创业与分布式工程等。总体来看，中国组织变革领域的显著进展突出表现在 ASD 行动理论的创建与应用方面。ASD 行动理论包括变革行动过程动力机制的三项原则。

（1）价值适应原则。这项原则以领导胜任力建模实现价值适应，具体包括以价值驱动方式开展人事配置，开展文化价值培训，鼓励全球项目的团队化合作和领导力的辅导与指导。例如，中国企业国际并购的文化适应案例和拥抱变化的成长适应实践。

（2）行动选配原则。这项原则以领导力行动学习实现行动选择或选配，具体包括以"干中学"做出决策尝试，决策中采取行动策略捕捉，进行行动程序建模、行动释义和行动决策监测等。例如，企业转型的商模决策选配。

（3）组织发展原则。这项原则以领导力开发网络实现组织发展，具体包括行业升级计划、标杆企业合作赋能网络平台、参与新兴产业等。例如，企业集团运用开放创新、商模转换、联盟平台进入新能源业务而成为"领头羊"的案例。

💡 思考题 9

1. 领导与管理有哪些主要区别？领导行为模式与领导力的概念有何不同？
2. 试述权变型领导理论的三项情境条件及其关系与任务导向风格的效能。
3. 领导者与成员交换理论发展经历了哪四个阶段？什么是团队与成员交换？
4. 女性创业型领导有哪些维度特征？举例说明如何开展女性领导力开发。
5. 如何理解职业经理人职业资质指标体系？什么是能力与协同职位适配？
6. 如何运用指导人计划和领导力教练计划提升、开发和实现经理领导潜能？

第四编
创新、组织与变革

第十章
创新管理与组织学习

第一节　创新力管理与创造力策略

知识要点 10 - 1　创新理论与创业创造

> **设计思维:**人为中心—多维整合、创造发现—洞察框架、原型选项—互动交付。
>
> **创新力管理:**创新管理为主线,创新领导力与创业领导力为双翼的智合性管理。
>
> **创新创业:**创意设计、模式运营、创造开发;风险掌控、协合创新、行动开拓。
>
> **创造开发:**群体激励、合作专长、团队创造;愿景激励、协同专长、组织创造。

一、创新的理论与创新力管理

1. 创新概念和创新理论原理

（1）创新的概念。按照通常的说法,创新就是"推陈出新",即采用新的实践,把创意与知识转换成在市场中产生新客户价值的新产品和新流程。创新是"以新流程把创意知识转换成体现新客户价值的产品与服务的行动"。在商务领域,创新被定义为:新思想＋新产品与服务＋市场实施,可以分为产品创新、流程创新、市场创新、结构创新、文化创新等;在管理情境中,创新是为达成组织目标对于管理实践、流程、结构或技术实施创新组合;在工程领域,创新是创造或生成新的活动、产品、流程和服务,以新视角看事物,跳出现有范式,改进现有工艺与功能,采用新的成功实践等。

显而易见,创新并非发明。创新包含三个重要元素:创新创意（新思想、新想法、新视角、新理念）;创新过程（推陈、生成、优化、变革、发展）;创新行动（实践活动、实施行为、行动模式）。其中,创新创意基于思维创新,创新过程基于流程创新,创新行动基于结构创新。我们以创新点、创新流和创新群界定创新能力的概念:思维创新点（科技发展和知识更新所带来的以个体创造性活力为主的思维创新能力）、流程创新流（与公司自身的知识体系、业务流程和产品服务周期相关的程序性创新的能力）和结构创新群（由变革创新和市场转型导致的公司架构与内外关系的结构性创新的能力）。这三者形成了具有交互式三特征的创新能力体系（innovation competence system，简称 ICS），思维、程序、结构三个特征相互影响和支撑，实现交互创新机制，使之更具创新的动力、活力和张力，表述出整合式创新能力体系。

（2）创新理论与设计思维。奥地利经济学家熊彼特（1912）率先对创新概念做出界定即创新是生产函数或供应函数的变化，或是把生产要素和生产条件的"新组合"引入生产体系。熊彼特提出了"创造性破坏"作为创新概念的内涵，这也成为企业家精神的新元素。其创新组合包括五种情况。

□ 采用新产品或产品新特征。

□ 采用新的生产方法。

□ 开辟新市场及消费领域。

□ 控制新的原材料或半制成品的供应资源（注重低碳环保）。

□ 实现新的工业组织和创新团队。

这五种创新活动可以归为三大类：技术创新、市场创新、管理与组织创新。首当其冲的是技术创新，指从新产品或新工艺设想的产生到市场应用的完整过程，包括新设想产生、研究、开发、商品化生产到推广等一系列可续活动。因此，技术创新强调创新者利用创新机会，在创新环境中建立创新支持系统，通过技术的商品化应用，创造新产品的市场价值。

创新的重要途径是采用设计思维。设计思维是指"以人为中心，通过整合技术系统条件和社会文化情境开展创新的途径"，包括创造发现、洞察框架、原型选项、互动交付等四阶段设计思维模型。由于创新无处不在，设计思维成为每位经理和员工的心智模式与胜任力。图 10-1 是设计思维、商务思维和工程思维三种模式的比较：设计思维是从发现起步，以客户的视角洞察需求，通过观察与学习，进入合成框架，联结愿景商机，到达解题实现；常规商务思维是从界定出发，进入观察与学习、实践尝试，达成愿景商机；而工程思维则是从发现出发，通过观察与学习，直通解题交付，实现产品与服务。设计思维重塑了商务式管理行为与

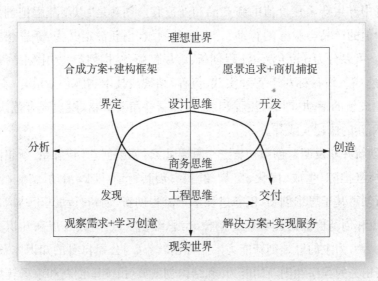

图 10-1　设计思维、商务思维和工程思维三种模式的比较［修订自（Gruber 等，2015）］

管理模式,更多表现为直觉整体、多重选项、总有更好、商讨新意、寻求新解等重要心理特征。设计思维从"发现"出发走向"理想世界"是特别重要的一环,否则难以真正实现现实世界的创新解决方案。在创新实践中,会遇到不少旧习惯、老模式和惯性行为的问题或阻力。常见问题有"定型"各自专长与经历而身处"陷阱",依赖过去路径与局部数据而受困扰,多样视角难以统一而感纠结,多方利益冲突或陈规陋习束缚而对变革过程出现抵制等。对于这些问题,可以通过转换心智模式、释义解读资料、对标组织目标、求同存异洞察、破除偏差陈见和学习实验行动等多种设计思维策略加以缓解,显著推进创新管理、数字化使能服务和创新型领导效能。

2. 创新力管理与双创领导力

(1) 创新力管理的特征。管理心理学把创新力管理定义为"以创新管理为主线,以创新领导力和创业领导力为双翼的智合性管理过程"。创新管理的核心是运用创意、新技术、新工艺和新思路实现技术创新、业务创新和开发创新的创造过程和创造成效所体现的管理实践。技术创新与业务创新就像是"双轮",开发创新就像是创新支架,支撑着双轮并驾齐驱。图 10-2 为创新管理模型。创新力管理包含三项策略依据:创新能力体系(ICS,思维—流程—结构)、创业五力理论(EFC,基于五力的创新,见第二章)和创造开发模型(creativity development model,简称 CDM,激励—专长—创造)。以创新领导力和创业领导力推进设计蓄能、科创聚能和开发使能三重机理,从而全面增强包括技术创新、业务创新和开发创新的创新管理三维特征。

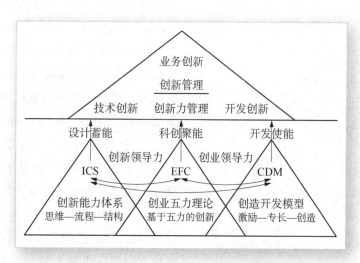

图 10-2　创新管理模型

① 技术创新管理。这是指企业组织运用创意、新技术、新工艺和新模式实现创造过程和创造成效的过程,涉及企业研发创新与科创要素的转化,开发与应用各类知识产权,开展创新业务与技术创新项目等。技术创新管理整合了包括思维创新点、流程创新线和结构创新群的创新能力体系(ICS),通过设计思维策略和知识产权策略等,以知识产权的开发与自主

创新作为技术创新管理的核心任务。我们从知识产权创新的成功实践中提炼出知识产权创业三维能力：知识产权获取能力（注重探索学习与创造吸收）；知识产权维护能力（强化转化学习与维权保护）；知识产权运营能力（提升开发学习与增值运营）。设计蓄能是技术创新管理的动力机制并成为创新管理的设计蓄能策略。

②业务创新管理。这里既是指商业模式的创新，也指在人财物和架构与流程方面实施新的管理策略创新。业务创新管理以创业五力理论（EFC）为基础，强化科创聚能，加速管理创新与商业模式创新。管理心理学为此提出六项策略：一是建立创新职能，促进产品与服务创新；二是创建解题式创新文化，鼓励创新精神；三是开放学习各种创新实践与创意思路；四是稳妥实施创新式试点或实验性项目；五是外聘专家或伙伴单位开展创新指导；六是运用系列性业务创新，实施持续改进。科创聚能是业务创新管理的活力机制并成为创新管理的科创聚能策略。

③开发创新管理。开发创新管理是指运用创造力开发方法改进和提升现有业务流程和员工工作效能。以包括激励、专长和创造三要素的创造力开发模型为依据，建构起增强客户体验和启动新产品服务与新业务模式的开发策略，加快数字化创造力开发，以数字化创新助力企业改革与能力开发，展现出多方面的创新管理成效。在此进程中，明晰创新愿景，建立共同目标，领导带动创新，鼓励多部门合作，并培养创造精神和容错氛围。研究与实践表明，开发使能是开发创新管理的张力机制并成为创新管理的开发使能策略。

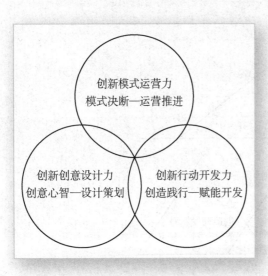

图 10-3　创新领导力模型

（2）创新领导力的特征与要素。不少人以为，创新是专家和科技人员的事，创新是"高大上"的任务。实际并非如此。创新是每个人都需要激发的理念、行为和能力，其核心要素是带领团队创新解题和创造发展的能力。越是在变革或危机情境，越能加速促成创新与创造，成为变革创新"生存能力"。创新领导力包含三维能力特征：创新创意设计力、创新模式运营力、创新行动开发力。图 10-3 是创新领导力模型。

①创新创意设计力。常见的问题是有创新想法，却缺乏创意设计与创造力。创新领导力的第一维能力特征是创新创意设计力，主要包含创意心智和设计策划两项要素。创意心智要素指设计思维、创意激发、开放冒险、标新立异等元素，以创意心智模式，构思、设计和应对所面临的客户需求与成长机会；设计策划要素则是指带领群体以激情创造和创新意志面对关键问题，识别客户的痛点，策划设计策略，鼓励自主创新的能力。创新领导者富有主动精神，不惧失败差错，善于解题探险，能快速谋划，精心驾驭创新活动。

② 创新模式运营力。常见的问题是许多创新计划比较笼统,缺乏模式选择运营策划的能力,或者创新计划缺乏重点,没有充分的实施准备,难以达成创新目标。创新领导力的第二维能力特征是创新模式运营力,主要包含模式决断和运营推进两项要素。模式决断要素是指善于面向市场、客户导向、目标聚焦,综合"创新点流群",决断创新模式,选择创新方案,组合创新团队的能力,在竞争与危机的情势下,往往触发创新对策,正所谓"急中生智";运营推进要素则是指具有策划创新运营、研判创新流程、优化客户价值方案的能力。创新团队建设是创业模式运营力的重要策略,表现为组合协同创新群体、部署团队运营策略、承担创新商模任务和提升创业协作计划的能力。

③ 创新行动开发力。常见的问题是具有创新心智与模式运营的准备,却缺乏从创新思想到可持续发展行动的有效链接,需要强化创新行动策略的开发。创新领导力的第三维能力特征是创新行动开发力,主要包括创造践行和赋能开发两项要素。创造践行要素是指以创新创造与创新运营策略引领创新行动,带领群体尝试创新设计,践行创新策略,更新创业策略的能力;赋能开发要素则是指面向创新成长目标,多层次组织赋能,开发创新胜任力。

创新领导力的三个维度相辅相成,适用于多种工作与管理场景,在改革创新与转型发展背景下具备创新领导力尤其重要。

(3) 创业领导力的特征与要素。基于双栖策略思想和元领导力框架提出了创业领导力的三维能力特征结构:创业风险掌控力、创业协合创新力和创业行动开拓力。图10-4为创业领导力模型。

① 创业风险掌控力。这是创业领导力的第一项能力特征维度,属于动力特征,主要包括风险心智与激情掌控两项要素。风险心智要素是指"创业者在通过创业风险、机会、资源、挑战的释义、学习、加工和行动,而动态、灵活、自规和引领创业的适应能力"。创业心智模式包含事业理念、价值创造、创新思维、激情开拓、风险承担、行动意志等特征的创业风险掌控心智结构。

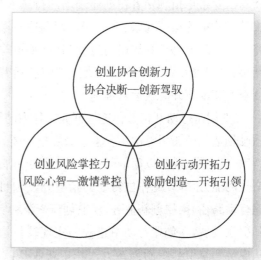

图10-4 创业领导力模型

激情掌控要素包含激情适应和行为管控的能力。创业激情是指"创业者具有的整合性基本情绪体验,包含强烈的热情冲动与能量调集",也属于"元情绪"。一般把创业激情定义为创业者伴随认知与行为表现的强烈情绪状态。创业激情表现出情绪性神姿度元素(表情、动作、声调、姿势等)和认知性准备度元素(理解、思考、研判、充实等)。情绪性和认知行为性激情元素,两者交互影响着创业心智转换的效能、创业风投决策、创业者的创新力和认知适应力。我们修订了激情评价量表题项,见量表工具10所示,供读者参考。

📋 **量表工具 10**

创业激情量表

① 情绪—姿态性创业激情维度（6题）

创业者体态动作充满活力；　　创业者动作语言特别丰富；　　创业者经常充满激昂表情；

创业者运用多种多样姿势；　　创业者在讲话时激昂慷慨；　　创业者讲话声调抑扬顿挫。

② 认知—行为性创业激情维度（6题）

创业者表达时内容很充实；　　创业者思考问题深思熟虑；　　创业者沟通演讲逻辑连贯；

创业者宽广格局解读思想；　　创业者以事实证据做决策；　　创业者行动领先开拓前行。

---

② 创业协合创新力。这是创业领导力的第二项能力特征维度，属于活力特征，主要包含协合决断与创新驾驭两项要素。创业决策包含着多种创新与风险因素。协合决断要素依赖于创业领导者对多样风险的洞察、对多种机会的察觉和对发展路径的综合选择等能力。创新驾驭要素是指领导者在创业创新的持续发展方面的战略性运营驾驭能力，包括基于潮流推动式战略的运营驾驭（善于在初期创造新潮、在中期构筑涌潮、在后期驾驭潮汐的创新策略），基于颠覆创新式战略的运营驾驭（采取全新产品设计、全新创造商业模式、全新开拓市场渠道等举措）和基于价值延展式战略的运营驾驭（对常规商业价值链作延展设计，使商务创新快速增值并高效运营推进）。

③ 创业行动开拓力。这是创业领导力的第三项能力特征维度，属于张力特征，主要包括激励创造与开拓引领两项要素。激励创造要素指运用可持续成长策略强化愿景激励和创造行动。愿景激励是以简洁明了的前瞻性愿景陈述与理解，激励和指引干部、员工为之努力和奋斗的能力，并以此作出行动的指导开发和目标指引；而创造行动则包括鼓励创新理念、构建行动路径、拓展创新业务、获取创新资源和实现行动成果。开拓引领要素指善于开拓新业和引领发展，在创业行动中建构和实现较长远的行动式愿望图景，用以激励领导者自身、团队成员和整个组织的创造力。开拓新业是以快节奏工作，发起变革，团结大家共同实现目标，比较能鼓舞人心，不惧风险，尝试新法，建立张力，快速行动，争取突破；引领发展则以未来价值、强烈愿景、长期视野、包容信任、责任意愿，带领团队强化内在激励和行动领先的策略性举措。

💬 **思考研讨 10-1**

全力推进绿色创新

　　绿色创新成为创新管理最新、最活跃的领域之一。所谓"绿色创新"是指所有围绕绿色环保和绿色转型的创新活动，不仅包括绿色的清洁技术如新能源等，而且包含各种与绿色发展商机和可续目标相关联的绿色科技创新、商务创新。绿色创新的商机更多与较高水平的节能环保和资源效益密切有关,并且涉及气候变化与双碳举措紧密关联。实施绿色创新战略需要在经济建设各个层面和企业各类业务中推进绿色创新行动,并且增强绿色创新领导力,围绕核心绿色技术创新应用推出多种使能策略。请结合你所关心的领域或产业,思考与研讨绿色创新的机会及路径。

二、创业理论与创业管理策略

1. 创业三要素与创业五力论

(1) 创业的概念与三要素。创业和创业精神的概念早在中世纪就出现了,表示冒险之人"对财富的强烈追求"。到 1930 年代,熊彼特首创的创新概念成为现代创业概念的新元素。创业精神更多体现在追求创新、承诺目标和承担社会责任等方面。进入 1990 年代,创业实践面临各种新商机,创业概念强化了行动导向。王重鸣把创业定义为"以风险承担、创新驱动和行动领先为三要素的行为过程"。创业概念包含三项要素:心智、创新和行动。

① 心智要素。创业的首项要素是心智,包含强烈的风险承担和敢为人先的心智特征和对于机会、资源的自信与责任倾向。在创业活动中体现为价值创造、不惧失败、勇于进取,表现出创业的风险担当、自信应对、机会意识和责任担当。创业心智要素成为创业成功的基本心理特征。

② 创新要素。创业的第二要素是创新,包含显著的创新驱动和创新行为的创新模式和擅长创意、创造、学习的胜任特征。在技术创新、队伍创新、管理创新和商业模式创新方面表现出以价值创造的方式实现独特要素组合和增值实践,以创新作为创业的核心要素。

③ 行动要素。创业的第三要素是行动,包含主动的开拓行动和结果导向的行为模式和善于尝试、作为、推进的行动特征。行动成为创业的决定性要素,创业精神以行动实践为基础。在改革创新、数字智能和可续发展的创业转型实践中,创业企业日益注重多阶段、多层次的行动策略。

在创业实践中,心智、创新、行动要素整合在一起,成为创业能力的三项支柱。在可续创业中,这种整合效应更加突出,并以创业学习和创业能力建设为重要策略。

(2) 创业五力理论及其特征。第二章阐述了创业五力理论(EFC)的五项模块:创业生态力人环模块、创业文化力规制模块、创业团队力协同模块、创业创新力科创模块和创业行动力效能模块。创业五力理论提出了四项原则:创业五力的结构性、层次性、动力性和效应性。

① 创业五力的结构性。创业五力包含以创业生态力为核心的五维模块结构:人环模块维生态力、规制模块维文化力、协同模块维团队力、科创模块维创新力和效能模块维行动力,在五维模块中包含两种能力及双重能力维要素,形成创业五力结构模型。

② 创业五力的层次性。创业五力展现为元能力、引领能力、技能能力和行动能力及其要素：以创业生态力为例，生态力为元能力，弹韧领导力与赋能领导力为引领能力，创业心智能力和创业环境能力为技能能力，包含六项行动能力要素：价值创造、事业理念、创新思维、激情开拓、创意追求和行动意志。

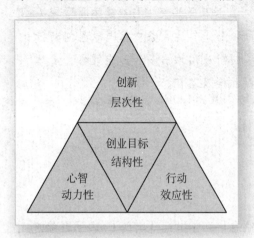

图 10-5   创业三要素与创业
五力理论四原则

③ 创业五力的动力性。创业五力表现出五种双栖动力机制，创业生态力的创业心智模式与创业环境特征之间的竞合机制，创业文化力的创业价值理念与创业社会责任之间的融合机制，创业团队力的创业合作思维与创业领导协调之间的协合机制，创业创新力的创业科技创新与创业跨界学习之间的智合机制以及创业行动力的创业资源经营与创业变革转型之间的整合机制。

④ 创业五力的效应性。创业五力理论提出，创业五力及其特征要素对于持续创业业绩、创业成就感与创业满意感具有多层分布式综合效应；在变革创新、数字转型和绿色发展的环境下，创业五力相互影响形成创业策略和管理模式，直接影响创业的任务绩效、协作绩效、责任绩效、创新绩效和可续绩效。

我们运用上述四项原则深度解读创业五力理论的应用与发展机理，并以此优化各项创业策略。

2. 可续创业发展与关键特征

在全球化、数字化、大变局和新发展背景下，涌现生态成长、责任文化、团队协同、变革转型、危机管理等管理新实践。责任心智、持续创新、绿色行动的创业三要素成为高质量创业发展的"三驾马车"，可续创业成为新的创业策略和发展方向。在创业五力建设中，五种新型创业逐步成为创业领域的"新增长点"和新动能：绿色创业、责任创业、数字创业、精益创业和国际创业。

（1）绿色创业和责任创业的特征。

① 绿色创业。这是指以绿色生态为主线，以社会、环保、节约、变革、效能为导向的创业模式，通常与生态产业、环保创业与绿色转型创业相关联。绿色创业是基于可持续发展理念的新兴创业策略，具有五项关键特征：持续理念、社会责任、节能环保、变革模式、环境创意。绿色创业能力、决策和成长，成为我国实现全面绿色转型的创业策略。

② 责任创业。这是以创业社会责任为主线，设计、策划和开展责任型创业业务与活动，既包括基于责任价值、责任动能、责任参与的创业业务等，也包括基于改革创新的包容、扶贫、振兴型项目业务等。责任型组织和责任创业成为 21 世纪创建"基业长青企业"的有效创

业模式与策略。责任创业是责任价值与责任策略要嵌入全公司创业的"全链路",责任创业具有五项关键特征:责任心智、担责价值、变革创新、全员参与、责任组织。责任创业、责任领导力与责任型组织建设成为企业组织可续成长的重要胜任力。

(2) 数字创业、精益创业和国际创业的特征。作为数字经济发展中的佼佼者,数字创业发展迅猛而且潜能巨大;精益创业是在创业大潮中脱颖而出的简洁而高效能的创业新模式;国际创业则由来已久,随着"一带一路"倡议的实施,更向可续发展方向演变,实现了持续创新和数字化绿色化转型。

① 数字创业。数字与智能创业是数字经济发展的"双翼策略",数字创业运用互联网、大数据、物联网、云计算、区块链等数字化技术,实现价值创造与跨越发展。数字与智能创业具有五项关键特征:数字心智、团队协同、创新模式、迭代学习、云端平台。数字创业与数字领导力成为最有前途的成长策略与创业能力之一。

② 精益创业。针对初创业的松散流程、粗放管理与试误经营以及对资金、资源、机会的轻易使用等而造成的创业成本高、效益低等问题,精益创业应运而生。精益思想出自丰田汽车公司的管理实践,通过"紧实平准"的流程,推行精益生产和持续改进,形成了可续创业策略。精益创业具有五项关键特征:精益理念、紧实平准、准时流程、加速周期、学习改进。精益创业能力与精益领导力成为可续成长胜任力。

③ 国际创业。这是运用技术(主要是知识产权)、资金、产品/服务、人才和业务网络等方面的相对优势,以国际市场为目标,特别是跨境电商、在线贸易、跨界众创、内容营销、传媒网络等新实践、新模式层出不穷,国际创业成为我国产业创新升级和企业实施"一带一路"倡议的重要途径。国际创业能力构建、自主外派人员的能力开发、国际经理人培养和国际创业网络平台建设等,成为国际创业能力建设的重点任务。国际创业具有五项关键特征:互联心智、全球商机、跨境项目、联盟合作、跨界学习。国际创业能力成为数字化绿色化创业的成长策略。

三、创造力特征与组织创造力

1. 创造力特征与智力投资论

(1) 创造力的特征与层次。创造力是心理学的核心概念之一,也是管理心理学的关键研究领域。我们把创造力定义为"通过搁置当前判断,发现新的联结,换位审视问题和形成新型组合而实现目标的能力"。创造力是一种目标行为,提升创造力需要突破习惯思维、开发全新模式、开放多样判断、识别可行选项。有关创造性思维的五阶段模型认为,创造性思维经历了"初始洞察、解题准备、培育路径、灵感激发、解法验证"五个阶段。我们把创造力看成问题解决的专长或才能,作为对复杂边界模糊问题的创造性解决方案。创造力分成个体创造力、群体创造力和组织创造力多种层次,尝试开发或引入创意,体现在过程、结果和产物之中。

（2）智力投资理论。以西蒙和斯坦伯格等专家为代表的认知、计算、知识和启发式等研究思路，分别提出专家解题策略和高阶创造力模型。斯坦伯格等提出的"智力投资理论"认为，创造力强的个体具有把环境因素、智力、知识、思维风格、个性、动机等要素"投资于创意"的特殊能力，从而支撑创造力的建构，汇聚形成智力思维与行为。有关创造力研究内容涉及多方面的选题：创造力与创意、创新与创意实施、创新扩散度、技术创新、用户驱动创新、社会创新等，创造力与创新的概念日趋融合。创造力与情绪激情密切有关，可以从自我调节的视角，把创造力看成对外部环境的适应性反应，其认知功能会受到正面或负面情绪过程的显著影响。正面情绪状态会促进联想式思维和启发式认知加工，并拓展"思维—行动"的链接。

2. 创造开发模型的特征要素

（1）团队创造力与组织创造力。管理心理学在有关创造力的基本理论思路基础上，把团队创造力和组织创造力作为持续组织绩效、组织适应力和长期生存与发展的重要驱动力。员工与团队的工作创造力是组织创新与成功的关键驱动力。个体资质与组织情境因素之间的交互作用可以预测其创造性绩效，而组织创造力则是个体特征（认知能力、个性特征与内在动机等）、群体特征（规范凝聚力、多样性和解题方式等）和组织特征（公司文化、奖励与资源、战略与技术等）多层次交互影响而形成。团队创造力与组织创造力在很大程度上由多种领导力特征（支持、变革、交换、赋能、共享等），通过多层次中介机制（团队创造效能感、团队心理安全感、创新氛围等）共同发挥综合效应。通过多种途径培育创意、建设创造氛围、搭建合作平台，可以显著增强组织创造力，并获得个体、团队、组织不同层次创造力要素的协同与整合。

（2）创造开发模型。在创新驱动、数字化转型和绿色可续发展的新形势下，全球经理人都把创造力作为首选领导力特征。创造力开发是指培育、激发、提升和拓展组织创造力，是创新力管理的主要特征与策略依据。相关理论较多地围绕什么是创造力和组织创造力而讨论，却缺乏系统的理论创新和策略建构。为此，我们通过系列研究构建了"创造开发模型"（creativity development model，简称CDM），提出创造力是一个激励、专长到创造的开发过程。通过领导与下属的互动辅导和鼓励团队知识交换与发挥，可以激发团队创造力，或者通过建设全球创新网络来培育、鼓励和释放有关创意思维、创造潜能、创造资源和创造才能的创造开发策略。图10-6是基于三要素模型的团队与组织而构成的双层创造开发模型的图解。可以看到，创造力开发始于激励，包括团队层次促发集体心智转换、创意互动激发和责任目标激励，也表现为组织水平促发跨界合作心智、创造团队动能和增强组织价值；进一步促进领域合作专长与协同专长，包括团队层次的创新任务能力、创新技术经验和合作担责模式以及组织水平的综合创造技能、合作创新团队和组织赋能策略；最终促成团队创造与组织创造，包括团队层次的创造技能、启发捷径和创意实现，以及组织水平的创造文化、跨界学习和组织发展。组织创造力层次模型为创造力开发提供了策略框架。

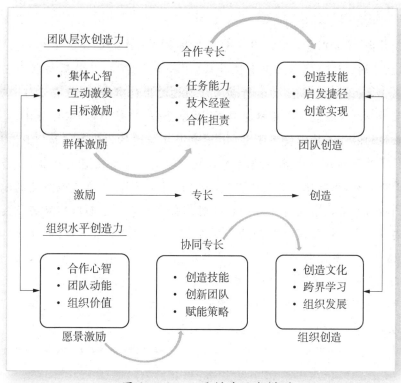

图 10 - 6 双层创造开发模型

思考研讨 10 - 2

创造力与职业成功

创造力过程与职业场景密切相关,只有在表现知识共享的职业团队中,工作创造力才能提升自我效能感。在多样性比较强的职场中这一点更为明显。职业生涯管理也影响创造力的发挥,使得高职业承诺的员工更多发挥其创造力,而职场工作压力对创造力发挥的影响则取决于自我调节能力的高低。在自我调节能力强的情况下,高工作压力可以激发出较高的创造力;而对于自我调节能力弱的员工,高工作压力则会抑制创造力及其发挥。有关创造力与心理弹韧性的研究则提出,高心理弹韧性的员工较少受制约于职业条件,其创造力明显影响或增强职业成功。请结合工作与学习的经历,思考与研讨工作创造力与职业成功之间的关系及其影响因素。

案例体验 10 - 1

女性创业赋能计划

浙江大学全球创业研究中心与牛津大学赛德商学院紧密合作,秉承"提升了女性就是带动了社会"的新理念，从 2008 年起参与高盛集团发起的全球万名女性"巾帼圆梦"创业赋能计划。这项计划注重女性学员的"知情意责"心理特质与创业五力开发（生态力、文化力、团队力、创新力和行动力），通过运用包容援助、社会责任、职业实训和组织发展等多层次赋能策略来提振自信、关爱合作、行动学习、强化群体，进而综合提升创业女性的潜能与持续发展能力。该计划每年通过结构化面试和创业潜能测评，选拔 100 位高潜质创业女性，提供基于行动式学习的创业能力开发课程，并通过实施创业行动升级计划，跟踪她们的创业实践，持续改进辅导计划，在女性创业的能力提升（学习力、内控力与效能感）、财务业绩和新创就业机会等三方面取得显著成效。女性创业者普遍表现出敏锐的商机警觉、坚韧的不懈坚持、热忱的互动合作、执着的学习进取、强烈的成功追求等优秀创业品质，这些品质也成为女性创业能力的重要元素。"中国女性创业能力开发项目"是一项全国性的女性创业赋能计划，为女性创业的可续发展提供了系统的理论指导和具体的发展策略。请以本案例为依据，讨论和提出数字经济和绿色转型背景下的女性创业赋能设想和计划。

🔲 案例体验 10－2

创新力是一种行动力

华建公司是建筑行业的佼佼者，近年来面临绿色转型，从建筑材料到建筑施工，都必须尽快完成面向环保低碳的生产、制造和建造，以便适应全新的生态型创业发展。为此，公司从 2019 年重构了绿色愿景与创新战略，全面启动绿色转型。但是，由于新老业务变革转型规模较大、绿色创新概念引入却不易策划和推行。公司积极提升各级干部和项目团队的创新力，特别是创新领导力。公司与浙江大学全球创业研究中心合作，启动了创新领导力开发计划，推出绿色转型综合改革行动方案。推进如下五项配套策略：

　　□ 组织文化支撑策略：公司在核心价值观和文化导向上强调共享绿色创新愿景，鼓励建设性创意，建立主动创新的组织文化机制。

　　□ 创新障碍管理策略：公司主动排解影响绿色创新的组织障碍或"绊脚石"，应对内部不协同和回避失败问题，废除有碍创新的陈规旧习。

　　□ 创新贡献激励策略：修订或出台新的考核体系和奖励制度，建立参与绿色转型个人与群体创新的配套激励计划。

　　□ 创新资源配置策略：设置绿色创新工作量和自主决策空间，创新资源包括经费、材料、设施和信息以及开展创新项目的各种条件。

□ 创新合作网络策略:提供具有挑战性的创新任务和绿色创新项目,建设开放的绿色创新生态系统。

从绿色转型的启动阶段开始就把绿色创新领导力作为一种行动力。2021 年,华建公司践行了创新领导力,成为绿色建筑业的最佳实践。请问如何在企业、学校和政府部门通过提升创新力持续增强变革转型,需要哪些配套举措?

第二节　组织学习与组织赋能策略

知识要点 10 - 2　组织学习与组织赋能

> **组织学习**:主动进取精神、协同赋能模式、创新行动策略、支持学习环境四维。
> **创业学习**:心智转换、认知策略、社会建构、行为重塑、知识组块、行动亲验。
> **行动学习**:问题驱动、原理反思、行动目标、行动反馈、行动迭代的五环策略。
> **组织赋能**:心智模式适应、胜任能力选配、行动效能开发的人与组织协同赋能。

一、组织学习理论与创业学习

1. 组织学习与组织学习理论

(1) 组织学习与协同赋能。管理心理学把组织学习定义为"组织发现、获取、整合和开发新知识以提升其核心能力的学习过程"。组织学习并非组织中个体或群体学习的简单总加,也不只是组织层面的学习活动,而是系统的协同学习和整合赋能过程。这里所说的协同学习和整合赋能是组织学习新特征和双栖机制。

如图 10 - 7 所示,一方面,个体在生活、教育、工作、职业过程中一直在积累、获取、转化、发挥知识和经

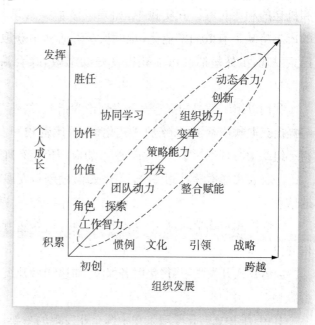

图 10 - 7　组织学习的协同赋能机制

验,以不同的资质、经历、学历、阅历形成了角色、价值、协作和胜任组合体。个体学习成为生活与工作的组成部分并日益融入数字化和场景化特点;另一方面,组织从初创、成长、转型、跨越过程中不断探索、开发、变革、创新其知识与资源,以不同的禀赋、失败、成功、优势形成惯例、文化、领导和战略集合群。在个体成长与组织发展的"双重轨道"上,通过协同学习与整合赋能双栖策略应对挑战,创造未来。我们提出新的组织学习理论,认为"组织学习是在人与组织交互适配中通过探索开发与变革创新而形成以协同学习与整合赋能为机制的动态能力提升过程"。组织学习表现出五个层次的协同赋能机制。其中,人与组织互动适配是组织学习的主线。个体成长从积累到发挥阶段,获得角色、价值、协作、胜任能力;组织发展从初创到跨越阶段,优化了惯例、文化、引领、战略能力。他们通过协同学习与整合赋能机制,从工作智力、团队动力、策略能力到组织协力和动态合力,以探索、开发、变革、创新过程实现了组织学习的目标。

(2) 组织学习理论。有关组织学习的研究中,马奇组织学习理论、埃德蒙森组织学习理论和第五项修炼理论影响巨大,我们进一步拓展了组织学习理论,并提出行动型组织学习模型。

① 马奇组织学习理论。在组织学习理论的发展过程中,马奇等人(1988)提出了组织学习的新思路,展现了引领者的角色。以惯例、历史、目的的视角解读组织学习如何编码、储存、提取组织记忆中的教义和惯例,从而学会适应行为和组织胜任力。马奇(1991)开创性地提出了"探索式与开发式"的组织学习理论,揭示了组织学习的内在机制和过程,成为多领域研究的重要指导框架。探索学习主要包括组织的搜索、发现、实验、风险承担、创新等开拓性行为,主导了企业对于新知识、新机会的发现和捕捉过程;而开发学习主要包括组织的优化、选择、制造、执行、实施等旨在提高组织效率、实现利益最大化的行为,制约了企业对于知识和机会的利用过程。在实践中,如果只注重探索学习而忽视了开发利用,那么研发、实验的成果将缺乏有效的产业化,难以从探索活动中获取利益;而如果只看重开发学习而忽视探索发现,虽然短期内可能获得良好的绩效,却会缺乏持续成长的动力,陷入到"能力陷阱"之中。

我们以组织学习的探索—开发理论为指导,构建了企业知识产权策略的研究框架,验证与提出获取式探索学习、维护式转化学习、运营式开发学习三个核心维度及其关键特征,丰富了组织学习理论对于技术创新学习的应用价值和理论内涵。

▫ 获取式探索学习:引进知识产权、激励创新发展、注重自主研发、尝试合作研发、采集机遇信息。

▫ 维护式转化学习:保护维护专利、教育培养能力、实施战略规划、增强制度安排、设置结构支撑。

▫ 运营式开发学习:优化财务保障、加速产品升级、经营知识产权、加强合作关系、开展社会影响。

其中,维护式转化学习是在中国企业发现的重要协同机制,为获取式探索学习和运营式开发学习发挥衔接、维护与转化作用,在企业创新实践中发挥双栖策略的"哑铃功能"。

② 行动型组织学习的特征。管理心理学根据学习型组织建设的研究,提出行动型组织学习的理论模型,定义为"组织学习是以主动创造、获取转换、协同赋能,持续提升知识技能和实现创新目标的精神、模式、策略与环境的建构能力"。这个定义包含行动型组织学习的四个关键成分:主动进取精神、协同赋能模式、创新行动策略和支持学习环境。

③ 埃德蒙森组织学习理论。埃德蒙森等(2003)从过去学习的积淀、个体学习的集合、组织成员的参与和担责心智的开发,提出了组织学习的全新定义:组织学习是组织成员主动运用数据指导行为以促进组织的持续适应能力,发动、开发与践行组织学习的过程。学习型组织建设的策略特征包括学习过程与实践模块(实验尝试、信息采集、信息迁移、分析提炼、教育培训)和学习领导力模块(倾听建言、反思自省、提供资源、识题解题)等,从而为组织学习的应用与提升提供了全新的策略指导。

④ 学习型组织的五项修炼。圣吉提出的组织学习的经典策略,通过自我超越、改变心智、共同愿景、团队学习和系统思考形成学习模式。强调以现有工作和管理模式的理解以及共同开发新工作模式的过程,鼓励学习、运用新思路和新行为模式。学习型组织"五项修炼"如下。

　□ 自我超越:不断明晰新愿景和设置个人目标,主动开发专业胜任力。
　□ 心智模式:学会了解现有心智模式,并构建与开发新的开放式心智。
　□ 共享愿景:通过对未来发展的共同认同,凝心聚力,形成共同承诺。
　□ 团队学习:通过团队成员互动式学习,发展协同关系和共同的思维。
　□ 系统思维:学会关注关联的行动和整合功能,用以综合前四种修炼。

组织学习的五项修炼原则,在管理培训和组织发展实践中得到广泛的应用。通过这五项修炼的学习,可以强化开放行为、认同解决方案、提供学习计划和指导学习型组织。

2. 创业学习与行动学习策略

(1) 创业学习策略。管理心理学在学习理论的四个方面得到全新的发展:创业学习、开发学习、组织学习和数字化学习。把创新驱动下的创业型企业成长学习和差错学习称为创业学习;把转型升级下的领导力赋能学习称为开发学习;把变革发展下的组织能力提升学习称为组织学习;而把数字化转型下的多层次学习称为数字化学习。创业学习把创业过程视为创业者不断探究、尝试、解决创业企业发展中新问题的学习过程。由于创业学习具有高度的实践性、内隐性和情景性,我们建议采用"广热身、深预习、高解惑"的新型学习模式。这是指广泛开展实践问题与相关概念热身,深度预习多项原理与身边案例,高强度互动解惑与行动学习,从而取得创业学习"增益"和创业能力"倍增"的效果。表 10-1 是创业学习的六种视角,分别解读了创业学习的六项心理聚焦点:心智转换、认知策略、社会建构、行为重塑、知识组块和行动亲验等,并作出了内涵界定,分别形成创业的心智知识、高阶知识、网络知识、行为知识、组块知识和行动知识。

表 10-1   创业学习的六种视角

创业学习六种视角	内 涵 界 定
心智转换视角	针对任务挑战调适原有心智要素和转换心智模式,通过比较、吸收、获取、转变、置换新的知识元素,学习、构建和衔接形成新的心智知识
认知策略视角	采用元认知加工策略,注重通过反思、提炼、获取"怎样做"策略式知识,建构策略启发式,并将新知识与已掌握知识相衔接形成高阶知识
社会建构视角	从人与环境交互的视角,通过创业交互过程,强化企业与群体内外关系的社会认知建构,学习形成新的网络知识
行为重塑视角	在创业过程通过差错感知、行为分析、行为改变、技巧学习,适应新角色和开发新行为的学习过程,重塑行为,形成知行合一的行为知识
知识组块视角	在创业中通过与群体成员共建创业知识模块,通过项目任务获取经验单元并分享转移,作出集体阐释的组块知识
行动亲验视角	通过创业的问题驱动、原理反思,完成创业的行动目标、反馈分析、行动迭代等学习环节,在"干中学"过程中形成行动知识

（2）行动学习特征与五环策略。亲验式的行动学习策略又称为"干中学"和行动学习。亲验式学习包含实践性、内隐性和行动性三要素:实践性表示在工作实践中体验和学得知识与技能要点;内隐性表现依赖情境体会关联经历,获得内隐知识;行动性则强调"干中学",知识的获取不能只靠"旁观",而是要通过行动过程加以持续增强。典型的行动学习包含三种要素:行动学习参与者,拟解题的问题任务,群体共同讨论解题。我们创建了行动学习五环策略模型,包括问题驱动学习、原理反思学习、行动目标学习、行动反馈学习和行动迭代学习五个环节,如图 10-8 所示。行动学习通过亲验聚焦问题、互动解读要领、参与定位目标、尝试学习路径和协同践行策略的行为机制。

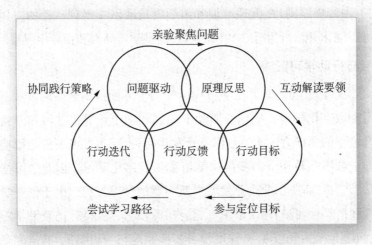

图 10-8   行动学习五环策略与过程机制

① 亲验聚焦问题。通过实地考察、群体讨论和产学结合,聚焦拟解决的实践问题,亲验识别学习关键点并进入原理反思环节,从而实现亲验聚焦问题的机理。

② 互动解读要领。围绕解题要求,从理论原理和政策法规的多源检索、互动解读与策略

反思,互动交流和解读以往成败经历并加深原理理解,从而完成从原理反思到行动目标的转换,实现互动解读要领的机理。

③ 参与定位目标。从行动目标到行动反馈学习,开展参与式研讨定位,共同设置行动目标,实现目标的定位和迭代,从而推进行动学习。

④ 尝试学习路径。经过初步行动式尝试和研讨学习,以成效反馈推动行动迭代学习,从目标、角色、沟通、协同、凝聚等方面做出尝试学习路径。

⑤ 协同践行策略。在行动迭代的基础上,转向进一步的问题驱动学习,使行动学习进入多方协同践行的全新阶段。

在实际研究和实践中,行动学习的五个环节可以整合成三个高阶行动学习环,形成"行动学习三部曲",包括问题驱动学习环、原理反思学习环和以行动目标、行动反馈与行动迭代所构成的行动学习转换环。

① 问题驱动学习环。聚焦实践问题,采用个人思考和群体讨论方式,特别是产学结合方式的存在问题研讨(如举行"焦点小组讨论"),明晰拟解决的问题。综合个体、群体和组织的多层行动学习需求分析,从心智模式、生态理念、成长能力、发展机会、公司文化和业务模式等许多方面去识别关键问题点,以便确定行动学习的目标。表 10-2 为问题驱动环行动学习的分析表,说明方法策略 1 的双层次分析模板。

表 10-2　问题驱动环行动学习表

方法策略 1　问题驱动与能力提升学习表

1. 个体层次的问题驱动分析	2. 群体与组织层次的问题驱动分析
(1) 对问题关键点的理解:心智模式 (2) 能力提升的心理准备:成长能力 (3) 工作模式的创新方法:认知转换 (4) 工作程序的配套策略:责任绩效	(1) 群体与组织问题识别:公司文化 (2) 组织能力提升时间表:年度计划 (3) 赋能绩效标准的更新:可续绩效 (4) 学习文化建设的配套:数字文化

② 原理反思学习环。围绕关键问题或学习目标,检索现有理论原理或者公司政策与管理法规,开展互动解读与策略反思。例如,管理心理学、创业社会责任理论、可持续发展政策、创业创新能力开发策略等原理,以便加深对相关研究与政策原理的理解,从而搭建学习的原理框架。在原理反思学习中,需要综合反思多方面原理和相关知识点,才能做到融会贯通。表 10-3 是原理反思环行动学习表,说明方法策略 2 的能力要素和行动策略学习模板。

表 10-3　原理反思环行动学习表

方法策略 2　原理反思环行动学习表(以创业能力为例)

1. 能力要素	原理知识亮点	群体解读交流	能力建设反思	行动解题策略
个体层次	创业心智模式	定型或成长心智	心智模式转换	"去学习"
团队层次	团队合作能力	合作思维与难点	团队化策略	团队创新

2. 行动策略	主要策略特征	单位经营实践	采用何种策略	具体行动路径
任务行动策略	精益创业策略	选择示范项目	创业成长心智	激励考核
组织行动策略	组织创业使能	实施使能计划	组织发展策略	多层参与

可以看到，原理反思学习可以分为能力要素和行动策略两个部分：一是对有关能力要素的原理反思，进而提出行动解题策略方法；二是对行动策略做出学习、思考与探讨，分享经营实践，个体优化或定制策略并设定具体的行动路径。比较常用的有三个方面的行动策略：价值理念策略、变革动能策略和多层参与策略。

③ 行动学习转换环。在问题驱动与原理反思两项行动学习环节的基础上，由行动目标学习、行动反馈学习和行动迭代学习三个环节构成了"行动学习转换环"即目标—反馈—迭代的行动学习过程。在这个行动学习新阶段，有三项学习重点任务。

▫ 在行动目标学习中，设立具有自主性、责任性、成长性、团队性和创新性的行动目标，增强五个行动式特征，在解题过程中做出"进展成效反馈"。

▫ 在行动反馈学习中，建议采用"群体反馈分析法"（group feedback analysis，简称GFA），通过群体任务成效和程序成效反馈，从目标、角色、沟通、协同、凝聚等方面做出行动成效研讨，尝试学习路径。

▫ 在行动迭代学习中，在行动反馈学习基础上评估技能迁移和模式转换的情况，并设法转换思路，做出行动策略修订与迭代，使行动学习进入多方协同践行的全新阶段。表10-4是行动转换行动学习的成效分析表（方法策略3），表中分为两个部分：行动目标与反馈成效分析（表现参与反馈、负责反馈、增效反馈、合作反馈和效能反馈的成效）和行动迭代的能力优化分析（旨在提升授权领导、责任领导、赋能领导、团队领导和创新领导能力）。在行动学习时给予计分。

表10-4　行动转换环行动学习的成效分析表

方法策略3　目标—反馈—迭代行动学习的成效分析表

1. 行动目标与反馈成效分析			2. 行动迭代的能力优化分析		
目标特征	反馈成效	得分	目标—反馈	迭代—赋能	得分
目标自主性	参与反馈		目标优化	授权领导	
目标责任性	负责反馈		行动优化	责任领导	
目标成长性	增效反馈		程序优化	赋能领导	
目标团队性	合作反馈		组织优化	团队领导	
目标创新性	效能反馈		整体优化	创新领导	

注：请用5级计分表打分（分数越高，成效越高）

（3）数字化行动学习三角模型。我们在研究与能力开发中先后采用多种数字化在线学习途径。常规网络教学或在线学习灵活、多样且易于操作，但是线上直播与微课等学习方式却面临新的挑战。

▫ 在线参与度和学习模式分散问题,在线教学或研讨各方的注意力较分散或"一心多用",出现"分心观战"和"边缘加工"现象。

▫ 在线教学授课模式的互动机会少,单向授课而缺乏反馈,易出现"面屏论剑"现象,处于低互动、弱信用状态。

▫ 在线教学内容分散、抽象且难以作实践技能演示或实训,教学的行动性较低,显现"指尖谈兵"现象。

针对上述挑战和问题,我们采用数字化学习与行动学习五环策略原理相结合的方法,提出数字化行动学习需要重点增强三种能力:专注力(focus)、信任力(trust)和行动力(action)。数字化行动学习这三种能力构成了数字化行动学习 FTA 三角模型,如图 10-9 所示。

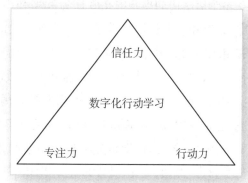

图 10-9　数字化行动学习的三角模型

① 专注力。运用"问题驱动"策略,加上数字化背景教学资料,帮助聚焦关键问题和开展分布式加工,解决"边缘加工"问题。以有关"问题地图"思考与讨论,促进从"分心观战"在线学习模式转向分布式"专心参战"模式,从而增强数字化学习的专注力,即聚精会神、专心致志、问题聚焦的能力。

② 信任力。采用"原理反思"策略,辅以数字化互动与反馈的机会,解决学习的弱信用问题。以高互动设计与原理研讨,促使教学或研讨从"面屏论剑"转向担责参与式"互动论剑",从而提升数字化学习的信任力,即诚信互动、原理信心、伙伴关系的能力。

③ 行动力。采用行动目标—行动反馈—行动迭代的连环行动转换策略,解决在线学习低行动性的问题。以行动目标订立、行动成效反馈和行动策略迭代的方式,促使从"指尖谈兵"在线学习转向发展导向的"在线练兵",加强数字化学习的行动力,即目标设置、行动反馈、更新迭代的学习能力。

💬 **思考研讨 10-3** ▪▪

如何运用行动学习策略

相比于一般学习,行动学习是一种高卷入的互动式技能性学习和内隐式知识获取,既内含"心理对接"和技能掌握,又包括高频次群体交流和共享式学习,而且程序递进,模板规范,加工深入,套路严谨,成效显著。因此,我们特别推荐大家学习和掌握行动学习方法,这并非一般培训或课程的"浅层教学"可以奏效的。许多学校将行动学习策略作为 MBA 教学创新,结合企业实例开展高卷入研学,师生各方收获丰硕。在实践中,五环行动学习策略的应用显现出多样化的新趋势:从实操训练转向创业能力提升;从一般修炼转向决策胜任培养;从实例学习转向数字化学习;从管理优化转向变革行动,助力组织转型成长。请思考与研讨在学习与工作中如何更有效地推动五环行动学习并提出可行的方案。

二、组织赋能策略与开发学习

1. 组织赋能开发途径与策略

（1）组织赋能的研究证据。管理心理学把组织赋能定义为"组织依据愿景与战略要求，在多个层次协同提升内在胜任力和增强组织效能感的系统途径"。组织赋能是一种通过充电、蓄电和聚电过程以增强内功转换与效能开发的过程。组织赋能理论聚焦在对人与团队和组织的赋能适配行为策略。在个体层面上充电，通常采用学习培训方法，转换心智模式，补充知识技能，提升内在功底，推进行动效能；在群体层面上蓄电，通常采用团队建设和项目实训的策略，强化责任意识，提高业务能力，嵌入合作网络，提振团队动能；在组织层面上聚电，通常采用设计创新战略，组合升级方案，创建创新网络，开发组织效能。组织赋能理论以变革行动为核心，以知识分享和行动学习为机制，重点赋能与开发多层次的适应力、创造力与学习力（探索、转化、开发），建立组织心理安全与心智调节氛围，实现基于学习创新的组织赋能行动，取得企业的转型成功与发展。

在工作实践中，赋能并非一蹴而就。例如，企业文化刻板传统，管理者担心失去控制力，缺乏担责进取精神，因循守旧，按惯例行事，或者因"过度充电"而缺乏"用武之地"等，都会成为组织赋能的障碍。为此，需要定制和运用"组织赋能策略"，方可做到事半功倍。

（2）组织赋能策略的特点。组织赋能有三重机制：基于创业社会责任的适应机制、基于前瞻警觉决策的选配机制和基于变革赋能行动的发展机制，以实现组织赋能适配。组织赋能包括心智模式适应、胜任能力选配和行动效能发展的三项策略。

① 心智模式适应策略。这是组织赋能的第一项策略，通过组织赋能努力与能力建设计划，在个体、团队和组织的多个层面上增强信任与成长文化，设定角色边界，提高学习意识，实现心智模式和知识结构的适应和转换，形成组织赋能心智模式，强化个体自强理念、学习成长心态和组织可续心智，建立以赋能责任为核心的心智共享和知识获取工作模式。

② 胜任能力选配策略。这是组织赋能的第二项策略，采用双栖策略设计思维和前瞻决策选配布局的思路，开展潜能诊断，盘点现有资源，确认绩效目标，设计与策划组织胜任力、增强方案和工作控制力协调举措，做出团队选配计划，提升胜任力，布局和预见能力，确保队伍选配成效。

③ 行动效能发展策略。这是组织赋能的第三项策略，通过开拓创新和转型举措，完善或建立监测与评估赋能开发效能，并通过学习交流会、群体反馈会或者项目团队社交媒体群等沟通进展、分享经验和提升效能感。行动效能发展策略聚焦于团队与组织水平的整体效能。

根据赋能对象不同，可以定制和提供多种赋能模式：专业式赋能、数字化赋能、包容式赋能、社会式赋能和行动式赋能等，实现组织赋能目标。组织赋能策略通过积极主动、内外协同、社会互动、迁移转换等有效途径，逐步增强组织知识力、组织控制力和组织效能力。

2. 赋能生态圈与开发式学习

（1）创建赋能成长的生态圈。有关浙江大学创业校友成长模式与策略的深度案例与实证分析表明，职业与事业成长生态圈是创业校友成长适配的重要条件，可以采用三项适配策略增强赋能生态圈。

① 赋能职业转换策略。赋能生态圈注重职位更换和职业转换，有助于在多种岗位或业务上得到历练与成长。一般都会有多次职业转换、赋能更新和工作历练的机会。通过参与新兴业务或项目获得职业成长的机会，实现价值适应、动能转换和多层参与，从而加强成长新动能，实现主动的职业转换与赋能成长。

② 赋能协同创新策略。赋能生态圈注重创设项目间协作和团队化创新计划，特别注重激活协同创新网络和知识共享机制，优化分布协作、目标整合和交互创新的合作计划，提升成长的新活力，促进协同式赋能的成效。

③ 赋能变革学习策略。赋能生态圈重视优化新型"组织发展策略"并建立"组织发展赋能库"，从组织设计、云端平台、战略绩效和五力管理模型等方面，设置相应的团队学习赋能平台和系列效能指标，不断优化变革学习、组织发展和创造性张力，为企业组织提供整体学习赋能和创新成长的解决方案。

图 10-10 是赋能适配的三策略模型。在有关组织设计、组织学习、组织使能与组织生态系统的相关讨论中，都涉及赋能适配的策略。

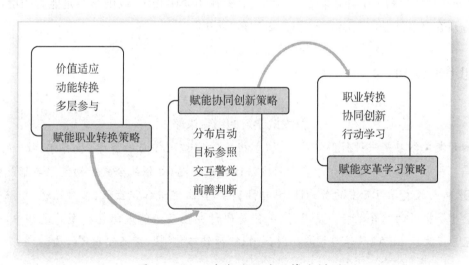

图 10-10　赋能适配的三策略模型

（2）开发式学习的策略。组织学习的新趋势是采用开发式学习模式，是指根据组织能力开发的任务目标和成长需求，设计和实施"综合赋能套装"的方式。组织赋能的思路和学习方法创新扎根于多学科的成果，有效的做法是把定期培训计划、师徒计划、指导人计划、教练式计划、后备计划和在线辅导计划等组合在一起。在实践中，有效的策略有：元认知策略、深度学习策略和认知神经策略。

①　元认知策略。这种开发式学习策略采用"元认知支架"的方法辅助学习过程。元认知支架是指在学习系统中设置阶段性的策略增强学习。常用的有面向组合知识点和整合原理的"能力建构型支架"和面向问题解决和决策判断的"策略解题型支架"。参学者通过知识点提炼和汇集而强化各自的建构型元认知，并通过使用所学的策略，解决实际问题而掌握解题型元认知策略，从而显著提升开发式学习效能。

②　深度学习策略。这种开发式学习策略加快了数字化学习的升级换代。从常规的数据采集或汇总功能转变为"学习加速器"。通过教学伙伴关系、深度学习任务、原理分布联结、自主引领改变、数字资源创造、学习行动成效六个元素组成。采用数字化深度行动学习，以伙伴、任务、联结、引领、创造、行动为深度学习的能力焦点，加强胜任赋能的共创性、专注性、嵌入性、信任性、主动性和策略性。

③　认知神经策略。随着认知神经科学的快速发展，学习型大脑及其对心理脑力加工机制的关注，促进了运用认知神经策略进行开发式赋能学习，聚焦于探索学习、认知监控、学习适应、学习激励以及学习情绪等神经加工机理及应用策略。通过专门的训练程序增强学习者的"神经可塑性"，显著改变其地位知觉（status）、确定认知（certainty）、自主管控（automony）、关系安全（relatedness）和公平交换（fairness）五项特征，称为 SCARF 模型法，整体加强领导胜任力的神经基础，从而提高可续发展胜任力。

由于数字化、绿创型、新商模、全球化等方面的迅速发展，许多企业通过开发式赋能活动提升其领导胜任力和员工创新能力。不少企业家在访谈中表示，以前学习是能力的增量，做"加法"，现在开发式学习是能力的超量，做的是"乘法"。

💬 **思考研讨 10-4**

开发式学习的组合策略

开发式学习是一种新型学习模式，重视把管理心理学与经济学、教育学、社会学、计算机科学、脑科学、创业学等多学科方法结合在一起，加强组合式行动学习与智能化学习，从而激发学习开发的激励性、参与性和互动性，促进知识获取、辅导迁移、知识管理和才干提升的综合效能。请思考、举例与研讨在数字经济或绿色转型的进程中，如何运用开发式 SCARF 学习策略而整体增强"神经可塑性"，提高组织可续力。

创业学习与创业能力建设在实践中如何开展呢？请阅读"研究案例 10　创业行动学习过程研究：基于新兴产业的多案例分析"，思考与体会创业行动学习的四个阶段特征与行动学习的螺旋模型特点，开展案例讨论：如何运用表 10-1 中提及的不同视角，提出优化创业行动学习的新模式和新途径。

研究案例 10

创业行动学习过程研究：基于新兴产业的多案例分析

案例解读：在管理实践中，结合实践问题开展行动学习，可以形成多种行动学习变式。新兴产业正在成为我国经济转型的重要动力和创业新领域。聚焦于传统行业和个体学习的创业学习理论转向基于行动学习的新思路和新过程。创业者通过社会互动方式解决创业问题而促进学习进程。构建了包含体验收集（考察问题情境，收集解题方案线索）、交互反思（社会交互过程中寻找解题新视角）、系统整合（提炼体验信息、获取灵感启发、与现实结合形成解题策略）、行动验证（践行解题方案，验证解题策略）等四要素组成的创业行动学习过程模型，采取多案例研究方法，开展案例分析。选取了工艺品公司（产品：手绘帆布鞋）、文化创意公司（产品：创意陶瓷）和戏曲品科技公司（产品：戏曲产品）作为样本。创业行动学习阶段分析如表 10-5 所示。

表 10-5　创业行动学习四阶段案例分析

行动学习 案例公司	体验收集阶段	交互反思阶段	系统整合阶段	行动验证阶段
工艺品公司	管理事件、按职能分设任务岗位超设	初创反思自下而上配置人员	重新设计分工职责定岗招聘	实施最新方案管理改革成效
文化创意公司	创业起步面临转型收集文创新线索	多方评网络平台销售可行性	销售创意转化成项目获融资	合作创办新公司获业绩翻番
戏曲品科技公司	创办戏曲网站延伸戏曲用品求转型	会展机会调研系列产品需求	产品与文创服务整合做融资	尝试市场启动项目双环学习

案例分析得出创业行动学习的螺旋模型，为行动学习提供新的示范。该模型以创业行动学习过程模型为基础，展现出学习阶段随问题演化，从亲验聚焦、互动解读，到参与定位、尝试学习和协同践行五环递进上升的行动学习心理机制。

请结合案例，思考与研讨创业行动学习的阶段特征、关键环节和提升学习效能的可行策略。

（参阅：陈燕妮，王重鸣.创业行动学习过程研究——基于新兴产业的多案例分析[J].科学学研究，2015，33（03）：419-431.）

中国改革开放的实践给管理学研究提供了前所未有的舞台和应用场景。"研究解读 10 中国管理研究与实践"，展现和总结了我国工商管理研究与实践领域的高水平研究与应用成果，为读者提供新的理论视角、应用方法和全新的示范。

📖 研究解读 10

中国管理研究与实践

作者：王重鸣（浙江大学）、陈国青（清华大学）、李维安（南开大学）

论文：《中国管理研究与实践：复旦管理学杰出贡献奖获奖者代表成果集（2007）》，复旦大学出版社 2011 年版

获奖背景：复旦管理学奖励基金会于 2005 年创立，宗旨是奖励中国在管理学领域做出杰出贡献的工作者，倡导管理学理论符合中国国情，并密切与实践相结合，推动中国管理学长远发展，促进中国管理学人才的成长，提高中国管理学在国际上的学术地位和影响力。自 2006 年起设立的"复旦管理学杰出贡献奖"奖励在管理学领域做出杰出贡献的工作者，奖励领域分别为管理科学与工程、工商管理和公共管理。2007 年首次评选工商管理领域的杰出贡献成果。王重鸣、陈国青、李维安三位教授获此殊荣。

研究内容：中国管理研究与实践以三位教授的研究为代表加以展现。

王重鸣教授所取得的成就主要体现在：(1)在"人与计算机界面层次决策模型"(有关员工能力、系统网络和组织参与的系统交互界面形成人与组织多层次决策机制的模型)和"基于胜任特征的双维管理决策整合模型"的基础上，构建了"基于胜任特征的多层次管理决策模型"，并在实际应用中取得持续成效，成为我国企业"百年老店"基业长青的新策略。(2)提出内隐评价技术和跨维度动态评价方法，构建了包含协同引领能力、决策驾驭能力和学习创新能力等三维要素的领导干部能力模型。(3)创建了中国企业家创业策略与战略人力资源匹配的理论模型，提出"适应—选配—发展"的组织行为动力机制，并成功应用于我国企业创业与自主创新的实践，为我国管理心理、组织行为、人力资源管理和创业管理的发展提供了全新的理论框架与方法论。

陈国青教授所取得的成就主要体现在：(1)结合我国企业信息化的重大实践问题，分析研究成长过程与关键因素，提出了国内企业信息化成长模式的规律与特点。(2)在电子商务环境下的信息分析和管理方法方面取得一系列具有独特、创新的研究成果，在国际上产生较大影响力。(3)从多角度对电子商务的模式与微观经济机制进行分析，并结合实践得出具有普适性的结论，为我国企业的电子商务实践提供了重要理论指导。

李维安教授所取得的成就主要体现在：(1)在《公司治理》论著中从管理学和经济学相结合的角度，吸取和借鉴国际理论，对中国公司治理进行了开创性的系统研究，率

先构建了符合中国实践的公司治理准则。(2)突破国际改革单纯强调产权改革的思路局限,将资本结构、公司治理和股份制改革三者有机结合,提出了我国国企改革进入公司治理改革新阶段的思路与治理措施,为我国国企的股份制改革做出了贡献。(3)结合中国的治理环境,推出了中国第一个公司治理评价体系并据此编制出中国上市公司治理指数,对规范中国公司治理和公司制度在中国的运用做出了重要的贡献。

思考题 10

1. 请比较创新、创业、创造的差别与共同点,解读创新力管理的基本特征。
2. 什么是创新领导力与创业领导力及其维度,讨论其对可续创新的作用。
3. 什么是组织创造力特征? 如何运用行动学习五环策略提高组织创造力?
4. 什么是组织学习? 试述马奇"探索—开发"双栖学习策略及其实践意义。
5. 什么是开发式学习? 如何根据不同的开发目的,选用不同的赋能策略?
6. 什么是组织学习的协同赋能机制? 如何理解组织赋能和赋能适配策略?

第十一章
组织动能与数字转型

第一节　组织动能理论与组织结构

 知识要点 11 - 1　组织动力与设计策略

> **界面层次：**专长胜任、系统互联和组织参与界面层次动能提升组织效能的理论。
> **组织动能：**责任价值、决策参与、合作协同、持续创新、跨界选择、前瞻警觉。
> **双栖策略：**采用辩证思维的互补策略强调其正反性、互补性、远近性和通路性。
> **双栖组织：**适应型组织、弹韧型组织、警觉型组织、敏捷型组织、生态型组织。

一、组织动能与界面层次理论

1. 结构差序与组织生命周期

现代组织理论的演变经历了从职能型组织向矩阵型、网络型、平台型和生态型组织的发展，从封闭系统式组织架构转变成开放系统式组织设计与组织建构；从注重规章制度的被动常规结构转型为强调动能激发和能力施展的主动变革结构（也称为变革型组织）。从霍桑研究与人群关系理论、创新管理与创业行动理论，到认知科学与数字智能理论、变革行动理论和组织可续力理论，组织动能思路经历了多个发展阶段。在数字化与绿色转型下，强调并行分布式组织治理、创业创新导向社会责任、团队化赋能行动和生态型组织及可续发展动能。

（1）结构差序理论与双栖分类。管理心理学有关组织结构特征的多个理论采用结构模式差序与双栖分类的思路。各自表现出"结构服从战略"的黄金定律。

① 机械式与有机式组织结构。在对不同环境条件下 20 多家工业企业组织结构模式与管理实践影响的经典研究中，通过深度访谈、现场观察、经营环境评价，以及对技术体系和产品市场变化速度等方面的综合考察，提出了适应于稳态常规环境或动态变革环境的两类不同组织结构。其中，一种比较刻板固化，称为机械式组织结构，其特点是采用严格的层峰式管理、职责固定、规章繁多、沟通渠道正规、决策权限集中化，架构比较高耸，适合常规化的运

营,按部就班完成工作任务,对于经营环境变化或新机会反应迟缓;另一种比较灵活调适,称
为有机式组织结构,其特点是架构柔性化、扁平化,在垂直与水平方向都实行合作模式,根据
需要而灵活设置职责,沟通多渠道,决策权限分散、多参与,对变革环境具有高度适应性,重
视技术专长与创新。表 11 - 1 比较了两种组织结构的特点。

表 11 - 1　机械式组织结构与有机式组织结构

结构特征	机械式组织结构	有机式组织结构
结构战略	刻板脱离战略	灵活适应战略
沟通模式	垂直下行为主	水平开放交叉
人资管理	监管人力资源	开发人力资源
职权影响	职位职权	专长职权
目标设置	高层定位	群体参与
控制模式	集中化纠错	多样化自控
关系模式	要求忠诚服从	鼓励承诺进取
激励机制	重物质多处罚	重内激强参与
激情追求	强化成本控制	追求创新发展
绩效目标	被动考核低绩效	主动评价高绩效

　　② 分化与整合式组织结构。哈佛商学院的劳伦斯和劳斯在机械式与有机式组织结构模
型的基础上,对经营环境条件与有效组织结构之间的关系进行了深入研究。在塑料、食品和
集装箱行业选择了十家企业进行分析,对环境不确定性方面差异很大的产业条件进行比较。
塑料业面临激烈竞争,产品生命周期比较短,新产品发展很快;集装箱业的产品基本稳定,销
售绩效平稳,处于相对确定的环境;食品业则介于两者之间,产业经历较大规模创新,但新产
品开发和销售增长没有塑料业那样快。研究采用分化度和整合度作为组织结构的评价维
度。其中,分化度表示下属部门(单元)之间在成员取向、任务类型、教育培训等方面的差异
性,可用作迅速变化的内部环境复杂性的评价指标;整合度则是相关部门合作共事的质量指
标,包括规章制度、职权层次、决策程序等。研究提出分化—整合模型,为组织动能发展和组
织设计提供了新的组织理论依据,对于组织设计和变革转型具有重要的指导意义。
　　(2) 组织生命周期理论。企业组织在发展过程中经历了初创、成长、成熟和转型或衰亡
的不同阶段。期间,又会由于新业务、新项目或变革重组而出现分支组织或派生组织。组织
的成长过程表现出的演变模式被称为"组织生命周期"。图 11 - 1 为组织生命周期模型。管
理心理学研究表明,组织生命周期随时间进展而转换、更替与发展,大体形成如下四个组织
动能阶段。
　　① 初创阶段。企业组织的初创阶段始于创业精神,合伙创业或者集体创建,注重产品面

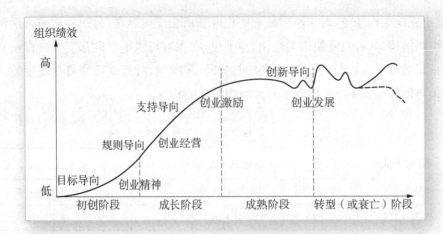

图 11-1   组织生命周期模型

向市场的目标导向。大部分企业采取简单的组织架构,管理模式比较集中化且制度流程简化。尝试形成独特的能力与商业模式。初创阶段的客户和产品或服务比较单一,寻求有持续价值的产品或服务。企业如果能做出技术创新和以经营可续产品为策略,就能够"事半功倍"并得到较快发展。

② 成长阶段。"良好的开端是成功的一半"。组织生命周期的发展取决于初创阶段的"成长准备度"。从初创阶段向成长阶段的转换节点在组织成长中至关重要:心智模式的转换、价值规范的提升、骨干团队的选配、创新能力的开发、成长行动的策划等,都是进入成长阶段的关键举措。企业在成长期以规则导向文化强化创业经营,并以支持导向关注团队建设与创业激励,渴望销售业绩增长和产品多样化机会,并逐步开始产品定制化和渐进式创新。成长期常见的危机是对市场变化的反应速度减慢。

③ 成熟阶段。在快速发展的基础上,企业组织进入业务比较平稳、队伍较为适应、财务相对稳定、市场比较饱和的成熟阶段。这时,企业组织的注意力容易转向内部的效率或问题,在市场进取或开拓创新方面可能会"偃旗息鼓"。企业趋于集中化管理、机构比较重叠和注重管控,对创新变得相对保守,决策速度趋缓且缺乏前瞻性,急需转换警觉心智,重整旗鼓,以便改变"路径依赖"现象,跳出"中期陷阱"。

④ 转型(或衰亡)阶段。企业组织进入转型阶段时急需采取战略性可续创业和国际化拓展的策略,以颠覆创新、数字转型、责任管理、可续发展和变革创新等举措,使企业加快进入可持续成长阶段。许多企业在总结国际化并购的经验时认为,类似"蛇吞象"式国际化转型升级实践的启示是高度重视创新导向与体系能力,努力建构持续创新和迭代升级的协同式组织平台。

2. 界面层次理论与动能策略

(1) 界面层次理论。新技术引进与能力开发是一场变革,并在多层次激活企业组织系统。王重鸣围绕计算机信息技术引进与转型升级的互动界面层次特征,根据在瑞典 TELI 电话公司等企业和在我国数百家企业开展的有关计算机系统引进策略和人—组织—信息系统能力开发的现场研究,提出"界面层次理论"(interface hierarchy theory,简称 IHT)包含专长、系统、组织三层次,进一步在中国的数十家制造业企业开展准实验研究,做出系统的检验和理论创新。人与计算机界面以潜特征作为表征,构成了三组高阶潜因子:专长胜任因子(技术才能、信息加工、任务要求、自主胜任);系统互联因子(系统能力、工作期望、效能感受、绩效网络);组织参与因子(责任归因、群体工作、信息沟通、领导风格)。采用 LISREL 结构方程模型高阶因子建模方法验证理论假设认为,人与计算机交互作用构成了用户、任务和组织三个层次结构,包含专长胜任、系统互联、组织参与三项关键维度。进一步增强三项组织动能策略:专长适应、系统适配和参与发展,进而实现能力开发、系统生态和组织发展的系统效能。图 11-2 为人与计算机界面层次模型。

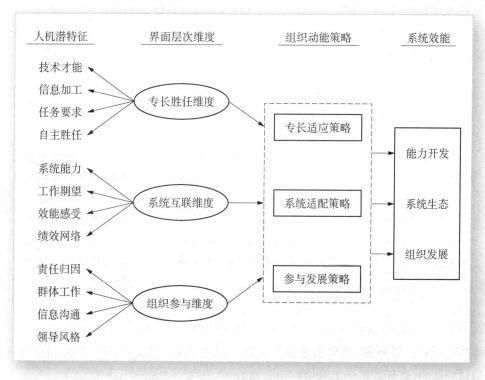

图 11-2 人与计算机界面层次模型

① 专长适应策略。网络工作的专长胜任力不仅可使员工在信息技术应用与数字化转型面前拥有能力感,而且能使组织形成基于创新业务的综合胜任力。通过相应的项目设计、培训方案和生涯计划,构成专长适应组织动能策略,有利于促进员工价值观、激励、态度和胜任力,提高全新变革能力与持续绩效。

② 系统适配策略。网络化、信息化、数字化、智能化增强了组织采集、综合、整理、监测、传播、互联和共享信息的能力,导致管理沟通方式和运作模式的变革。新的系统互联要求以多层次、自下而上、纵横交叉或超级方式开展交流与复合式加工,跨越组织层次与常规

职能分工的限制，直接获取与分享数据；系统互联的分布性、相容性和敏捷性提升了人机界面功能，形成系统适配组织动能策略。

③ 参与发展策略。在数字经济和绿色发展场景下，干部员工的多层次参与对于快速跟进变革创新行动至关重要。常见的难点是，数字化转型或绿色发展被看成是个别部门、技术管理者的事，参与度、接受度乃至行动力都不尽如人意。多层参与成为重要的组织动能策略，辅以全员赋能使能计划，则强化改革创新氛围，增强团队承诺，提升项目参与协调和促进胜任力发挥，形成参与发展的新局面。

我们运用"界面层次理论"和组织建构策略，提出责任管理与可续发展的专长适应策略、系统适配策略和参与发展策略，有效解释与预测变革转型的组织建构能力，从而实现可续发展胜任力开发和持续组织动能激发。采用界面层次的十八项特征，设计了界面层次策略量表题项，如量表工具 11－1 所示。

📋 **量表工具 11－1**

界面层次策略量表题项

编程与计算技能程度	系统信息网络化程度	参与项目计划过程
信息系统相关知识度	多个部门间协作程度	各级领导的支持度
计算机信息系统培训	任务说明书与熟悉度	愿意承担各种任务
能侦查更正系统差误	任务难度与适应程度	参与工作任务满意
对信息化工作能力感	运用指令与注意程度	参与工作任务信心
对信息化工作积极性	系统信息化心理负荷	对项目进展的期望

（2）组织动力特征与高阶动能。为了使组织结构不断适应战略发展，避免出现"结构僵化"或者"活力弱化"等问题，需要持续强化组织的动力机制，表现在四个方面：柔性架构动力、创新目标动力、责任职权动力和协同团队动力。

① 柔性架构动力特征。架构格局是指组织结构的布局和形态。柔性架构动力要求组织架构和部门设置灵活、弹性和多样，有能力跟随战略的转移、业务的创新、并购重组、数字转型和绿色发展等需要而更新组织架构的模式与优化运营机制。通过新型组织设计和双栖策略相结合，增强架构柔性动力。

② 创新目标动力特征。目标模式是指在管理体制与政策下特定组织目标的创新驱动与目标动力方式。创新目标强调授权和敏捷，要求提高决策参与度和程序灵活度。加强员工授权参与度，有利于创新目标设置与动力激发。通过工作设计、员工积极性和群体互动程度的调配，可以增强组织的创新目标动力。

③ 责任职权动力特征。在组织中，"责任链"的分布成为组织结构的新特征。企业组织中的职权与责任相互联系，体现其管理责任。新的趋势是强调"共享责任"和参与管理。注重员工和团队的赋能授权，设置担责敬业奖项，启动内部创业和创新项目，建设目标责任与赋能支持的责任职权动力。

④ 协同团队动力特征。促进众多团队互动基础上的团队活力和团队化协同一直是关键动力特征。通过增强团队心理安全感，转换合作思维与团队间协作精神，创设团队化创新和学习型组织建设的新路径，激发学习、创新和成长的策略，得以持续增强协同团队动力。

由于组织竞争的模式与策略日新月异，组织变革的动力也不断更新。从大宗零售、新媒体服务，到云计算平台，竞争动力持续变换。斯坦福商学院著名组织与领导力专家巴奈特提出"元竞争理论"（metacompetition），对新的竞争动能进行了重要解读，认为竞争逻辑是一个原则体系，以此决定与谁竞争、怎么竞争、成败标准以及成败的后果等。在组织变革场景中，识别变革推力并不难，捕捉各种推力的作用机制才是关键。因此，理解战略创新是否会影响绩效，还不如弄清楚如何改进绩效和如何引入新的动力机制来得重要。元竞争理论改变了对于竞争因素及其过程的认知研判。同一种产业会有多种竞争逻辑，同一组变革推动力也表现出多重竞争机制，需要采取较大的格局来估计多组织、多场景的竞争机理，这称为元竞争生态模型，包括直接元竞争和间接元竞争。这项新理论为建构元竞争策略、深入理解新型竞争策略提供了变革推动力的元认知模式，深度解读与预测高阶元竞争机制，对于战略领导、组织变革和组织发展等都具有重要的理论与应用价值。

企业组织改革创新和高质量发展中，需要利用组织动力特征来激发组织界面的高阶组织动能，类似于团队交互作用涌现出新的高阶团队动能特征，变革与创新互动也激发了高阶组织动能，成为组织变革与发展的主要动能要素。图11-3为高阶组织动能要素模型，包含团队界面动能和组织界面动能的双层要素，形成了组织变革与创新发展的动力、活力与张力机制。

⑤ 团队界面动能要素。主要包括：差序化责任价值动能，身处变局，责无旁贷；分布式决策参与动能，主动参与，交互决策；团队化合作协同动能，重构角色，强化创新。

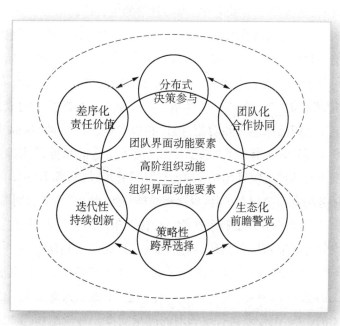

图 11-3　高阶组织动能要素模型

⑥ 组织界面动能要素。主要包括：迭代性持续创新动能，迭代学习，开拓创新；策略性跨

界选择动能,跨界合作,创造开发;生态化前瞻警觉动能,绿色转型,生态发展。

　　在组织变革中,识别、获取和发挥高阶组织动能特征,可以因势利导、扬长避短、建构强有力的变革动能和推进策略。

 思考研讨 11-1

如何运用高阶组织动能要素

　　在组织变革与转型情境下,高阶组织动能特征成为增强成长动力、管理活力与组织创造性张力的重要因素。高阶组织动能管理成为各类组织的战略任务。请读者思考和讨论,在绿色转型实践中有哪些组织界面和团队界面的高阶组织动能要素,如何运用这些要素增强绿色转型动能以提升组织可续力。

二、变革型组织的结构与设计

1. 组织结构与构效协同模式

　　在创新驱动和转型升级的经营环境下,面向高质量发展战略,组织结构持续演变并日趋扁平化、柔性化和敏捷化,经营管理体制加速转换。数字化转型、绿色发展以及组织的变革、发展、创新和可续都成为管理心理学的主旋律。

　　(1) 组织结构的特征与行政职能。现代组织理论把组织看成一个开放的社会—技术系统,即组织不断与外部环境开放式进行人员、资源、技术与信息的互动交换,形成整合系统。

　　① 组织结构特征。组织的核心特征是其使命、愿景、价值观及其行为过程与绩效结果。组织结构是"一种由部门、队伍、业务、职权和指挥关系构成的组织目标与功能运作体系",规定了组织活动模式和功能,指挥和协调员工的行动,从而实现组织的目标。无论企业的背景、产品、人员有多大的差异,相同组织结构的功能模式都十分相似。组织结构需要建构并实现与实现组织目标相适应的任务或管理过程,称为"劳动分工";组织结构还必须把分配的任务结合和协调在一起,以取得总体绩效,称为"任务协同"。

　　② 组织管理的行政职能。以法约尔为早期代表,提出了一系列行政管理原则,确定了四大管理职能:计划、组织、指挥、监控,并提炼和具体论述了十四条管理原则:工作分工,权威与责任,纪律,指令单元,指导单元,个体与整体利益,人事报酬,集中化,层次链,命令,平等,工龄稳定性,首创精神,团队协调。这些行政管理理论对于组织管理的理论与实践产生了巨大的影响,至今还是行政管理的理论支撑。常规组织通过三种机制来协调工作任务的职责分工:部门化、幅度控制、行政层次。其中,部门化程度决定了工作任务的组合和群体构建,可以按商务职能组合、按工作流程分类、按产品服务归并、按客户类型划分和按地域组建。新的趋势是调整部门化的格局,加大管理幅度,减少管理层次并采用较为扁平、柔性的组织

结构,以便提高沟通效能、降低管理成本、增大员工自主权和提高工作满意度。

（2）组织结构演变与组织建构。组织结构的演变基本上经历了五种模式:层峰职能式、矩阵项目式、网络互联式、平台分布式组织结构和双栖生态式组织建构。我们对第五种模式——双栖生态式组织建构采用"组织建构"概念,以强调组织架构的动态建构和协同整合性。在实践中,根据环境特征、业务发展、队伍成长等需要,这五种模式灵活选用或同时并存,形成主导性结构,有效激发组织的动力、活力与创造性张力。前四种结构模式如图11-4所示。第五种模式如图11-6所示。

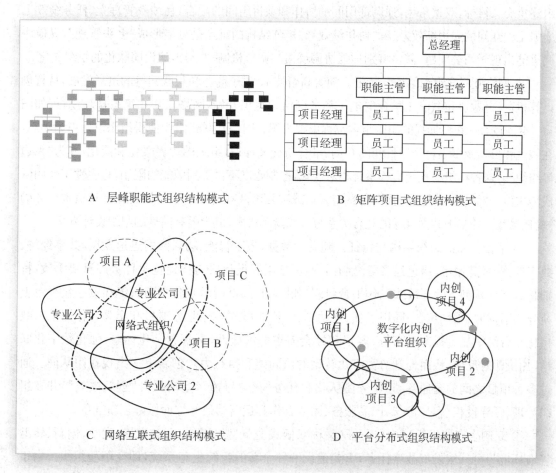

图 11-4　四种组织结构模式

① 层峰职能式组织结构与特征。这是比较流行的组织架构模式,从管理职能的分化与整合特征上展现组织的六大特点:选任与晋升标准,职权等级,规章制度,劳动分工,书面文件和所有制分离。从字面上看,"层峰式"就意味着多层级且高耸型的组织结构模式。决策权集中于高层,职权处于"命令链"。层峰式组织结构促进"上情下达"效率,以个体目标为主,各尽其职,按章行事,职能专业化,规章制度多,决策自上而下,任务常规标准,管理运营成本较低、注重"任务绩效"。我国企业的"直线职能制"结构就是一个例子。如图11-4A为

层峰职能式组织结构模式。这种组织结构可能导致会职能化过细、专业化过窄的情况，出现"各自为政"和工作刻板而缺乏主动性等局限。

② 矩阵项目式组织结构与特征。层峰职能式组织比较合适常规、单一、稳定的业务经营与管理要求，却难以适应新兴、多元、动态的业务发展和资源整合式经营方式的改革。为此，矩阵项目式组织根据新业务的需要，增设若干意在整合多种职能或部门人才及资源的跨部门项目组，使之发挥纵横结构两者的长处，具有较强的整合性和协调能力。例如，把产品或项目部门化横向模式与职能式纵向结构相结合。图 11-4 所示的 B 为矩阵项目式组织结构。矩阵组织注重交叉目标、双重角色，强调部门间的协作和项目组间的配合，在绩效管理上、任务绩效上增强了相互间的周边绩效，又称"协作绩效"。矩阵结构的难点是可能形成"多头管理"，纵横协调可能出现矛盾等问题，需要特别加强协调反馈和调节机制，并努力建设团队化的组织文化。

③ 网络互联式组织结构与特征。随着高新技术、电子商务和互联网等的迅猛发展，从首创计算机业、金融业和电信业联合的电子商务网络型组织开始，网络互联式组织日趋流行（如图 11-4C 所示）。在线远程的团队组合也称虚拟组织。网络互联式组织使得组织设计更为动态，在线远程员工及多个合作项目间的互动、融合与交叉加速，组织的边界柔化和淡化，称为"无边界组织"。这种组织的直线指挥系统相对淡化，控制幅度不再受到职能的限制，自主性工作团队成为主体。网络互联式组织强调各参与公司或项目团队在合作组织中以自身专长负责任务的"责任绩效"，并基于共同目标的竞合关系分担风险和成本，成为颇有前途的组织设计方案。

④ 平台分布式组织结构与特征。随着大数据、人工智能、物联网的迅速发展，共享经济、数字经济、智慧城市、绿色经济等充满活力，新型组织设计成为构建竞争优势的重要手段，特别是数字化转型下的开放式工作平台组织（如图 11-4D 所示），各类项目组在数字化平台上充分共享资源、柔性组合、同担责任、互动创新，从而形成多样业务项目和交叉合作团队。数字化平台组织显著提升对市场、客户和社会需求的敏捷性，丰富数字化体验，强化数字化联结，加快即时反应，从而提升对数字化转型的认同感和执行力。创新更多出现在团队间。通过多种项目之间的沟通互动、业务团队化和任务"火花碰撞"，主动提升"创新绩效"，并在组织治理、领导授权、客户参与、产品服务、团队合作和运营绩效等方面做好创新准备。

⑤ 双栖生态式组织建构与特征（又称双栖式变革型组织）。面对变局、竞争、创新、转型等新环境与可持续发展战略任务，需要建设一种全新的组织生态系统，即变革型组织。由于这种组织是一种面向可续发展的新格局新形态，也称为"组织建构设计"。变革型组织既关注当前任务，也面对战略机遇；既强调优势传承，又注重赋能创新；既着力协同资源，又全力塑造能力，具有"组织双栖性"，指采用辩证思维和"双栖策略"来优化组织建构和变革能力，从而实现使命愿景与可持续发展。变革型组织具有弹韧协同、警觉规制、适应创新、敏捷行动和生态可续等五项特征，其主题任务是赋能使能，愿景目标是建设生态系统，主导绩效是"可续绩效"，核心策略是塑造变革胜任力。我们将在下一节评述双栖策略。

图 11-5 是五种组织结构与绩效的协同机制，表示出五种组织结构（建构）与主导绩效的构效协同关系。根据业务特征和转型方向，处理好结构—模式 A 线、结构—绩效 B 线、五绩

效组合 C 线和六特征协同机制 D 线之间的关系,有助于显著优化组织结构与愿景战略以及创新转型的组织动力机制。其中,五绩效和六特征分别以虚线框加以表示。

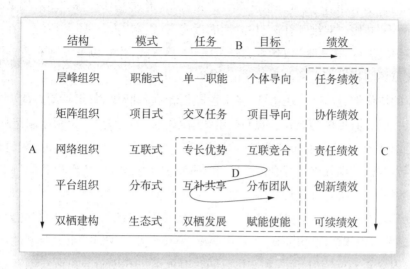

图 11-5　五种组织结构与绩效的协同机制

□ 结构模式 A 线。表现组织结构设计从常规层峰结构的职能型组织和矩阵结构项目型(网格式)组织,向互联结构的网络型组织、开放结构的平台型组织和双栖建构的变革型组织转向的总趋势。

□ 结构绩效 B 线。以结构、模式、任务、目标和绩效五项特征,分析不同类型结构与组织模式的内在效能机制。

□ 绩效组合 C 线。以任务绩效(职能型)、协作绩效(矩阵型)、责任绩效(网络型)、创新绩效(平台型)和可续绩效(变革型)五种效能类型,系统理解增值绩效的方向是提升更具发展空间的责任绩效、创新绩效和可续绩效。

□ 协同机制 D 线。以专长优势、互联竞合、互补共享、分布团队、双栖发展和赋能使能为协同机制,全面刻画组织结构与组织绩效之间的协同机制,深度解读组织设计的新策略方向。

在中国企业的实践中,组织设计与变革发展日益嵌套在一起,许多企业根据不同业务类型而采用多种组织形式。在数字化、多业务、平台型组织中,通过"中台结构"加以协同和启动分布式治理模式等都是组织设计的变革创新实践。

2. 双栖策略与新型组织设计

(1) 双栖策略。由于经营环境的复杂竞争性,管理问题的情境演进性和变革发展的动态创新性,需要更加关注组织应对竞争的结构化机制(例如分化与整合、机械与有机的组织类型),特别重视以双栖建构策略增强新型领导力和组织变革能力建设,以达成可持续发展的各项目标。"双栖"辩证思维是优化组织设计和建构致胜的策略。"双栖"一词译自英文"ambidexterity",意指正反式辩证思维,也有译为"二元"或"双元"。管理心理学采用基于辩证思维的双栖策略概念，强调其正反性、互补性、远近性和通路性特点。双栖策略是指工作与管理中"辩证地运用两种互补策略的能力"。在变革型组织发展中，建立以"开发利用现有资源"和"探索创新未来能力"两者并重的双栖成长机制，形成"组织建构"。双栖策略的特征表现为"正反两手"并用、"双维互补"交替、"远虑近忧"并重和"水陆两栖"兼程。在使命型组织和变革型组织发展中，多采取"双栖生态式组织建构"方式，建立以开发现有资产资源的能力和探索未来市场与技术创新的能力并重的双栖成长机制。

随着工作的协作性、复杂性、压力性、自主性和创新性不断提高，组织动态能力成为关键能力特征，以实现长期、可续的成长。我们把组织动态能力界定为"高管领导制定战略决策、维持生态型组织强健、重构现有资产资源、识别与应对重要危与机以及人环适配、责任规制、团队协同、创新学习、行动效能的综合能力"。组织动态能力是重要的组织动能特征，对于企业的可持续发展发挥着决定性作用。

(2) 双栖组织特征。在动态变化和竞合创新的情境下，组织的设计与动态能力的建构融合在一起，构成了组织双栖性(organizational ambidexterity)。我们把组织双栖性定义为"在同一企业组织内建立多重架构、流程和文化以同时追求渐进式创新与离散式创新，从而实现长期适应与生存的能力"。类似于前述的机械式与有机式组织的特征，以及开发现有资产的能力和探索未来市场与技术变化的能力所表现的探索与开发式双栖机制。许多制造业与服务业企业和公共组织为了适应全新发展模式，采用多种方式实现组织两栖性：时段双栖（在不同发展阶段先后采用双栖策略，适应变革创新）、结构双栖（组织结构或业务板块分设不同策略，平衡适应快变情景）、场景双栖（创设双栖组织特征，自选多元策略）等。不论以哪种方式推进组织双栖性，为保持企业组织的创新性和可持续发展，趋于常态化的双栖型组织建设已成为一项战略任务。

我们从组织设计的视角，结合五力管理模型的建构，以双栖心智和可续发展为核心要素，提出变革型组织的五种组织特征和五组变革能力要素。图 11-6 表示出双栖型组织特征与组织动态能力的架构与能力特征。该模型以"探索—开发"和"管控—自主"为两项坐标轴，形成了以"双栖心智与可续发展"为双栖可续核心特征的五个模块：A 为适应型组织模块，B 为弹韧型组织模块，C 为警觉型组织模块，D 为敏捷型组织模块，E 为生态型组织模块。

① 适应型组织。王重鸣(2017)提出新一代创业创新生态系统的适应型组织模式，创设适应能力强的分布式项目团队，推进自主创新业务，适应新商机和新战略，增强企业的创造开发与创新整合能力。适应型组织主要采用赋能策略，具有适应心智、聚焦客户、协同创新、增强责任、转换模式五项特征，不断提升自主式创新发展。组织适配与适应成长是一个双向赋能成长过程，需要采用组织赋能策略，掌握适应新要求的持续胜任力，增强面向改革创新的结构动力、层次活力和持续张力，实现赋能式适应型组织。

② 弹韧型组织。我们在第二章学习了组织弹韧性概念。弹韧型组织是指兼有"主动重建与合作发展"弹性和"坚韧耐力与协同复原"韧性的组织。在动态、复杂、风险、危机的经营变局之下，有能力通过团队协同，增强沟通合作、信念激励和进取精神，具有弹韧心智（重在

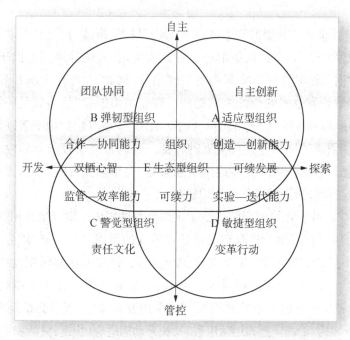

图 11-6 变革型组织特征与变革能力模型

人与组织适配)、责任防控(强在合规效能)、协作绩效(优在合作共赢)、适应创新(基于创业精神)和复原行动(强在可续发展)五项特征(如图 11-7 所示),不断加强分布式团队协同。

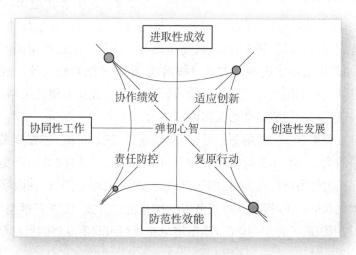

图 11-7 弹韧型组织的五项特征

从图 11-7 可以看到,弹韧型组织的竞争优势好似一张弹性组织地图,在弹韧心智定力的基础上,扩展或收缩相应的责任防控、协作绩效、适应创新和复原行动方向,表现为伸缩有度的"组织版图",兼有防范—进取、协同—创造的双栖特征。以图中的圆点大小表示该弹韧点的发力能量大小。弹韧型组织采取协同策略,有效保持刚柔并济和收扩有度的应变能力。

③ 警觉型组织。在多种新挑战面前,警觉型组织应运而生,指"为生存和发展而对各种渐进式变革和突发性挑战机遇具有预见、应对、承受和转化能力的组织"。对于竞争环境中

虽不起眼、模糊不清却至关重要的线索或信号，具有发现、解读、预见和行动的能力，提前考察并设法预见"预警哨号"和做出决策响应。在现实中，企业的经理们习惯于更多的对熟悉区域或舒适区"扫描"，虽然数据丰富却容易出现错觉，例如，在便携电脑和灯具行业都遇到同样的问题，即低估盈利空间的快速缩减趋势。警觉型组织以"战略预见—线索跟踪维度"和"聚焦防控—前瞻布局维度"构成组织设计的新架构，并在双维架构下表现出警觉心智、探礁文化、防控团队、创新转机和应变行动五种特征。强调合规监管和布局效率能力，持续提升创业型责任文化。警觉型组织更多运用增强策略，注重拓宽视野，聚焦注意力，增强敏感度，加强防御管控与跟进协同的责任型组织机制。

④敏捷型组织。我们在第十章就说到了组织敏捷性概念。敏捷型组织则是指具有持续适应、实验尝试、自我更新、学习进取和变化迭代特征的组织，它特别注重公司变革行动力。在动态变革场景下具有敏捷心智、实验文化、快速组队、持续创新和转型发展五项特征。通过快速学习与可续更新，实现新的愿景与战略目标，显著增强多方位变革行动。为了避免"淘汰出局"并保持"引领方向"，敏捷型组织较多采用发展策略，既学会稳定发展（弹韧、可靠和高效），规范业务架构、治理安排和运营流程，又提升动态适应（快速、灵活和变化），创造宽松、动态、应变的敏捷元素，以一系列组织主动转型和组织快速响应的行动成为"双栖型组织"。

⑤生态型组织。组织生态性是以可续发展为目标的组织建构，表现为人与环境、社会和治理之间的持续适配能力。生态型组织是"以双栖心智和可续发展"为核心特征，以可续发展为使命，在变革行动中实现组织使命与可续愿景的组织"。生态型组织注重适应双栖心智，强化责任文化，展示团队协同，鼓励自主创新，推进变革行动，积极创建使命型组织，具有使命驱动、自主适应、弹韧开发、警觉管控、敏捷迭代五项特征。生态型组织的重要推动力是使能策略，即"主动创设条件促成各级人员发挥潜能、施展才能和获取效能的建设策略"，比较有效的有可续适配、价值担当、数字协同、学习行动和平台成长等使能策略（详见本书第十二章组织使能）。通过赋能使能持续增强组织可续力。

在实践中，可以根据企业组织的愿景目标、战略重点、核心价值、业务模式和动态能力特点，主动调节模块的大小、能力之间的联接交叉和融合关系，以"探索—开发"和"管控—自主"的双维架构和相关能力特征作为"构图"，形成组织的"战略地图"。在数字化转型和绿色发展中，采取整体化双栖组织转型、互补式业务结构搭配的方式，设置双栖型项目群组织，从而实现动态能力与组织成长之间的适配，不断优化企业组织改革发展的行动路线图。

💬 思考研讨 11 - 2

如何建构组织设计的"战略地图"

面对复杂、风险、危机和变局环境的挑战与战略发展需求，双栖型组织设计对于数字化与绿色转型至关重要。根据双栖策略的思想建构组织设计与创新的"战略地图"，尝试"分设机构"：①在现有业务之外设置诸如"数字化发展事业部"（开展数字化新业务等）和"绿创项目群平台"（启动绿色创新与绿色业务项目等）等双栖型业务分支；

②从适应型、弹韧型、警觉型、敏捷型和生态型五种双栖组织设计中选择适合本单位的类型,用以"改造"现有架构或增设新业务板块。总体思路是探索重构业务架构,分步实施,使组织结构适应数字化和绿色转型等战略的紧迫需要,面向可续发展。组织设计是一种变革转型与创新发展,请结合身边的企业案例,思考和研讨不同企业组织该如何建构和实现组织设计的"战略地图"。

📇 案例体验 11

中小企业数字化转型的组织策略

在中小微企业如何开展数字化转型是许多企业面临的挑战与重要机遇。钱江服饰公司采用了全链路数字化转型策略,用数字技术逐步开展了以下整合策略:①设计与尝试整合客户购买、会员管理、信息系统和在线反馈系统;②创建与整合参与设计、在线试装、数字路演的服装自主研发体系;③推行与整合客户订单、在线定制、生产班组的数字团队系统;④开发与建设整合销售策略、供应商户、卫星工厂等的数字产销系统;⑤建立与整合库存模式、智能云仓、精准营销的智慧管理体系。为了解决人才短缺的瓶颈问题,采取了外联内训的策略并整合了公司内部团队,构建了新的数字化领导力赋能计划。从启动数字化转型计划到2019年,企业连续实现年业绩显著增长的好成绩,成为传统企业数字化转型的示范。

请运用"社会—技术系统"理论(认为任何企业组织都由技术与社会两类子系统组合而成,交互影响、相互制约,形成了开放的整合系统),考虑在数字化转型中,如何增强组织管理的敏捷性、精益性、智能性、数据驱动和服务导向,提高工作效率,增强组织效能和推动可续发展。

第二节　数智转型与绿色发展策略

知识要点 11-2　数字转型与绿色发展

数字转型:变革型组织数字化战略、适应型数字化模式、发展型数字化行动。

数字工作:数字化工作心智与发展心智;虚拟化、多元化和在线化三项特征。

绿色发展:绿色心智模式转换、绿色商业模式创新、绿色组织策略开发转型。

分布管理:项目团队分布式激活、层网络分布式联结、业务目标分布式定位。

一、数字化转型与数字化心智

1. 数字化转型与数字化工作

（1）数字化转型策略。在全球新科技革命和产业变革下，云计算、大数据、物联网、人工智能和区块链等新一代信息技术形成了以数字经济为新动能的企业改革创新、业务优化升级和组织变革发展过程，称为数字化或数智转型。数字化转型并非只是数字技术的应用和运作，甚至出现"算法迷思"现象，而是重在转换培养管理新人才、商业新模式、提升运营新效能、创造客户新体验、构建企业新能力乃至引领产业新发展的战略行动，是对企业的战略、人才至组织方式产生深远影响的全面变革。数字化转型作为重要抓手，可以提升可续创新能力。我们建议重塑愿景、设置目标，从合规、战略、业务、运营、组织、人才、技术与数据安全多个层面加以考虑，制定各自的数字化转型路线图：做好战略定位（重点领域、核心业务、队伍配置），策划转型方案（心智转换、模式创新、团队赋能），实施行动策略（变革响应、全链推进、行动迭代）。

数字化转型正在颠覆传统组织管理模式。不少企业以为这是一项"技术活"，只要购置计算机软硬件，安装大屏幕显示管理信息就是数字化转型。殊不知数字化是一场深层次的组织变革和模式创新。许多企业的数字化转型进展缓慢，主要原因都在于缺乏明确的数字化转型愿景目标，组织设计与组织发展配套滞后，数据质量与信息失调，"信息孤岛"亟待打通。具体可以采用以下三种策略。

① 变革型组织数字化战略。数字化转型的首要任务是高管团队、管理层和企业各级部门统一认识、转换心智，建立变革型组织新愿景；其次是制定数字化战略，搭建数字化转型工作班子和逐步启动数字化新项目和新业务，加快变革型组织建设，让公司各级人员体验初步数字化改革带来的新成效。

② 适应型定制数字化模式。数字化转型没有现成的"模板"，需要采取适应型定制新的模式。有的企业（例如，手机业）以创新见长，在数字化转型浪潮中采用激进式创新模式，建立和管理高科技产品开发平台，以满足全新的客户需求；有些企业（例如，影业公司）采取以数字化技术传承经典系列电影，既创造新鲜主题，又保持经典连贯，取得倍增效果；许多数字原生公司（例如，互联网企业）则敏捷迭代产品与服务管理平台，创建绿色数字生态圈，实现节能低碳的绿色目标。

③ 发展型绿色数字化行动。对于大部分企业组织来说，数字化经济时代，计划、辅导、指挥、经营、客服、管控、反馈、考核等常规管理环节都会在线上线下分布式开展。通过数字化转型把原有的管理与运营基础转化为新的优势，在数字化文化建设的同时，以数字化创新项目激活全员生涯。围绕数字化研发和运营中的节能环保问题和绿创开发机会，绿色数字化成为数字化转型升级的行动策略。

（2）数字化工作特征与效能。管理心理学重视数字化工作的特点及其优化。数字化工作主要有以下三种特征。

① 工作行为虚拟化。数字经济时代,在线工作流行、实时沟通普遍,社交媒体交流相对主导,网络教学方式更新。虚拟化工作技能成为重要的胜任能力。工作行为的虚拟在线对工作心智模式、数字化能力、合作信任、价值取向、激励考核、团队运营、领导模式、组织架构与企业文化等都提出了新的要求。

② 信息交流多元化。人们在互联网、智能手机上的工作信息或客户信息交流频次与实践,远远超出常规的面对面交流与会议传达及分享。新工作规范嵌入日常工作交流和社交及商务活动,逐步形成在线多元沟通的伦理规范与能力。

③ 自我管理在线化。数字化经济时代的自我学习、自我规范、自我判断、自我约束、自我矫正、自我增强等成为自我管理的新特征与新模式。学会自主运用数字化信息、工作标准和身边案例,自我管理日趋在线,成为企业赋能成长的重要能力。

数字化工作在工作行为、信息交流、自我管理和经营管理四方面的重要特征蕴含着全新的管理心理学意义。我们采用“数字化工作潜能量表”(digital work potential scale,简称 DWP)诊断和评价数字化工作潜能,以此预测数字化工作的成效。量表工具 11-2 为数字化工作潜能量表的样例,请读者评价本团队的数字化工作潜能。

量表工具 11-2

数字化工作潜能量表(DWP)

数字化工作潜能维度	题项	评分
数字适应潜能	能以变革成长心态适应于数字化任务 能适应数字化工作与团队化任务目标 能适应数字化项目的分布式绩效要求	
数字能力潜能	具备承担数字化工作任务的技能要求 能参与数字化转型项目和数字化业务 能承担各项数字化创业创新项目活动 能在数字化工作与项目任务合作共事	
数字前瞻潜能	具有学习数字化工作任务要求的能力 具有对数字化发展趋势的关注与兴趣 努力尝试数字化的创新项目与新任务	

(注:请以 1—10 分评分,满分 100 分)

2. 数字心智与数字价值伦理

数字化管理成为管理心理学的新领域,在数字心智模式、数字价值伦理、数字化工作策略和数字化组织管理等方面都取得了一系列理论与方法进展。

（1）数字心智模式。提升各级人员的"数字化能力"是各类企业数字化转型的关键策略。在数字化场景下，除了需要具备基本数字化知识（数字信息处理、数字化传播、数字内容创建、数字安全和数字化解法等）和数字化技能（云计算、数字化营销、数字化分析和数字化平台等方面的技能）等，一项重要任务是识别、学习与转换数字化心智模式。数字化心智包括两方面要素：数字化工作心智和数字化发展心智。

① 数字化工作心智。这是指数字化工作的基本心理特征和心智要素。"数字流利度"属于其基本元素之一，指对于数字工作或操作活动的数字技能、数字思维和数字胜任的特征集。数字流利度的获取主要通过参与、设计和践行多种数字工作任务与项目等途径。数字化工作心智还包括对数字化工作新模式的适应性、选择性和开发性。其中，分布、联盟、敏捷、创造、迭代、协作、互动、行动等都是数字工作心智特征要素。

② 数字化发展心智。这是指数字化工作的群体与组织心智要素，主要包括协同价值、更新知识、大局理念、联动激情、变革思维、竞合才能、颠覆创意、成长网络和责任可续等要素。由此看到，协同、更新、大局、联动、变革、竞合、颠覆、成长和可续等都是数字发展心智特征要素。联合国推出的 SDG 可持续发展目标，也融入了数字化发展的长期目标体系，并定制了企业组织的可续数字化发展愿景。

（2）数字化价值伦理。在数字化改革中，数字化伦理原则和伦理行为技能成为重要的能力。数字化伦理策略能帮助公司与内外利益相关者建立新的信任关系；在数字化工作内外遵循公司文化、伦理规范与行为规范，在线沟通传播中合规处事、审慎而行。数字化伦理还与网络化、虚拟化、平台化和智能化等应用场景中的伦理挑战与能力建设密切相关。其中，涉及不少新的职业伦理困境。例如，在网络安全方面，防范网络攻击、数据窃取、道德黑客等问题；在商业模式方面，涉及牟利策略采用、员工利益损害以及知识产权开发与利用的伦理规范等；在大数据的采用方面，如何加强监管与执行规范，对客户信息保护以及对数据的过度依赖等问题；在商情加密方面，如何局部分享、分布账簿和加密规范等；在智能系统方面，如何以客户为中心；在技术采购方面，如何处理影子技术、技术质量和有限商户等问题；在数字零售和数字项目方面，如何合规开展数据分享，保证商品真实度，避免过度营销等问题。对新伦理困境的理解、防范和应对，需要综合采用优化数字心智模式、设置数字安全标准、数字商务伦理问责等多种措施。

💬 **思考研讨 11 - 3** ░░

绿色可续数字化发展

　　数字经济与绿色发展日趋融合。以绿色可续理念推进数字化改革成为数字化转型的新战略，又以数字化技术全面推进 SDG 可续目标的实现作为绿色转型的新路径。在很多技术研发、生产制造、经营管理、教育科技、运营销售和生活健康等领域，都把数字化作为绿色创新、绿色制造、节能环保、绿色教育、低碳减排和绿色生活的改革创新关键策略。可以说，离开了责任价值和绿色可续，数字化转型就失去了方向；而没有数字化助力的绿色转型，就不容易有效实现可续发展。许多企业启动了数字化 ESG 项目，以数字技术预警 ESG"出轨"、增强 ESG 能力并检测与调节 SDG 风险等功能；以数字化系统监测气候变化、耗能增排、矿产过采、食品安全、森林缩减，增强保健福祉、循环经济、科技创新、生态系统和赋能成长，加快绿色创业、绿色金融、绿色供应链、绿色交通、绿色家居和绿色消费等一系列可续行动计划。

请思考并列举身边的绿色数字化行动，研讨可续数字化发展的新挑战与新策略。

二、绿色转型与绿色数字策略

1. 绿色转型与绿色商务管理

绿色转型最初采取"绿色＋"，或称"商务绿化"（greening）等一般解法，之后进入"绿色×"变革阶段，即包含绿色心智模式转换、绿色商业模式创新和绿色管理策略开发。

（1）绿色心智模式转换。绿色转型的基本特征是基于节能环保、生态责任、包容发展等可续发展理念，拓展到绿色创业与绿色商务的增长，实现环保效益、社会效益和经济效益的整体平衡与三重可续标准。绿色转型是一场多层面的绿色变革与绿色创新，需要通过可续心智转换、绿色商模创新、责任行动领先和工作岗位"绿化"等行动，获取经济、社会和生态价值与开展高质量可续绩效的绿色商务活动。绿色发展改变了人们习惯了经济导向的商务模式，绿色商业模式创新成为绿色转型的重要任务。

（2）绿色商业模式创新。绿色商业模式包含两项特征：组织设计和生态创新。

① 组织设计。商业模式创新是一种组织设计创新。绿色商业模式需要采用更为贴近客户的组织模式以满足客户的长期需求，在多种业务模块上为公司与各类利益相关方创造价值，采用柔性组织设计以便充分利用与扩展可持续价值的功能和资源，运用组织能力建设提升绿色业务的队伍能力和组织可续力。通过新型组织设计创新绿色商业模式，才能保持在行业内的领先地位。

② 生态创新。这是指采用新的方式处理当前和未来的环境问题，主动降低能耗与资源消耗，不断促进可持续经济活动的创新，又称"绿色创新"。许多企业把生态创新作为其成长战略，以此协调经济效益、社会效益与环境效益，为企业打开可续发展的通路，以绿色技术和生态创新作为绿色成长的新引擎。

（3）绿色管理策略开发。与绿色商业模式创新相配套，绿色管理策略为长期的绿色转型做出组织使能，包括绿色人力资源、绿色战略管理、绿色财务管理、绿色营销与绿色运营管理等。在实践中，强化绿色生态理念，提升社会价值，运用环保节能、变革适应、资源重组、价值再造，生态成长等模式，以便改进、优化、创新和颠覆原有商务活动，增强生态效益。例如，启动绿色商务文化计划，鼓励绿色心智转换和绿色环保文化实践，形成节能环保、绿色工作和生态拓展的激励与考核体系，并创建可续发展的生态圈，获取生态性的发展效益。

2. 绿色数字策略与可续发展

在数字化转型的背景下，越来越多的企业采取可续发展的策略，出现许多新型绿色数字化公司。移动计算、社交媒体和大数据建模成为提升绿色数字化工作效能和组织发展的驱动力。

（1）绿色数字组织与可续举措。绿色数字化组织是在分布式平台组织设计的基础上，融合绿色可续思想的生态型组织设计，注重绿色任务互补共享和数字化分布式团队目标，形成多项目合作、创新资源整合和节能环保低碳的新组织特征，也称为"绿数公司"。绿色数创组织模式以数字化管理为基础，建设生态型组织。这种组织具有使命型组织的特点，能够自主适应不同营商环境，组织弹韧性强且具有开发能力，对环保节能特别是碳足迹有警觉管控机制，并能在数字技术和可续模式方面敏捷迭代。绿色数字产品开发更为智能化和用户导向，客户体验基于在线参与和需求定制。尽管数字技术可以助力环保问题的解决方案，数字信息技术本身却存在显著的"碳足迹"问题。许多企业着手启动了节能降碳的行动计划，评估与调节企业数字化项目对于环境的影响，以增强成长性；企业以绿色可续数字化作为优先战略，启动专项绿色项目并评估实施绿色可续举措的实际效果。企业如何制定加速绿色可续举措的"路线图"呢？我们建议"三部曲"：一是围绕组织可续发展战略制定绿色数字化评估体系与方法；二是创建绿色数字化项目团队并建立项目责任制和数字化平台；三是实施以组织可续力为主线的绿色数字化举措和赋能计划。常见问题是企业缺乏绿色数字化人才，绿色数字化转型需制定绿色数字化项目投资与考核标准。

（2）分布式管理与可续发展策略。数字化转型加强了分布式管理，即以多项目参与和数字化互联的管理模式。面向绿色可续发展和绿色创新，团队建设活动强化了多项目领导角色，使团队项目拥有充分自主权，让员工感受绿色发展使命，鼓励项目间互动学习、快捷改进，加快了绿色创新节奏。分布式领导与管理就像分布式弹奏创新乐曲，通过内外渠道支持和客户端互动沟通，营造资源利用和合作创新的条件与能力。绿色数字化组织的分布式管理模式强调三项特征：一是多项目多团队之间的分布式激活，二是多层次多网络之间的分布式联结，三是多业务多目标之间的分布式定位，以增强绿数管理效能和可续发展能力。

💬 **思考研讨 11 - 4**

数字化工作的能力建设

在数字化转型的背景下，许多企业组织或交叉项目团队实行跨界合作、多组织协同创新与多点合作业务的战略，涌现出多种分布式工作管理模式。请结合自己的数字化学习与工作进展,从工作行为虚拟化、信息交流多元化、自我管理在线化和经营管理分布式四个特征加以考虑和研讨,如何应对新的挑战,需要提升哪些新的胜任能力以及如何开展数字化工作的能力建设。

　　组织警觉性是各类企业不断增强的胜任能力。警觉管理是一种行动力,是在企业组织的竞争环境中通过失败学习、战略决策和危机管理等历练开发的。请阅读"研究案例11　公司创业决策中组织警觉产生过程:纵向新零售案例研究",该研究提出了一个组织警觉模型,表现出警觉领导者从多源注意、跨层释义、整合判断到实施行动的开放包容和调整重塑过程。请思考和研讨这个案例对于增强组织警觉的实践意义。

 研究案例11

公司创业决策中组织警觉产生过程：纵向新零售案例研究

　　案例解读:在创业和自组织领导力情境下,组织警觉和警觉领导成为新的研究领域。研究试图揭示警觉的集体表征与分布特征,如公司高管是如何注意外部环境变化以做出战略决策的。这些嵌入组织变革决策情境的研究如何进一步考虑警觉的情境特征、产生过程以及如何实施警觉型领导,成为全新的研究课题。本研究案例的目的是揭示组织对内外环境中机会与威胁线索进行加工的"黑箱",并试图刻画组织警觉的产生与演化过程。案例分析聚焦组织变革与公司创业决策情境,以拓展警觉研究的范围,从关注创业个体认知拓展到关注组织认知特征与过程,从关注创业机会发现拓展到多源线索关注,从关注个体决策判断到群体决策判断,形成理论创新与取得新的价值。研究选取的案例企业为湖州布之韵时尚贸易有限公司(以下简称布之韵),是一家经营时尚品牌布鞋的连锁企业,已有14年历史,目前正处在商业模式的转型变革时期,从传统的线下零售模式转向线上与线下联动的新零售公司。案例分析表明,该公司从2003年起先后经历了单门店代理、多直营店多品牌地区代理、多直营店地区总代理的创业决策过程,反应出三个组织警觉过程和警觉领导阶段:①警觉启动阶段:个体多源线索注意;②警觉释义阶段:群体跨层次互动加工;③警觉判断阶段:组织线索整合判断。基于上述组织警觉的三个核心过程,研究提出了组织警觉的产生模型(如图11-8所示)。研究揭示了在线索注意阶段,个体或团队所处的情境能够让组织发现更多线索,尤其是威胁方面的线索。

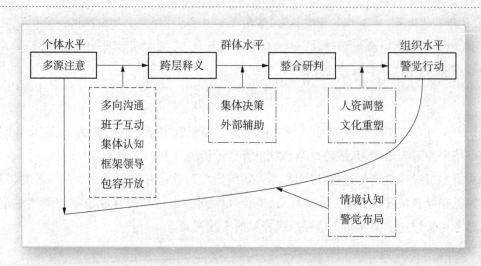

图 11-8　组织警觉过程模型

（参阅：胡洪浩，王重鸣.公司创业决策中的组织警觉产生过程：一个纵向新零售案例研究[J].商业经济与管理，2018(05):28-39.)

　　数字化改革与组织发展需要强大的人力资源策略和创业创新精神，实现可持续、高质量的成长与可持续发展。请阅读"研究解读 11　战略人力资源与创新创业的适配模式"，结合生态力管理的各项策略，思考与讨论如何运用组织发展策略，整合战略人力资源与创新创业策略，形成新的适配模式和可续发展途径。

研究解读 11

战略人力资源与创新创业的适配模式

作者：王重鸣（浙江大学）、臧志（湖南大学）

期刊：《国际人力资源杂志》2005 年第 6 期（2005，Strategic human resources, innovation and entrepreneurship fit：A regional comparative model，International Journal of Manpower，Vol. 26,6,544-559)

研究内容：组织变革与组织发展是一场基于愿景战略、转换心智模式、赋能核心团队、协同业务模式和追求基业长青的行动。本实证研究包括两个部分：第一部分研究考察中国本土企业和外资企业的战略人资实践；第二部分研究以战略人资视角对创业模式开展深度案例分析。把人力资源实践分为注重日常管理的职能式人资和注重发展性和组织绩效的战略式人资两项维度；又把创业划分成个体式创业和集体式创业两项维度。研究选取了 97 家中国本土企业和外资企业。其中,对本土企业和外资企业的人力资源经理进行了深度访谈,还对 75 家企业的 358 名经理开展了问卷评价。这些经理来自中国国有企业、乡镇企业与民营企业以及港台合资企业,中日合资企业和中欧美合资企业。研究评价了人力资源管理模式和组织绩效等指标。结果表明,职能式人资显著影响市场绩效、公司盈利、竞争能力、员工离职、任务达成和员工满意;而战略式人资显著影响创新绩效、员工保留、任务达成和员工满意。深度访谈验证了战略人资实践与创新及创业领导绩效之间的密切关系。对长三角地区的创业型企业经理人做深度访谈并考察了多地国有企业、家族企业和乡镇企业的创业及人资故事,完成组合式案例分析,并通过定量分析检验了个体式创业与集体式创业的战略人资实践与业绩效能之间的关系。

💡 思考题 11

1. 什么是界面层次理论的主要观点? 解读组织动能策略的特点与应用价值。

2. 什么是"双栖策略"? 举例说明其对理论创新和策略应用的重要意义。

3. 如何理解五种组织结构与各自绩效的协同机制? 解读本公司的组织结构。

4. 如何运用适应型、弹韧型、警觉型、敏捷型和生态型组织的五种设计?

5. 如何转换数字心智、数字伦理和运用数字行动学习提升数字转型效能?

6. 在绿色转型中,如何运用与增强绿色行为策略并加强绿色数字化组织?

第十二章
变革管理与组织发展

第一节　变革型组织与行动力管理

📖 知识要点 12–1　组织变革与组织行动

> **变革模型：**解冻现状启动、实施变革推进、重新冻结规范成效的变革三部曲。
>
> **变革管理：**旨在建构愿景战略，增强变革能力、变革动能和变革发展的管理过程。
>
> **行动力管理：**变革管理为主线，精益领导力与变革领导力为双翼的整合性管理。
>
> **ASD 理论：**竞合式价值适应 A、前瞻式决断选配 S、行动式赋能发展 D 三阶段论。

一、变革型组织与行动力管理

1. 变革型组织与变革三部曲

（1）变革型组织的特征。组织变革是管理心理学的核心概念，也是研究与应用中最为活跃的内容之一。

① 什么是组织变革？组织变革需要心智、能力、精神、知识等多方位的转换与提升；可持续发展催生个体、群体、组织、环境等多层次的重塑与适配。从概念上说，组织变革是"有计划的改变"，指有目标、有程序、有方法、有领导、有参与的变革，并非发生改变就是变革。所以，"有计划"是组织变革的鲜明特征。时至今日，组织变革的内涵更加丰富，多指基于愿景目标的变革型创新和组织转型升级，包含从组织心智、组织设计、组织队伍到组织功能全方位的整体转换与更新。

② 变革型组织的特征。在创业创新、数字化改革和绿色转型的进程中，组织设计与组织变革滞后或成为瓶颈问题，也是许多企业或部门必须有效应对的新挑战。同时，组织正在从封闭系统式的职能型架构向矩阵型、网络型、平台型和生态型组织发展，旨在形成动能激发和能力施展的主动变革结构，也称变革型组织。王重鸣针对变革型组织提出"双栖组织建构"的创新思想，注重组织结构与管理模式的动态整合，把组织看成一项"整体建筑"，称为

"组织建构性",成为一种新的发展格局和组织结构的综合特征,用以表现组织从战术到战略提升其资源效能和可续功能的协同性与能动性。组织建构是一种多层组织发展设计,着眼于行动力的提升:对愿景目标、技术创新、业务模式、数字转型和可续发展作出选择,确定组织的建构类型、变革能力与转型绩效要求,定制出具有团队化、数字化和绿色化特点的组织建构模式组合。根据组织管理的"黄金定律",即"结构服从战略",变革型组织旨在实现持续发展效能,可采用组织建构的五力行动设计。

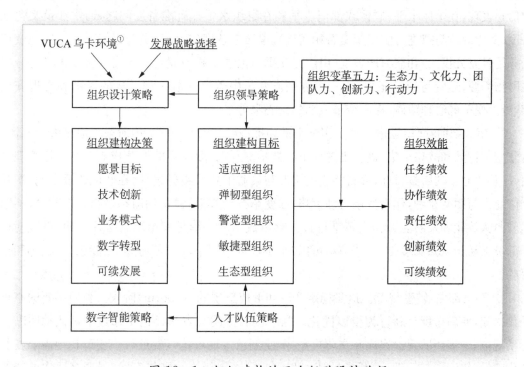

图 12-1　组织建构的五力行动设计路径

图 12-1 表示组织建构的五力行动设计策略路径,包括"人才队伍策略—组织领导策略"之间的目标适配模式和"数字智能策略—组织设计策略"之间的决策协同选择。在乌卡环境下,组织变革着力建设变革生态力、变革文化力、变革团队力、变革创新力和变革行动力,实现包括任务绩效、协作绩效、责任绩效、创新绩效和可续绩效的五维主导效能,体现出"发展战略选择—组织建构决策—组织变革五力—组织建构目标—组织效能"的总体设计与行动思路。

　　(2)变革三部曲。变革管理方面最具影响的是勒温变革三部曲模型。勒温通过群体决策改变饮食习惯的经典研究,提出了群体动力学理论,认为群体互动参与的决策判断形成多种内生动力因素,可以有效改变态度和行为。勒温提出包含解冻、变革、再冻结三部曲的有计划组织变革模型,用以解释和指导发动、管理和稳定变革的过程。我们在企业组织变革研

---

① VUCA 为"Volatility(易变性)、Uncertainty(不确定性)、Complexity(复杂性)、Ambiguity(模糊性)"首字母缩写,音"乌卡"。

究中,通过多重案例分析与系列实证分析,提出变革管理新三部曲模型(readiness change norm,简称 RCN),具体包括以下原理。

① 第一部曲:解冻准备。这是解冻现状和启动变革的 R(readiness)阶段。开展组织变革,首先转换变革心智模式,激发变革动机,适应组织变革与发展。采取培训或教育方式,认识变革必要性,学会改变自己,抛弃原有的经验、思路和习惯,"清空自我"解冻现状。可以通过"快速启动"的试点项目,启动变革行动计划,建立变革准备度。变革准备度是人们对变革的信心表现,在个体水平、群体或部门水平和在组织水平都有准备度问题,通常涉及文化准备度(文化规范与拟进行的变革是否相衔接)、承诺准备度(各级人员与组织对成功实现变革任务是否充分投入)和能力准备度(组织对支撑与推进变革的成功实施与发展是否有充分的人财物资源、运营与领导能力)等三个方面。变革中需要创造一种开放的氛围和心理安全感,减少变革的心理障碍,提高变革成功的信心和勇气。

② 第二部曲:变革推进。这是实施举措和推进行动的 C(change)阶段。通过整合资源、实施变革行动和战略举措,进而推进变革。鼓励参与,获取初步的变革成效。在目标管理方面,注重建立新的愿景目标,进行相应的资源与策略配置及路径选择;在队伍建设方面,增强个体能力与团队激励,作为变革行动策略;在变革行动方面,强化创新举措与发展理念,不断提升团队效能和发展能力。变革推进过程得以成功的关键是变革理念必须简明易懂,使得干部员工易于认知和接受;变革节奏可以"小步快进",便于增强参与感、效能感、贡献感和获得感。

③ 第三部曲:转型规范。这是稳定变革和形成新规的 N(norm)阶段。利用必要的心理强化措施,使新态度与新行为得以固化。"新规固化"的有效途径包括通过培训活动明晰新行动规范,开展团队建设完成新文化重塑,赋能创新实现可持续发展等。变革转型需要变革文化建设、转型参与管理、生涯指导计划和商业模式创新等举措与实践,强调多层次的变革能力开发,形成发展导向的行动力管理。

(3)组织变革阻力与应对策略。组织变革作为战略发展的重要途径,总是伴随着不确定性和风险,常常包含改革与重组,变动"当前奶酪"会遇到各种阻力。管理心理学研究重视对变革阻力的分析与管理。常见的组织变革阻力分为以下三类。

① 组织惰性与组织结构因素。在组织变革中,组织惰性是形成变革阻力的主要因素之一。这是指企业原有组织架构往往比较刻板、缺乏灵活性,难以很快适应内外变革需求。造成组织惰性的因素较多:组织现存文化价值习惯与思维模式比较固化,内部体制不顺、决策程序不良、职能划分狭窄、层峰结构刻板等。此外,文化障碍、组织惯例和考核制度等组织因素,以及变革的时机等也会成为影响组织变革进程的阻力。组织惯例是指组织中群体性活动形成的重复性、集体性的习惯、规则、程序、范式、框架、编码与行为模式的组合体。从行为惯例特征出发,分析惯例的认知图式与组织秩序特征。组织惯例包含内隐规范、行为参照和交互共识等组织特征。

② 群体惯性与行为惰性因素。组织变革的阻力还会来自群体或相关部门。由于原有群

体的旧规范、群体"自我抱团"或者行为惰性等因素形成群体惯性,在变革启动后难以马上适应新的变化,从而形成了阻力。群体规范具有层次性,边缘规范比较容易改变,而深层规范(群体认同与承诺等)则往往难以改变。同样,内聚力较高的群体也不容易接受新的组织变革,需要帮助群体重塑规范。

③ 利益失衡与职业认同因素。组织变革容易导致暂时的利益失衡,从比较熟悉、稳定且具有安全感的工作任务模式,转向不确定性较高的工作任务,变革过程会使得"职业认同感"受到影响等,都会产生对组织变革的抵制。

2. 行动力管理与变革的管理

(1) 什么是行动力管理? 王重鸣把行动力作为创业五力和五力管理的重要维度之一。本书第二章阐述了包含四层次行动结构(行动技能层、行动模式层、行动心智层和元行动层或行动策略层)和三阶段行动过程(行动顺序、行动结构、行动聚焦)的行动理论。在数字化行动学习三力模型、创业的行动要素特征和 ASD 行动理论中,也都以行动力作为基础。管理心理学把行动力管理定义为"以变革管理为主线,以变革领导力和精益领导力为双翼的整合性行动能力管理过程"。行动力管理展现出多层次协同引领和行动目标导向,整合了包括变革管理、组织发展、危机管理、精益管理、数字化管理和生态系统管理等多项行动策略,努力实现可持续发展的目标。

传统模式的变革管理局限于解决变革阻力问题和"摆平"利益关系,且变革与发展相脱节。新一代变革管理强调变革能力建设和变革动能转换,在协调、精益、创新、可续的思路下整合组织变革与组织发展的各项策略。图 12-2 是变革管理模型的图解。行动力管理以变革管理理论(RCN,准备—变革—规范)、界面层次理论(IHT,专长—系统—组织)和变革行动理论(ASD,适应—选配—发展)三项理论作为策略依据,通过变革领导力与精益领导力推动蓄能转型策略、聚能变革策略和使能发展策略的运用,从而提升变革能力管理、变革动能管理和变革发展管理的整体效能,实现行动力管理目标。

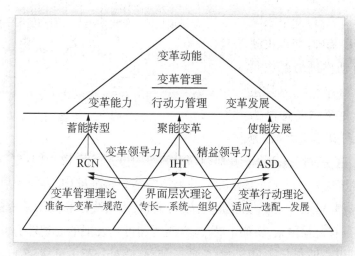

图 12-2　变革管理模型

变革管理包含变革能力管理、变革动能管理和变革发展管理三项维度，具体内涵分别如下。

① 变革能力管理。这是变革管理的第一项维度，变革当前，能力优先。变革能力管理以变革管理和行动力管理的原理，围绕变革的心理准备、心智转换、阻力管理、激励管理、能力建设、团队建设、变革文化和变革项目等方面开展组织变革能力开发。变革能力管理的目标是面向变革愿景战略和可续发展，蓄能转型增强了变革能力管理的"内源动力机制"。

② 变革动能管理。这是变革管理的第二项维度，强调变革的动能转换与组织活力。变革动能管理以界面层次理论（IHT）为基础，着力激发、调动和转换包含团队界面与组织界面的高阶组织动能要素。在变革转型中活力显著的高阶组织动能要素，主要包括差序化责任价值、分布式决策参与、团队化合作协调、迭代性持续创新、策略性跨界选择和生态化前瞻警觉等要素。变革动能管理的目标是运用赋能策略选配、转换和增强变革动能，聚能变革强化了变革动能管理的"内生活力机制"。

③ 变革发展管理。这是变革管理的第三项维度。变革离不开创新与发展。以变革行动理论为依据，运用以组织发展与精益管理为主导的发展策略，重点推进可续变革发展，通过价值适应、决策选配和使能发展的变革行动范式，使能发展提升了变革发展管理的"可续张力机制"。

（2）变革领导力的特征与要素。企业组织变革计划的成败取决于变革心理准备、精心策划、变革行动的跟进，需要强大的变革领导力。管理心理学把变革领导力定义为"变革战略警觉力、变革决断选配力与变革行动推进力三维领导力"。从元领导力框架和变革领导力的实践意义来看，变革战略警觉力是"杠杆"和基础，变革决断选配力和变革行动推进力就像是"双杠铃"。变革战略警觉力是主要动力元，对于变革决断选配力（活力元）和变革行动推进力（张力

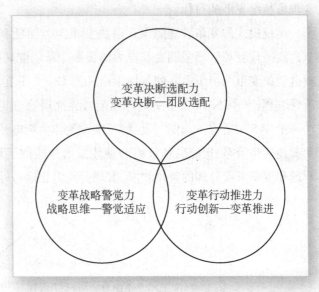

图 12-3　变革领导力模型

元)具有带动力。这一解读也适合于其他领导力的建构模式。图 12-3 是变革领导力模型。

① 变革战略警觉力。这是变革领导力的第一项能力特征维度，表现为战略思维和警觉适应两项要素。战略思维要素是战略辨识、战略定制、战略决断和战略重构的心智模式；警觉适应要素则是具有警觉预见、变革布局、包容调适和可续发展的心智能力。在组织变革面前，领导者注重创设心理安全感，勇于尝试、情商带动，应对变革中可能出现的困惑、失调、倦

息,保持既积极前瞻又警觉坚定的领导心态。量表工具 12 是我们在研究中设计、采用的变革领导力量表,可供读者采用。

　　② 变革决断选配力。这是变革领导力的第二项能力特征维度,表现为变革决断和团队选配两项要素。变革决断要素是善于决断策略、策划行动、激励参与、引领合作的能力;团队选配要素则是善于愿景导向、协调利益、协同角色、调配资源的能力。组织变革中往往会面对架构重组、部门拆并、利益冲突或工作重塑,成功的企业都善于建立新的愿景并以此统一理念和新的目标。运用变革领导力,作出变革决断,配置资源团队,协调内外关系,变阻力为助力,促拖力为推力,带领团队同心协力投入变革过程直至取得成功。

　　③ 变革行动推进力。这是变革领导力的第三项能力特征维度,表现为行动创新和变革推进两项要素。行动创新要素是指具有行动思维、转型动能、创新策略、行动领先的能力;变革推进要素则是指善于以变革策略践行创新发展,强调以创新模式引领变革转型,以创业精神推进变革行动的能力。许多进入转型升级的企业,变革转型计划做得"循规蹈矩、头头是道",而一到行动实施就发现方案老套、资源缺乏、步调难齐、配套不足等"计划赶不上情况的变化"。而通过把转型行动与推进策略相衔接,可以使变革行动推进既是行动路径,又是发展策略,达到"事半功倍"的效果。

📋 量表工具 12

变革领导力量表

① 对变革挑战机遇具有战略性辨识与战略定制的能力。

② 具有变革战略决断和路径重构的心智模式。

③ 对企业变革发展具有警觉性预见并善于做出变革布局。

④ 变革中善于包容调适并秉持可续发展的心智能力。

⑤ 善于以愿景导向带领团队并在变革中协调各方利益。

⑥ 具有在变革中协同新角色,调配多方资源的选配能力。

⑦ 善于带领团队做出变革决断和策划变革发展行动。

⑧ 在变革中具有激励下属,鼓励参与和引领合作的能力。

⑨ 具有行动思维,善于在变革转型中转换新的动能。

⑩ 善于运用创新策略,具有变革行动领先的能力。

⑪ 善于运用变革策略,推进企业的创新发展。

⑫ 在变革转型中具有推进创新创业行动的能力。

　　(3) 精益领导力的特征与要素。精益管理领导的重要内涵与组织变革和组织发展密切联系在一起。把精益领导力定义为"以精益思维与精益价值为导向,带领群体推进持续改进、创造价值、精益升级,实现精益化卓越目标的能力",主要包含三项维度:精益价值转换力、精益卓越运营力和精益持续改进力。图 12 - 4 是精益领导力模型。

① 精益价值转换力。这是精益领导力的第一项特征,主要包括精益价值与学习转换两项要素。精益价值要素指善于适应精益思维,注重客户价值、追求精益求精的心智模式;学习转换要素则是指善于学习与"去学习",改变常规习惯,转换心智模式,具有沟通精益理念、分享精益价值、清空陈规旧习和提升变革准备的能力。

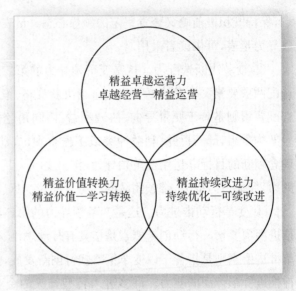

图 12-4 精益领导力模型

② 精益卓越运营力。这是精益领导力的第二项特征,主要包括卓越经营与精益运营两项要素。卓越经营要素是指善于在经营中精益求精行动,鼓励追求卓越计划,协同精益行动拉力和引领经营发展的能力;精益运营要素是指善于在运营管理中策划精益方案、承担精益任务与采纳精益策略,选配精益团队、激励精益绩效和推行精益方案的能力。

③ 精益持续改进力。这是精益领导力的第三项特征,主要包括持续优化与可续改进两项要素。持续优化要素是指善于不断策划优化方案,决断精益举措,建设精益求精文化和提升优化网络的能力;可续改进要素则是指具有持续赋能开发,推进持续改进,提升协作功能和实现可续发展的能力。

💬 **思考研讨 12 - 1**

行动力管理的理论支撑与行动机制

从图 12-2 可以看到,行动力管理有三项理论支撑。请结合行动力管理,学习变革管理理论(RCN)、界面层次理论(IHT)和变革行动理论(ASD)的各项维度,从"准备—变革—规范"的三部曲支持"蓄能转型"进而提升"变革能力",从"专长—系统—组织"的界面层次支撑"聚能变革"进而强化"变革动能"。从"适应—选配—发展"的变革行动支持"使能发展"进而促进"变革发展"(详见各章相关理论内容)的行动力管理理论。通过变革领导力和精益领导力实现行动力管理的内源动力机制、内生活力机制和可续张力机制。请结合本单位的变革实践,思考与研讨行动力管理的原理与实践意义。

二、ASD 行动理论与危机管理

1. ASD 行动理论与赋能行动机制

（1）ASD 行动理论的原理。不断优化组织变革的行动机制，是实现可持续发展与新跨越的重要举措。王重鸣从认知科学的并行分布式加工原则和组织变革策略出发，创建了"适应—选配—发展"ASD 行动理论，认为在初创、成长和转型的不同阶段，高绩效的企业能够从基于竞合文化的价值适应（adaptation）、基于分布决策的行动选配（selection）到基于并行使能的组织发展（development），不断重塑其变革成长的行动策略（参阅"研究解读 9"）。王重鸣以 ASD 行动理论作为框架，深入考察与探究了多重变革与成长机制，通过案例分析、跟踪研究、实验与准实验，对中国企业组织变革战略决策与文化融合的双栖策略范式作出机制上的解释，进一步深化了价值适应（A）、决策选配（S）和赋能发展（D）三原则变革行动理论。

① 价值适应（A）。这是在组织变革中的价值适应原则，表现为变革心智适应，员工价值驱动，变革文化融合，项目团队化创新和领导力指导提升等举措。例如，在中国企业国际并购的重大组织变革中，让价值适应作为文化建设的新抓手，助力完成国际并购下的商务整合与价值提升。转型期组织变革在中外文化价值、新老文化元素、市场经济理念、组织间价值导向、代际价值碰撞和创新情境特征之间动态交互、竞争融合，形成竞合式价值适应过程，显著增强了变革的新动能。

② 决策选配（S）。这是在组织变革中对变革资源、变革团队和变革行动等作出决策选配原则，表现为行动决断、行动建模、行动释义和行动监测等举措。例如，中国企业的组织变革具有多任务、多目标和跨阶段的特点，倾向于采取快速资源获取和持续整合选配策略以推进转型变革。由于变革情境日趋动态模糊，表现出"外源依赖、参照判断"和"惯例选择、边缘路径"的倾向，所以变革行动决策的选配性更为关键。决策者在组织变革中重视战略预见和超前布局的决策选择模式，显著提升了组织变革决策判断能力。

③ 赋能发展（D）。这是组织变革中的组织赋能发展原则，强调以"竞争—融合""开发—探索"和"规制—创新"等双栖策略为新特征，形成多层次策略演进的新范式，显著提升其组织变革与文化融合能力，组织赋能发展原则强调从个体主动性、群体主动性到组织主动性的多层次组织心智转换和组织发展行动机制。例如，许多创业企业强调组织赋能与使能发展的策略。通过初创业到全球创业成长，生动揭示了成长策略对于实现全球创业成功转型的战略意义。

（2）中国企业变革的三重机制。ASD 行动理论为组织变革发展提供了新的动力机制理论框架。从组织变革问题驱动和动力因素出发，王重鸣在数百家企业开展多案例跟踪研究、深度访谈、多重调研和神经实验，并在此基础上，提取出中国企业变革实践的关键特征和行为机制，提出了变革行动的价值适应、决策选配和赋能发展三重机制，成为行动力管理的主线。研究围绕企业转型升级、全球创业、科技创业、"互联网＋"商务、云端运营模式和数字智能发展六项新实践，提炼出三层动力：创业动力（行动学习、跨界整合和社技并行）、组织动力（六项新实践、创业动力和创新动力）和创新动力（团队动能、组织敏捷和模式创新）。图 12 - 5 是组织变革与可续发展的三重机制模型。

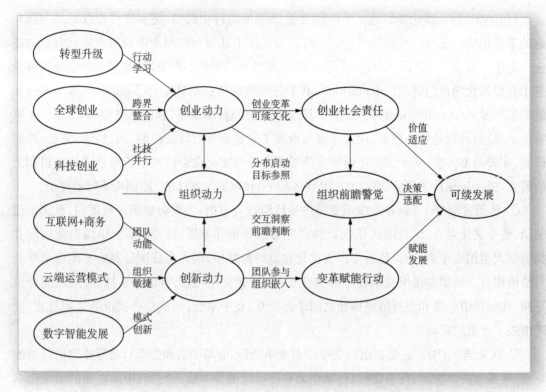

图 12 - 5　组织变革与可续发展的三重机制模型（修订自王重鸣，2021）

在三层动力的激发下，基于创业变革与可续文化的创业社会责任模型，基于目标参照、分布启动、前瞻判断和交互警觉的组织前瞻警觉模型，以及基于团队参与和组织嵌入的变革赋能行动模型交互影响，形成了变革文化融合与可续发展的三重机制：价值适应、决策选配和赋能发展机制，进而推进可续发展。

2. 危机心理特征与危机管理

（1）危机的概念与心理特征。与风险的概念不同，危机更多指现实中出现事件或行为的结果。"危机"一词出自三国魏安《与嵇茂齐书》："常恐风波潜骇，危机密发"，常指有危险又有机会的时刻，以检验决策和问题解决能力。危机是指低概率、难预计和高负面影响的事件。组织危机是指管理者和利益相关者知觉到的诸如人事、业务、财务方面的重大变动，各类灾害、金融风暴、重大疫情等突发、意外和潜在破坏性的事件或情景，引发企业发生创业危机、经营危机、队伍危机、市场危机、供应链危机等。危机管理成为管理心理学的新重点。

人们在高度不确定、复杂多变的危机面前表现出一系列危机心理特征。

① 危机认知特征。危机当前，危机认知加工方式和危机心态发生了较大变化。人们在

危机下会倾向于简化危机信息加工,弱化多重信息加工能力和记忆力,呈现出否认、担忧、回避、无助等认知。为此,强化权威信息源的发布与沟通成为关键任务。传达与沟通信息的方式要做到多源、丰富、领先和符号化认知。

② 危机情绪状态。人们在危机中会出现各种情绪失调或心理障碍问题,对于危机的各种不确定情况及问题容易引发焦虑,需要通过细致的沟通解除可能出现的担忧、失望或无助感等心绪,特别是缓解员工容易出现的否认倾向,帮助他们正视危机影响,积极应对挑战,管理好危机。

③ 危机积极行为。危机常常引发负面情绪或行为,也可以激发应对意向为了提升自我价值,表现出利他行为,增强援助心态,体现群体价值与弹韧意志,需要加强危机下的群体赋能和提升危机管理能力与危机领导力等正面举措。通过危机沟通,关注可取的人际资源、可行的供求渠道、示范性的积极行为和精准的及时反馈等。

(2)危机事件管理与危机过程管理。危机管理主要有两种模式,一是把危机作为一项事件,开展危机事件管理;二是把危机作为一个过程,开展危机过程管理。

① 危机事件管理。危机事件具有危害性、及时性和意外性三项特点。危机事件管理的定义为"协调各利益相关方与多种资源,对危机事件依规作出情绪反应和管理行动以实现组织恢复与重建的管理方法"。聚焦事件的前因后果、预案准备和善后处置及预防危机事件再次发生的配套措施,适合于影响范围相对较小,发生时段较短,涉及面较为局部的危机。

② 危机过程管理。对于突发、延时和范围比较大的危机,采用危机过程管理模式。这是指从造成危机的环境与信号线索、危机发生发展和组织关系的过程,以及危机后行动管理出发,注重企业组织在危机各阶段作出何种反应、如何防护和复原管理等方面。特别重视危机各阶段的战略性偏移、问题发酵、事件触发和形成及解决组织危机的多个环节,加强危机后的适应、调整、重构和发展。图 12-6 表示了危机过程管理模型的总体框架以及关键任务。

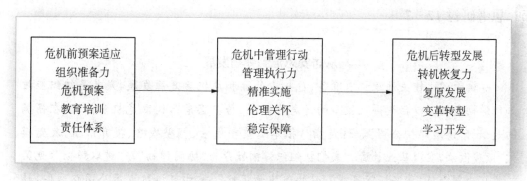

图 12-6　危机过程管理模型

如图 12-6 所示,危机前预案适应是指在危机发生前,聚焦危机的组织准备力,即组织应对危机而启动的各项预案,包括采集危机线索与警讯,定制危机应急预案,开展预防培训和健全危机管理的责任体系与合作网络等;危机中管理行动是重点,体现管理执行力,主动处理和管控危机,主要包括精准实施危机管理的预案,开展减压、调适、帮扶的伦理关怀与压力管理,稳定和保障项目团队的持续运营,确保通过实时决断对危机进行及时的管控;危机后转型发展是把重点放在转机复原力上,关注组织如何从危机中主动重建,并通过组织学习、创新模式和变革转型等行动,尝试多种措施和提炼发展策略。

（3）危机管理领导策略。危机管理比较关注危机应对预案的实施、当前的管理任务和对危机的直接处置。我们提出危机管理领导论,聚焦于较长期视角、主动应对和学习,注重协同创新和如何变革发展、转危为机等任务,进而提升危机管理领导的前瞻性、成长性和行动性。危机管理领导策略定义为"以弹韧心智模式,协同与带领团队应对危机,实现组织发展新目标的策略"。根据元领导力框架,危机管理领导策略表现为以"弹韧—协同—行动"为框架的多元策略"组合拳":

① 危机心智弹韧策略。面对危机做出快速反应,以主动思维、坚韧自信、合作价值、自强创造四项心理要素,综合运用弹韧领导力、伦理领导力、责任领导力和赋能领导力等,以实现危机复原动能。

② 危机沟通协同策略。以责任沟通、协同目标、选配决断、策略重构四项心理要素协同行动,在危机过程中"靠前管理"和"一线参与"组合运用团队领导力和数字领导力,以实现危机协同任务;

③ 危机警觉行动策略。以警觉布局、赋能重塑、精益运营、集成行动四项心理要素推动数字化转型、敏捷型项目开发和创新多种客户服务模式,整合运用弹韧领导力、变革领导力、创新领导力、创业领导力等,实现危机下创新发展。

在危机场景下,领导者需要运用危机管理领导策略来推动组织响应、团队对接和任务拓展,成为危机下的"组织大脑"或"神经中枢"。危机管理领导策略是一种组织发展行动,成为各行各业领导者必须具备的综合领导胜任力。

💬 **思考研讨 12 - 2**

从居安思危到弹韧发展

危机管理比较关注危机前准备、危机中处置和危机后复原发展,尤其是组织应该如何弹韧发展。以往说得比较多的是怎样才能"居安思危",树立危机意识;现在强调的是如何"铸造弹韧公司"。这是指从根本上重塑愿景、调整战略、提升价值、改变模式、颠覆做法,实现基业长青。我们把组织弹韧性分为"协同弹韧"与"进取弹韧"（见第二章）,分别秉持"责任规范策略"和"决策定力策略",重构可持续发展公司路线图:持续强化长期主义,推动队伍、财务、运营 ESG 可续成长;科学制定转型目标,主动启动可续项目（数字环保、节能低碳、生态创新等）;积极搭建联盟网络,强化可续伙伴关系。这样,使组织弹韧力成为企业抵御危机的核心能力,高弹韧组织具有最强的组织可续力。请思考与研讨如何铸造弹韧公司（战略、资本、文化、队伍相协同）并提出建议。

案例体验 12

如何运用变革管理模型增强行动力管理

中源建筑集团在加速实现数字化转型的过程中，根据全面绿色转型的要求，主动建设变革型组织和绿色建筑数字化科创平台。期间，遇到对数字化转型组织变革的部分抵制和阻力。为了克服阻力、转换动能和推进，采用了变革管理模型作为框架，实施蓄能转型、聚能变革和使能发展三项策略。一是采用参与投入策略。在数字化转型之初，干部员工中存在对数字化转型的疑虑和原有工作模式的惰性。为此，公司加大了参与力度，转换变革心智，学习提升能力。显著提高变革设计和转型准备的参与度，并开展"绿色建筑发展战略"研讨，增强大家的绿色数字化认知和对组织变革的承诺度，显著减少了对变革的抵制情况并积蓄了新动力。二是决策沟通策略。集团公司与子公司都加强多层次沟通和新绿色转型项目研判，策划与启动激发变革动能的项目，聚能变革形成责任感，并加强组织变革的赋能培训和教育活动，既及时明晰变革实施的各项步骤和增强能力，也使决策者及时发现变革中的新问题、新情况、新偏差，获得有效的反馈，激发了组织变革的新活力。三是使能发展策略。公司运用"变革的群体动力学"，主动推动组织变革与可续发展。这种策略与绿色建筑创新举措相配套，通过赋能使能形成变革发展新张力，对于中源建筑开拓新业务特别有效。在此期间，开发与增强各级干部的变革领导力和精益领导力，整体提升了集团的行动力管理水准。中源建筑集团通过这项变革管理模型，把绿色建筑项目发展与数字化转型流程再造紧密结合在一起，成为绿色数字化的新示范。请围绕本案例，思考与研讨在组织变革中如何运用变革管理模型来增强公司的行动力管理综合优势，成功推进集团公司的数字化改革和绿色创新进程。

第二节　组织发展策略与生态系统

🎓 知识要点 12-2　组织发展与危机管理

组织发展： 变革型组织可续成长的能力建设手段和提高组织效能的策略性方案。

精益创业： 人人创业、创业管理、验证学习、建测学习和创新会计的五项原则。

生态系统： 领军群体、创新集聚、能力开发、文化塑造、孵化融资和政策组织。

使能策略： 可续式适配、价值式担当、数字式协同、学习式行动和平台式成长。

一、组织发展特征与主要策略

1. 组织发展特征与 OD 技术

（1）组织发展的概念与策略。组织发展（organization development，简称 OD）是"变革发展的技术组合与整体解决方案"。在变革转型、创新创业和危机重塑的背景下，它成为变革型组织可续成长的能力建设手段和提高组织效能的策略性方案。组织发展策略主要有两个方面的渊源：一是运用实验室训练方法，提升组织中的团队胜任力和群体动力；二是采用行动研究（action research）和调查反馈方法，研究性地诊断与持续改进企业组织的动态能力和组织动能。在新的阶段，组织发展更多强调发掘组织潜能、鼓励主动精神、促进健康成长、利用组织资源和推动可续成长。

组织发展 OD 包含了一系列策略与技术，比较常用的有四个方面的策略：心智转换策略、可续成长策略、学习赋能策略和目标管理策略。

① 心智转换策略。组织发展需要具备新的心智模式和价值导向。组织发展意味着深层次和长期性的组织成长，需要拥抱数智与绿色，采用可续组织发展模型与方法，涉及人员、群体和组织多个层面的变革转型和价值观转变，注重合作协调共赢而不是利益纠隔竞争，强调主动参与管理而不是被动执行跟随，鼓励担责敬业和增强成长心智。

② 可续成长策略。通过对企业进行多层绿色诊断、全面低碳配方、环保行动干预和 ESG 监控评价，从环境、业务模式与产品服务等方面，推动变革型组织的健康改进与可持续发展。组织发展的关键策略之一就是推动责任管理与绿色转型，以组织发展创造可续成长的组织文化和企业精神。

③ 学习赋能策略。组织发展是一个学习成长过程。强调组织各部分的相互促进和协同赋能。通过有效沟通、问题解决、参与决策、培训辅导和生涯设计等过程，创建学习型组织。在理念态度、价值观念、知识技能、人际关系和文化氛围等各方面取得更新和持续提升。明确愿景目标，实现变革成长与可续发展的总体目标。

④ 目标管理策略。组织发展是订立和实施可续发展目标与行动计划的过程，需要提高绿色目标设置和可续战略规划的能力。在组织发展中，设立富有可续性、团队性、创新性、责任性和成长性的目标，激发组织动能和提高变革效能。通过目标管理，增强长期责任感和义务感，包括制定变革转型和可续发展的目标管理体系，明确管理部门与项目团队的组织发展目标及行动。

组织发展成为新型企业可续成长的主动策略。以专业化、精细化、特色化、新颖化为共有特征的中小企业转型为例，围绕"专精特新"（specialized，refinement，differential，innovation，简 SRDI）企业，以组织发展策略整合专业化服务、精益化管理、特色化设计和创新化模式等能力开发与成长策略，定制基于"五力管理模型"的能力建设计划，识别专业优势、发扬工匠精神、定位特色路径、组合创新团队。专精特新企业的成长可以综合运用心智转换策略、学习赋能策略、目标管理策略和可续成长策略,并创建"专精特新组织发展计划"。通过研发创新、市场开拓、团队建设、转型发展和产业基金引导等举措,特别是支持专精特新企业申请和启动智能化、数字化和绿色化 OD 项目,建立知识产权优势企业培育与创新创业库,使之发挥高质量发展的引领、示范和带动作用。

（2）组织发展 OD 技术。组织发展采用多种管理技术与方法策略。多数 OD 技术都是以群体为对象并注重方法策略。

① 群体训练技术。组织发展一般从群体水平起步,通过面对面或在线的群体参与、互动研讨、认识自我、理解同事,提高人际敏感度和包容度。较多采用实验性的焦点群体讨论或者专题案例研讨等方式。在群体内不设立明确的角色,以促进畅所欲言、换位思考、开放思想、群策群力和采取行动。

② 管理风格技术。组织发展采用管理方格图训练法等技术增强领导能力（参阅第十章）。管理风格技术帮助管理者识别和诊断各自的领导风格并相互优化领导能力和变革能力。通过个人识别、小组诊断、群际分析、组织目标、行动计划和反馈提高等六个步骤开展研讨尝试和持续改进。

③ 调查反馈技术。调查反馈技术运用态度调查表和结果反馈法,在多层次态度调查和结果反馈过程中,使参与人员获得态度反馈、互动研讨、分析提炼、解题建议,促进参与者的态度与行为转变,改善组织发展氛围,实现组织发展目标。还有一种是过程咨询技术,采用专家咨询与群体研讨的方式,通过诊断和解决组织运营过程中所面临的重要问题,形成解题式组织发展的新局面。

④ 团队建设技术。这是最多采用的组织发展技术,目的是通过团队成员互动研讨和合作行动,协调团队工作步伐,共识项目合作规范,实现团队发展目标。团队建设的新重点是运用团队化策略,注重多个班组、交叉职能和多部门之间建立合作创新关系,并把组织发展活动扩展到整个组织的改革创新。

⑤ 绿色数字技术。随着组织发展领域迅速发展,运用数字化系统实施组织发展成为首选方法,进一步与绿色可续发展整合在一起,称为绿色数字技术,成为组织发展的新兴技术。采用数字化学习与构建精准的可续绩效系统,创造数字化组织创新氛围,设计绿色数字化组织发展工作平台,实现可续组织发展。

💬 **思考研讨 12 - 3**

组织发展的新策略

在组织发展常用的四类 OD 策略:心智转换、可续成长、学习赋能和目标管理的基础上,组织发展显现全新的趋势:从比较偏重外部咨询专家或机构帮助开展组织诊断、培训和评价,转向更多与组织变革转型密切联系,并注重在心智转换、赋能开发与可续成长;从比较局限于人群关系,转向更加强调业务转型;从比较关注当前问题和整改举措转向特别重视积极心态和扬长避短，面向高质量发展重塑特色与战略；从比较用心于工作态度与技能转向特别看重领导力开发与组织能力建设；从规模型、传统型企业的 OD 技术应用转向创业型中小微企业和高新技术"小巨人型"专精特新企业的赋能使能式组织发展。请结合相关单位或企业的改革创新实践（数字化、绿色转型等）和面临的挑战，思考研讨并提出针对性的组织发展策略或方案。

二、精益管理与精益创业策略

1. 精益思维与精益管理模式

（1）精益概念与精益思维。精益（lean）是指有关以较少资源和浪费创造所需价值的思维方式。从心理学和认知科学来说，精益包含"快速"的直觉加工（如认知启发式）和"慢速"的理性加工（如认知校正）的双栖交互过程。在组织管理背景下，精益过程主要包括员工参与、团队工作、数据驱动、流程设计与实施等特征。源于精益管理在生产系统的成功实践，全面推行"紧实平准""快速改进"和"高效系统"的精益思维与精益原则，使其逐步内化和延伸到企业的各项管理业务工作中，并上升为企业战略思维与管理理念。最关键的原则是注重客户需求和实现精益价值。精益管理思维的五个特征概括为五大原则，如表 12-1 所示。

表 12-1　精益思维特征与精益管理原则

序号	精益思维特征	精益管理原则
1	客户价值	精确定义产品服务对于客户的价值
2	流程改进	识别与改进每种产品服务的价值流
3	创造流动	创造与促使部门间的价值持续流动
4	建立拉力	客户从生产者方拉动环节提升价值
5	追求卓越	持续追求高质量体现全程卓越效能

与精益求精思维密切相关的是"工匠精神"。工匠精神在我国源远流长，古代的"艺徒制度"从技工方法到做事态度和做人德行都在实践中传承工匠精神。距今约 1500 年的隋代著名工匠李春所设计的赵州桥，历时 10 年（595—605 年）建造。无论是首创的"躺肩拱"桥梁结构和建造工艺，还是雕琢刀法和饰纹图案，都表现出了工匠精神的无限创意与精湛才干。时至今日，工匠精神被赋予敬业、创新、执着、求精和可续等新的内涵，其核心仍是千年传承的精益求精和匠心独造，成为各行各业追求的工作品质和核心技能。

（2）精益管理的主要特点。行动力管理的重点之一是围绕精益管理与精益运营，建设和实现精益生态系统和持续发展目标。精益生产与精益管理的尝试来自丰田汽车的精益生产革命和精益制造实践,可以追溯到早期的备件管理和泰勒的科学管理,福特在流水作业制造系统中首次应用"实时生产"和"精益制造"的初步原理。自 1950 年代首创丰田生产系统(toyota production system,简称 TPS)以来,精益管理逐步形成体系并成为先进制造的管理基础。精益管理包括五个方面的要素:即时管理系统、看板管理系统、全面质量管理、快速改进、团队发展。有关精益管理的管理心理学研究深化和丰富了精益管理的心理原理与行动机制。精益思维颠覆了常规的供应链与生产系统,表现在组织鼓励创造性、管理与客户关系、供应链系统、产品开发与生产运作等方面的有效模式。精益管理原理与策略被广泛运用于变革管理和精益领导力开发,成为创业创新事业的重要理论与工具。在我国进入高质量发展的新阶段,精益管理与精益创业成为管理实践的升级版。精益管理策略通过"消除浪费""紧实平准①""快速改进"和"高效系统"的原则与程序可以提振 20%—30%的管理质量和运营效益。

精益管理和精益经营是一场变革,也是一个转变常规思维、改变管理行为、深化精益模式的过程。在推行精益管理时,常常会面临各种心理、行为和文化的阻力,需要注重运用变革管理和组织赋能的各项策略。

2. 精益创业模式与运营策略

(1) 什么是精益创业? 精益创业把精益理念应用到创业场景,是一种以最少资源、最少工作和最短时间实现新产品和新服务的创业方法,也是一种团队创业的模式。创业是一项创新行动,精益创业也是一项行动学习。精益创业提倡创建快速尝试原型来测试市场创意,并运用客户反馈加以实现。可见,精益创业标志着创业进入严谨、科学的学习新阶段。精益创业把创业看成一项实验,有人胜出,但大多数人失败。问题在哪里呢? 在动态和不确定的经营环境中,创业是一场管理实践,也是一项验证式的学习,又是建构—测量—学习的流程,它需要学会采用创新会计加以核算。因而,精益创业注重创新、停止浪费时间并更加成功。精益创业是一种学习方式。精益创业包括了五项原则:人人都是创业者、创业就是管理、效度验证学习、建构—测量—学习、创新会计。

- 人人都是创业者原则:创业无处不在,人人都在创业尝试的学习中。
- 创业就是管理原则:创业是承担风险、开拓创新和主动行动管理。
- 效度验证学习原则:创业过程通过实验尝试创意而持续验证学习。
- 建构—测量—学习原则:创业活动包括开发产品、测量反馈、学习优化。
- 创新会计原则:创业是设立、衡量、实现成效的创新型会计。

精益创业转换了每个人的成长思维与精益心智,关注客户价值,强化对客户进行互动、快速、持续、有效的学习开发,实行少浪费、低成本、快速学习、快速调整的新模式,从而实现更为敏捷的最简可用的产品服务开发。

---

① 紧实平准是指精益管理的紧密(紧源、紧料、紧配)、实效(实干、实价、夯实)、平整(公平、平流、平均)和精准(准时、基准、标准)四基点。

（2）精益创业的有效工具。精益创业运用诸如商业模式画布的工具，检测和创新商业模式。图12-7表示典型的创业商业模式画布，包括客户细分、价值主张、渠道通路、客户关系、收入来源、核心资源、关键业务、重要合作和成本结构模块。学习和运用商业模式画布，可以显著增强客户导向和前瞻思维，形成并行分布式的创业心智模式。精益创业是以创业愿景和精益思维做指导，适应创业的不同阶段。从发展趋势看，方兴未艾的精益管理以管理心理学为基础，深化理论内涵，识别应用策略，并形成了"精益管理心理模型"。特别是从精益心智模式、整体管理策略、持续改进策略、适应性系统、团队动力学、拥抱变化、员工福祉等方面探究了精益思维与实践的心理机制。以"精益消除浪费与创造价值"为理念，开发团队式持续改进策略。

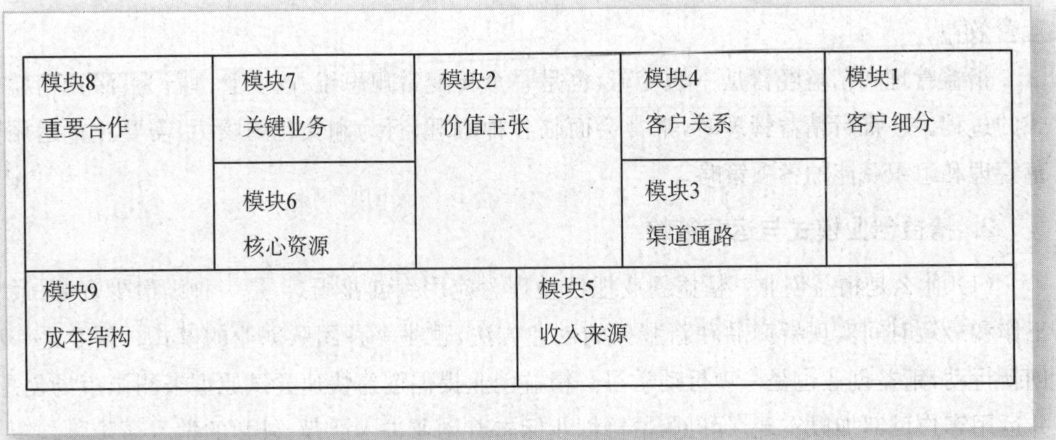

模块8 重要合作	模块7 关键业务	模块2 价值主张	模块4 客户关系	模块1 客户细分
	模块6 核心资源		模块3 渠道通路	
模块9 成本结构		模块5 收入来源		

图12-7　创业商业模式画布

三、创业生态系统与使能策略

1. 创业生态系统与组织发展

（1）创业生态系统的特点。在全球化、数字化、智能化的创新驱动环境下，组织变革与组织发展都需要整合资源和创建合作共享生态圈。通常，开发区、科技园主要采取给予优惠扶持政策，创设吸引初创企业的条件，并提供启动资金和咨询服务。近年来，创业生态系统已经成为多项目团队互动合作和实现共同组织发展的跨组织生态系统，逐步形成区域性的合作网络和以创新为核心的开放创新体系，也称为创业创新生态系统。创业生态系统包括三个方面的特点：创新组织（创业企业、高校机构、社会组织等）、创新资源（市场网络、创新技术、创新人才等）和创新环境（创新政策、创新文化、众创平台等）。

① 创新组织。创业生态系统的"主体动力"来自多种科创企业、各类创新研发机构和高校孵化器等，其关键要素是众多的创新企业活跃互动和创新研发成果涌现。科技园、高新区在企业、研发机构和多元化创业服务体系之外的创业研究机构和科创社会组织，成为创新组

织动能激发的驱动因素,产生"溢出效应"。特别是通过数字化转型和可续管理发展,可以显著促进创新组织生态圈的加速成长。

② 创新资源。创业生态系统的"能量活力"来自各种创新资源,主要包括人力资本、创新群体、投融资金、自主创新、市场网络、数字资源和社会资源等。例如,创业团队建设、产品创新设计、客户关系管理、创业合作网络和数字智能,以及微贷风投资金、公共资金市场、私募资金管理和财富管理。创新资源管理的关键是其智合机制与整合功能,特别是通过创业创新能力建设、创业赋能系统实施、创业团队化策略和领导力开发等使能策略形成有机组合,显著增强创新资源的战略性识别获取、积蓄聚集和利用发挥。

③ 创新环境。创业生态系统的"发展张力"来自创新的平台环境,主要包括创业创新战略、科创政策法规、危机管理系统、创业文化建设、媒体资源、开放创新组织和平台支撑条件。创业环境要素越来越注重动态环境优化和使能环境建设,如孵化培育支持、科创技术指导、经营运营辅导和创新管理等可续发展举措。同时,新的移动互联网创新与绿色科技创业平台成为快速迭代的"敏捷创新"加速器,优化了创新环境。

在国家创新系统下,形成了区域创新系统、产业创新系统和企业创新系统,我国各地的高新技术开发区、科技园和软件园都在努力建设创业生态系统,构建了多种高科技产业、创业网络和开放创新平台,形成了立体式创业创新生态圈。

(2) 创新创业栖身地与创业生态系统。浙江大学全球创业研究中心创始联合主任米勒在《硅谷优势:创新与创业精神的栖身地》一书中论述了硅谷成功的最佳创业实践,提出"创业栖身地"的新概念,认为硅谷成功的原理与经验是硅谷的创业创新发展演变成一种扎根当地、嵌入网络、赋能创新的创业生态系统,积极鼓励开放学习、信息共享、互促创意,人才优势、企业灵活性和对机会与挑战的快速反应。硅谷具有以下十种重要特点:高质量知识密集型工作、高质量人才资源、高流动人才促进集体学习、奖励风险承担和容忍失败的商务氛围、开放的商务环境、高效互动的产学研网络、高技术产业风险投资业、高活力的创业社区与政商合作、包容文化与青年创业以及高质量生活的创业社区。以此定制创新创业栖身地,创建可持续发展的新型创业生态系统。硅谷的创业人才成长得益于数万家创业企业在高科技、信息技术和人才开发等方面的独特优势,特别是当地各类大学尤其是斯坦福大学的前沿科技与人才引领。除了良好的风险投资条件,大量的创业创新服务机构是重要的成长支撑。对于成功的创业家来说,有三项因素至关重要:鼓励人才流动、与竞争对手对话和容忍创业失败。我们深度研究了中关村创业生态系统,以领军指导、创新集群、能力开发、文化价值、融资孵化和社会组织六项创新特征,为持续提升以生态心智转换适应和生态组织适配为特征的生态力和基于服务、精准、创新、共享的创业生态系统建设提供了新的示范。

2. 组织使能与使能成长策略

(1) 什么是组织使能?组织发展的新领域是构建与推进组织使能机制,从而为高质量、可持续发展提供新的动能。我们把组织使能(organizational enabling)定义为"组织主动创设条件促成员工发挥潜能、施展才能、获取效能的行动过程"。组织使能是一项整合式行动策略，强调正能、汇集、涌现、流动、可续的心理效应。结合组织变革与组织发展的特点，提出组织使能的五种策略，如图 12-8 所示。

（2）组织使能的五种策略。

① 可续式适配使能策略。这类组织使能策略主张"胜任力适应使能"和"职业化开发使能"两种方式。前者侧重于围绕岗位与职能任务增强胜任力以适应可续发展的战略目标；后者注重在职业成长的不同阶段采用可续式使能设计，形成持续适配的内在动力，以便适应变革创新和转型成长的目标。

② 价值式担当使能策略。这种组织使能策略把重点从应付式的"尽力而为"的工作模式转换成价值式"多岗职担责"的事业模式，形成职业的价值活力。通过"价值式转换"使能策略，彻底改变工作被动、生涯停滞或意志减退的工作状况。

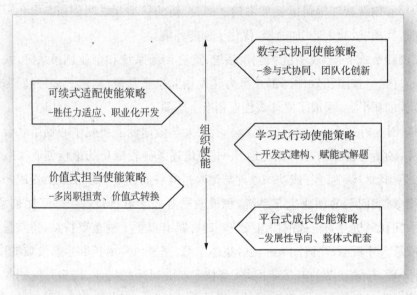

图 12-8　组织使能的五种策略

③ 数字式协同使能策略。这种组织使能策略运用数字化技术提供"参与式协同"创业计划和"团队化创新"转型项目，重视通过团队设计，增强"集体效能感"，创建数字化创业生态圈，形成创新的可续成长张力。通过数字式协创使能策略，改变常规条件下"单打独斗"和"各自努力"的工作模式，形成协同创新的新局面。

④ 学习式行动使能策略。这种组织使能策略采用"干中学"和"在线学"相结合的方法，通过"开发式建构"和"赋能式解题"使能计划，面向项目主管和各级经理人员，以赋能加使能的方式学习创新管理模式与团队技能，从实践问题驱动和领导策略提炼入手，以"目标—反馈—行动"的组合式实现精准解题、标杆学习和持续改进。

⑤ 平台式成长使能策略。这种组织使能策略着重于优化员工的多种职业发展与成长平台，采取"发展性导向"和"整体式配套"的战略性人力资源策略，创建"新一代创业生态系

统"。发展性导向包含激励性、建设性、成长性三个因素。其中,激励性注重融合内外激励和团队性激励;建设性强调从入职之日起开始培养历练和遵循设计思维策划持续成长;成长性要求以轮岗与新任务激活全员生涯。整体式配套则包含嵌入性、共享性、互补性三个因素。其中,嵌入性是指企业人力资源政策紧密结合经营与业务发展需要;共享性是指企业以创新模式搭建创业服务共享平台;互补性则根据发展战略选配人才资源和组织优势。

组织使能策略激活了人与组织成长的内外新动能,增强了实现新愿景目标的行动自信和组织可续力。

💬 思考研讨 12-4

如何运用组织使能策略推动可续发展

为了持续增强组织可续力或者公司可续力(corporate sustainability),以便有效应对数字经济、绿色经济和职业可续发展情境下来自政策法规、消费者、供应商、同行伙伴等利益相关各方的可持续发展压力与各种新的商机,可续式适配、价值式担当、数字式协同、学习式行动和平台式成长这五种组织使能策略成为首选。实践表明,作为一种"顶层设计",需要加强三项关键使能因子:可续愿景战略、可续治理结构和可续效能监测。以可续愿景战略链接效能体系,以可续治理结构嵌入各项业务任务,以可续效能监测锚定成长目标。请结合本单位或某企业的实际情况,思考与识别关键使能因子,研讨和选择适当组织使能策略,主动推进可续发展。

新一代创业生态系统的显著特点是以能力建设和组织发展为主线,构建人、组织与系统之间互动转换、协同创新、迭代学习、可续发展的创业创新舞台。请阅读"研究案例12　基于能力建设的可续发展",思考和讨论如何以创业能力建设的五力模型和组织变革行动的三重机制为策略,创建可续发展的新一代创业生态系统。

📖 研究案例 12

基于能力建设的可续发展

案例解读:浙江大学全球创业研究中心与杭州市高新技术开发区合作在滨江区共同创建了我国新一代创业生态系统的"零距离"研究中心,相关设施包括互动研讨与讲座、能力评价开发实验系统、国际合作赋能专项实验室、创业人才在线辅导系统以及与德国自科合作的创业组织发展跟踪案例系列,哈佛商学院、斯坦福商学院、牛津赛德商学院和高盛万名女性创业能力开发专家组等合作团队专程参访。主持承担国家自然科学基金资助的重点项目"企业家成长机制与创业环境研究"和"组织变革与文化融合策略"系列研究成果获评"特优"，成为国内外的示范平台。在创业创新生态系统平台上，先后创建了"中国职业经理人赋能评价中心""国际创业心理学实验室"和"国际丝路创业教育联盟创业创新研究院"，开展一系列能力建设和组织可续发展的项目。

2008年以来，参与中国女性创业能力开发计划的学员创业领域主要包括：信息技术创业、文化创意创业、绿色农商创业和专业服务创业等，越来越多的女性创业者启动了"有机酒店"或健康餐饮服务、绿色园艺技术计划，进入了有机农业和健康食品的新兴领域，也成为绿色创业的新军。在这项计划的实施中采用了包容式赋能（援助弱势群体）、社会式赋能（体现社会责任）、专业式赋能（更新职业技能）和组织式赋能（实施组织发展）等策略。近期，我们开始推动"生态式赋能"（指导绿色创业），建立起持续赋能成长和使能发展的新机制。

2018年以来，加强了有关数字化转型相关的能力建设计划。在创业生态系统平台上为数字化团队提供了基于团队力的赋能成长计划，包括增强群体合作模式与能力，创建数字化团队动力，以组织发展策略促进赋能开发。增强团队成员决策胜任能力，学习团队激励指导方法，运用分布式项目设计提高战略领导能力等。数字化创新是转型升级和组织变革的核心策略。与多校合作开展的数字化学习和深度学习在线平台开发，创建一种创造性思维与创新协同的平台环境。尝试建立原创空间、创新加速台、同创网络、生态孵化系等多种创新平台，实现互联互通共创的对接机制，实现创新成果快速高效的转化落地，加快了数字化转型的速度。

从2020年开始，项目团队在危机管理能力研究的基础上，把工作重点转向绿色转型与可持续发展，聚焦绿色转型中高质量发展战略、业务模式创新和数字化与绿色化相整合赋能使能策略，推进可续发展胜任力建设。

请结合案例故事，思考与研讨如何以创业能力建设的五力模型和组织变革行动的三重策略，创建面向高质量发展的创业生态系统，并提出可持续发展的新管理举措。

（王重鸣，2020，主持承担国家自然科学基金资助的重点项目"企业家成长机制与创业环境研究"和"组织变革与文化融合策略"成果）

在中国企业改革创新和可续发展的进程中，如何有效运用新的研究成果进一步优化应用策略并指导企业实践？请阅读"研究解读12　中国企业组织变革与文化融合策略"，思考与讨论如何运用企业组织变革与文化融合研究成果，提出优化中国企业创新驱动、组织变革和组织发展实践的建议方案。

📖 **研究解读 12**

中国企业组织变革与文化融合策略

作者：王重鸣（浙江大学）

图书：《中国企业组织变革与文化融合策略》，科学出版社 2021 年版

研究内容：这是国家自然科学基金委管理科学部首个重点项目群的项目之一"基于并行分布策略的中国企业组织变革与文化融合机制研究"（项目号：71232012）的 5 年实证研究成果。围绕中国企业转型升级、全球创业、科技创业、云端运营、"互联网十"、数字智能等变革实践的关键问题，以认知科学的"分布分布决策策略"和决策科学的"双栖演化行为策略"为研究思路，以"文化竞合适应—团队决策选配—组织行动发展"为组织变革演进框架，通过多案例跟踪分析、神经决策实验验证、专题多层问卷测量、情景判断测验、多阶段过程建模和现场准实验等一系列实证研究方法，创新性构建了基于动态变革的问题驱动方法论（情境嵌入、组织动力、演进建模三维）和变革赋能行动理论。该理论包含三大维度：价值适应维度—创业社会责任理论（责任价值、责任动能、责任参与三维要素），决策选配维度—组织前瞻警觉理论（前瞻启动、组织警觉、双栖并行三维策略），赋能发展维度—创新赋能行动理论（心智转换、团队参与、组织嵌入三层行动），以及基于两栖策略的变革文化融合三重机制（价值适应、决策选配、使能发展）等理论创新及其应用方法，这些理论和方法形成了中国企业变革赋能行动理论体系，并创建了包含 80 项案例的创业组织变革案例库和组织发展工具库。

本书展现出八项理论与方法论成果：①基于动态变革的问题驱动方法论；②基于竞合适应的创业社会责任论；③基于分布决策的组织前瞻警觉论；④基于组织学习的能力适配成长论；⑤基于变革创新的女性创业领导论；⑥基于系统柔性的知识产权创业论；⑦基于心理获得的跨境外派角色论；⑧基于行动学习的变革赋能行动论。

系统总结中国企业组织变革和组织发展的问题驱动、创新模式、责任机制、变革策略和融合路径等，为中国企业组织变革与文化融合的机制和策略提供了新的理论模型、研究方法论和应用策略。

结束语

管理心理学的新理论与新方法贯穿了能力建设的思想。本书在创业五力理论（王重鸣，2020）的基础上，创建了"五力管理模型"，系统阐述管理心理学原理与方法，以可续管理、责任管理、团队管理、创新管理和变革管理五项管理实践为主线，展现出十种新型领导力主干

及其三十项领导力要素。

（1）生态力管理：可续管理为主线（竞合机理）。

▫ 弹韧力：弹韧领导力为主干（心智适应力、策略调制力、转型复原力）。

▫ 赋能力：赋能领导力为主干（蓄能学习力、聚能掌控力、使能适配力）。

（2）文化力管理：责任管理为主线（融合机理）。

▫ 伦理力：伦理领导力为主干（经营合规力、沟通研判力、伦理践行力）。

▫ 责任力：责任领导力为主干（价值担当力、动能转化力、行动参与力）。

（3）团队力管理：团队管理为主线（协合机理）。

▫ 数字力：数字领导力为主干（互联精准力、分布协配力、行动迭代力）。

▫ 合作力：团队领导力为主干（愿景共享力、激励合作力、指导引领力）。

（4）创新力管理：创新管理为主线（智合机理）。

▫ 创新力：创新领导力为主干（创意设计力、模式运营力、创造开发力）。

▫ 创业力：创业领导力为主干（风险掌控力、协合创新力、行动开拓力）。

（5）行动力管理：变革管理为主线（整合机理）。

▫ 精益力：精益领导力为主干（价值转换力、运营改进力、卓越发展力）。

▫ 变革力：变革领导力为主干（战略警觉力、决断选配力、行动推进力）。

图 12 - 9 总结出"五力管理能力建设的五星图"。五力管理能力建设的核心要素是 10 项

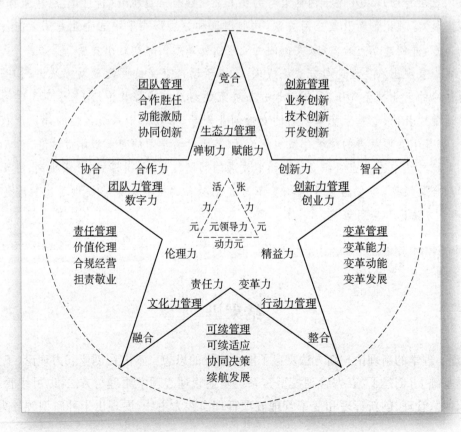

图 12 - 9　五力管理能力建设的"五星图"

新型领导力;五星的星角分别为竞合、融合、协合、智合和整合五项机制。五星各角之间分别表示五力管理的主线及其维度:可续管理(可续适应、协同决策、续航发展)、责任管理(价值伦理、合规经营、担责敬业)、团队管理(团队胜任、团队激励、团队创新)、创新管理(业务创新、技术创新、开发创新)和变革管理(变革能力、变革动能、变革发展),其心理机制则以动力元、活力元和张力元形成元领导力的核心要素。表 12-2"《管理心理学(精要版)》的 144 项知识要素汇总表"对全书知识要点作出了精炼的总结。管理心理学的价值在于学以致用,本书有关行动学习的五环策略模型,从问题驱动、原理反思,到行动目标、行动反馈和行动迭代的"干中学"方法,可在学习、生活、工作和事业中深入应用管理心理学原理与方法,取得新的发展。期待读者以此为策,论剑实践,持续成长。

表 12-2　《管理心理学(精要版)》的 144 项知识要点汇总表

模块	章节名称	知识要点			
第一编 体系、心智与决策	第1章　体系模块与趋势方法	管理支柱	学科历程	实践特征	发展趋势
		创业五力	五力管理	研究效度	方法特征
		专业体系	管理理念	问题驱动	理论创新
	第2章　心智能力与组织认知	心智赋能	心理弹韧	知情意责	组织认知
		元领导力	责任归因	行动理论	差错学习
		知情意责	情绪智力	胜任能力	学习策略
	第3章　决策策略与可续管理	决策偏差	风险决策	决策胜任	变革决策
		人组适配	生态力管理	可续管理	可续策略
		弹韧领导	赋能领导	管理决策	群体决策
第二编 价值、文化与激励	第4章　个性价值与责任管理	工作个性	大五理论	组织价值	工作信任
		组织伦理	创业社责	文化力管理	责任管理
		伦理领导	责任领导	职业道德	伦理公司
	第5章　组织文化与文化策略	组织文化	文化契合	大庆精神	企业文化
		文化智力	文化融合	跨文管理	跨文胜任
		文化建构	创业文化	文化胜任	文化适应
	第6章　激励机制与组织承诺	综合激励	目标特征	持续激励	双链激励
		心理资本	心理健康	自我效能	组织承诺
		工作幸福	组织公民	员工敬业	心理契约

续　表

模块	章节名称	知识要点			
第三编 沟通、团队与领导	第7章　沟通谈判与冲突压力	管理沟通	跨文沟通	谈判行为	谈判策略
		冲突管理	冲突策略	倦怠策略	压力管理
		沟通模式	虚拟沟通	谈判能力	压力策略
	第8章　工作群体与团队管理	群体特征	关系管理	群体动力	合作思维
		团队力管理	团队管理	团队策略	心智共享
		团队领导	数字领导	信任机制	个人主动
	第9章　领导行为与领导能力	领导理论	企业领导	愿景领导	领导权变
		交换理论	高阶梯阵	职业经理	领导开发
		领导模式	领导能力	领导传承	开发策略
第三编 创新、组织与变革	第10章　创新管理与组织学习	设计思维	创新力管理	创新创业	创造开发
		组织学习	创业学习	行动学习	组织赋能
		创新领导	创业领导	开发学习	数字学习
	第11章　组织动能与数字转型	界面层次	组织动能	双栖策略	双栖组织
		数字转型	数字工作	绿色发展	分布管理
		结构模式	五维绩效	适弹警敏	生态组织
	第12章　变革管理与组织发展	变革管理	变革模型	行动力管理	ASD 理论
		组织发展	精益创业	生态系统	使能策略
		变革领导	精益领导	组织建构	危机管理

（注：表中的知识要点排列为：各章第一二两行知识要点8项展现在书中第一二节"知识要点"中；第三行4项为该章其他重要知识要点。）

💡 思考题 12

1. 请运用变革管理模型为企业转型升级设计三部曲组织变革策略建议书。

2. ASD 行动理论有哪些主要原理？请结合讨论变革赋能行动理论的应用。

3. 举例说明危机管理的事件管理与过程管理？简述危机管理领导的策略。

4. 组织发展可选用哪些策略？如何运用变革领导力促进组织的可续发展？

5. 如何理解精益思维的特征？如何运用精益领导力增强精益管理的效能？

6. 什么是行动力管理？如何运用组织使能策略创建新一代创业生态系统？

参考文献

作者按语：本书参阅了大量中外参考文献（见王重鸣著，《管理心理学》，华东师范大学出版社 2021 年版）。这里推荐 20 种论著书单，供读者阅读参考和拓展。

1. 艾米·C. 埃德蒙森（Amy C. Edmondson）. 协同：在知识经济中组织如何学习、创新与竞争［M］. 韩璐，译. 北京：电子工业出版社，2019.

2. 汤姆·彼得斯，罗伯特·沃特曼. 追求卓越［M］. 胡玮珊，译. 北京：中信出版社，2012.

3. 亚当·J. 博克（Adam J. Bock），杰拉德·乔治（Gerard George），王重鸣. 商业模式工具书：创新商业模式的工具、方法及案例演练（实战版）［M］. 浙江大学全球创业研究中心团队，译. 北京：人民邮电出版社，2020.

4. 陈立. 陈立心理科学论著选［M］. 杭州：杭州大学出版社，1992.

5. 陈晓萍，徐淑英，樊景立. 组织与管理研究的实证方法［M］. 北京：北京大学出版社，2008.

6. 彼得·德鲁克（Peter F. Drucker）. 管理的实践［M］. 齐若兰，译. 北京：机械工业出版社，2006.

7. 吉姆·柯林斯，杰里·波勒斯. 基业长青［M］. 真如，译. 北京：中信出版社，2011.

8. 詹姆斯·马奇（James G. March）. 马奇论管理：真理、美、正义和学问［M］. 丁丹，译. 北京：东方出版社，2010.

9. 李钟文等. 硅谷优势：创新创业精神的栖身地［M］. 北京：人民出版社，2002.

10. 彼得·圣吉（Peter M. Senge）. 第五项修炼：学习型组织的艺术与实务［M］. 郭进隆，译. 上海：上海三联书店，1998.

11. 马尔科姆·沃纳（Malcolm Warner）. 工商管理大百科全书［M］. 清华大学经济管理学院，编译. 沈阳：辽宁教育出版社，1999.

12. 王重鸣. 劳动人事心理学［M］. 杭州：浙江教育出版社，1988.

13. 王重鸣. 管理心理学［M］. 北京：人民教育出版社，2000.

14. 王重鸣. 心理学研究方法［M］. 北京：人民教育出版社，2000.

15. 王重鸣. 专业技术人员创业能力建设读本［M］. 北京：中国人事出版社，2020.

16. 王重鸣. 中关村创业人才成长案例［M］. 北京：党建读物出版社，2017.

17. 王重鸣. 中国企业组织变革与文化融合策略［M］. 北京：科学出版社，2021.

18. 王重鸣. 管理心理学［M］. 上海：华东师范大学出版社，2021.

19. 王重鸣，陈国青，李维安. 中国管理研究与实践：复旦管理学杰出贡献奖获奖者成果集（2007）［M］. 上海：复旦大学出版社，2011.

20. 赫伯特·西蒙（Herbert A. Simon）. 管理行为［M］. 杨砾，等，译. 北京：机械工业出版社，1988.